Havemann / Widmann

Robert Havemann
oder Wie die DDR sich erledigte

Katja Havemann
Joachim Widmann

Robert Havemann

oder Wie die DDR sich erledigte

Ullstein

Der Ullstein Berlin Verlag ist ein Unternehmen
der Ullstein Heyne List Verlag GmbH & Co. KG

Lektorin: Krista Maria Schädlich
Umschlaggestaltung: Jorge Schmidt
unter Verwendung eines Fotos von © Schmitt, Stern Hamburg
Satz: Pinkuin Satz und Datentechnik, Berlin
Druck und Bindung: Berker, Kevelaer
ISBN 3-550-07570-7
Printed in Germany

»Robert Havemann sagte: ›Es wird nicht mehr lange dauern, dann wird das Politbüro weggejagt.‹ Ich kann heute sagen: Die Jäger hat er gezüchtet. Mir fallen nicht so viele ein, die maßgebliche Rollen dabei gespielt haben, die nicht in irgendeiner Weise von Robert geprägt waren.

Für eine bestimmte Gruppe von Menschen war Grünheide wie Mekka.«

Rainer Eppelmann

Vorwort

Robert Havemann, einst systemtreuer Vorzeige-Antifaschist der jungen DDR, widersetzte sich mit nicht zu erschütternder Konsequenz und ungebrochenem Optimismus dem Dogmatismus der SED, die ihn aus ihren Reihen verstieß, aus allen Funktionen entließ und isolierte. Wie er sich behauptete und vielen jungen Oppositionellen Mentor und Vorbild wurde, wie er trotz größter Gefahren immer wieder Helfer und Unterstützer gewann, war ein Stück kraftvollen Lebens, das nicht einmal die mächtige Staatssicherheit ganz zu bändigen wusste. Havemanns Grundstück in Grünheide war so etwas wie eine eigene Republik innerhalb der engen Grenzen der DDR.

Als Katja Havemann von dem Journalisten Joachim Widmann Ende 2000 die Idee zu einem Buch angetragen wurde, in dem die Geschichte der »Havemann-Opposition« erzählt wird, bot sie sich als Koautorin an. Lange hatte sie schon daran gedacht, von Robert Havemann, dessen Freunden und Verbündeten ein Gruppenporträt zu zeichnen. Doch als Zeitzeugin, die an der Seite ihres Mannes und nach dessen Tod zu den wichtigsten Akteuren der DDR-Opposition gehört hatte, war ihr der Schritt zur Autorenschaft schwer gefallen.

Katja Havemann und Joachim Widmann kennen einander seit Anfang der Neunzigerjahre. Da hatte Widmann sie zu ihren ersten Aktenfunden aus Stasibeständen und über das Neue Forum interviewt. Später berichtete Widmann über den Rechtsbeugungsprozess gegen die Ankläger und Richter Robert Havemanns in Frankfurt (Oder) und Neuruppin. In seinem ersten Buch, »Dich kriegen wir weich« (1997), widmete er sich den Schicksalen von Stasiopfern; der Fall Robert Havemann ist darin Hauptbeispiel für die Arbeitsweise der DDR-Justiz.

Dieses Buch basiert auf zahlreichen Gesprächen, in denen Joachim Widmann Katja Havemann als Ehefrau und politisch engagierte Zeitzeugin befragte. Sie übernahm die aufwändige und nervenzermürbende Recherche in den Stasi-Akten des rund 300 000 Blatt umfassenden Havemann-OV*-»Leitz«, die in Kopie bei der Robert-Havemann-Gesellschaft in Berlin archiviert sind, und anderen Archivalien. Katja Havemann wachte auch über die Richtigkeit der Darstellung. Ohne ihr Wissen um die Zusammenhänge und ohne ihre Anregungen hätte dieses Buch nicht zustande kommen können. Beide Autoren führten Interviews mit Zeitzeugen, Freunden und Unterstützern Robert Havemanns. Auf der Basis dieses umfangreichen Materials wurde das Buch geschrieben.

Katja Havemann und Joachim Widmann danken vor allem ihren Interviewpartnern, die sich viel Zeit nahmen, um ihren Teil der Geschichte beizusteuern. Selbst jene, die im Buch schließlich nicht oder nur kurz zu Wort kommen, haben dazu beigetragen, Erinnerungen lebendig zu machen. Soweit nicht anders ausgewiesen, stammen die Zitate wie auch alle biografischen Angaben der Zeitzeugen mit freundlicher Genehmigung der Interviewten aus diesen Gesprächen:
Karl-Heinz Baum (18. Dezember 2000)
Wolf Biermann (24. November 2001)
Bärbel Bohley (20. Oktober 2001)
Evi Eppelmann (3. März 2002)
Rainer Eppelmann (11. Juli 2001)
Bernd Florath (11. November 2001)
Margret Frosch (29. November 2002)

* OV = Operativer Vorgang: (Ermittlungs-)Verfahren der Staatssicherheit

Lilo Fuchs (11. Mai 2002)
Johanna Görke (8. Juni 2001)
Brigitte Haeseler (24. September 2001)
Christine Haeseler-Bender (4. November 2001)
Franziska Havemann (1. November 2001)
Hartmut Jäckel (21. Dezember 2000)
Thomas Klingenstein (20. April 2002)
Edda und Johannes Meinel (23. Juli 2001)
Horst Moelke (3. März 2002)
Ulrike Poppe (12. Oktober 2002)
Sibylla Ponizil (8. Juni 2001)
Christine Raben Biermann[1] (19. August 2001)
Rüdiger Rosenthal (9. September 2001)
Christiane Rusch (15. August 2001)
Rolf Schälike (5. August 2001)
Ulrich Schwarz (23. März 2002)
Karin und Manfred Wilke (22. Juli 2001)
Die Verfasser danken ferner Werner Theuer von der Havemann-Gesellschaft. Der Lektorin Krista Schädlich gebührt Dank für aufmerksame Textarbeit. Und schließlich dankt Joachim Widmann seiner Familie, Katja, Esther und Justus: der Ersten für die Idee zu diesem Buch und gründliche Korrektur, allen für ihre Liebe, Geduld und Nachsicht, die sie für einen ganz im Text Vergrabenen aufbringen konnten.

Grünheide/Berlin, im Januar 2003

1 Interview: Franziska Havemann

1
Im Osten was Neues

Einengung

Er weiß, er ist der erste Uniformierte, der das Grundstück ungebeten betreten wird, der Erste, der Robert Havemann auf seinem eigenen Grund und Boden klar macht, wer hier bestimmt. Er ist aus der Gegend, er kennt viele in Grünheide, manchen bis hin zu den letzten Eigenheiten. Auch Havemann. Den Verbotenen. Den Mann, der die Genossen an der Spitze der Sozialistischen Einheitspartei Deutschlands kritisiert, dass es ihnen wehtut, wie sein Freund Wolf Biermann, den sie vor ein paar Tagen aus dem Land geworfen haben. Er weiß alles über Havemann, er muss es wissen, als Polizist und, sozusagen, als Nachbar.

Viele Leute in Grünheide mögen Havemann. Sie bewundern ihn, weil er ausspricht, was sie denken. Weil er sich nicht einschüchtern lässt in diesem Land, wo die politische Polizei allgegenwärtig ist, aus dem man nicht entkommt, weil seine Führung es eingemauert hat. Havemann prangert die Missstände in aller Öffentlichkeit an, obwohl das Schweigen doch Bürgerpflicht ist und dem Selbstschutz dient; er stellt sich der Führung von Staat und Partei, statt wie so viele den Ausreiseantrag zu stellen und alles hinter sich zu lassen.

Sie bewundern ihn für den Mut, den sie nicht haben. Sie reden ihn an mit »Herr Professor«, obwohl er seit 1966, schon zehn Jahre lang, nicht mehr arbeiten darf. Wenn sie sich über ihn unterhalten, nennen sie ihn vertraulich-familiär Robert.

Auch das weiß der kleine Volkspolizist.

Ihm ist nicht danach zu Mute, die Staatsmacht in die Burgwallstraße 4 zu tragen. Doch seinen Anweisungen wird er folgen, wie es seine Pflicht ist.

Die Genossen sagen: Du gehst zu Robert Havemann aufs Grundstück. Du klopfst an seine Tür. Du lässt ihn holen, wenn er nicht selbst an die Tür kommt. Wenn du dir sicher bist, dass er es selbst ist, sagst du, was du zu sagen hast. Er hat es sich eingeprägt: »Herr Havemann, Sie stören die Ordnung und Sicherheit, und ich teile Ihnen gemäß Volkspolizeigesetz mit, dass Sie Ihr Grundstück nicht verlassen dürfen.«

Der Tag hat früh begonnen. In diesen Tagen ist an Ruhe nicht zu denken, auch die Kinder sorgen dafür. Drei sind auf dem Grundstück. Katja und Robert Havemanns dreijährige Tochter Franziska, Felix, der gerade einjährige Sohn von Wolf Biermann und Havemanns Tochter Sibylle, sowie Lili Fuchs, die kleine Tochter von Lilo und Jürgen Fuchs. Wie zwei andere Freunde Havemanns, Christian Kunert und Gerulf Pannach, ist Fuchs seit einigen Tagen in Haft. Familie Fuchs lebt seit über einem Jahr auf Havemanns Grundstück im Holzhaus unterhalb des Wohnhauses. Seit den Verhaftungen sind noch Dorothea Uschkoreit, Lilos Mutter, und Pannachs Frau Amrei zu Gast.

Die Stimmung ist gespannt, aber nicht gedrückt: Havemann hat die Gabe, Optimismus zu verbreiten.

Die Staatsmacht hat das Grundstück umzingelt, die Straße gesperrt, jeder Passant wird kontrolliert. Ungeachtet dessen spricht Havemann immer wieder mit Journalisten. Auch am Morgen des 26. November.

Ein gutes Dutzend westdeutsche Journalisten sind in Ost-Berlin akkreditiert. Zwei davon stehen an diesem Morgen etwas ratlos am Anfang der Burgwallstraße. Peter Pragal von der »Süddeutschen Zeitung« und Christel Sudau von der »Frankfurter Rundschau«. Sie haben ihren Volvo in der Nebenstraße geparkt und vergebens versucht, an den Wachtposten vorbei zu Fuß zu Havemanns zu gelangen. Mit seiner Frau Katja zum Einkaufen unterwegs, lässt Havemann sie hinten in seinen Wartburg Tourist steigen. Das hat er in den vergangenen Tagen einige Male so gemacht: vor den Augen der Genossen in Grau.

Statt zum Einkaufen zu fahren, drehen Havemanns mit den Journalisten eine Runde. Spreenhagen und zurück. Zwanzig Kilometer. Inzwischen ist Zeit für ein Gespräch, in Ruhe und ungestört, denn im Auto, das weiß Havemann, ist nichts abzuhören. Die Stasiautos schließen sich gleich an. Havemann hat sich angewöhnt, ab und zu zu testen, ob sie da sind. Er fährt auf freier Strecke plötzlich 30 oder hält fast an, stoppt manchmal am Straßenrand. Dann müssen die Verfolger überholen, und mit dem routinierten Blick der Gejagten erkennen Havemanns die Autos und die Gesichter.

Seitdem das Telefon abgestellt ist, hungern Havemanns nach Stimmungsberichten, Meinungen. Sie fragen die Journalisten, was in den Zeitungen im Westen über Biermanns Ausbürgerung steht, wie die Reaktionen sind, ob es Proteste dagegen gibt und wie die Stimmung in Ost-Berlin ist, was man weiß über Pannach, Fuchs und Kunert.

In Grünheide setzt Havemann die beiden Journalisten bei ihrem Auto ab.

Christel Sudau schreibt in der »Frankfurter Rundschau«: »Am Freitag trafen ein Kollege und ich, nachdem wir angesichts der Lastwagen und eines zusätzlich angebrachten Verbotsschilds schon vorher angehalten hatten, Havemann zufällig bei der Ausfahrt aus seinem Grundstück … Er wirkte müde und sprach sehr ruhig von Psychoterror. Nach seiner Einschätzung sind die für die Maßnahmen zuständigen Leute noch unschlüssig, wie sie weiter verfahren wollen.«[2]

Der Polizist geht zu dem Grundstück in der Burgwallstraße. Das Tor aus dunklen Bohlen steht weit offen. Als ob die Straße nicht voll wäre von Genossen vom Ministerium für Staatssicherheit, die nur dies eine Grundstück bewachen. Eine Drohung des Staates gegen den Feind, Robert Havemann. Aber der lässt sein Tor offen.

---

2 Alle zitierten Texte werden in neuer Rechtschreibung wiedergegeben, sinnentstellende Fehler und Buchstabendreher stillschweigend korrigiert. Auslassungen im Text sind durch »…« markiert.

Auf dem sanft zum Möllensee abfallenden Grundstück sind nicht dieselben Wahrheiten wahr wie anderswo in diesem Land: Skepsis und Zweifel werden von hier über die West-Medien in die DDR gestreut. Die Skepsis, ob der Alleinvertretungsanspruch der SED in allen politischen Fragen gerechtfertigt sei, der Zweifel an der Unfehlbarkeit der Genossen. Und eine Gewissheit: Die DDR muss sich fundamental verändern.

Robert Havemann und seine Mitstreiter haben sich nicht vor SED und Staatssicherheit in eine Nische zurückgezogen, in der sie heimlich ihre kritischen Gedanken kreisen lassen. Sie politisieren, kritisieren, leben, feiern in aller Öffentlichkeit. Wer sich nicht in Gefahr begibt, der kommt drin um, singt Havemanns Freund Biermann.

Der Polizist ist der erste Bote derer da oben, der dem inneren Feind auf seinem eigenen Grund und Boden nahe tritt.

Havemann wohnt in einem weiß getünchten, ebenerdigen Haus mit flachem Dach. Die beiden Fenster zur Straße scheinen wie zufällig in die Wand geschnitten, Gardinen gibt es nicht, doch blickdichte Vorhänge, wenn es draußen dunkel ist.

Durchs novembermatte Gras geht der Polizist zur Tür. Hohe Bäume geben dem Anwesen die Würde und Ruhe einer Waldlichtung. Auf dem Grundstück des gerühmten Antifaschisten, des verdienten Genossen, des Staatsfeindes Havemann haben sich Typen wie Biermann, der Jenaer Oppositionelle Jürgen Fuchs, der freche verbotene Sänger und Lyriker Gerulf Pannach und der Rest der verbotenen Renft-Combo getroffen.

Die Genossen munkeln, dass hier Orgien gefeiert werden.

Der Polizist steigt die beiden Stufen zur Tür hinauf, klopft, steigt die beiden Stufen rasch wieder zurück ins Gras, um Abstand zu gewinnen.

Eine schlanke junge Frau öffnet. Der Polizist erkennt Katja Havemann. Sie blickt verwundert. »Ich dachte, es ist irgendeine typische Vopo-Geschichte. Weil das Tor offen stand, oder er wollte das Hausbuch kontrollieren.«

Der Polizist sagt, dass er den Hausherrn sprechen wolle.

Havemanns Silhouette bewegt sich vor der Terrassentür im Hintergrund, er tritt näher, an seiner Frau vorbei.

Nie ist ihm der Polizist so nah gewesen. Robert Havemann ist hager, gebeugt, er muss sich im Türrahmen ducken, so groß ist er. Er überragt den Polizisten um Haupteslänge und die Höhe der beiden Stufen. Eine beeindruckende Gestalt, wenn seine braune Cordhose auch ausgebeult ist und das karierte Flanellhemd das irgendeines Handwerkers sein könnte.

Der Polizist beeilt sich, seinen Spruch zu sagen: »Herr Havemann, Sie stören die Ordnung und Sicherheit, und ich teile Ihnen gemäß Volkspolizeigesetz mit, dass Sie Ihr Grundstück nicht verlassen dürfen.«

Havemann blickt auf den Polizisten hinab. »Das Gesetz zeigen Sie mir mal. Ich lasse mir gar nichts verbieten, schon gar nicht, mein Grundstück zu verlassen und mit anderen Menschen zu reden. Auf Wiedersehen.« Er spricht mit fester Stimme, aber er holt nach jedem zweiten Wort kurz Luft. Havemann ist schwer lungenkrank. Als Widerstandskämpfer hat er sich in Hitlers Todeszelle Tuberkulose geholt. Der Feind des sozialistischen Staates ist Kommunist. Auch das weiß jeder. Man redet nicht offen darüber, denn es ist der Parteispitze peinlich, die Havemann aus dem öffentlichen Leben entfernt hat.

Havemann wäre nicht weniger schroff, wenn er schon wüsste, dass dies der Tag seiner Festnahme ist. Er ahnt nicht, dass er drei Stunden später das Haus zwischen zwei Uniformierten mit unbekanntem Ziel verlassen wird.

Er lässt sich nie etwas bieten. Von diesem Polizisten, der da zu ihm aufschaut, so wenig wie einst vom allmächtigen Walter Ulbricht oder jetzt von dessen Nachfolger, dem »lieben Erich Honecker«, wie er ihn gelegentlich als antifaschistischen Kameraden in Briefen anspricht, in denen er politische Forderungen stellt.

Was er antworten soll, wenn Havemann ihn einfach abweist, haben die Genossen dem Volkspolizisten nicht gesagt.

Der Polizist dreht auf dem Absatz um, während Havemann die Tür schon schließt.

Robert Havemann ist nicht überrascht. Er kennt seine früheren Genossen gut genug, um zu wissen: Sie müssen etwas unternehmen, und in diesen Tagen wollen sie auch durchgreifen. Sie können nicht ewig hinnehmen, dass er tut, was er tut. Er verspottet sie, stellt sie bloß, richtet seine Forderungen in klaren, kühlen Worten an sie mit Argumenten, die sie um der Macht willen zurückweisen müssen, auch wenn diese Zurückweisung eine Demütigung für sie selbst ist, politisch, moralisch, vor der Geschichte.

Es ist der 26. November 1976. Seit Tagen tobt ein Kampf in der DDR, wie es ihn in dieser Form noch nie gegeben hat. Havemanns Freund und Verbündeter Wolf Biermann ist in einem Akt bisher unbekannter Heimtücke ausgebürgert worden. Man hat ihn legal ausreisen lassen und dann ausgesperrt.

Die Ausbürgerung hat Widerwillen geweckt. Jetzt zeigen und äußern sich die Kritiker des Staates, wie bis dahin nur Havemann und eben Biermann, zum ersten Mal öffentlich. Diesmal sind sie nicht mit ihren Protestnoten brav zu den Genossen im Zentralkomitee gegangen, um sich eine mehr oder minder freundliche, mehr oder weniger verständnisvolle Abfuhr erteilen zu lassen. Als man sie diesmal zurückwies – ihre Petition gegen die ungesetzliche Ausbürgerung war nicht einmal anmaßend gewesen –, gingen die bekannten Schriftsteller und Genossen Stephan Hermlin und Christa Wolf, der international populäre und angesehene Romanautor Stefan Heym und der als Literat gefeierte Jurek Becker nicht eingeschüchtert nach Hause, sondern zu den West-Nachrichtenagenturen Reuters und Agence France Presse.

Damit ist der Machtkampf zwischen der Partei und deren Kritikern zum ersten Mal keine »innere Angelegenheit der Deutschen Demokratischen Republik« mehr. Er schlägt riesige Wellen, und er ist auch in der DDR in höchstem Maße öffentlich.

Alle DDR-Bürger haben von einem Tag zum anderen von Biermann gehört, der zuvor ein kritischer Politdichter für (freilich immer mehr) querdenkende Intellektuelle gewesen war.

Verschwiegen und verboten war Biermann seit 1965. Und nun druckt das Zentralorgan der Einheitspartei, »Neues Deutschland«, seit Tagen, wie sich die SED-loyale Kulturprominenz von Biermann distanziert, und gibt ihm eine Öffentlichkeit, wie er sie noch nie hatte. Jeder in der DDR hat im West-Fernsehen seinen Kölner Auftritt gesehen. Was man ihm vorwirft, kommt in den frechen Texten des Konzerts nicht vor: die Diffamierung der DDR.

Das Volk ahnt, was Biermann später selbst oft sagen wird: Er hätte sonst was singen können, und die hätten ihn trotzdem hinausgeworfen.

Das Volk ahnt: Die sind schwächer als er.

Biermann und Havemann sind nach Ansicht der Staatsmacht der Kern einer wachsenden Opposition, die sich vor allem unter Intellektuellen wie ein Virus verbreitet: »Die Freundschaft von zwei wie uns war ein Gottesbeweis, und das spürten die auch.«[3]

Also treiben sie mit der Ausbürgerung die Mauer zwischen Havemann und Biermann.

Also haben sie aus dem engsten Kreis um die beiden Parteikritiker den Gitarristen, Texter und Sänger der verbotenen Renft-Combo, Gerulf Pannach, den »Renft«-Keyboarder Christian »Kuno« Kunert und den jungen Dichter Jürgen Fuchs verhaftet.

Havemann denkt: Die machen einen Fehler nach dem anderen, sie schneiden sich nur ins eigene Fleisch. Sie werden die Verhaftungen nicht durchhalten können, auch Jürgen, Gerulf und Kuno werden frei kommen, sonst müssen sie ihnen ir-

---

3 Biermann im Frühjahr 1997 in einer Abendveranstaltung mit Jürgen Fuchs und Katja Havemann im Museum am Checkpoint Charlie in Berlin

gendwann den Prozess machen, und das können sie sich nicht leisten.

Er denkt, sie werden die Unterzeichner der Petition nicht alle einsperren können. Sie ist längst ein Politikum über die Grenzen Deutschlands hinaus. Es ist ein Machtkampf, der noch lange nicht entschieden ist.

Das alles denkt er nicht nur, er sagt es jedem, der vernünftig fragt. Havemann, ein schwer kranker Mann von 66 Jahren, ist vor allem wegen seiner Offenheit gefährlich. Nichts, was ihm zu Ohren kommt aus der DDR, ist vor seiner Kritik sicher. Er lässt sie, weil er bei DDR-Medien kein Gehör findet, von westdeutschen Verlagen publizieren und spricht sie westlichen Journalisten in die Kameras und die Mikrofone. Havemann legt offen, dass das Regime ohne Legitimation ist.

An diesem 26. November 1976, zehn Tage nach der Ausbürgerung Biermanns, dauert der Ausnahmezustand in der Burgwallstraße schon tagelang. Er begann damit, dass eines Abends eine amtliche Stimme Havemanns telefonisch mitteilte: »Wegen missbräuchlicher Benutzung wird Ihr Fernsprechanschluss mit sofortiger Wirkung gesperrt.«

Seitdem kommen die in der DDR akkreditierten West-Journalisten direkt in die Burgwallstraße. Viele davon kennt Havemann schon länger, sie sind ihm vertraut. Die Korrespondenten der BBC aus London, die Leute von Reuters, »Le Monde« und dpa, Ulrich Schwarz vom »Spiegel«, Dirk Sager vom ZDF, Lothar Loewe von der ARD kommen regelmäßig nach Grünheide, Sager gelegentlich nur zum Plaudern, ohne Kamerateam. Er hatte Havemanns ersten Farbfernseher im Kofferraum seines Wagens aus West-Berlin nach Grünheide gebracht. Auch Havemanns Freund Andreas W. Mytze, Herausgeber der Zeitschrift »europäische ideen«, kommt häufig aus West-Berlin.

Loewe hat Havemann vor acht Tagen auf der Terrasse in Grünheide interviewt. Für die Tagesschau am 20. November. Momente wie diesen feiert der Bürgerrechtler abends mit seinen Freunden: wenn das West-Fernsehen vor aller Augen – auch vor denen der DDR-Bürger – den Schleier des Vergessens und Verschweigens zerreißt, den die Führung über jede kritische Regung gebreitet sehen will.

Angespannt, aber in wohlgesetzten Worten berichtete Havemann Loewes Millionenpublikum in West und Ost von der Verhaftung seines Freundes Jürgen Fuchs aus seinem, Havemanns, Auto heraus: Er sei mit vier Freunden unterwegs gewesen, im nahe gelegenen Erkner seien sie von einem Stasiauto gestoppt worden, alle außer ihm selbst hätten den Ausweis zeigen müssen, woraufhin Fuchs zum Mitkommen aufgefordert worden sei: »Seitdem haben wir von ihm nichts gehört.« Ihm selbst gehe es gut, sagte Havemann: Ihm folge lediglich bei jeder Ausfahrt »ein Schwanz von vier bis acht Wagen mit dreifacher Besetzung«.

Bis zu diesem Freitag, an dem zum ersten Mal ein Uniformierter Havemanns Grundstück betritt, haben sich die Genossen immer bemüht, bei der Verfolgung Havemanns möglichst unauffällig vorzugehen. Ein wenig albern, denn man erkennt die Leute vom Ministerium für Staatssicherheit an ihren grauen oder hellbraunen Ladas und Wartburgs, an ihren grauen Dederon-Anoraks, ihren dunklen, gebügelten Hosen aus glattem Tuch. Jetzt stehen solche Herren offen an den beiden Einfahrten zur Burgwallstraße und kontrollieren jeden, der kommt. Wer zu Havemann will, wird ausgefragt und registriert. Journalisten oder sonst verdächtige Personen werden zurückgewiesen.

Gegen Blockadebrecher und die freie Sicht der Fernsehkameras haben die Stasis zwei Lkw in der engen Straße geparkt. Wie es sich gehört, in Übereinstimmung mit der Straßenverkehrsordnung: Der auf der einen Seite blickt mit dem gutmütigen roten Gesicht einer IFA-Zugmaschine zur Altbuchhorster Straße, der andere wendet der Einfahrt zur Burgwallstraße grau und abweisend die Rückseite seines Kastenaufbaus zu. Dies Bild geht in immer mehr Reproduktionen um die Welt.

Wie Havemann selbst sind auch seine Tochter Sibylle, die die Szene an der Tür verfolgt hat, und seine Frau Katja kaum beeindruckt: »Wir ordneten das als einen hilflosen Versuch ein, Robert einzuschüchtern. Robert, der alles zu seinen Gunsten interpretierte, meinte, dass die Stasi sich nicht herantraute, dass schon genug Öffentlichkeit hergestellt sei, dass sie nun zu so einer hilflosen Maßnahme griffen. Da werde nicht mehr viel passieren: An mich trauen die sich nicht ran, war seine Position.«

Als der Polizist gegangen ist, entscheidet sich die kleine Gemeinschaft im Hause Havemann – gegen die gerade erfolgte Anweisung der Volkspolizei –, essen zu gehen. Um die Ecke, zu Fleischmanns in die große Ausflugsgaststätte mit Zugang zum Peetzsee. Havemanns sind mit dem Ehepaar Fleischmann gut bekannt. »Die waren uns gewogen, gerade in dieser Situation.«

Alle zwängen sich in den Wartburg, Katja Havemann mit Franzi, Sibylle mit Felix, Amrei Pannach. Lili und ihre Großmutter bleiben auf dem Grundstück, Lilo Fuchs ist in Fürstenwalde, wo sie im kirchlichen Samariter-Heim für behinderte Kinder arbeitet.

Die Gaststätte, ein villenartiger Bau vom Anfang des Jahrhunderts, ist geschlossen, aber als Freunde der Familie kommen sie hinein.

Amrei Pannach will dringend mit ihren Eltern in Leipzig telefonieren. Sie meldet das Gespräch an und sitzt wie auf heißen Kohlen, dass sich das Fernamt meldet.

Frau Fleischmann ist sehr besorgt um Havemanns und beköstigt alle extra gut. Es gibt Kohlrouladen, Gulasch mit Rotkohl, für Robert Havemann Königsberger Klopse, die er besonders liebt.

Die Lkw-Blockade und die Sperre in der Burgwallstraße, an der jeder, auch wenn er nicht zu Havemanns will, befragt wird, haben sich in Grünheide schnell herumgesprochen. Jürgen Fuchs ist keine vier Kilometer von hier aus Havemanns Auto gezerrt worden. Die Grünheider nehmen Anteil, und sei es nur, indem sie Havemanns besonders auffällig fragen, wie es ihnen geht.

HO-Geschäft, Post und Drogerie liegen in der ruhigen Dorfstraße beieinander; immer mehr Leute, Kunden und Personal, stehen in den Türen und schauen sich an, wie die aus der Burgwallstraße 4 nach dem Essen noch ein paar Besorgungen machen, den Tross von Männern in Stasi-Zivil auf den Fersen.

Etwas hat sich geändert: Die Verfolger versuchen nicht mehr, unauffällig zu bleiben. Sie halten keinen Abstand. Sie gehen auf Tuchfühlung. Sie übertreten mit voller Absicht die Grenze zwischen Observation und offener Schikane. Sie setzen den Havemanns und ihren Freunden den demonstrativen Beweis dafür entgegen, dass ihre Freiheit nichts als freche Anmaßung sei.

Kaum zurück in der Burgwallstraße, klopft es abermals.

Diesmal sind es zwei Polizisten höheren Rangs, das sieht man an den Uniformen. Einer der beiden sagt sehr energisch: »Ich will sofort Herrn Havemann sprechen.«

Der Polizist sagt: »Herr Havemann, Sie sind vorläufig festgenommen, wir haben den Auftrag, Sie mitzunehmen.«

Diesmal ist es ernst, das zeigt der kategorische Ton des Polizisten. Ein Wartburg in den Polizeifarben Weiß und Dunkelgrün blockiert das offene Tor.

Havemann fragt: »Aus welchem Grund? Gibt es noch andere Maßnahmen?«

Keine Antwort. Die Haftfähigkeit Havemanns ist schon am 15. November geprüft worden. Den gängigen Haftbedingungen sei er mit seiner Herz-, Kreislauf- und Lungenschwäche nicht gewachsen, lautet die Einschätzung des Medizinischen Dienstes des MfS. Auch einen Haftbefehl gibt es am 26. November schon seit elf Tagen. Nicht wegen staatsfeindlicher Hetze. Das ist der Paragraph, den Havemann nach vielen, vielen regime- und systemkritischen Veröffentlichungen, in denen er Freiheiten fordert und Unfreiheiten scharf kritisiert, sicher erfüllt. Doch die DDR fürchtet den negativen

Eindruck, den das Ausland bekommen könnte, wenn ein Regimekritiker nur wegen seiner abweichenden Meinung verfolgt würde. Nachrichtensammlung, also Spionage, wird Havemann in der Begründung für den Haftbefehl vorgeworfen.[4]

Um 15.15 Uhr[5] verschwindet der Polizeiwagen mit dem prominentesten Regimekritiker der DDR auf dem Rücksitz hinter der Lkw-Blockade der Burgwallstraße in Grünheide aus dem Blick der Zurückgebliebenen.

Die Frauen wissen, was zu tun ist. Sibylle Havemann geht zu Haeselers. Die Nachbarn sind mit Havemanns seit langem eng befreundet. Als in der Burgwallstraße 4 das Telefon abgestellt wurde, hat Brigitte Haeseler sofort ihren Anschluss zur Verfügung gestellt. Katja Havemann will das nicht überstrapazieren: »Schließlich sollte Haeselers nicht auch der Anschluss gesperrt werden.« Doch dies ist ein Notfall, Eile ist geboten.

Gespräche von Grünheide nach West-Berlin müssen noch handvermittelt werden. Erst aus Ost-Berlin gibt es eine Vorwahl. Sibylle Havemann ruft einen West-Journalisten nach dem anderen in Ost-Berlin an, auch Freunde, die sich dann mit Unterstützern in West-Berlin in Verbindung setzen, ohne die Hürde der Handvermittlung nehmen zu müssen.

Katja Havemann: »Bylle kam zurück, und wir saßen dann etwas geplättet da. Vor dem Haus die Stasileute, die niemanden reinließen, Robert weg, Telefon abgeschaltet, und wir Frauen und drei kleine Kinder in der Burgwallstraße 4. Wir dachten, dass es jetzt nötig sei, die Meldung so schnell wie möglich zu verbreiten, aber dann abzuwarten. Denn erst nach 24 Stunden brauchte die Polizei einen Haftbefehl, um jemanden festhalten zu können. In diesen 24 Stunden war es un-

---

4 Vgl. Clemens Vollnhals: Der Fall Havemann. Ein Lehrstück politischer Justiz. Wissenschaftliche Reihe des Bundesbeauftragten für die Unterlagen des Staatssicherheitsdienstes der ehemaligen Deutschen Demokratischen Republik, Bd. 13. Berlin 1998, S. 36 ff.

5 Lt. Meldung an das MfS vom gleichen Tag

möglich, Informationen über einen Festgenommenen zu bekommen.«

Die Nachricht von Havemanns Festnahme ist bald im West-Berliner RIAS zu hören. Die Frauen sind erleichtert. Was immer geschehe, davon hat Robert Havemann sie überzeugt: je weiter es verbreitet werde, desto weniger schlimm könne es kommen.

Eine Karriere in Deutschland

Havemanns Popularität verleiht ihm Schutz, aber keine hundertprozentige Sicherheit. Er weiß, dass seine früheren Genossen gegen ihn gnadenloser vorgehen würden als manch übler Feind. Havemann ist deshalb darauf angewiesen, Verbindungen in den Westen, zu politischen Akteuren, zu Wissenschaftlern, Publizisten und Medien zu unterhalten. Er versorgt sie mit Informationen und Kommentaren über die DDR, sie verbreiten diese in seinem Namen, sodass der politische Schaden für die DDR, wenn der allseits bekannte Havemann verschärft unterdrückt wird, so hoch wie möglich ist.

Die SED hat, absichtlich und unfreiwillig, mehrfach selbst dafür gesorgt, dass der eloquente, schlagfertige und überaus argumentationsstarke Physikochemiker eine Berühmtheit ist. In den frühen Fünfzigerjahren hieß es oft, Havemann – er war an der Humboldt-Universität Professor und leitete zugleich das Fotochemische Institut der Akademie der Wissenschaften – vernachlässige seine Wissenschaft, weil sein »gesellschaftliches Engagement« für die SED überhand nehme. Havemann war als Widerstandskämpfer gegen die Nazis, als Überlebender eines Todesurteils des NS-Volksgerichtshofs und als langjähriger Kommunist einer der wenigen in der für Regierung und Verwaltung geeigneten Elite gewesen, die ohne Abstriche mit ihrer Biografie für den antifaschistischen Gründungsmythos der Republik bürgen konnten.

Als wichtiger und überzeugter Repräsentant des jungen

Staates hatte er die DDR in Indien, in China vertreten und war nach Lambarene zu Albert Schweitzer gefahren.

Die DDR war nach ihrem Selbstverständnis das neue, das bessere Deutschland. Nicht so ein Staat wie die Bundesrepublik, wo Typen wie Globke, der Kommentator der rassistischen Nürnberger Gesetze der Nazis, Ministerämter bekleideten.

Die DDR nannte sich erwartungsvoll »Erster Arbeiter-und-Bauern-Staat auf deutschem Boden«, sie war der Staat, in dem Sozialdemokratie und Kommunismus zur Sozialistischen Einheitspartei vereint die Gelegenheit bekamen, die Uhr auf 1930 zurückzustellen, antifaschistisches Musterland voller Aufbau-Pathos, das Land, das Brecht als Heimat gewählt hatte und auch Heinrich Mann, der vor seinem Antritt als Präsident der Akademie der Künste in den USA gestorben war, das Land, in dem die Kultur staatliche Gunst genoss und zu einer marktunabhängigen Blüte gebracht wurde.

Man nannte eine Stadt und neue Prachtalleen nach Stalin, und trotz der umfänglichen Demontagen von Industrieanlagen und Infrastruktur für die Sowjetunion in diesem und dem Marshall-Plan im anderen Land war es keineswegs sicher, ob sich diese oder jene Republik auf deutschem Boden am Ende bestätigt sehen würde.

Die Sowjets hatten sich das neue Deutschland formal pluralistisch gedacht. Neben der Einheitspartei der Arbeiter gab es die Christdemokraten und die Liberalen wie im Westen. Eine Nationaldemokratische Partei wurde für Soldaten und noch nicht ganz gewendete Ex-Nazis gegründet. Und natürlich gab es eine Bauernpartei. Es gab die Jugendorganisation »Freie Deutsche Jugend«, den »Freien Deutschen Gewerkschaftsbund«, für die Intellektuellen den Kulturbund, den Robert Havemann in der Volkskammer vertrat. Ein jeder fand seine politische Heimat, und Engagement in den Parteien und Massenorganisationen wurde belohnt.

Viele Menschen glaubten an die DDR. Sie gab ihnen nach

dem verlorenen Krieg ein Gefühl von Geborgenheit bei gleichzeitiger Reinigung von der Schuld. Die Massenorganisationen vermittelten ein zum Besseren gewendetes Heimat- und Nationalgefühl, die Strukturen des Staates entsprachen denen einer bürgerlichen Demokratie ohne deren Korrumpiertheit.

Allerdings hörte man schon bald aus dem eigenen Land von Sozialdemokraten, die erst unter den Nazis im KZ gesessen hatten und nun unter den Besatzern erneut in denselben Lagern landeten. Da saßen sie oft jahrelang, weil sie die Vereinigung von KPD und SPD für nicht so freiwillig gehalten hatten, wie man offiziell glauben machen wollte.

Dann hörte man von Christen und Bürgerlichen, die ins Zuchthaus kamen, weil sie die »freiwillige« Bindung der CDU an die SED problematisch fanden und auf der formell garantierten innerparteilichen Demokratie bestanden hatten. Man hörte von Bauern, die sich der Zwangskollektivierung, von Familienbetriebseigentümern, die sich der Enteignung widersetzt, von Bauarbeitern, die Witze über Stalin oder Ulbricht gemacht hatten. Die Gefängnisse waren voll mit solchen Leuten. Manche kamen sogar in die Todeszelle.

Der Aufstand vom 17. Juni 1953 brach mit unerwarteter Macht über die DDR herein, nachdem auf der Baustelle der neuen Arbeiter- und Bauernpaläste an der Ost-Berliner Stalinallee die Arbeitsnormen ohne Gegenleistungen erhöht worden waren.

Genau an diesem Ort wollte die junge Republik dem Westen zeigen, was sie konnte. Groß waren die Wohnungen, hatten Parkettböden, Kachelbäder, Zentralheizung. Der Bau war maßlos teuer, das Material schwer zu beschaffen.

Nun polterte der Proletenzorn ausgerechnet durch diese Straße, die Stalins Namen trug. Stalin war seit ein paar Monaten tot, und bald nach der ersten Sekunde ihres Aufbegehrens schrien die Demonstranten auch schon »Weg mit dem Spitzbart« und meinten den mächtigsten Mann der DDR, Walter Ulbricht.

Viele hatten es einfach satt. Den Ton der Propaganda, die

Mühsal des Alltags, das Anstehen vor Geschäften mit leeren Regalen.

Robert Havemann stellte sich auf einen Tisch vor das von Demonstranten umlagerte Haus der Ministerien in der Berliner Wilhelmstraße und versuchte gemeinsam mit seinem Freund Heinz Brandt, dem Sekretär der SED-Bezirksleitung, die Demonstranten umzustimmen: »Wir müssen nach Westen ziehen, dort sitzen die Spalter. Dort müssen wir die freien Wahlen fordern!« Havemann wurde verlacht und ignoriert.

Als sowjetische Panzer anrückten, um für Ruhe zu sorgen, war den meisten Menschen klar, was sie von ihrem Staat zu halten hatten. Wenige Tage später hielten die Mächtigen der SED wieder das Ruder fest in Händen, aber in einem veränderten Land. Noch im selben Jahr verließen 330 000 Menschen die DDR in Richtung Bundesrepublik.

Wer der allgemeinen Desillusionierung zum Trotz blieb, engagierte oder arrangierte sich mit den Genossen von der SED, oder er wählte die duldsame Existenzform sich durchwurschtelnden Kleinbürgertums, das es schön warm hatte in der sozial sicheren Heimat und politisch resignierte.

Nur wenige durchschauten nicht das Spiel, als nach dem Aufstand eine Welle groß aufgezogener Prozesse gegen »Saboteure«, »Schieber« und »Wirtschaftsschädlinge« durchs Land rollte. Schuldige mussten präsentiert werden.

Und doch gab es noch immer Menschen wie Robert Havemann, die sich für den Sozialismus begeisterten und in der Lage waren, Begeisterung zu wecken.

Wer sich unbetroffen glaubte von Repression und politischer Enge, wer Kommunist war oder sich dem Kommunismus nahe fühlte, sah sich noch immer auf Seiten von Gerechtigkeit und Zukunftsbestimmung. Es war keine Arroganz oder Überhebung, sondern echte, leidenschaftliche Zustimmung für die frisch und friedenskämpferisch vorwärtsmarschierende sozialistische Bewegung, wenn gerade junge Menschen die offenkundigen Missstände als vorübergehendes Übel auf dem Weg in die bessere Zukunft zu ignorieren oder gar zu erdulden bereit waren. Die Minderheit, die die Dinge so sah, hielt sich für die Avantgarde, die das Volk ins Glück zu führen habe. Das Ziel rechtfertigte die Entbehrungen.

Havemann war glaubwürdig. Die Sowjetarmee hatte ihn 1945 aus der Todeszelle des Zuchthauses Brandenburg befreit. Er ließ keinen Zweifel daran, wem seine Loyalität zustand.

Schon als aufstrebender Doktorand am Kaiser-Wilhelm-Institut in Berlin-Dahlem, bevor Hitler an die Macht gelangte, hatte er mit Kommunisten Kontakt aufgenommen; nicht ohne Zutun seiner damaligen Freundin Elisabeth, die den jungen Mann mit dem Marxismus bekannt machte.

Havemann blieb dabei, nachdem Deutschland sich für Hitler entschieden hatte. Das bedeutete auch die Abkehr von seinem Vater, der Mitglied der NSDAP war. Havemann, Jahrgang 1910, gehörte gleich 1933 zum linken Widerstand gegen die Nazis, zunächst in der Untergrundgruppe »Neu Beginnen«, die in großen Teilen der sowjetisch alimentierten Komintern zugerechnet wurde.

Er führte ein gefährliches Doppelleben als antifaschistischer Verschwörer und Wissenschaftler im NS-Wissenschaftsbetrieb. Als sein jüdischer Doktorvater Herbert Freundlich Deutschland verlassen musste, verzögerte Havemann durch eine Mitteilung ans Kultusministerium, dass ihm wichtige und schwer beschaffbare Messgeräte nach Großbritannien hinterhergeschickt wurden.[6] Havemann befand sich in einer komplizierten Lage: Er war auf die Geräte für seine Doktorarbeit angewiesen. Zur selben Zeit versteckte er in seiner Wohnung allerdings den bulgarischen Genossen Vasili Taneff, später einer der Hauptangeklagten im Reichstagsbrandprozess. War die Mitteilung an das Ministerium eine Ablenkungsstrategie des Untergrundkämpfers oder eine List des ehrgeizigen Forschers? Havemann hat sich darüber nie geäußert. Freundlich erhielt die Geräte um einige

---

6 Dazu: Margit Szöllösi-Janze: Fritz Haber 1868–1934. Eine Biografie. München 1998, S. 670 ff.

Monate später, Havemann flog nicht als Mitglied von »Neu Beginnen« auf und konnte seine Arbeit fortsetzen.

Havemann promovierte 1937 und widmete sich photochemischen und medizinischen Forschungen, die später als kriegswichtig eingestuft wurden.

In den Vierzigerjahren war er Mitgründer der »Europäischen Union«. Die Widerstandsgruppe brachte sich in von Havemann formulierten Flugblättern als paneuropäische Schattenregierung für Großdeutschland und Europa ins Gespräch. Die grandiose Hochstapelei der Flugblätter, die eine Massenbewegung mit großen internationalen Verbindungen und überaus zahlreichen aktiven Unterstützern vor allem unter Fremd- und Zwangsarbeitern suggerierten, ließ ein Netzwerk aus – soweit bekannt – 37 Personen wie eine ernst zu nehmende Weltkriegspartei erscheinen.[7] Die »EU«, deren Hauptaktivität darin bestand, Juden zu verbergen und zu versorgen und vor der Deportation zu bewahren, wurde wenige Monate nach ihrer Gründung verraten. Der Volksgerichtshof verurteilte Havemann und 13 seiner Mitverschwörer in mehreren Prozessen zum Tode. Wegen kriegswichtiger Forschungen, die er während der Haft nur noch fingierte, überlebte er als Einziger.

Aus der Todeszelle verbreitete Havemann im Zuchthaus Brandenburg eine Häftlingszeitung auf der Basis der BBC-Nachrichten, die er mit einem selbstgebauten Radio empfing – überlebenswichtige Informationen gerade für die organisierten kommunistischen Häftlinge.

Auch wenn die SED mit der »Europäischen Union« wenig anzufangen wusste – deren Bindung an den Kommunismus galt als eher schwach –, gab es wenig Gründe, an Havemanns uneingeschränkter Zuverlässigkeit zu zweifeln.

---

7 Dazu: Simone Hannemann: Robert Havemann und die Widerstandsgruppe »Europäische Union«. Berlin 2001
Wie viele Mitglieder die »EU« tatsächlich hatte, wie viele Nationalitäten sie verband, ist ungesichert. Unter den 37 bekannten Mitgliedern sind Tschechen, Ukrainer, Russen und Franzosen. Havemann selbst sprach zudem später von belgischen und dänischen Mitgliedern. (Ebenda, S. 8)

Von 1945 bis 1948 war Havemann Agent des sowjetischen Geheimdienstes NKWD. Bis 1948 leitete er die Institute der Kaiser-Wilhelm-Gesellschaft in Berlin-Dahlem, wo er noch bis 1950 Institutsleiter für Physikalische und Elektrochemie blieb. Havemann wurde fristlos entlassen, nachdem er im Parteiorgan der SED, »Neues Deutschland«, einen Artikel veröffentlicht hatte, in dem er detailliert die Funktions- und Wirkungsweise der amerikanischen Wasserstoffbombe beschrieb: Spionageverdacht.

Seine Eignung als Institutsleiter hatte ohnehin in Frage gestanden – einerseits, weil er sich angeblich viel mehr um Politik als um Wissenschaft kümmerte, andererseits aber, weil die US-Besatzer den Professor, der eine der wichtigsten deutschen Forschungsstätten leitete, die zudem in ihrem Sektor der geteilten Stadt lag, nicht sonderlich gern mit anderen Kommunisten gegen Washingtons Wasserstoffbombe demonstrieren sahen. Seit 1949 war Havemann überdies Abgeordneter in der Kulturbundfraktion der Volkskammer, er kandidierte für die Mitgliedschaft in der SED.

Havemann gab seine Wohnung in Zehlendorf, im amerikanischen Sektor Berlins, auf. Er zog zuerst über die Sektorengrenze nach Kleinmachnow, dann an den Strausberger Platz in einen der neu erbauten Arbeiter- und Bauernpaläste der Stalinallee und stieg als Chemieprofessor an der Humboldt-Universität zum Studentendekan, dann zum Prorektor für Studienangelegenheiten auf.

In dieser Funktion vertrat Havemann in der Universität die Parteimacht auch gegen die Junge Gemeinde. Die Junge Gemeinde war die Jugendorganisation der evangelischen Kirche und als solche Konkurrenz für die SED-nahe Freie Deutsche Jugend. Die Kirche blieb als einzige legale Organisation in der DDR im bürgerlichen Sinne demokratisch strukturiert und gesamtdeutsch organisiert. Sie war daher aus Sicht der SED eine Bedrohung.

Die Junge Gemeinde wurde zur Tarnorganisation für Kriegshetze, Sabotage und Spionage erklärt, es gab Festnahmen, Repression. Christliche Studenten wurden vom Studium ausgeschlossen und der Universität verwiesen, mit Havemanns Billigung.

Höhepunkt seiner DDR-Gläubigkeit dürfte in dieser Zeit ein Propaganda-Artikel im »Neuen Deutschland« gewesen sein, in dem Havemann einem Gerücht seinen Wissenschaftler-Segen (und damit den Anschein von Wahrscheinlichkeit) gab, dass die Westmächte den Loreley-Felsen mit Atomenergie sprengen wollten, um den Rhein aufzustauen und »das Leben und die Existenz von Millionen Deutschen zu gefährden«[8].

Von 1953 an führte das Ministerium für Staatssicherheit Havemann als »Kontaktperson«. Die Geheimpolizei, »Schild und Schwert der Partei«, nach dem Krieg auf sowjetisches Geheiß nach dem Vorbild von Stalins gefürchteter Tscheka gegründet und seit 1950 Ministerium für Staatssicherheit, kurz MfS, war proportional zur Furcht der SED vor dem inneren Feind gewachsen. 1953 hatte die Stasi den Aufstand nicht kommen sehen, ihr Mitgründer Wilhelm Zaisser bezahlte das mit seiner Stellung an ihrer Spitze.

Nach dem Aufstand begann die Emanzipation der Staatssicherheit von ihren sowjetischen Gründern. Sie wurde neu formiert, sie übernahm Kontroll- und Leitungsaufgaben, vor allem hinter den Kulissen. Sie war das Netz aus Macht- und Informationssträngen, das die SED über dem Staat, den Massenorganisationen und den anderen Parteien spann. Kein Staat im Staate, sondern Instrument der zentralistischen Parteimacht. Ihr Chef wurde schließlich ein Mann, der sich im Moskauer Exil eines politischen Mordes Anfang der Dreißigerjahre auf dem Berliner Bülowplatz gerühmt hatte, Erich Mielke. Über Mielke stand nur Walter Ulbricht.

Seit dem 17. Juni 1953 zitterte die SED vor den Bürgern der DDR und ihrer verbreiteten, zumeist stillen Abneigung gegen die Propaganda und die Bevormundung des Sozialismus, sie erkannte die hunderttausendfache Fluchtbewegung

8 »Loreley soll durch Atomenergie gesprengt werden«, »Neues Deutschland« Nr. 145, 25.6.1950.

als Gefahr, die die DDR ihre besten technischen Fachkräfte und Akademiker kostete, sie fürchtete öffentliche Stimmungsmache durch Meinungsäußerungen etwaiger Kritiker und die Konterrevolution.

Vor allem fürchtete sie den Prestigeverlust, denn sie verstand sich als die Volks- und Fortschrittspartei. So suchte sie die Bürger durch verbesserte Konsumgüter, mehr Subventionen, mehr Wohnungsbau, mehr Freiheiten zu gewinnen – um im nächsten Moment auf die geringste Kritik wieder extrem zu reagieren und zuzuschlagen. Die Staatssicherheit war in diesem Spiel Machtinstrument der SED und Stimmungs-Seismograph.

1954, als er das Grundstück in Grünheide kaufte, war Havemann zugleich politischer Funktionär, Führungskraft an der Hochschule, repräsentativer Antifaschist, Wissenschaftler, Publizist, Stasizuträger. Er war nicht der Einzige aus der DDR-Elite, der in Grünheide die Sommerfrische suchte. Zu seinen Nachbarn in der Burgwallstraße zählte zu Beginn der Sechzigerjahre Günter Mittag, der zweite – spätere erste – Mann in der Wirtschaftsplanung der DDR. In das Sommerhaus der kinderreichen Familie des Architekten der Stalinallee, Hermann Henselmann, auf dem Grundstück neben Havemanns zog Mittags damaliger Chef Erich Apel, der später parteiintern Kritik übte und sich 1965 unter nie ganz geklärten Umständen das Leben nahm.

Schauspieler, Schriftsteller und viele Wissenschaftler, deren Institute im Süden Ost-Berlins nicht weit entfernt lagen, lebten in Grünheide oder hatten hier ihr Wochenendhaus, darunter die Professoren Pietsch und Schiller, frühere Mitarbeiter Havemanns. Der Suhler SED-Spitzenfunktionär Albrecht kam regelmäßig auf seine Datsche.

Die gerade zweihundert Jahre alte Waldbauern- und Schiffersiedlung Grünheide war seit Anfang des Jahrhunderts wie andere Villenkolonien am Rande Berlins Wohn- und Wochenendort für reiche Bürger und auch für prominente Intellektuelle geworden. Der expressionistische Schriftsteller Georg Kaiser wohnte von 1920 bis 1938 in Grünheide; Lotte Lenya, Gerhart Hauptmann, Ernst Toller und Bert Brecht genossen hier regelmäßig die Sommerfrische. Der Jugendstilmaler Hugo Höppner (Fidus), skurriler und populärer Vertreter der Lebensreform-Bewegung, lebte bis zu seinem Tod 1948 in einem eigenwilligen, selbst entworfenen Haus im benachbarten Woltersdorf.

Nach dem Krieg wurden viele der Villen und Grundstücke als »Ferieneinrichtungen« volkseigener DDR-Betriebe genutzt, auch die Staatssicherheit unterhielt »Freizeitobjekte« am Peetzsee; es gab zahlreiche Zeltplätze an der Seenkette bei Erkner und Köpenick.

Havemann erkundigte sich beim Rat der Gemeinde nach einem freien Grundstück. Zunächst wies man ihm eines am Peetzsee zu, das allerdings zu sumpfig war zum Bauen. Dann besichtigte er die Burgwallstraße 4 im Ortsteil Alt Buchhorst, ein Grundstück im Schatten mächtiger Waldbäume am Hang zum Möllensee.

Anders als die DDR-Größen in seiner Nachbarschaft pachtete Havemann das Grundstück nicht vom Rat der Gemeinde, unter dessen Zwangsverwaltung es seit 1952 stand. Dabei wären die Pachtbedingungen traumhaft gewesen: Er hätte praktisch nichts zahlen müssen, als Gegenleistung hätte er sich nur verpflichten sollen, das Grundstück in Ordnung zu halten. Havemann setzte sich juristisch korrekt mit den praktisch rechtlosen Erben des Eigentümers in West-Berlin in Verbindung und kaufte das Anwesen. Das Holzhaus, in dem zwanzig Jahre später der in Jena wegen Gründung einer Oppositionsgruppe exmatrikulierte Jürgen Fuchs mit seiner Familie unterkommen sollte, erwarb Havemann als Bausatz bei einer Firma, die im Krieg Baracken hergestellt hatte und nun Fertigbau-Wochenendhäuser anbot.

Grünheide war gut für Havemanns Lunge, für sein Gemüt. Er verbrachte jede freie Minute dort. Mit seinem selbst konstruierten Boot »Kuddeldaddeldu«, einem Kahn mit Bänken für mindestens zehn Personen und einem Stoffdach, das aussah wie das Schattensegel einer Dschunke, drehte Havemann mit seinen Gästen Runden auf den Grünheider Seen. Schon von weitem war das dumpfe Stampfen des alten BMW-Viertaktmotors zu hören.

Als er sich von seiner Frau Karin, die er 1947 geheiratet hatte, mehr und mehr entfernte, zog er ganz auf das Grundstück, auf dem er zur Straße hin ein zweites, für die Nutzung im Winter geeignetes Haus errichten ließ.

Am 24. Februar 1956 verpflichtete sich Havemann als »Geheimer Informator« zur festen freien Mitarbeit bei der Staatssicherheit. Er wählte den Decknamen »Leitz«, seine Aufgabe sollte sein, Stimmungsberichte aus der Wissenschaftslandschaft der DDR zu geben und zugleich westdeutsche Wissenschaftler auszuhorchen und vielleicht sogar für die DDR oder wenigstens für die von der SED geförderte Friedensbewegung gegen die Wiederbewaffnung Westdeutschlands zu gewinnen.

Später wies er mehrfach darauf hin, dass er ebenso leidenschaftlich Stalinist gewesen sei, wie er es später nicht mehr war.[9]

Am Tag nach der Verpflichtungserklärung des Geheimen Informators »Leitz« geschah in Moskau etwas, das Havemanns Weltbild erschüttern sollte. Nikita Chruschtschow hielt an jenem 25. Februar 1956 im Rahmen des XX. Parteitags der KPdSU seine »Geheimrede« über die stalinistischen Verbrechen der Dreißigerjahre. Der Inhalt der Rede verbreitete sich wie ein Lauffeuer auch in der SED. Als Havemann im Kreis von Genossen an der Humboldt-Universität von der Rede erfuhr, entglitten ihm »buchstäblich die Gesichtszü-

9 Es ist nicht auszuschließen, dass Robert Havemann in wenigstens einem Fall einem zur »Republikflucht« entschlossenen Wissenschaftler durch Verrat des Plans schwer geschadet hat. Der Vorwurf wurde am 15. Februar 2002 in der ZDF-Sendung »Aspekte« erhoben, allerdings ohne eingehende Recherche in den einschlägigen Akten des mutmaßlichen Opfers, die als Beweis dafür dienen könnten, dass Havemanns Verrat Ursache der Entdeckung war. Havemanns stalinistische Jahre sind bis heute leider weitgehend unerforscht und auch hier nicht Thema.

ge«[10]. Nichts war mehr wie zuvor, und doch blieb alles, wie es war. Aus dem Genossen, dem man bis dahin allenfalls übel nahm, dass er die Aufträge der Staatssicherheit manchmal – unter Berufung auf seine große Arbeitsbelastung als Wissenschaftler und sozialistischer Agitator – nicht oder nachlässig erledigte, wurde zunehmend ein unerbittlicher Kritiker der Partei, der er angehörte.

Havemann hatte alles. Macht, Einfluss, Privilegien, die repräsentative Stadtwohnung, das Idyll am See. In einem inszenierten Interview zum antifaschistischen Widerstand – Havemann wird in dem Wochenschau-Beitrag in seinem Labor von jungen Leuten befragt – und auf Fotos ist zu sehen, wie sehr er sich verändert hatte. Der schlanke, auf Fotos schüchtern und zugleich sehr wach wirkende junge Mann vom Ende der Dreißigerjahre hatte sich zu einem seiner Rolle und seines Status sehr bewussten Funktionär entwickelt, der stets seinem Stand gemäß im weißen Kittel oder grauen Anzug auftrat.

Als er 1959 den Nationalpreis bekam, war er schon ein Jahr zuvor wegen seiner wiederholten Versuche, den unbedingten Anspruch der SED auf die Führungsrolle in Frage zu stellen, auf der dritten nationalen Hochschulkonferenz öffentlich gerügt worden. Havemann hielt sich in den nächsten Jahren in der Öffentlichkeit zurück, beließ es bei Kritik im inneren Kreis der Partei. Erst 1962 handelte er sich erneut größeren Ärger ein, als er einen scharf antistalinistischen Vortrag, den er auf dem Philosophentag in Leipzig zum Thema »Hat Philosophie den modernen Naturwissenschaften bei der Lösung ihrer Probleme geholfen?« gehalten hatte, selbst verbreitete, nachdem er im sonst vollständigen Konferenzbericht ausgelassen worden war.

Bis 1963 wurde Havemann die Rolle des parteiinternen

10 Silvia Müller, Bernd Florath (Hg.): Die Entlassung. Robert Havemann und die Akademie der Wissenschaften 1965/66. Berlin 1996, S. 14

Kritikers zugebilligt, die eines Paradiesvogels, eines Ventils für den Unmut vieler Genossen, die sich das selbstständige Denken nicht abgewöhnen mochten.

Mit der Vorlesungsreihe »Naturwissenschaftliche Aspekte philosophischer Probleme« machte er seine Kritik öffentlich. In einem Chemie-Hörsaal der Humboldt-Universität, der zwischen holzgetäfelten Wänden etwa 200 Menschen Platz bot, stellte er – auf der Basis einer streng erkenntnistheoretischen Argumentation – den Dogmatismus, den Zentralismus und den absoluten Anspruch der SED in Frage, zu bestimmen, was die Wahrheit ist.

Im Oktober 1963, als die Vorlesungsreihe begann, war die Parteilinie ideologisch weich geworden. Der Bau der Mauer durch Berlin, der jäh die Massenflucht von DDR-Bürgern beendete, hatte die Staatsführung vom ständigen, aussichtslosen Wettbewerb mit dem Westen entlastet. Hunderttausende, die mit dem Stalinismus nicht mehr hatten leben wollen, waren in den Jahren neuer Vereisung seit 1958 außer Landes gegangen.

Havemann, der dies stets verurteilt hatte, obgleich er selbst mehr und mehr seiner Unzufriedenheit Ausdruck gab, blieb und begrüßte sogar den Mauerbau. Für ihn gab derjenige, der ging, den Sozialismus auf. Er aber war entschlossen, Sozialist zu bleiben und den Sozialismus, so wie er ihn verstand, aufbauen zu helfen. Dazu gehörte zunächst, die durch den Mauerbau verbreitete bleierne Resignation vieler Menschen zu brechen. In seiner Vorlesungsreihe forderte er Meinungsfreiheit und -vielfalt, Wahlfreiheit, ein Ende der Bevormundung. Erstmals machte er die Formel öffentlich, für die er berühmt werden sollte: Die sozialistische Gesellschaft müsse ihre Fortschrittlichkeit an den Freiheiten messen, die sie gewähre. Sie stelle nur dann ihre Fortschrittlichkeit unter Beweis, wenn sie auch in diesem Punkt der bürgerlichen Gesellschaft überlegen sei. Damit disqualifizierte Havemann öffentlich seine Partei.

Wurde die Vorlesung zunächst nur von einigen zig Menschen besucht, wuchs die Zuhörerschaft im Laufe der Monate auf einige hundert. Havemann sprach frei, nur auf der Basis einiger in seiner auffällig kleinen Handschrift geschriebener Notizen. Er ließ sich am Ende jeder Veranstaltung Fragen stellen, die er in der nächsten beantwortete. Während die SED, die Massenorganisationen der DDR und die Parteien der Nationalen Front Mühe hatten, zu ihren Feiertagen ohne »freiwillige Verpflichtung« ganzer Betriebskollektive die Säle voll zu bekommen, während subtiler Zwang und die Drohung mit Karriereproblemen nötig waren, gerade die jungen Menschen zu »gesellschaftlichem Engagement« in den sozialistischen Organisationen zu bewegen, mobilisierte ein einziger Akademiker Hunderte, ja Tausende mit einer philosophischen Vorlesungsreihe.

Havemann, durch zahlreiche Essays und Artikel als einer der führenden Erkenntnistheoretiker unter den Naturwissenschaftlern des Ostblocks ausgewiesen, unterzog nicht länger nur naturwissenschaftliche Methoden und Denkansätze einer dialektisch-kritischen Prüfung, sondern stellte jetzt auch politische Dogmen in Frage. Darin lag für ihn kein Widerspruch, denn der »dialektische Materialismus« war für ihn als Marxist der das Denken strukturierende Rahmen für alle Wissenschaften.

Die Mächtigen stießen sich besonders an Havemanns Behandlung des Freiheitsbegriffs: »Es gibt Leute, die möchten jede einzelne Ursache planmäßig hervorrufen, damit sie zu ihrer Wirkung kommt. Alles soll vorher am grünen Tisch gründlich berechnet werden. Das widerspruchsvolle, komplexe Leben der Gesellschaft erscheint wie ein riesiger Apparat. Planung der Zukunft sei es, diesen gewaltigen Apparat aus Zahnrädern und Rädchen, in dem alles determiniert ist, in richtiger Weise in Gang zu halten. ... Freiheit ist nur erstrebenswert, ist nur moralisch, die nicht die Freiheit Einzelner ist, sondern die Freiheit aller, die Freiheit ist für jeden Menschen, die jedem die Möglichkeit lässt, nach seinem Willen und seinen Wünschen zu entscheiden. Das ist

Freiheit. Freiheit ist nicht nur in dem Sinne Einsicht in die Notwendigkeit, dass man jeweils nur eine einzige notwendige Sache tun kann. Sondern wahre Freiheit haben wir erst, wenn es für unser Tun und Lassen eine breite Skala von Möglichkeiten gibt. Je mehr man nicht tun darf, um so weniger Freiheit. Wir wollen eine Welt schaffen, in der allen Menschen immer mehr Möglichkeiten offen stehen, sodass jeder ganz nach seinem individuellen Streben handeln kann, nicht beschnitten durch Anordnungen, Befehle und ›Grundsätze‹. Um diese Welt zu schaffen, bedarf es der Einsicht in die Notwendigkeit. Dies heißt nichts anderes als die Entdeckung der phantastischen Möglichkeiten, die diese Welt uns bietet. Wir müssen von ihnen nur Gebrauch machen.«[11]

Die Stasi ließ das Gerücht in die Welt setzen, dass Havemann unter Drogen stehe. Er sei ein Verderber der Jugend, der »abweichende Auffassungen« vertrete. Die Jugend nämlich, das nahm die SED unbedingt für sich in Anspruch, begeisterte sich nur für die SED. Havemann selbst sorgte für die Verbreitung des Vorlesungsskripts. Er nahm seine Lesungen auf Tonband auf, ließ die Bänder abtippen und druckte sie für die mehr als tausend eingeschriebenen Hörer mit Hilfe seines Freundes, des Schriftstellers Stefan Heym, auf einer alten Hand-Druckmaschine.

Die SED konnte Havemann einschränken, stoppen aber konnte sie ihn nicht mehr. Zunächst schien die Partei daran nicht einmal interessiert. Es gab Funktionäre, die Havemann gewogen waren, Leute, die es mit der DDR ernst nahmen, aber freien Geistes waren. Auch wenn sie nicht so offen waren wie Havemann, bildeten sie doch eine größere Gruppe in der Partei, die nicht ohne Einfluss war. Die in diesen Jahren von der SED ausgegebene Parole vom konstruktiven Meinungsstreit wurde allerdings nur von Havemann öffentlich

11 Robert Havemann: Dialektik ohne Dogma. Reinbek bei Hamburg 1964, S. 103 f.

erfüllt. Er führte seinen Streit mit dogmatischen Philosophen des Sozialismus nicht in internen Zirkeln, sondern vor Publikum. Niemand nutzte seine Publikationsmöglichkeiten so frei wie Havemann. Weniger Mutige sympathisierten mit ihm, ermutigten ihn auch.

Die Zaghaften sollten Recht behalten: Es erwies sich, dass der Meinungsstreit anders gedacht gewesen war. Hinter den Kulissen wurde Havemanns Akte als Geheimer Informator der Stasi in eine OV-Akte verwandelt. OV heißt »Operativer Vorgang« und ist die Bezeichnung für ein von der Stasi geführtes Ermittlungsverfahren. Der von Havemann selbst 1956 gewählte Deckname »Leitz« wurde beibehalten.

Die Vorlesungen gaben der Stasi aber nur den letzten Anstoß dazu, Havemann nunmehr förmlich wie einen Verdächtigen zu behandeln.

Schon fünf Monate vor seinem ersten philosophischen Vortrag hatte die Stasi-Hauptabteilung III/6 Havemann die Bildung einer politischen Oppositionsgruppe unterstellt:[12]

„Die im Zusammenhang mit dem Auftreten von Prof. Havemann erarbeiteten Hinweise erstreckten sich auf Personenkreise, die an der deutschen Akademie der Wissenschaften, Forschungsgemeinschaft, Humboldt-Universität sowie an Einrichtungen des Kunstschaffens (besonders Schriftsteller) tätig sind. Die Summe der Hinweise führt zu der Schlussfolgerung, dass sich der Kreis zustimmender und sympathisierender Angehöriger der wissenschaftlichen und künstlerischen Intelligenz zusammengefunden hat. Obwohl mit den schriftlichen Dokumenten von Prof. Havemann und Dr. * [Name geschwärzt] eine Konzeption vorliegt, ist es bisher noch nicht gelungen, das Wirken und Zusammenspiel

12 Maßnahmeplan vom 7. Mai 1963

```
der Kräfte, evtl. ,Organisationsformen' sowie
erklärte Absichten und Ziele der angefallenen
Personen zu bearbeiten. Es ist notwendig, eine
enge Koordinierung und Zusammenarbeit zwischen
den Diensteinheiten HA III/6, HA V/1 und HA V/6
herbeizuführen.
Folgende Maßnahmen werden vorgeschlagen: ...
2. Havemann hat in Grünheide ein Wochenend-
grundstück. Es sind die Möglichkeiten für
konspirative operative Kontrollmaßnahmen zu
prüfen und einzuleiten mit dem Ziel, Verbin-
dungen, Zusammenkünfte und Gespräche zu erar-
beiten. ...
3. Durch IM sind das Zusammentreffen und die
politisch-ideologische Haltung von Prof. *, *
und * zu prüfen und ihre Haltung zur Konzep-
tion Havemanns zu klären. ...
4. ... Der Umfang des Einflusses der Ideologie
Havemanns in der Arbeitsstelle ist festzustel-
len. ...
II. ... 1. Das Verhalten von Havemann während
seines Auftretens 1956 ist zu erarbeiten, be-
sonders im Hinblick auf mögliche Bindungen zu
Harich u. a. [Anm. handschr.: „HA IX"] ..."
```

Der Maßnahmeplan trägt den persönlichen Vermerk des Ministers für Staatssicherheit, »einverstanden Mielke«, datiert »16. V. 1963«.

Havemanns Stasi-Führungsoffizier Maye traf sich der Überwachung Havemanns zum Trotz für eine gewisse Zeit weiter mit dem GI »Leitz«. Der erwies sich jedoch zunehmend als renitent: »Aus seinem Verhalten entsteht der Eindruck, dass er glaubt, mit seinem Verhalten im Recht zu sein und sich der Gefährlichkeit seines Verhaltens gegenüber der Partei keiner Rechenschaft schuldig zu sein. ›Leitz‹ machte über seine Verbindungen und Gespräche mit Schriftstellern keine Angaben«[13], lautete Mayes Einschätzung von »Leitz« am 20. 5. 1963.

Ein halbes Jahr später ließ die Stasi den GI »Leitz« fallen. Einerseits suchte man ihn ein erstes Mal politisch zu diffamieren, indem man dem Verdacht nachging, Havemann habe im Dritten Reich mit der Gestapo zusammengearbeitet – erfolglos[14]. Zum anderen wurde die inoffizielle Tätigkeit des Wissenschaftlers für die Stasi beendet: »Im Ergebnis der sich bei GI ›Leitz‹ abzeichnenden polit.-ideologischen Entwicklung wurde entschieden, die bisherige Linie, trotz op. Bearbeitung den Kontakt noch zeitweilig aufrechtzuerhalten, endgültig abzubrechen. Es wird festgelegt, dass mit GI ›Leitz‹ keine Gespräche mehr geführt werden und der Schwerpunkt auf die op. Bearbeitung zu legen ist.«[15]

Unmittelbar nach Abschluss der Vorlesungsreihe, im Februar 1964, griffen die Genossen Havemann im 5. ZK-Plenum der SED scharf an. Am 12. März des Jahres, einen Tag nach seinem Geburtstag, wurde er aus der Partei ausgeschlossen, aus seinen Stellungen an der Humboldt-Universität fristlos entlassen und erhielt Hausverbot in der Hochschule. Dennoch wurde sein Ehrenamt als Leiter der von ihm aufgebauten Arbeitsstelle für Photochemie der Deutschen Akademie der Wissenschaften vier Wochen später zur bezahlten Position. Die Zeit für das endgültige Verbot war noch nicht reif.

»Eine Zwischenzeit, als wir schon stanken, aber noch nicht tot waren«, beschreibt sein engster Freund und wichtigster

---

13 Zit. nach Bezirksgericht Potsdam, 2 BSK 83/90, »Beschluß in der Kassationssache des Professors Dr. Robert Havemann« vom 3. 7. 1991, 2. Kassationssenat, S. 5 ff.

14 Lt. Maßnahmeplan vom 29. 11. 1963 und Aktenvermerk der Hauptabteilung III/6 vom 2. 1. 1964. Zit. nach: Bezirksgericht Potsdam, 2 BSK 83/90, »Beschluß in der Kassationssache des Professors Dr. Robert Havemann« vom 3. 7. 1991, 2. Kassationssenat, S. 5 ff.

15 Aktenvermerk vom 4. 12. 1963, Hauptabteilung III/6. Zit. nach: Bezirksgericht Potsdam, 2 BSK 83/90, »Beschluß in der Kassationssache des Professors Dr. Robert Havemann« vom 3. 7. 1991, 2. Kassationssenat, S. 5 ff.

Verbündeter Wolf Biermann die Situation. Auch Biermann erhielt zur gleichen Zeit warnende Signale, ohne vollkommen eingeschränkt zu sein. »Da hatten sie noch die Hoffnung, dass wir oder er oder ich zur Vernunft kämen.«

Beide hatten es nicht darauf angelegt, verboten zu werden. Sie dachten, dass die DDR eine Gesellschaft sei, die man verändern müsse und die zum Wandel fähig sei. Sie dachten, dass dies nicht um jeden Preis, »aber doch um manches Zugeständnis«, von innen her geschehen müsse, nicht von außen. »Es war also kein Triumph, dass Robert aus der Partei flog und ich erst gar nicht aufgenommen wurde.« Biermann wäre gern SED-Mitglied geworden, aber: »Die waren nicht ganz so dumm, wie ich schlau sein wollte.«

Wolf Biermann und Robert Havemann hatten einander Anfang der Sechzigerjahre kennen gelernt. 1960 war Biermann Philosophie-Student und hatte ein Agitprop-Theaterstück zum 150. Gründungstag der Humboldt-Universität in Arbeit: »Havemann war der Vorzeige-Antifaschist, auf den die Universität damals noch sehr stolz war. Seine Biographie interessierte mich, er war mir sympathisch. Er erzählte mir von seinem Freund Dr. Georg Groscurth[16] und zeigte mir ein Gedicht im Laotse-Stil, das ich in meine Show einbaute.«[17] Das Gedicht hatte Havemann über Groscurth geschrieben.

Ein bis zwei Jahre später lernte Biermann ihn »noch einmal kennen«, über Hans Bunge, den Gründer des Brecht-Archivs. »Er war wieder Kommunist geworden, nachdem er vorher Bonze gewesen war. Ich war eine Generation jünger und wurde immer kritischer. Das war die geistige und politische Basis, auf der wir uns immer besser verstanden.«

Er habe Havemann bewundert, »wie es sich gehört«, Havemann ihn sympathisch gefunden, »wie er sollte«.

---

16 1944 hingerichtet wegen der Mitgliedschaft in der gemeinsam mit Havemann gegründeten Widerstandsgruppe »Europäische Union«

17 Wolf Biermann in seiner Aussage im Prozess gegen Havemanns Ankläger und Richter, Landgericht Frankfurt (Oder), 24.4. 1996 (alle folgenden Zitate bis zur nächsten Anmerkung)

»Plötzlich waren wir als Feinde der DDR verboten. Das hat unsere Freundschaft vertieft. Ich freute mich, ihn zum Freund zu haben. Unser Verhältnis war menschlich gleichberechtigt, jeder hatte so seine Vorzüge. Ich spielte etwas besser Gitarre als er und freute mich, dass er mir beistand. Ich hatte natürlich Angst, die ja auch begründet war. Aber es ist ja eine Ironie der Geschichte, dass man die Bedrohung unterschätzt, wenn man aufbegehrt.«

Biermann war kommunistisch erzogen worden. Seine Mutter war Mitglied der KPD in Hamburg. »Die Nazis hatten so zwanzig Mitglieder der Familie ermordet, die einen als Juden, die anderen als Kommunisten. Mein Vater war beides.«

Seine Mutter Emma hatte den Ehrgeiz, aus ihrem Sohn einen guten, aufrichtigen Kommunisten zu machen. »Als ich in die DDR zog, blieb meine Mutter in Hamburg, weil die Partei es so wollte: Sie sollte die Weltrevolution in Hamburg vorbereiten.«

Biermann kam im Mai 1953 in die DDR, nach Gadebusch, ins Internat. »Ich fühlte mich wie ein Jude, der ins Gelobte Land kommt.«

Schon wenige Monate später geriet er zum ersten Mal mit der Parteimacht aneinander. »Die Stasi versuchte, mich zum Spitzel gegen meine Mitschüler und Lehrer zu pressen. Das misslang.«[18]

An Havemann beeindruckte Biermann zweierlei.

Havemann war in der Lage, seine Irrtümer zu erkennen, aus ihnen zu lernen und sich zu ändern. »Zweimal hatte er den Mut, mit allem zu brechen, im besten Sinne des Wortes Verräter zu sein. Beim ersten Mal war es der Bruch mit seinem Vater, der Nazi war.« In Havemanns Fähigkeit, sich selbst zu hinterfragen und sein Leben zu ändern, meint Biermann, liege eine »große moralische und geistige Integrität. Tapferkeit.«

Was beide verband, waren Selbstgewissheit und das Ge-

---

18 Bis hier: Zitat aus Biermanns Aussage als Zeuge vor dem Landgericht Frankfurt (Oder) (s. Anm. 17)

fühl, eine Sendung zu haben. Biermann suchte die Bewunderung, zweifelte halb daran, sie zu verdienen, und war sich doch gewiss, sie zu bekommen. »Ich war damals ein junger Mann, ein Anfänger. Havemann war ein ausgewachsenes Exemplar. Er verstand mehr von Politik, er hatte sich im Leben auch schon mehr bewährt, er verstand auch mehr von Weibern als ich, er vertrug mehr Alkohol und war in einem wichtigen Punkt das Gegenteil von mir: Er fand sich chronisch wunderbar. Er beglückwünschte jeden Morgen die Welt dazu, dass es ihn gibt.«

Havemann hatte die Sorte Eitelkeit, meint Biermann, die sich nicht nur auf das Privatleben bezog, sondern »die Eitelkeit, etwas für die Menschen zu tun, mit denen man in einem Gemeinwesen zusammenlebte«.

Individuelle Freiheiten und Rechte, eine Presse mit einer unzensierten Stimmenvielfalt, Wahlfreiheit für jeden Bürger: Jede dieser Forderungen mag nach bürgerlicher Demokratie aussehen, in Summe mit weiteren Positionen Havemanns nach einer Art sozialdemokratischer Idealgesellschaft. Doch Biermann ist bis heute überzeugt, dass Havemann nicht aus Taktik von »Kommunismus« sprach, obwohl er die bürgerliche Gesellschaft meinte. »Als Taktik hätte das auch nicht funktioniert. Im Partei-Kaderwelsch gesprochen, war es unsere gemeinsame Plattform. Wir waren die richtigen Kommunisten, und unsere Feinde im Politbüro waren die falschen. Man kann nur mit den Waffen kämpfen, die man hat. Wir waren nun mal kommunistisch gestählte, erzogene, gelernte Marxisten. Und wenn man Marx gelernt hat, kommt man diesen so genannten Marxisten natürlich mit Marx. Es konnte nicht anders sein.

Es war ein echter Irrtum, kein falscher Irrtum. Echte Irrtümer sind vielleicht schlimmer als falsche, aber sie haben zumindest einen für mich wichtigen Vorteil: Man kann sich korrigieren, sobald man es besser weiß. Wenn man aber lügt, statt sich zu irren, und wenn man auch noch lebt von dieser Lüge, was die Sache noch mehr zementiert, dann kommt man nicht weiter im Leben.«

Im Mai 1964 erschienen Havemanns Vorlesungen beim westdeutschen Rowohlt-Verlag unter dem nicht mehr irreführenden Titel »Dialektik ohne Dogma?«.

Daraufhin erschien in der DDR-Zeitschrift »Forum« ein diffamierender Artikel eines unter Pseudonym schreibenden Redakteurs des »Neuen Deutschland«, in dem Havemanns stalinistische Schlagworte von einst seinen jüngeren antistalinistischen Äußerungen gegenübergestellt wurden.

Havemann rechtfertigte sich in der westdeutschen »Zeit« unter der Überschrift »Ja, ich hatte Unrecht«. Seine Replik war keineswegs der Rückzug, der wohl erwartet worden war. Havemann legte gemäß dem Untertitel »Warum ich Stalinist war und Antistalinist wurde« seine Kritik an der DDR und an seinem alten, stalinistischen Selbst noch einmal im Detail dar.[19]

Er hatte versucht, den Artikel ebenfalls in »Forum« unterzubringen, doch er erhielt, zur Unperson erklärt, nicht einmal eine Antwort auf seine Zuschrift.

In der »Zeit« nahm Havemann den Vorwurf »uneingeschränkt an«, dass er sich bisher »nicht offen und selbstkritisch« zu seinen »Irrtümern« bekannt habe, die nicht »als ›Jugendsünde‹ abgetan werden« könnten: »Wenn man seine Meinung zu wichtigen Fragen ändert, so genügt es nicht, die neuen Ansichten zu vertreten und die alten zu kritisieren. Man muss danach forschen, warum man früher anders dachte, warum man heute anders denkt. Man muss den Wandel des eigenen Denkens in schonungsloser Offenheit darlegen. Wer den Eindruck zu erwecken versucht, er habe nie geirrt – oder wer es auch nur zulässt, dass dieser Eindruck entstehen kann –, handelt unehrlich und verdient keinen Kredit.« Die Beispiele für sein damaliges Denken, die in »Forum« aus seinen früheren Schriften angeführt würden, gäben »nur ein blasses Bild«: »Es war viel schlimmer.«

19 »Die Zeit«, 7. Mai 1965. Zitiert nach: Robert Havemann: Warum ich Stalinist war und Antistalinist wurde. Texte eines Unbequemen. Herausgegeben von Dieter Hoffmann und Hubert Laitko. Berlin 1990, S. 192 ff.

»Für mich galt: Die Partei hat immer Recht«, schrieb Havemann. »Die Partei lobte Lyssenko. Also war Lyssenko ein Marxist. Seine Ansichten waren richtig. Ich mühte mich nach Kräften, sie zu verteidigen. Sartre war ein Feind. Man brauchte ihn nicht zu lesen. Es war besser, man las ihn nicht. Man entging dadurch der Gefahr, von der Ideologie des Klassenfeindes benebelt zu werden. Darum wurden ja auch die Schriften Sartres nicht bei uns veröffentlicht. Wie sie einzuschätzen waren, hatte die Partei längst gesagt.

Stalin war für mich der bedeutendste damals lebende Marxist. … Ich konnte mich nur bemühen, ihn zu verstehen. Wenn es mir nicht gelang, lag es nicht an Stalin, sondern an mir. … Damals war ich der Meinung, dass man einen guten Genossen daran erkennen kann, wie schnell er neue weise Einsichten der Partei verstehen und öffentlich für sie eintreten kann. Die schlechten, unsicheren Genossen andererseits waren daran zu erkennen, dass sie in unbescheidener Überheblichkeit Einwendungen machten und völlig abwegige Fragen stellten, die man am besten gar nicht beantwortete. Die schlechtesten Genossen aber, die schon mit einem Bein im Lager des Klassenfeindes standen, das waren jene Unglücklichen, die es wagten, Kritik an den führenden Genossen der Partei zu üben, gar Kritik an dem führenden Genossen. Heute erscheint mir die Geistesverfassung, in der ich mich damals befand, als geradezu lächerlich. Damals war sie das aber keineswegs. … Wir hatten einen jahrzehntelangen schweren Kampf hinter uns. … Meine besten Freunde waren in diesem Kampf gefallen. … Meine Befreiung aus dem Zuchthaus, mein Denken – alles verdankte ich der Partei, verdankte ich Stalin. … Heute weiß ich, dass die Parteiführung das Recht der Zensur nicht hat. Ich weiß, jeder von uns, außerhalb und innerhalb der Partei, hat das Recht und die Pflicht, sich ein selbstständiges Urteil zu bilden, auch über die Gedanken, die ich in meinen Vorlesungen dargelegt habe. Die Veröffentlichungsrechte für die DDR sind noch frei.«

Die Nachricht vom wichtigen Funktionär, der sich in Opposition zu seinen Genossen stellt, machte Havemann bekannter und gab ihm Gelegenheit, neue, wertvolle Kontakte zu knüpfen. Der West-Berliner Politologe Hartmut Jäckel, ein politisch ambitionierter Assistent mit Lehrauftrag am Otto-Suhr-Institut der Freien Universität mit vielfältigen Verbindungen, suchte Robert Havemann erstmals im März 1964 in seiner Wohnung am Strausberger Platz auf, nachdem er in der Zeitung über seinen Fall gelesen hatte. Havemanns Adresse hatte Jäckel von Klaus Piper bekommen, dem Münchner Verleger. Piper sagte zu Jäckel: »Wenn Sie rübergehen, grüßen Sie ihn schön«[20] – er war ein Jugendfreund Havemanns.

Havemann korrespondierte bereits mit anderen Reformkommunisten und unabhängig denkenden Wissenschaftlern in Osteuropa, zu denen er während seiner früheren Reisen Kontakt aufgenommen hatte. Jäckel bot ihm nun an, ihn mit Intellektuellen in Italien und Frankreich in Verbindung zu bringen. Er schlug dem um rund zwanzig Jahre älteren Havemann überdies vor, einen Gesprächskreis zu gründen, der sich regelmäßig treffen sollte. Mit kritischen Intellektuellen in der DDR pflegte Havemann ohnehin regen Austausch, die neue Gesprächsrunde erweiterte seinen Aktionsradius. So half Jäckel, die Isolation, in die die SED Havemann führen wollte, schon im Ansatz zu überwinden.

Im April 1964 kam der Kreis zum ersten Mal zusammen, wenige Wochen nach der Entlassung Havemanns von der Universität und aus der Partei. Jäckel und Havemann brachten unter anderem den wegen seiner Unterstützung Havemanns kurz zuvor abgesetzten ehemaligen Parteisekretär an der Humboldt-Universität, Werner Tzschoppe, den Theatermann und Leiter des Brecht-Archivs, Hans Bunge, den Schriftsteller Manfred Bieler, den Bildhauer Fritz Cremer und Stefan Heym mit Publizisten und anderen Persönlich-

---

20 Lt. Hartmut Jäckel im Interview am 21. Dezember 2000

keiten aus dem Westen zusammen, mit Marion Gräfin Dönhoff und Theo Sommer von der »Zeit« sowie Peter Bender, der als WDR-Korrespondent in West-Berlin lebte.

Die Zusammenkünfte des Gesprächskreises waren der Stasi natürlich bekannt. Jäckel: »Wo immer wir uns trafen: Es standen immer Stasileute während der gesamten Dauer des Treffens unten auf der Straße.«

Havemann machte das nichts aus. Er war von einer Unerschrockenheit, die die wenigsten seiner damaligen Bekannten und Freunde teilen mochten. Indem er den Konflikt mit der SED öffentlich austrug, hatte er sein bisheriges Leben hinter sich gelassen und benahm sich nun so, als wäre das selbstverständlich. Die DDR aber war ein Biotop, in dem das Gedeihen einer intellektuellen Elite gefördert wurde, solange sie pflegeleicht blieb.

Stefan Heym war nicht in der SED und ohne offizielle Funktionen. Und dennoch: »Stefan Heym erschien mir von vornherein als Fremder in diesem Kreis. Er erhob immer seine warnende Stimme, wenn er fand, dass die DDR zu schlecht gemacht werde. Bei Havemann war der Rubikon längst überschritten«, erinnert sich Jäckel. Als Fritz Cremer einmal die Befürchtung äußerte, dass ihre Treffen als feindliche Konspiration eingeschätzt werden könnten, entgegnete Havemann: »Was hier besprochen wird und wie ich mich äußere, genau so äußere ich mich jederzeit in der Öffentlichkeit und auch meinen Bekannten und Freunden gegenüber. Nur, wenn man sich diese Freiheit nimmt, kann die Situation in der DDR in kleinen Schritten verbessert werden.«

Die Treffen verliefen meist ähnlich, berichtet Jäckel: »Zunächst kamen die Nachrichten von der ›Havemann-Front‹ zur Sprache. Havemann erzählte, wie seine Anträge und Anfragen an DDR-Verlage behandelt wurden, seine Vorlesungen dort zu veröffentlichen. Auch, wie er Prominente, die er flüchtig kannte, etwa den Nobelpreisträger Linus Pauling in Kalifornien oder Albert Schweitzer, mit allerhand Tricks in seine Sache einzubeziehen wusste. So schuf er sich eine Plattform.«

Warum ließ die DDR-Führung Havemann (und auch Biermann) nicht einfach gewähren? Es gibt nicht wenige ehemalige DDR-Bürger, die fest daran glauben, dass ein Havemann in Amt, Würden und Partei niemals die Autorität und die Strahlkraft des isolierten, geschassten und verbotenen Havemann gehabt hätte. Wer hätte schon im Westen lange Artikel über einen Kommunisten geschrieben, der unter Kommunisten ein wenig herumdebattierte? Oder ihm gar gegen gutes Honorar solche Artikel abgekauft?

Wenn aber Havemann zu stark war und zu einer Gefahr wurde, weil ihn doch zu viele richtig oder »richtig falsch« verstanden und ihm folgen wollten in sein noch besseres, noch neueres Deutschland, in dem die SED die Macht teilen müsste: Warum erledigte man ihn nicht einfach? Bei anderen Prominenten hatte man Ende der Fünfzigerjahre auch nicht gezögert.

Die möglichen Erklärungen finden sich nur zum Teil in Havemanns Akten: Das »bessere« Deutschland hatte sich mit dem Mauerbau selbst viele Argumente für scharfes Durchgreifen in stalinistischer Tradition geraubt. Die alten Agentengeschichten wirkten hanebüchen und abgestanden. Überdies wollte die DDR-Führung geliebt sein, nicht nur gefürchtet. Einen berühmten Antifaschisten und Kommunisten, den man eben noch gefördert hatte, konnte man nicht einfach einsperren, ohne selbst das Gesicht und den Anschein der Legitimation zu verlieren. Schließlich fußte das Regime nicht auf dem Bürgerwillen, sondern allein auf Macht.

Blind und selbstgefällig glaubte die Führung sich seiner schließlich sicher entledigen zu können, indem sie seinen Namen nicht mehr nannte, als hätte es ihn nie gegeben, und ihn politisch unter Quarantäne stellte. Doch je mehr sie ihn verschwieg, desto bedeutender machte sie ihn für alle, die sie nicht vom eigenen Denken und unabhängigen Tun abschreckte.

Havemann nutzte diesen Effekt, weil er das Prestigedenken seiner Genossen genau kannte. Wenn es um die Macht ging, leisteten sie sich im Zweifel alles, aber möglichst nicht in der Öffentlichkeit, wenn es richtig peinlich werden konnte. Er glaubte, dass der enge Kontakt mit westlichen Publizisten ihn davor bewahren könne, in ein Gefängnis und zum Schweigen gebracht zu werden. Er schrieb und er ließ über sich schreiben. Er wurde in West und Ost so bekannt, dass seine Festnahme das Regime in erhebliche Erklärungsnot gebracht hätte.

Der Gesprächskreis traf sich in Privatwohnungen im Abstand von jeweils rund drei Wochen, er hielt etwa ein Jahr lang. Es endete damit, dass Havemann nicht, wie ursprünglich seine Absicht war, darüber schweigen konnte, dass er vorübergehend geglaubt hatte, in der Wohnung von Hans Bunge ein Abhörgerät entdeckt zu haben. Als er davon erzählte, war Bunge so empört, dass er den Verkehr mit Havemann sofort einstellte.

Jäckel konnte nach 1965 nicht mehr einreisen, was ebenfalls zum Einschlafen der Treffen beitrug: »Ich hatte eine Dummheit gemacht. Ich hatte einen Studenten der Potsdamer Pädagogischen Hochschule einmal auf einer meiner Fahrten durch die DDR nach Magdeburg mitgenommen. Er stand an der Autobahn und winkte. Ich hielt, was natürlich verboten war, und traf mich später mit ihm in Ost-Berlin. Unter dem Druck stundenlanger Vernehmungen gab er mich als Fluchthelfer an, als er bei dem Versuch erwischt wurde, die DDR zu verlassen.« Jäckel hatte ihm Landkarten besorgt.

Isolation und Neuanfang

Das Verbot Havemanns wurde auf dem 11. Plenum des ZK der SED Mitte Dezember 1965 besiegelt. Dieses Plenum setzte Kunst und Kultur der DDR enge Grenzen. Die Parteifunktionäre taten Havemann einen letzten großen Gefallen, indem sie ihn als einen derer benannten, von denen eine besondere Gefahr für die sozialistische Gesellschaftsordnung ausgehe. Die beiden anderen waren Stefan Heym und Wolf Biermann.

Biermann empfand es »als mächtige Belastung«, mit einem Mal öffentlich zum Staatsfeind erklärt worden zu sein. »Heute weiß ich, dass das ein Riesenglück war, besonders für mich. Wenn die nicht damals so aufgeregt gewesen wären, hätten die sich das etwas kühler überlegt und nicht Namen genannt. Man kann Leute ja auch viel eleganter fertig machen, indem man sich nach dem biblischen Fluch orientiert: Nicht gedacht soll seiner werden, sein Name soll nicht genannt sein.«

Biermann erinnert sich, dass Havemann kurz nach dem 11. Plenum einen Anruf bekam, in dem Heym ihm, »wohl wissend, darauf spekulierend geradezu, dass es doppelt abgehört wird – sein Telefon und das von Robert –, sagte, er möchte in Zukunft keinen Kontakt mehr mit Robert haben, auch nicht mehr von ihm besucht werden, auch nicht unter dem Vorwand eines Weihnachtsgeschenks«.

Andere waren standhafter, auch wenn die Bekanntschaft mit Havemann äußerst schädigend auf Karrieren wirkte.

Der Physiker Rolf Schälike zum Beispiel war Havemanns und Biermanns wegen aus der SED ausgeschlossen worden und hatte seine Laufbahn als Physiker aufgeben müssen, obwohl er Biermann nur zweimal begegnet war – davon einmal gewissermaßen offiziell in Begleitung eines Funktionärs. Havemann kannte er noch gar nicht.

Der Herkunft nach gehörte Schälike zur gesellschaftlichen Elite der DDR. Als Spross einer kommunistischen Familie war er im September 1938 im Moskauer Exil geboren worden. »Den Kommunismus habe ich wirklich schon mit der Muttermilch aufgesogen. Ich wurde mit dem Anspruch erzogen, die ganze Welt zu beglücken.« Schälikes Mutter war eine Freundin von Lotte Ulbricht, deren Mann Walter an die Spitze der DDR aufsteigen sollte. Die Beziehung zu den späteren Oberen der DDR ergab sich in Moskau selbstverständlich aus der Nachbarschaft. »Ich bin auf dieselbe Schule gegangen wie die Kinder der DDR-Elite. Diese Welt war unsere menschliche Beziehungswelt, die große Politik war immer Gegenstand.«

Schälike war ein Querkopf. Mit Politik hatte das nicht immer etwas zu tun. »Disziplin und Leistung standen bei mir immer im Widerspruch.«

Der Student Schälike hatte wegen kritischer Bemerkungen über die »DDR-Nabelschau« seiner Genossen Schwierigkeiten, in die SED aufgenommen zu werden. »Es kam zu einer Kampfabstimmung. Worüber ich mich am meisten grämte, war, dass alle hübschen Mädchen gegen mich stimmten.«

Schälike fühlte sich als Angehöriger der kommunistischen Weltelite. Doch hielt er sich nicht an die Rituale seiner Schicht. Geheimhaltung war ihm zuwider, er pflegte nicht die vorgeschriebenen Feindbilder.

Als Schälike, inzwischen Mitarbeiter am Forschungsreaktor der Akademie der Wissenschaften in Rossendorf bei Dresden, indirekt zum ersten Mal mit Wolf Biermann zu tun bekam, hatte er sein erstes Parteiverfahren bereits hinter sich. Schälike hatte den Instituts-Parteisekretär und einen weiteren Genossen öffentlich bloßgestellt, der parteilose Mitarbeiter gezielt in Angst versetzen wollte.

Schälike hätte sich gern ausgetauscht über seine eigenwilligen Reformgedanken, doch in Rossendorf hatte er dafür so wenig einen Gesprächspartner wie unter seinen übrigen Bekannten. »Ich kannte gute, kluge Leute, alle kommunistisch erzogen, aber mit denen war das nicht diskutierbar. Mein Vater war tot, meine Mutter eigentlich eine einfache Frau, die fiel also auch aus, mein Bruder war Karrierist, für den galt das Gleiche wie für die Genossen in Rossendorf.«

Er nahm Wolf Biermann zunächst nicht wahr, obwohl der in der Aula des Rossendorfer Forschungsreaktors 1964 auftrat. »Das war Kultur, das interessierte mich nicht.« Ein Jahr später plante die Gewerkschafts-Kulturkommission des Betriebes einen neuen Biermann-Auftritt, diesmal allerdings in Dresden, nicht nur vor einem begrenzten Kreis in Rossendorf. Eine Zeitung kündigte den Termin an.

Plötzlich hatte der Vermieter des Saals Terminschwierigkeiten. Er sagte das Konzert ab.

Kein Problem, Biermann konnte ja wieder in der Aula beim Forschungsreaktor auftreten.

Als diese Idee laut wurde, trat die Bezirksleitung der Partei offen auf den Plan. Sie hatte wohl schon dem Dresdner Vermieter klar gemacht, wofür – oder besser: wofür nicht – er Termine frei hatte.

Es gab Druck auf die Mitglieder der Kulturkommission. Die erinnerten sich an Schälikes unerschrockenen Auftritt gegen intrigante Genossen auf einer Betriebsversammlung, wussten, dass er sich in seinem Parteiverfahren mit Unverfrorenheit der üblichen »Kritik und Selbstkritik« widersetzt und entzogen hatte. Sie spielten ihm ein Band von Biermann vor, das ihm sehr gut gefiel. Er half ihnen mit organisatorischen Ratschlägen: Druckt Plakate, hängt sie sofort auf. Erhebt ein Eintrittsgeld, fünf Mark, kassiert es sofort. »Das Abblasen des Konzerts wurde immer komplizierter. Außerdem riet ich denen, sie sollten es, wenn sie zum Absagen gezwungen werden, nicht mit irgendeiner Ausrede selbst absagen, sondern darauf bestehen, dass die Absage von oben kommt.«

Nach dem 11. Plenum beschloss die SED-Bezirksleitung, das Konzert abzusagen. Der Rossendorfer Parteisekretär teilte das dem Gewerkschaftssekretär mit, der die Kulturkommission entsprechend anwies. Die nahm das zur Kenntnis, überließ es aber der Gewerkschaftsführung, die Absage öffentlich zu machen. Das war zuviel für den Gewerkschaftssekretär. Er bekam einen Herzinfarkt. Der Eintritt musste zurückgezahlt werden, es war ein einziges Gerede, ein großer Skandal und außerdem ein Politikum.

Schälike wies jede Schuld von sich: Er habe ja nur die beraten, die sich mit Fragen an ihn gewandt hätten, er habe Biermann erst durch das Verbot kennen gelernt, als er ihn mit dem Kulturkommissionschef in Berlin aufsuchte. Allerdings verhehlte er nicht, dass er fand, Biermann erzähle Richtiges, wenn auch den falschen Leuten. In Rossendorf wären es die Richtigen gewesen, ein gebildetes Publikum, bei dem Biermann nicht hätte sagen können: Das ist alles Stasi, die sind gekauft. »Es wäre zu echten Diskussionen gekommen. Das war mein Ziel, gegen Biermann eigentlich – nicht gegen seine Inhalte, sondern gegen seine Art.«

Als Schälike im Zuge der Debatten erfuhr, dass Havemann und Biermann einander kannten, war er glücklich, in Havemann jemanden gefunden zu haben, der möglicherweise seine Fragen beantworten konnte, einen Naturwissenschaftler und Kommunisten, einen selbstbewussten, klar denkenden Menschen ohne Furcht: »Ich dachte: Das ist ein Mann, mit dem ich diskutieren kann.« In seinem Akademie-Kalender fand Schälike die Adresse Havemanns am Strausberger Platz. Zu Weihnachten 1965, eine Woche nach dem 11. Plenum, fuhr er hin. Havemann war nicht da, seine Frau Karin öffnete die Tür. »Ich stellte mich vor, sagte, was ich wolle. Sie sagte: Er wohnt hier nicht, und gab mir die Adresse in Grünheide.«

Da hinauszufahren, war aber keine Zeit; Schälike war nach Berlin gekommen, um Weihnachten mit seiner Mutter zu verbringen. Nichtsdestotrotz spielte Schälikes Versuch, Kontakt mit Havemann aufzunehmen, eine Rolle, als er wenig später wegen der Rossendorfer Biermann-Affäre aus der Partei ausgeschlossen wurde. Er hatte von seinem Besuch am Strausberger Platz zu niemandem gesprochen, die Stasi aber wusste Bescheid.

Dem Parteiausschluss folgte die fristlose Entlassung vom Institut unter einem Vorwand, wegen Verbreitung »illegaler Bücher«.

»Ich dachte: Na gut, die Strafe habe ich schon, dann kann ich ja jetzt den Kontakt zu Havemann aufnehmen.«

Schälike fuhr mal zu Biermann, mal zu Havemann, meist unangemeldet. Um eine private Beziehung zu Havemann ging es ihm dabei nicht. Sie sprachen über Politik. Schälike rechnete immer damit, dass die Stasi mithörte. Jede Art politischer Organisationsfragen war daher Tabu. Havemann war bedacht darauf, nicht in den Verdacht zu geraten, Netzwerke zu knüpfen. »Robert hat nur persönlich und individuell kommuniziert. Hätte man ihm nachweisen können, eine politische Organisation zusammenzubringen, wäre auch sein Konto überzogen gewesen«, war Schälike überzeugt.

Das plante Havemann auch nicht. Der Verlust seiner letzten Stellung als Institutsleiter an der Akademie der Wissenschaften hatte ihn 1966 schwer getroffen, weil er das Ende seiner wissenschaftlichen Arbeit bedeutete, die er liebte. Am Ende der zermürbenden Auseinandersetzung hatte er, obwohl die Akademie formal unabhängig war, allein gegen die Macht der SED gestanden. Die Stasi verbreitete, Havemann habe eine Stelle im Westen angeboten bekommen und ein Angebot der DDR ausgeschlagen. Spitzel meldeten über ihn, er verliere den Halt, lasse sich treiben, mit Freunden und allein. Ohne Einkommen geriet er in Geldschwierigkeiten, die sich aber bald dank seiner Rente als Opfer des Faschismus lösten.

Erst 1970 meldete er sich mit seinem Buch »Fragen Antworten Fragen« wieder öffentlich zu Wort, es war für Havemann nach Jahren der Stagnation, des erzwungenen Schweigens so etwas wie ein Akt der Selbstbehauptung.

Er stellt darin in komprimierter Form seine Forderungen nach individuellen Freiheiten bis hin zu Versammlungs-, Informations- und Meinungsfreiheit, er definiert den demokratischen Sozialismus, der ihm vorschwebt, als eine liberale Gesellschaft ohne materielle Verteilungs-Ungerechtigkeiten. Prophetisch sagt er das Ende des Vietnamkriegs durch einen Rückzug der Amerikaner voraus. Er beschreibt die Freiheiten, die in der bürgerlich-kapitalistischen Gesellschaft gewährt werden, als Privilegien, die anderswo Unfreiheit erzeugen und damit die Gefahr in sich bergen, dass das liberaldemokratische System des Westens zur Abwehr radikalisierter Unfreier zu immer mehr Mitteln des Totalitarismus greifen müsse. Er fordert, stark beeindruckt vom »Prager Frühling«, die Vereinigung des Prinzips »Frieden ohne Freiheit«, das im Osten herrsche, mit dem westlichen Prinzip »Freiheit ohne Frieden« zu dem Prinzip: Frieden und Freiheit.

Havemann stellte sich mit seinen Visionen mitten in den Hauptstrom der emanzipatorischen Bewegung der 68er in Ost und West, und er griff schon auf den universellen Pazifismusbegriff der Friedensbewegung der Achtzigerjahre vor.

Das Buch wurde mit seiner leicht verständlichen, globalen Sicht der Dinge ein Bestseller in der Bundesrepublik, es stieß bei rechten DDR-Gegnern (Antikommunisten allerdings nicht) und Linken (aber nicht SED-Sympathisanten) im gleichen Maße auf Wohlwollen und wurde auch im übrigen Westeuropa gut aufgenommen und sogar ins Japanische übersetzt.

In der DDR machte »Fragen Antworten Fragen«, das dort nicht erschien, aber wie alles Interessante bald in Umlauf war, schon wegen des Mutes und der Zivilcourage starken Eindruck auf viele Menschen. Starken Eindruck machte es auch in der SED, sorgte doch Havemanns Textmontagetechnik indirekt für eine schmerzliche Gegenüberstellung von DDR und Drittem Reich.

Das Berufsverbot und das dennoch so kompromisslose Buch – neben Havemanns brüsk ablehnender Haltung zur Niederschlagung des »Prager Frühlings« – ließen viele Bekanntschaften abkühlen. Seine Ehe war bereits 1966 geschieden worden. Die Familie zerfiel. Auch die Beziehung zur Mutter seiner Töchter Johanna und Ulrike zerbrach. Der eine frühere enge Freund und Verbündete fand Havemann plötzlich politisch zu extrem; eine andere Vertraute jener Jahre ging auf Distanz wegen seiner aus ihrer Sicht aufdringlichen, durchaus politisch motivierten Eitelkeit und weil er sich ihrer Meinung nach gehen ließ[21]. Von allen Prominenten und Künstler-Freunden blieb allein Wolf Biermann eng mit Havemann verbunden.

Als die Studentin Annedore Grafe, genannt Katja, 22-jährig 1970 zum ersten Mal nach Grünheide kam, war ihr das ein Bedürfnis und zugleich eine kaum überwindbare Hürde.

---

21 Lt. Berichten des GI »Stahlmann«, einem kontaktfreudigen Verlagslektor, aus den Jahren 1966–1969.

Natürlich hatte sie von Havemann gehört. Die Vorlesungen von 1963/64 waren zu einer Legende geworden. Katja Grafe hatte auch »Fragen Antworten Fragen« gelesen. Das Buch hatte sie sehr beeindruckt. Dass ein DDR-Bürger in dieser Klarheit aufschrieb, was ihn bewegte, was ihn störte und was ihm politisch wünschenswert erschien, war etwas Unerhörtes, das empfanden viele junge Menschen so.

Biermann hatte sie schon kennen gelernt. »Ihn einfach anzusprechen, hätte ich nicht gewagt, sosehr er mich auch interessierte.« Eine Arbeitskollegin, die Biermann aus der Zeit des Berliner-Arbeiter-und-Studenten-Theaters (BAT) kannte, das er und andere junge Künstler Anfang der Sechzigerjahre gegründet hatten und das vor der ersten Premiere geschlossen wurde, machte Katja Grafe mit ihm bekannt. Wer Biermann kannte, musste auch Havemann begegnen.

Katja Grafe, dem Mädchen vom Lande, aus Neubarnim im Oderbruch, war vollkommen klar, dass man besser nichts mit Biermann und Havemann zu schaffen hatte, wenn man in der DDR etwas werden wollte.

Damals arbeitete sie in einem Kinderheim und studierte per Fernstudium Heimerziehung. »Ich war nicht auf eine Karriere aus. Meine Eltern waren großzügig. Die sagten, mach, was du willst und was dich erfüllt. Ich fand die Konformen langweilig, die, die sich für Partei und FDJ interessierten. Ich war auf der Suche nach etwas anderem. Deshalb habe ich Antennen gehabt, mich dahin zu begeben, wo etwas Verbotenes stattfand. An einem Abend in Wolfs Wohnung lernte ich Robert Havemann kennen.« Er thronte in einem mächtigen Ledersessel mit hoher Lehne. Biermann hasste es, wenn geraucht wurde, wenn er vor Publikum vortrug. Er spielte sein Theaterstück »Der Dra-Dra« als Einmannshow vor. Havemann rauchte ungerührt eine Zigarette nach der anderen.

Nach dieser flüchtigen Begegnung fragte die Kollegin eines Tages Katja, ob sie zu Havemann nach Grünheide mitkommen wolle. Robert gehe es schlecht, er habe einen Tbc-Rückschlag und werde bald sterben, und er sei ganz allein da draußen.

Katja Grafe hatte große Scheu vor Robert Havemann: »Ich dachte: Das ist ein Mensch, der sehr ausgereifte Vorstellungen und Gedanken hat, und wenn er sich auf Gesprächspartner einlassen soll, müssen die ihm ebenbürtig sein.« Zudem klang es nach einem Abschiedsbesuch: »Das erhöhte meine Befangenheit noch.«

Ihre Befürchtungen waren unbegründet. Er begegnete ihr voller Herzlichkeit und Offenheit, und seine Jugendlichkeit überraschte die 22-Jährige. »Ich kam trotz all meiner Schüchternheit sehr gut mit ihm ins Gespräch. Und er lud mich ein, ihn wieder zu besuchen.«

Havemann konnte zuhören, ließ sich auf Gesprächspartner ein, und wo andere dozierten, erzählte er knappe Anekdoten, um Dinge anschaulich zu machen: »Es war das Gefühl, du kommst von jener Welt in eine ganz andere.«

Katja Grafe hatte gerade ihre Stelle in dem Kinderheim in Berlin gekündigt. Ihre neue Stelle im Internat der staatlichen Ballettschule anzutreten, verwehrte ihr der Magistrat. »Ich war mit Jugendlichen zu Weihnachten in die St.-Hedwigs-Kathedrale zur Mitternachtsmesse gegangen – ein schweres Vergehen.« Durch ihre Bekanntschaft mit Biermann war sie überdies der Stasi aufgefallen. Da die Zuzugsgenehmigung für Berlin an eine Arbeitsstelle dort geknüpft war, konnte Katja Grafe Probleme absehen. Die plötzliche Beziehung zu Robert Havemann beschleunigte ihren Entschluss, ihr Fernstudium in ein Direktstudium an einer Fachschule in der Nähe von Leipzig umzuwandeln. »Mir jagte diese Beziehung großen Schrecken ein, weil wir ein so ungleiches Paar waren.«

Katja Grafe musste zunächst einmal ermessen, was es für sie hieß, dass dieser von ihr »aus der Ferne bewunderte, bestaunte und wichtige Sachen schreibende Mensch« ihr plötzlich so nahe gerückt war.

Erst als Havemann sich nach einem wochenlangen Krankenhausaufenthalt von seinem Tuberkuloserückfall erholt hatte und wieder zurück in Grünheide war, begann Katja

Grafe heimischer zu werden: »In Ferien und an Wochenenden war ich eigentlich nur in Grünheide. Ich konnte mir in dieser Zeit langsam klar darüber werden, worauf ich mich eingelassen hatte.« Sie begann ein Doppelleben zwischen der sozialistischen Erzieherschule und dem Grünheide von Robert Havemann: »Ich gewann durch das In-Grünheide-Sein und das Mit-Robert-Sein einen ganz anderen Blickwinkel auf das Studium. Ich gewann auch an Sicherheit. Natürlich konnte ich mich verstellen – das lernte in der DDR schon jedes Schulkind –, ich hatte nicht diesen rigorosen moralischen Anspruch, jeden in mein Herz blicken zu lassen. Ich lernte nun, gelassen listig zu sein. Sozialistische Pädagogik zum Beispiel war ein fürchterliches Fach, oder auch Marxismus-Leninismus. Das habe ich nicht mit Hingabe gemacht, aber ich machte einen glänzenden Abschluss. Was mich wirklich interessierte, und die verbotenen Bücher, fand ich bei Robert.«

Die ruhige, schlanke Frau mit den hohen Wangenknochen und dem strahlenden Lächeln wurde von Robert Havemann ebenso jungenhaft wie nach alter Schule umworben. Jeden Freitag Nachmittag holte er sie an der Fachschule in Hohenprießnitz bei Leipzig mit seinem Wartburg fürs Wochenende ab. Die Woche über schickte er ihr täglich einen Eilbrief. »Auf diese Weise war die erste Person, die ich in Grünheide wahrnahm, Frau Lichtblau von der Deutschen Post. Morgens, wenn Frau Lichtblau die Zeitung brachte – er hatte das ›Neue Deutschland‹ abonniert –, klopfte sie an sein Schlafzimmerfenster, das hatten die beiden so verabredet. Sie reichte ihm die Zeitung und die Post rein, und er gab ihr den täglichen Brief an mich. Frau Lichtblau war unsere Postillionin. In der Schule habe ich meine Beziehung geheim gehalten.«

Es waren Liebesbriefe und zugleich ein Spiegel von Havemanns täglichem Leben und seinem Gesundheitszustand, von neuen Bekanntschaften. Im Klinikum Berlin-Buch etwa hatte Robert Havemann den Lungenarzt Dr. Landmann kennen gelernt. Herbert Landmann wurde im Krankenhaus Havemanns Vertrauter. Er unterstützte ihn in seinem Widerstand gegen eine Lungenoperation und erklärte sich bereit, Havemann als Hausarzt zu betreuen. Das hinderte ihn, der Havemann noch drei Jahrzehnte später als seinen Freund bezeichnete, als Stasi-IM »Chef«[22] nicht daran, zur Beruhigung der Genossen beizutragen, indem er meldete, dass sein prominenter Patient allenfalls noch zwei Jahre zu leben habe.

Doch Havemann kurierte sich mit neuen, wirksamen Medikamenten, aß viel und gut, um wieder zu Kräften zu kommen.

Fast jeden Tag fuhr er nach Berlin, um Freunde zu besuchen. In dieser Zeit war das am häufigsten Lotte Franck, die Witwe eines aus West-Berlin übergesiedelten Professors, die in Pankow in der Heinrich-Mann-Straße in einer Villa wohnte, die ihr, wie sie gern hervorhob, von Wilhelm Pieck selbst zugewiesen worden war. Oder er empfing Besucher, meist Wolf Biermann mit verschiedenen Freunden und Freundinnen und seine Tochter Sibylle sowie seinen Sohn Utz (Ulrich) Havemann mit Frau und Kindern.

Der Schriftsteller Reimar Gilsenbach und seine Frau Erika, die Schauspielerin Eva-Maria Hagen, Biermanns langjährige Freundin, kamen gelegentlich; auch Nina Hagen, noch ein Teenager, lernte Katja Grafe in dieser Zeit in Grünheide kennen.

---

22 Herbert Landmann hat bei seinem Auftritt als Zeuge im Prozess gegen die Ankläger und Richter Robert Havemanns 1995 in Frankfurt (Oder) die Aussage unter Hinweis auf seine ärztliche Schweigepflicht verweigert. Dass Havemann sein Freund gewesen sei, war alles, was er sagen mochte. »Chef« war bei der Stasi registriert unter der Nr. XV 2477/68. In den Akten der Staatssicherheit findet sich ein Dokument, das den Klarnamen »Chefs« aufklärt. Nachdem Landmann am 5. November 1971 in Biermanns Wohnung im Gespräch u. a. mit Havemann und Biermann vor den verborgenen Mikrofonen der Staatssicherheit »negative« politische Witze erzählt hatte, wurde durch die Hauptabteilung XX/7 seine Identität überprüft. Ein Aktenvermerk derselben Abteilung vom 20. 1. 1972 lautet: »Wie … bekannt wurde, handelt es sich bei Dr. Landmann um den IM ›Chef‹. IM ›Chef‹ wurde im Auftrage der Verwaltung Groß-Berlin, ohne Kenntnis der HA XX/7, zu Biermann geschickt. Eine Absprache über den evt. weiteren Einsatz des IM im Zusammenhang mit der Bearbeitung des ZOV ›Lyriker‹ [über Wolf Biermann] wird durchgeführt. [gez.] Heimann, Leutnant« (ZOV »Lyriker« AOP11806/85, Band 14, Bl. 24)

Nach und nach machte Katja Grafe Bekanntschaft mit anderen Grünheidern, zunächst mit der Nachbarin Brigitte Haeseler und ihrem Mann Erich, der im benachbarten Herzfelde eine Zahnarztpraxis hatte. Sehr schnell stellte sie fest, dass viele in Grünheide und Umgebung an Robert Havemanns Leben Anteil nahmen.

Wenn etwas im West-Radio zu hören war – es gab öfters Sendungen, in denen über ihn berichtet wurde oder wo er sogar selbst zu hören war –, klopfte es morgens darauf ans Schlafzimmerfenster, und Havemanns alter Bekannter, der Taxifahrer Hartmann aus Erkner, stand da und sagte: »Wollte nur mal wissen, ob allet in Ordnung is.« »Ja«, sagte Havemann immer, »alles in Ordnung«. »Habe allet jehört. Also weita so, Herr Professer, tschüss.«

»Es gab Verständigungscodes zwischen einigen Bewohnern von Grünheide und Robert. Die fragten nicht: Sitzt Ihnen jemand im Nacken? oder: Was macht die Stasi? Die fragten: ›Läuft das Leben frisch?‹ Und Robert antwortete so, dass klar war, ja, mir geht's gut, ich bin unbehelligt und nicht mit einem Bein im Knast. An der Tankstelle und in vielen Läden ließ Robert sich gern auf längere Plaudereien ein, hörte sich an, worüber die Leute sich aufregten, und tauschte mit ihnen die neuesten Witze über unsere Mächtigen aus.«

Havemanns Häuslichkeit erstaunte die junge Studentin. Immer wenn sie kam, hatte er etwas eingekauft, gute Sachen, die er unterm Ladentisch bekam, Schweinefilet oder Steaks, weil er gern kurzgebratenes Fleisch aß. Er zelebrierte die Zubereitung. Wo es sich lohnte, betrieb Havemann alles mit der gleichen Freude und Intensität.

Robert Havemann war glücklich und geradezu unverschämt stolz auf seine neue Beziehung. »Wenn Besucher kamen oder wir gemeinsam Besuche machten, hat er mich immer sehr gern als seine Freundin und seine Frau vorgestellt. Ich war zurückhaltender, weil es für mich so was wie eine Zurschaustellung war. Doch seine Freunde und Verwandten haben es immer sehr freundlich und gelassen aufgenommen, dass Robert und ich ein Paar waren. Aber Roberts alte Freundin Lotte Franck nahm mich einmal beiseite, als er schon draußen beim Auto war, und fragte: ›Wohnen Sie in Grünheide?‹ Ich sagte: ›Erst mal nur am Wochenende.‹ Da sagte sie: ›Tun Sie das nicht. Der ist zwar mein Freund, aber mit Havemann kann man nicht zusammenleben: Der vernascht junge Mädchen.‹«

Ältere Frauen und junge Männer betrachteten ihre Verbindung mit Skepsis. »Wir hatten dafür eine einfache Erklärung: Die älteren Frauen dachten wohl, der Havemann würde besser zu ihnen passen; und die jungen Männer fanden, dass sie besser zu mir passten.

Jüngere Frauen dagegen fanden unsere Beziehung toll. Robert wirkte immer sehr jung und hatte immer Schlag bei Frauen. Ältere Männer waren oft elektrisiert, wenn sie uns zusammen sahen, das hat uns besonders amüsiert: Die dachten, wenn das mit diesen beiden klappt, dann habe ich bestimmt auch noch mal im Leben eine Gelegenheit.«

Die SED war unterdessen mit den Diadochenkämpfen um die Nachfolge Walter Ulbrichts beschäftigt. Die hatte Havemann schon 1966 vorausgesehen – wie auch, dass Erich Honecker Ulbricht folgen und zunächst die Zügel lockern werde.[23]

Die Stasi wiegte sich in relativer Sicherheit vor dem Bürgerrechtler, um den es ruhiger geworden war und dessen Beziehung zu halb kritischen, halb konformen Prominenten wie Fritz Cremer eingeschlafen oder im Fall Stefan Heym deutlich distanziert war.

1971 erschienen in Westdeutschland mit Hartmut Jäckels Hilfe Havemanns »Rückantworten an die Hauptverwaltung Ewige Wahrheiten«, ein Buch mit alten Texten, aber für die Genossen bei der Stasi ärgerlich genug.

In dieser Zeit haderten Havemann und Biermann miteinander, die beiden wichtigsten Widersacher der Staatsmacht wechselten länger als ein Jahr lang kein Wort. »Robert war

23 Lt. Bericht des GI »Stahlmann« vom 23. 11. 1966.

einmal weiter gegangen als ich. Er hatte die DDR in einem Interview mit einem schwedischen Journalisten mit der Nazizeit gleichgesetzt. Das entsprach nicht unserem Kodex, unser gemeinsamen Meinung«, erinnert sich Biermann. »Robert brauchte von keinem Menschen in der Welt Nachhilfeunterricht darüber, was Faschismus bedeutet. Ich aber auch nicht. Zur Freude der Staatssicherheit – das sieht man aus den Akten, für die war das ein Dauerorgasmus – herrschte zwischen uns absolute Funkstille.«

Beide blieben stur. Havemann auch, weil ihm die Haltung des anderen zu dem Faschismus-Vergleich so gar nicht wie die eines bekannten, mutigen Regimekritikers vorkam, sondern eher ein wenig furchtsam. Nur Sibylle Havemann und Katja Grafe wussten, dass er in Gedanken immer bei Biermann war. Dass er lebhaft an allem Anteil nahm, was ihm über den Freund zu Ohren kam. »Mir hat er immer vorgejammert, wie schrecklich das ist ohne Wolf.«

Stefan Heym kam trotz ihrer Differenzen gelegentlich nach Grünheide, und auch Havemann besuchte ihn hin und wieder in Grünau. Einmal bekam Heym Havemanns junge Freundin flüchtig zu Gesicht. »Als Heym wieder weg war, erzählte Robert mir, dass Heym sich ganz sorgenvoll nach meinem Alter erkundigt habe und dann erleichtert seufzte: ›Na, ein Glück, ich dachte, die ist 17 und du bringst dich hier in Teufels Küche.‹«

Unter denen, die der SED kritisch gegenüber- oder sogar entgegenstanden, gab es ein ungeschriebenes Gesetz, das, wenn schon nicht zur Freundschaft, so doch zur Solidarität oder wenigstens zum Schweigen verpflichtete.

Dieser Pflicht kam der sonst so streitbare Havemann gegenüber Heym nach, indem er die zunehmende Entfernung, die er empfand, und die Zurückweisung, die er erfuhr, nicht in naheliegende Konsequenzen umsetzte, und auch Heym tat nicht den letzten Schritt.

Wie weit das in den Kreisen ging, die miteinander prinzipiell einig waren, hatte Havemann nach einem gewalttätigen

Zwischenfall auf offener Straße bewiesen. Er war am 24. April 1966 – wie tags darauf Eva-Maria Hagen vermutete[24] – nicht ganz nüchtern zwischen Grünheide und Erkner unterwegs gewesen. Er fuhr, schon um Verfolger erkennen zu können, wie immer seinen irritierenden Stil mit wechselnden Geschwindigkeiten.

Plötzlich wurde er von einem grauen Mercedes bedrängt, dessen Fahrer es nicht schnell genug ging. Der Mercedes überholte. Havemann benutzte die Lichthupe, überholte seinerseits den Mercedes, schnitt ihn wohl auch, fuhr vorn wieder langsamer. Der Mercedes überholte wieder, stellte sich quer, blockierte die Straße. Ein hochgewachsener junger Kerl mit einer auffälligen Narbe auf der Stirn stieg aus, öffnete die Fahrertür des anderen Wagens, schlug zu. Robert Havemann verlor drei Zähne. Der junge Kerl stieg in seinen Mercedes und fuhr davon.

Dass er gerade mit Manfred Krug aneinandergeraten war, wurde Havemann erst später klar.

Natürlich wusste Krug, wer Havemann ist. Erkannt hatte auch er den anderen erst einmal nicht. Er erfuhr es am Telefon. Eva-Maria Hagen sagte er, dass er »nur mal kurz zugefasst« habe.[25]

Und weil beide wussten, dass der Vorfall zwischen dem aufmüpfigen, hoch populären und überdies mit Biermann befreundeten und stark solidarischen Schauspieler und dem Staatsfeind Nummer Eins ein gefundenes Fressen für die Staatssicherheit gewesen wäre – tatsächlich beschäftigte sie sich noch Wochen später mit dem Vorfall –, unternahm Havemann nichts: Es gab keine Anzeige, keine Schadensersatzklage. Der Feind meiner Feinde ist mein Freund.

Weil dem so war, schrieb Havemann im Februar 1973 schließlich auch einen Brief an den trotzig schweigenden

---

24 Lt. »Auszug aus einem GI-Bericht vom 25. April 1966« der Stasi HA XX vom 27. Mai 1966 (Abhörprotokoll anhand der Aufzeichnungen einer Wanze in der Wohnung Wolf Biermanns).

25 Ebenda

Biermann: »Robert war im Grunde klüger als ich. Vernünftiger und auch menschlicher, aber auch selbstsüchtiger. Er brauchte mich mehr als ich ihn, um es ganz kalt zu sagen. Was übrigens falsch ist: Wir brauchten uns beide mehr. Aber oberflächlich betrachtet, gibt es so ein Gefälle natürlich. Ich schwamm ja im Lebensfett, während er von allem abgeschnitten da am See hockte. Ich hatte viele Freunde und war nicht so abgeschlagen. Für mich war das nicht so schlimm. Aber eben schlimm genug, und am Schlimmsten war es, dass sich unsere gemeinsamen Feinde im Grunde freuen konnten an uns.

Der Brief ist in meinem Tagebuch von damals eingeklebt: Ach Wolf, ist doch Scheiße, meinste nicht, es wäre besser, ist doch nicht schön so … in der Art. Kein Wort der Entschuldigung.«

Biermann ließ nicht viel Zeit verstreichen, um wieder nach Grünheide zu fahren. »Es entsprach ganz und gar meinen Interessen. Es war uns klar bewusst: Wenn wir zusammen waren, waren wir das Vielfache von dem, was zwei einzelne Leute unseres Kalibers anrichten konnten im Streit mit den Herrschenden. Und das sahen die auch so. Durch die zeitweise Zerfreundung hatte sich ja weder seine Haltung in Bezug auf die DDR-Obrigkeit noch meine geändert. Trotzdem freuten sich die Herrschenden, weil sie wussten, zwei Einzelne sind schon schlimm genug, aber die zwei zusammen sind eine potenzierte Macht. Auch rein von der politischen Psychologie her in Bezug auf die Gesellschaft.«

Die Stasi stellte fest: »Beide unterstützen und bestätigen sich gegenseitig in ihrem feindlichen Auftreten. Beide unterstützen sich auf allen Gebieten, insbesondere bei der Herstellung neuer Kontakte.«[26] Das »feindliche Auftreten« bestand in den mutigen Veröffentlichungen Havemanns, in dieser Zeit besonders »Fragen Antworten Fragen«, und in Biermanns Liedern und Lyrik.

---

26 Stasi-Hauptabteilung XX: »Zwischenbericht zum Operativ-Vorgang Leitz«. Berlin 4. 6. 1975

Die beiden waren einander Berater und Rückhalt, jeder verstärkte über den anderen seine Wirkung. Sie bemühten sich nicht um Führungspositionen, organisierten keine Opposition im Sinne einer politischen Bewegung. Je mehr Öffentlichkeit sie jedoch bekamen, desto größer wurde ihr mittelbarer Einfluss: Beide, jeder auf seine Weise, verliehen der Unzufriedenheit vieler Menschen, vor allem in der jungen Kulturszene der DDR, ihre Stimme. Dass sie sich nicht gemein machten mit westlichen Antikommunisten und DDR-Gegnern, trug zu ihrem Ansehen bei. Die wenigsten DDR-Bürger, die der SED und ihrer Politik kritisch gegenüberstanden, aber nicht ausreisen mochten, wollten gleich den Umsturz.

Solange Havemann und Biermann nicht über Organisationsstrukturen verfügten, die ihnen im Sinne der Stasi den Aufbau eines politischen Untergrundes ermöglichen könnten, wirkte es in gewisser Weise sogar stabilisierend, sie gewähren zu lassen. Ihre Forderungen strahlten die Möglichkeit, dass es eines Tages wirklich Veränderungen geben könne, auf die real existierende DDR ab. Ihr eisernes »Ich bleibe hier« tat ein Übriges: Sie beharrten darauf, loyale Bürger dieses Landes zu sein. Es war keine gespielte Naivität, die beiden waren leidenschaftlich entschlossen, die Republik für das zu nehmen, was sie sein wollte: demokratisch.

Sie stimmten sich gelegentlich ab, aber sie planten nicht alles gemeinsam. »Jeder hat sein Ding gemacht und hat, was er macht, mit dem andern kritisch besprochen.« Biermann sang und trug Havemann vor, was er Neues geschrieben hatte. »Mir entkam sowieso keiner.« Biermann brauchte auch die Kritik, die Anregung: »Ich habe mir seinen Vorsprung an Welterfahrung und an analytischem Verstand immer zu Nutze gemacht. Ich hörte immer gern, wenn er an meinen Liedern herummeckerte. Wenn man in einer Gesellschaft lebt, in der man so übermächtige Dauerfeinde hat, die einem jeden Tag einreden wollen, dass man ein Nichts ist, dann ist die etwas übertriebene Funktion eines Freundes, einem jeden Tag mitzuteilen, dass man alles ist. Wobei das nur ein allgemeiner Satz von mir ist, der im Prinzip gar nicht gilt, wenn ich meine Beziehung zu Robert überlege. Denn Robert brauchte absolut keinen Menschen auf der Welt, der ihm mitteilte, dass er großartig ist.«

Die beiden ergänzten einander in idealer Weise. Biermann: »Er lebte isoliert am Ende der Welt an einem See, hatte zweitens eine kaputte Lunge und konnte nicht mehr so herumtanzen und war drittens Naturwissenschaftler, der ohne seine Assistenten und Apparate im Grunde ausgeknipst ist. Das heißt, ihn traf das Berufsverbot viel radikaler als mich. Ein Dichter braucht kein Dichtungskollektiv.«

Noch etwas kam dazu: Für Havemann als Naturwissenschaftler gab es keine mildernden Umstände. »Seine Vorlesungen waren, was das Politische betrifft, viel harmloser als das, was ich geschrieben hatte. Er sprach immer so, dass es noch ging. Es gab auch im Politbüro Leute wie Kurt Hager, die über die Frage, wie weit man zu weit gehen dürfe, anders dachten als etwa (der viel schärfere) Paul Verner. Ich sagte: Der Kaiser hat keine Kleider an. Und das reimte sich. Und Havemann hat darüber diskutiert, welche verschiedene Bekleidungsmöglichkeiten es gibt, und dass manche weitgeschnittenen Kleider zu einem bestimmten ideologischen Körperbau besser passen als zu eng anliegende, weil man dann bestimmte Missbildungen des Körpers viel besser sieht: Wenn Sie wissen, was ich damit andeuten will. Und alle wussten es. Ich ging in gewisser Weise viel weiter als er. Trotzdem hatten die Leute vor dem Kontakt mit mir viel weniger Angst: Weil ich ein Dichter und Liedersänger bin. Bei Havemann aber war alles viel prosaischer. So gab es Leute, die zwar mit mir Kontakt hatten, aber Schiss hatten, Robert zu sehen.«

Havemann verlieh Biermann eine Aura der Ernsthaftigkeit, des tieferen Sinns – auch etwa, indem er ihn immer wieder zitierte, so in »Fragen Antworten Fragen«, worin erstmals Biermanns »Stasi-Ballade« erschien. Und Biermann hielt Havemann in Verbindung mit der kritischen Jugend, hielt ihn, den Totgeschwiegenen und Isolierten, in der DDR im Gedächtnis und im Gespräch noch über das Maß hinaus, das

Havemanns Präsenz in den West-Medien schon allein halten mochte.

Anfang der Siebzigerjahre standen die beiden Namen für die Opposition in der DDR. In einem Interview mit Rudi Dutschke sagte Biermann: »Die DDR-Opposition ist ein Tausendfüßler, und wenn man den von vorne sieht, etwa aus dem Westen, sieht man nur zwei Beine.«[27] Auch aus Sicht der Staatssicherheit stellten Havemann und Biermann die Opposition – im Sinne von systematischer und weithin wirksamer Widersetzlichkeit – in einer Weise dar, dass neben ihnen nicht viel blieb.

In all der Zeit trat Biermann privat auf. In seiner Wohnung, in Grünheide, auf Atelierfesten, Partys, Zusammenkünften – geplant oder angesagt war nichts davon, schon wegen der Stasi. Er hatte immer »zufällig« die Gitarre dabei, war immer »zufällig« präpariert, ein paar neue Lieder vorzutragen. Das hatte nichts mit Provokation zu tun oder damit, dass er als politischer Schriftsteller ständig gegen die SED agitieren wollte. »Das Motiv war banaler: die Eitelkeit und der Wunsch, zu zeigen, guck mal, was ich wieder Tolles gemacht habe. Im wirklichen Leben ist es eben nicht so, dass man jeden Morgen denkt: Was kann ich heute für den Tod des Drachen tun, welche Schuppe bohre ich an? Wir haben nur das getan, was uns passte.«

Aufblühen im Alltag

Gegen Ende ihres Studiums wurde Katja Grafe schwanger. »Sie machten mir in der Schule verdächtig verlockende Angebote, etwa ein Forschungsstudium in Dresden. Es war mir gleich klar, dass das dazu gedacht war, mich von Robert weg-

---

27 Wolf Biermann in seiner Aussage im Prozess gegen Havemanns Ankläger und Richter, Landgericht Frankfurt (Oder), 24. 4. 1996

zulotsen. Da steckte sicher die Stasi hinter, die bemerkt hatte: Das ist etwas Ernstes.«

Dennoch zögerte sie, ihren Eltern von der Beziehung zu erzählen. Dass sie mit Havemann bekannt war, wussten sie. Dass sie ein Liebespaar waren, ließ Katja lange im Unklaren. »Mein Vater war Jahrgang 1916, also immerhin sechs Jahre jünger als mein Liebster.« Klarheit gab es, als Havemann eines Tages darauf bestand, Katja von einem ihrer Elternbesuche abzuholen, weil das schneller ging als die Fahrt per Bus und S-Bahn über Strausberg. Grafes nahmen die Nachricht mit Gelassenheit auf, wie es ihre Art war, und freundeten sich rasch mit ihm an.

Auch sonst ging für Katja Grafe vieles überraschend leicht in dieser Zeit. »Roberts heißer Wunsch, dass wir in Grünheide zusammenleben sollten, war auch meiner geworden.« Sie empfand es als ein Wunder, dass sie nicht nur während ihres Studiums in Grünheide zufällig einen Praktikumsplatz hatte, in einem Kinderferienlager um die Ecke von Havemanns Grundstück am Möllensee. »Ich hatte auch als Absolventin auf einer Liste freier Stellen wieder eine in Grünheide in einem kleinen Kinderheim gefunden, habe mich an der Ausschreibung beteiligt und tatsächlich diese Stelle bekommen.«

Franziska kam am 8. April 1973 im Rüdersdorfer Krankenhaus zur Welt. Als Katja Grafe die Stelle im Kinderheim antrat, war ihre Tochter ein halbes Jahr alt. Franzi kam in die Grünheider Kinderkrippe. Ihre Mutter arbeitete im Schichtdienst. Wenn sie Frühdienst hatte, brachte Robert Havemann seine Tochter zur Krippe.

Als junge Familie lernten Havemanns viele Grünheider neu kennen. Katjas Kollegen im Kinderheim, die Erzieherinnen in der Krippe, die Eltern anderer Kinder. »Überall war Staunen, auch Bewunderung: Ach, bei Havemann gibt es wieder eine Familie, und die haben ein kleines Kind.«

Havemann drängte seine junge Frau 1974 dazu, ihn zu heiraten. »Ich wollte nicht, es entsprach eigentlich nicht meinen Grundsätzen, mich auf diese Weise zu binden.« Doch für den Fall, dass er einmal in Haft kommen könnte, gäbe es eine rechtliche Bindung zwischen ihm, Frau und Tochter, war das Argument Havemanns für die Ehe. Sie bestellten das Aufgebot – da beide in Berlin gemeldet waren – im Standesamt Mitte im Berolinahaus am Alexanderplatz. Der Hochzeitstermin ergab sich zufällig aus den freien Terminen. Havemann freute sich darüber, dass es ein 26. April war, 1945 der Tag der Befreiung des Zuchthauses Brandenburg durch die Sowjetarmee, den er als den Tag seiner Wiedergeburt ansah.

Die Hochzeitsbilder wurden heimlich von einem Stasi-Fotografen gemacht und zum Vorgang »Leitz« genommen: »Havemann und die Grafe auf dem Wege zum Standesamt«, wurde zu den ersten Bildern vermerkt. Nach der Zeremonie, während derer die Standesbeamtin sehr befangen wirkte, knipste und registrierte die Stasi: »Havemann und Ehefrau beim Verlassen des Gebäudes.«

Nun hatte Havemann seine junge Familie, dazu einen von der Stasi mit großem Misstrauen beobachteten, rasch wachsenden Kreis ganz neuer Bekannter, junger Leute, die ihm von Biermann und von seiner Tochter Sibylle ins Haus gebracht wurden.

Katja Havemann renovierte das Haus, der Anbau eines Kinderzimmers wurde begonnen. Havemann ließ es sich nicht nehmen, den Handwerkern, die eine Engelsgeduld und ein dickes Fell im Umgang mit diesem Bauherrn brauchten, jeden Handgriff ganz genau zu erklären. Sein Schwiegervater, von Beruf Tischler, und Katjas Schwager, Elektriker von Beruf, blieben gelassen. Mit anderen Worten: Alles war ganz normal.

Havemann weckte mit seiner bisweilen unbeholfenen Art als junger, alter Vater mütterliche Instinkte bei den Mitarbeiterinnen der Kinderkrippe. Manchmal kam er in Hausschuhen mit dem Kind an, wenn er nicht pünktlich fertig geworden war, Franziska anzuziehen, und oft hatte die Kleine die Strumpfhose falschherum an.

Weil seine Frau arbeitete, unternahm Havemann viel mit Franziska: »Bei mir waren Mutter- und Vaterrolle vertauscht.

Was klassischerweise die Mutter ausmacht, hatte mein Vater übernommen. Er verbrachte viel Zeit mit mir und war über lange Zeit meine erste Bezugsperson. Er verwöhnte mich, meine Mutter war die Strengere.«

Havemann scheute keinen Einsatz für seine Tochter, auch nicht Albernheiten. »Wenn ich ankam und quengelte, ›Tini will nicht mit mir spielen‹, schrie er: ›Tini!‹«

Nachbarstochter Christine Haeseler, fünf Jahre älter als Franzi, kam immer. »Meine ersten Erinnerungen sind, wie Robert mit der ganz kleinen Franzi an der Hand ankam und sagte: ›Wenn die mal älter ist, könnt ihr zwei ja zusammen spielen, und Tini passt auf die Kleine auf.‹ In dem Alter fand ich das noch toll – so eine Babypuppe zum Spielen zu haben. Robert war stolz wie ein Spanier, dass er so was hingekriegt hatte. Mein Vater war auch sehr viel älter als meine Mutter, es war etwa derselbe Altersunterschied wie bei Robert und Katja. Wie die beiden Männer mit stolzgeschwellter Brust mit ihren kleinen, hübschen Töchtern angegeben haben!«

»Es war mir peinlich, dass mein Vater, wenn ich mit ihm allein unterwegs war, oft für meinen Opa gehalten wurde«, sagt Franziska Havemann. Er reagierte nur halb befremdet auf derlei Irrtümer, wie etwa 1976 auch bei der ersten Begegnung mit dem neuen Korrespondenten im Ost-Berliner Büro des »Spiegel«. Er weidete sich an der Verwirrung Ulrich Schwarz', der bis dahin natürlich Havemann, aber nicht dessen engere Familienverhältnisse gekannt hatte.[28]

Havemann schien von seiner neuen Familie absorbiert, und doch musste die Staatssicherheit feststellen, dass er seit 1970 »immer plumper und ausgedehnter die Hetze u. a. gegen den sozialistischen Aufbau in der DDR, gegen die Maßnahmen des 13. 8. 1961[29]« vortrug, dazu immer kühner seine Verbindungen ins Ausland, vor allem nach West-Berlin einsetzte

28 Lt. Schwarz im Interview am 20. 3. 2002.

29 Stasi-HA XX: Zwischenbericht zum Operativ-Vorgang »Leitz«, 4. 6. 1975

und immer mehr Menschen fand, die ihm bei der Überwindung seiner durch das Berufsverbot und die Entlassung aus allen Ämtern geschaffenen Isolation halfen.

Alle paar Monate gab es Aufsehen erregende Publikationen Havemanns. Die besondere deutsch-deutsche Lage, die dauernde Reibung, die die Teilung bedeutete, machten selbst kurze Texte in eher weniger weit verbreiteten Zeitschriften zu viel zitierten Werken im West-Rundfunk und damit in der DDR. Im Zuge der Entspannung zwischen Ost und West erfuhr die DDR in jenen Jahren staatliche Anerkennung, trat den Vereinten Nationen bei und nahm an der Konferenz für Sicherheit und Zusammenarbeit in Europa (KSZE) teil: Sie musste sich nun beständig an der UNO-Menschenrechtskonvention und an den nicht minder prinzipienstarken KSZE-Grundsätzen messen lassen. Es war bitter für die Führung von Staat und Partei, dass Havemann immer wieder zeigte, wo die Grenzen des Wandels lagen, den die Bemühungen um internationale Anerkennung nahelegten.

Die Voraussetzung dafür, dass Havemanns Kontakte in den Westen reibungsloser als je zuvor zu Stande kamen, hatte das Regime selbst geschaffen. In seiner Bemühung um Prestige und Devisen schloss es den Grundlagenvertrag mit der Bundesrepublik, der viele Transit- und Besuchserleichterungen für Westdeutsche brachte. Auf der Basis des Vertrags ließ die DDR-Führung Ende 1972 erstmals die Akkreditierung ständiger Korrespondenten westdeutscher Medien zu.

Die SED traute sich als Partei des Fortschritts zu, die Korrespondenten eng an der Leine zu halten und sie überdies so sehr vom Sozialismus zu beeindrucken, dass sie instrumentalisiert werden könnten.[30] Gerade im Fall Havemann erwies sich das als trügerische Hoffnung. Um überhaupt arbeiten

30 Nach Angaben des früheren SED-Funktionärs Günter Schabowski in einer Veranstaltung der Bundesbehörde für die Unterlagen des ehemaligen Staatssicherheitsdienstes der DDR am 19. September 2002 im ehemaligen Staatsratsgebäude in Berlin.

zu können, waren die Journalisten bei ihren Recherchen auf die wenigen angewiesen, die in der DDR wagten, ohne offizielles Mandat frei zu sprechen. Da gab es für die Hintergründe und Basisinformationen nur das DDR-weit verzweigte Netzwerk Evangelische Kirche, für den Auftritt vor Mikrofon und Kamera nur Havemann und Biermann, gelegentlich Heym. Havemann wurde bald zum Ansprechpartner für kurze »Soundbites«, knappe Kommentare zum Tagesgeschehen. Manchmal war er der Einzige, der sich zu Dingen äußerte, die die Führung lieber nicht in der Öffentlichkeit gesehen hätte.

Unterdessen war die Staatssicherheit in Vorbereitung eines Strafverfahrens gegen Havemann bemüht, herauszufinden, wie er seine Manuskripte in den Westen brachte, wer die Verbindungen dorthin schaffte und wer sie hielt.

Dass der überwachte und eingeschränkt bewegliche Havemann den Eisernen Vorhang immer wieder überwand, war für die Journalisten schon an sich eine gute Story. Einige der Korrespondenten, mit denen er regelmäßig zu tun hatte, nahmen Manuskripte mit in den Westen und brachten ihm Bücher und Zeitschriften von seinen westlichen Freunden über die Grenze. Ulrich Schwarz vom »Spiegel« erinnert sich: »Ich machte das, aber nicht sehr gern. Es wäre ja niemandem damit gedient gewesen, wenn ich erwischt und rausgeworfen worden wäre. Obwohl es journalistisch interessant hätte sein können, wusste ich oft nicht, was ich transportierte. Ich wollte es auch nicht wissen, damit ich im Falle einer Befragung hätte frei heraus sagen können: Ich weiß nichts, wirklich nichts.«

Die DDR-Führung sah davon ab, akkreditierte West-Journalisten an der Grenze zu kontrollieren, um diplomatischem Ärger zu entgehen. Nur einige wenige westliche Korrespondenten wurden wirklich hinausgeworfen, und das wurde gut vorbereitet, indem man auf einen halbwegs brauchbaren Anlass wartete, bevor man die vorgefasste Absicht ausführte.

Auch der Politologe Hartmut Jäckel war ein wichtiger Verbindungsmann Havemanns geblieben, obwohl er seit 1965 nicht mehr in die DDR einreisen durfte: »Ich schickte etwa alle sechs Wochen jemanden rüber.« Jäckel, mittlerweile Professor und Vizepräsident der Freien Universität in West-Berlin, lud ab und zu Studenten – »besser: Studentinnen. Er hatte mir gesagt, je hübscher, desto lieber« – in seine Sprechstunde und fragte: »Möchten Sie eine interessante Persönlichkeit der Zeitgeschichte kennen lernen?« Es gab nicht einen, der nicht mit »Ja« geantwortet hätte.

Nach spätestens zwei Reisen waren die Entsandten Jäckels jeweils »verbrannt« und kamen nicht mehr in die DDR hinein. »Das sagte ich denen immer vorher, damit sie wussten, was auf sie zu kam. Ich riet ihnen ab, Havemann zu besuchen, wenn sie andere Interessen in der DDR hätten.«

Jäckel selbst verabredete sich mit Journalisten in West-Berlin, die Manuskripte für Havemann aus der DDR schleusten. Das konnten nur Diplomaten und akkreditierte Journalisten gefahrlos tun. Über die Studenten konnten Havemann und Jäckel Nachrichten austauschen. »Wenn die das zum ersten Mal machten, waren sie ja vollkommen unverdächtig. Sie gaben irgendetwas als Grund der Reise an, vielleicht den Besuch des Pergamonaltars. Von dort gingen sie dann weiter zu Roberts Stadtwohnung in einem Neubau in der Berolinastraße«, die er gegen die Wohnung am Strausberger Platz getauscht hatte.

1974 ließ Günter Gaus, der Leiter der im Zuge der Ost-West-Entspannung eingerichteten Ständigen Vertretung der Bundesrepublik bei der DDR in Ost-Berlin, Jäckel wissen, dass er wieder in die DDR einreisen könne, ohne eine Verhaftung wegen der alten Fluchthilfegeschichte fürchten zu müssen. Es war Teil jüngster Vereinbarungen zwischen Ost-Berlin und Bonn, dass niemand per Einreisegenehmigung in den Osten gelockt werden sollte, um ihm dort Schwierigkeiten zu machen.

Zunehmend wichtiger wurde noch ein weiterer Mann: Manfred Wilke. Wilke war einer der wenigen, die nicht aus Intellektuellen-Kreisen mit Havemann in Verbindung gekommen waren. Als er ihn in den Sechzigerjahren in Ost-Berlin auf Vermittlung Wolf Biermanns kennen lernte, war der gelernte Einzelhandelskaufmann in Nordhessen Fahrer für Bahlsen, der allerdings als SPD-Mitglied und über sein gewerkschaftliches Engagement zur politischen Bildung gefunden hatte. Wilke, heute Professor, tätig im Forschungsverbund SED-Staat an der Freien Universität Berlin und CDU-Mitglied, war zugleich linker Aktivist und Querdenker.

Er hatte von Robert Havemann und dessen Vorlesungen zum ersten Mal 1964 gehört: »Mir schien der Havemann jemand zu sein, mit dem die überfällige Entstalinisierung in der DDR losgehen würde.« Wilke war der Überzeugung, »dass eine sozialistische Politik in der Bundesrepublik nur dann eine Chance hätte, wenn die DDR entstalinisiert würde.« Er stellte sich das so vor, dass zuerst die reformierte SED mit der westdeutschen Linken zusammenarbeiten und dann in Deutschland so etwas wie Sozialismus entstehen könne.

1965 lernte Wilke in Nordhessen bei den Aktionen gegen die Notstandsgesetze Ernst Melis kennen, den stellvertretenden Chefredakteur des Ost-Berliner Ideologie-Organs »Die Einheit« und Mitglied der zentralen Revisions-Kommission der SED. Melis war Absolvent der Moskauer Leninschule, Spanien-Kämpfer, Résistance-Veteran – »ein richtig eindrucksvoller Antifaschist«.

Genosse Melis lud Wilke nach Ost-Berlin ein. »Ich war SPD- und Gewerkschaftsmitglied, hatte gute trotzkistische Kontakte, kannte schon Heinz Brandt. Ich hatte keine Berührungsängste gegenüber der SED.« Wilke fuhr für eine Woche in die Hauptstadt der DDR. Illegal aus Sicht seiner Partei: Es gab bei den Sozialdemokraten ein Kontaktverbot zu SED, FDJ und DDR-Gewerkschaftsbund. »Ich dachte: Die sind da, also müssen wir mit denen reden. Dann tun wir das doch auch.«

Wilkes Stasiakte beginnt mit der Notiz eines Hauptmanns der Volkspolizei. Am Tag nach einer ersten Begegnung im Deutschen Theater traf Wilke Biermann zufällig auf dem

Bahnhof Friedrichstraße. Der Vopo kontrollierte Wilkes Ausweis, weil er ihn im Gespräch mit Biermann gesehen hatte. »Bei der Gelegenheit sagte mir Biermann, ich solle am nächsten Tag da und da hin nach Prenzlauer Berg kommen, in die Wohnung einer Freundin. Da saß dann Robert.«

Über Wilke, der Anfang der Siebzigerjahre zum Studium nach Hamburg, dann als Wissenschaftler nach Berlin zog, organisierte Havemann zahlreiche seiner Publikationen im Westen. Wilke half ihm beim Anbahnen und Halten von Kontakten und nahm Havemann einen Großteil der Kommunikation mit Redaktionen und Verlagen ab. Die politischen Debatten der beiden am Telefon dauerten manchmal Stunden.

»Verderber der Jugend«

Havemanns Verbindlichkeit, der differenzierte Umgangston, die alles überstrahlende Freundschaftlichkeit und die lockere, familiäre Atmosphäre zogen auch den jungen Bernd Florath magisch an, als er mit seiner Klassenkameradin Sibylle Havemann und Bettina Hindemith, einer Tochter Stephan Hermlins, 1971 zum ersten Mal nach Grünheide kam.

Florath, heute Historiker bei der Gedenkstätte Deutscher Widerstand, stammt aus einer linientreuen Familie. Sein Vater war stellvertretender Chefredakteur der »Aktuellen Kamera«, der Haupt-Nachrichtensendung des DDR-Fernsehens, zuvor war er in gleicher Funktion beim »Neuen Deutschland« und bei der staatlichen Nachrichtenagentur ADN gewesen. Er hatte nach dem Krieg an der Humboldt-Universität, damals noch Berliner Universität, sein Studium begonnen. Er war einer der ersten SED-Betriebsgruppensekretäre gewesen. »Er kannte Robert Havemann sicher damals auch in einer ganz anderen Funktion. Denn die Parteiorganisation an der Uni, der später Hunderte angehören sollten, war anfangs ein ganz kleiner Club von einigen wenigen Studenten und noch viel weniger Leuten im Lehrkörper.«

Bernd Florath hatte die von der Freien Deutschen Jugend

herausgegebene »Junge Welt« abonniert: Er war in der Schule schon als Junger Pionier »Agitator«, er wollte die Tagespolitik in politische Schuldebatten einbringen. »Westfernsehen gab es selbstverständlich nicht.«

Florath empfand großen Bedarf, Neues zu entdecken. Er fragte nicht lange, ob er sich aus den Bücherregalen bei Havemanns bedienen dürfe. Es gab zwar so etwas wie die ungeschriebene Regel, im Haus nicht ungefragt ins Arbeitszimmer zu gehen, wo Robert Havemanns selbstgebauter Schreibtisch stand. Doch wie Florath nicht erst darum gebeten werden musste, seine Meinung zu sagen oder zum Gespräch beizutragen – und sei es mit einer nicht enden wollenden Liste von Fragen an den Hausherrn –, wartete er nicht auf die Einladung, sich bei den Büchern zu bedienen. Immerhin gehörte er zu denen, die Geborgtes tatsächlich zurückbrachten.

Debattiert wurde im Hause Havemann immer. Es war Havemann ein Sport, mit den Meinungen auch Informationen auszutauschen. Er redete gern und viel mit allen Besuchern, stritt, in aller Freundschaft, über Politik, Wissenschaft, Literatur. Florath: »Ich bemerkte rasch, dass Argumente, die Robert von anderen hatte, irgendwann in seiner Argumentation Aufnahme fanden und weiterverwendet wurden. Er war sicher schwer von einer anderen Meinung zu überzeugen. Aber er war ein guter Zuhörer.«

Vorträge hielt Havemann, ganz wissenschaftliche Größe auf dem Gebiet, über Fotografie und Fotochemie. »Ich glaube, da hätte ihm niemand erklären können, wie man das besser macht. Über Politik hielt er keine Vorträge.«

Aktuelle Politik wurde eher beiläufig diskutiert. Nur hin und wieder ging das Gespräch auch einmal an die Substanz, wenn man sich an etwas fest gebissen hatte. »Aber das war nicht die Regel.«

Die Atmosphäre beim Staatsfeind Nummer Eins bestach im Gegenteil durch lockere Normalität. Florath erinnert sich: etwa daran, wie Havemann auf der Terrasse sitzend seiner Tochter, die drin am Herd stand und Risotto kochte, aus der Ferne erklärte, wie sie das zu machen habe. »Ich saß dazwischen und fragte mich, wie lange Bylle das wohl noch widerspruchslos hinnehmen würde.« Doch zwischen Vater und Tochter war die Situation eingespielt: »Sibylle stand da mit dem sehr deutlichen Ausdruck: Ich koche, und du erzählst. Aber sie tat so, als ob sie seine Anweisungen befolgte. Und er hielt seine Reden.

Wenn im Herbst viele in Grünheide anrückten, dann sagte Robert, es gibt nichts zu essen, wenn ihr nicht selbst dafür sorgt.« Die jungen Leute stiegen in seinen Wartburg, fuhren zu einem nahen Übungsgelände der Russen, in dem es – jenseits der Schilder, die vor scharfen Schüssen der Wachmannschaften warnten – besonders gute Pilze gab. Havemann, der wegen seiner angegriffenen Lunge nicht in der Lage war, selbst ins Gelände zu gehen, blieb beim Auto auf einem Klappstühlchen sitzen und gab Tipps: Da hinten ist es besonders gut. Und da weiter rechts. »Er bewegte sich nicht, aber es stimmte immer.« Wenn einmal ein Soldat vorbeikam, achtete er kaum auf die Pilzsammler.

Florath bekam zu Hause Ärger. Seine Mutter hatte Angst um ihn. Irgendwann meldete sich sein Vater zu Wort, mit dem er seit der Scheidung seiner Eltern 1967 nicht mehr zusammenwohnte. »Er bot mir an, einmal richtig darüber zu diskutieren. Weil er so impulsiv sei, wolle er einen etwas zurückhaltenderen Kollegen hinzuziehen.« Der »zurückhaltende« Kollege war derselbe, der 1965 unter Pseudonym in der Zeitschrift »Forum« Havemann angegriffen hatte. Er kannte Floraths Vater aus ihrer gemeinsamen Zeit beim »Neuen Deutschland«. »Ich hatte keine Lust darauf. Mein Vater war davon überzeugt, dass Havemann ein Verräter und ein Verbrecher sei. Damit war die Sache für ihn erledigt.« Verbieten konnte er seinem Sohn den Umgang nicht.

Seine Mutter war schwieriger. »Die machte mir keine Vorhaltungen, sie litt einfach nur. Sie fand es zwar nicht gut, dass ich nach Grünheide fuhr, aber der unmittelbare Kontakt weichte doch ihre Feindbilder ein wenig auf.«

Als Florath nach der Biermann-Ausbürgerung vom Telefon

seiner Mutter in dessen Wohnung in der Chausseestraße anrief, wo Sibylle und Biermanns Frau Christine saßen, »da hatte sie richtig Panik«. Am nächsten Tag bekam sie den Anruf in der Redaktion des »Neuen Deutschland« vorgehalten, wo sie als imprimierende Sekretärin in der Schlussredaktion arbeitete.

Floraths politische Wandlung schritt langsam voran. Ohne es als oppositionelle Haltung zu empfinden, lebte er immer mehr außerhalb der Kreise, in die er als »Bonzenkind« (Biermann) hineingeboren war – und zwar zusammen mit anderen, auf die diese Bezeichnung im engeren oder weiteren Sinn zutraf, von denen viele mit ihm zur Schule gingen, wie Bettina Hindemith und Sibylle Havemann, für die die Partei wie selbstverständlich nicht den Lebens- und Aktivitäts-Hintergrund ausfüllte. Er und seine Freunde waren in der Schule dennoch stark in der FDJ engagiert.

Die DDR war mit sich Anfang der Siebzigerjahre zufrieden. Wirtschaftlich ging es erstmals so, dass nicht allenthalben zum Löcherstopfen neue Löcher gerissen werden mussten. Und der große, weltweite Aufbruch der Jugend von 1968 hatte hier nicht nur Frustration über den Einmarsch des Warschauer Pakts in Prag hervorgerufen. Es war in all den Jahren das erste Mal, dass die SED ihrem Anspruch, der Zukunft zugewandt vor allem die Jugend zu vertreten und zu begeistern, gerecht zu werden schien. Die ganz Jungen waren politisiert, sie waren wegen des Vietnamkrieges empfänglich geworden für die Propaganda gegen den amerikanischen »Imperialismus« und zu begeistern für FDJ-Veranstaltungen und -Demonstrationen, solange sie auch der internationalen Solidarität dienten. Linke Jugendliche skandierten in aller Welt die Namen Maos und Ho Chi Minhs. Und tatsächlich traf sich 1973 die Welt in der DDR zu den Weltfestspielen der Jugend in einem Taumel der Glückseligkeit. Die Republik wirkte wie frisch poliert, die Stimmung war großartig.

Die Partei ritt selbst auf dieser Welle, ermöglichte zum Beispiel, dass sogar das eine oder andere Album westlicher

Popstars in DDR-Lizenz vertrieben wurde, wenn auch sehr teuer und in geringer Auflage. Der Ton vor allem in der FDJ wurde frischer und freier. Doch nach dem Antreten Erich Honeckers gab es an der Spitze von Staat und Partei kaum inhaltliche und wenige personelle Veränderungen.

Bei vielen Menschen wandelte sich das Bewusstsein in dieser Stimmung der Lockerung. So wollte Bernd Florath »sicher nicht Historiker werden, um mich unverfänglich mit dem Mittelalter zu befassen«. Er wollte sich der aktuellen Zeitgeschichte widmen, um zu lernen – »Wir alle hatten einen ungeheuren Nachholbedarf und kaum Zugang zu Informationen.« Außerdem wollte er »Herrschaftswissen aufbrechen und auf kluge und behutsame Weise allen zugänglich machen«.

Im September 1973 trat Florath seinen Militärdienst in Oranienburg an. Von November 1973 an herrschte Ausgangssperre für den Rekruten, erst am 11. März 1974 durfte er Urlaub nehmen. Er nahm einen »verlängerten Ausgang mit Standortüberschreitung« und fuhr in voller Uniform nach Grünheide. In dem Formular, mit dem er den Ausgang beantragt hatte, nannte er als Aufenthaltsadresse korrekt: 1251 Grünheide/Mark, Burgwallstraße 4.

Alle waren da. Nina Hagen, Sibylle und Robert Havemann, alle an einem 11. März geboren, die beiden jungen Frauen sogar im selben Jahr, feierten ihren Geburtstag. »Am nächsten Morgen war ich fix und alle. Ich musste zurück.« Die Sache hatte kein Nachspiel, »abgesehen davon, dass ich als Tipp-Hilfe eines Offiziers über der Schreibmaschine einschlief, weil mir einiges an Schlaf fehlte«.

Allerdings bekam Florath fortan die ungeteilte Aufmerksamkeit des Stasiresidenten in seiner Armee-Einheit. Der Stasimann fragte andere nach Florath aus. »Einmal sprach mich einer darauf an, der von dem in einer Kneipe gefragt worden war, was ich für einer sei. ›Was hast du gesagt?‹, fragte ich den. ›Na, dass du 'ne rote Socke bist.‹ Das muss irgendwie sehr deprimierend für den Herrn gewesen sein.«

Floraths und Havemanns Freund Jürgen Fuchs hatte der Wehrdienst einige Jahre früher tief geprägt. Als er 1968 im Alter von 18 Jahren einberufen wurde, kannte er keinen anderen als den Arbeiter-und-Bauern-Staat, er war dort geboren und aufgewachsen.

Von Havemann und Biermann hatte er wie viele DDR-Bürger bis zum 11. Plenum 1965 nichts gehört. Fuchs besuchte damals eine Erweiterte Oberschule in Reichenbach: »Es gab eine Belehrung durch einen Lehrer.«[31] Ziel der politischen Belehrung war es, den Schülern den Gedanken von der »konterrevolutionären, asozialen« Gruppe Intellektueller nahe zu bringen, die die DDR (mit heimlicher Unterstützung faschistischer und klassenfeindlicher Kreise im Westen und offener Hilfe von deren Medien) von innen mit ihren Vorlesungen, Filmen (wie »Spur der Steine«) und Liedern aushöhlen wollten.

Am Ende der agitatorischen Bemühung hatte Jürgen Fuchs etwas gelernt. Es gab Leute, die taten in diesem Land gerade das, was man nicht tun sollte, wenn es aus dem politischen Rahmen fiel: was sie wollten und für richtig hielten.

Eine bemerkenswerte Erkenntnis, hieß es doch offiziell immer, dass alle vollkommen mit allem einverstanden seien, knapp 100 Prozent Zustimmung. Daran glaubte zwar niemand wirklich, aber es außerhalb vertraulicher Runden freimütig zu äußern, war nicht üblich: Zweifel waren ins Private gebannt, und es gehörte zur Sozialisation eines jeden DDR-Bürgers, ein Gespür dafür zu entwickeln, was wo und wie gesagt werden konnte.

Da gab es also diese Männer, von denen man sagte, dass sie gegen diese Regeln verstießen. »Das interessierte mich. Die waren verboten. Das hat den Geschmack ausgemacht.« Zunächst zufällig, dann als Suchender, schließlich Sammelnder

---

31 Jürgen Fuchs am 9. 6. 1993 in einem Gespräch mit Schülern der Robert-Havemann-Schule in Berlin-Weißensee.

stieß Fuchs auf Kopien von Kopien von Kopien des Materials aus Biermanns Tonstudio in der Berliner Chausseestraße, jene vom Kopieren charakteristisch verrauschten Bänder, auf denen unter der Musik das Rumpeln der Straßenbahn zu hören war. Biermann verfügte zwar über beste westliche Tontechnik, doch die Bahn, die vor seinen Altbaufenstern zwischen Friedrichstraße und Prenzlauer Berg verkehrte, war nicht auszublenden. Fuchs hatte auch Texte von Havemann, Durchschläge auf halbtransparentem, brüchig wirkendem Papier: Forderungen nach Freiheit, besonders Meinungsfreiheit.

Fuchs' eigene literarische Karriere begann, als er die traumatische Erfahrung des Wehrdienstes in kurzer Prosa verarbeitete, scharfgezeichnete, bittere Miniaturen vom Kasernenhof. Wie sein Schädel geschoren wurde, wie der Akt des Haareschneidens zu einem Machtkampf geriet, den der Rekrut verlieren musste. Wie faschistoide Sprüche ihm jede Illusion über die DDR endgültig raubten: »›Auschwitzer‹ hießen gebrauchte Stiefel; bei der Wehrmacht, sagte ein Offizier, war eines perfekt: Der Spindbau.« Schon bald nach seinem Wehrdienst geriet er unter Beobachtung der Stasi.

1971 begann Fuchs in Jena sein Studium der Sozialpsychologie. Jena war für junge Leute eine interessante Stadt, einerseits durch die Universität, andererseits durch die Betriebe Carl Zeiss, Schott, Jenapharm, die viele Lehrlinge ausbildeten. Von 1972 an, als Erich Honecker gerade an der Macht war und gesagt wurde, es solle nun alles ein wenig freier werden, gehörte Fuchs zu den jungen Leuten, die wie selbstverständlich deutlicher sprachen, als es bis dahin üblich gewesen war.

Im Studium lernte er die junge Jenenserin Lilo Uschkoreit kennen. Wie er selbst hatte sie eine DDR-Biografie: »Es stimmt nicht, dass man von früh an durch das System abgestumpft war. Manchmal wird es verkürzt so dargestellt oder es erscheint so. Auch nicht für die, die bei den Pionieren und so weiter waren. Ich war auch bei den Pionieren. Mir gefiel daran, dass mir die weiße Bluse und der blaue Rock und das blaue Tuch gut standen. Mir war es mit sechs Jahren ganz egal, dass es eine stalinistische Organisation war. Das ist auch natürlich. Und man hat nur sein eines Leben, jeder ist nur einmal sechs oder vierzehn Jahre alt, wenn man solche Momente hat. Allmählich bildet sich dann das Weltbild heraus. Ich begegnete 1971 einem Menschen, der andere Menschen auffallend genau ansah. Er hatte schon eineinhalb Jahre Armee hinter sich, als ich ihn kennen lernte. Das war eine wichtige Unterscheidung zwischen weiblichen und männlichen Studenten: Die waren immer schon etwas älter als wir und hatten eine Erfahrung, die wir nicht hatten. Irgendwie kamen in Jena Menschen zusammen, die nicht immer nur machen wollten, was sie machen sollten. Jürgen hatte schon mit 12, 13 entdeckt, dass er sich für Menschen interessierte, die Bücher schrieben, sich eigene Gedanken machten, und hatte selbst begonnen, sich Dinge zu notieren.«

Jürgen Fuchs war »ein lebenslustiger, weicher und unkomplizierter Mensch, der in seinen Worten und Handlungen weit ging. Er war dafür, zu sagen, was man denkt. Und die Wahrheit zu beachten«.

Da man weitgehend unter sich blieb, war die kleine, gut gepflegte Kunstszene in der DDR lebendig und offen für Neulinge. Niemand jedoch entging den Kunstfunktionären der Parteien und Massenorganisationen. Alles wurde organisiert. Einerseits zur Förderung junger Talente. Andererseits, um politisch nichts dem Zufall zu überlassen. Jürgen Fuchs und seine Freunde waren keineswegs Außenseiter. Lilo Fuchs: »Wir engagierten uns beide in der FDJ, Jürgen hatte eine Funktion an der Uni in der Kultur, und ich war als Schülerin auch engagiert gewesen. Wir hatten uns immer beteiligt, wir dachten auch, wir sollten das neue Denken in die Partei tragen. Jürgen war etwa ein Jahr lang in der SED, er ist immer zu den Versammlungen und Treffen gegangen.«

Anfangs wären die jungen Leute in dem wachsenden Jenenser Kreis, dem auch Mitglieder kirchlicher Gruppen, junge Arbeiter und Facharbeiter aus den Betrieben in der Stadt angehörten, nicht auf die Idee gekommen, dass die Staatsmacht ihre harmlosen – oder wenigstens nicht oppositionell gemeinten – Aktivitäten bitter ernst nehmen könnte. Lilo Fuchs: »Sonst hätten wir Angst bekommen und das gar nicht gemacht. Man saß zusammen, dann sagte jemand, er habe ein Gedicht geschrieben, ob man das hören wolle. Ihm sei klar, dass einige Stasispitzel dabei seien, aber das sei jetzt egal. Dann las der etwas vor. Oder einer sagte: Bettina Wegner, die Sängerin aus Berlin, hat einen sehr interessanten Text verfasst, ich lese den mal vor. Es war ein anregender Austausch. Und der fand auch teilweise im Rahmen von FDJ-Veranstaltungen statt.«

Es gab in Jena den Studentenkeller »Rose«, in dem viel getrunken und – eher privat über den Kneipentisch – sehr frei gesprochen und viel gefeiert wurde. Die literarischen Treffen fanden in den Kulturhäusern der Außenbezirke Jenas statt, in denen in Neubauten die Studentenwohnheime untergebracht waren. »Da traf man sich, um einander Texte vorzulesen. Lutz Rathenow etwa, auch Jürgen. Es war der so genannte ›Lyrikzirkel‹ im Kulturhaus Jena-Neulobeda, etwa 1974. Dort wurden auch Texte von Biermann und Havemann vorgestellt. Die Stasi eröffnete den operativen Vorgang ›Pegasus‹ gegen die beteiligten Personen.«

Als Künstler suchten sie auch die Öffentlichkeit. Ohne unpolitisch zu sein, hielten sie sich aber nicht für Dissidenten. Im Gegenteil. Dass sie mit der Staatsmacht in Konfikt geraten waren, bemerkten sie erst nach dem Militärputsch in Chile. Sie beteiligten sich als gute Sozialisten an Solidaritätsveranstaltungen in der Universität. »Wir dachten, dazu gehören wir auch. Jürgen hatte Gerulf Pannach kennen gelernt, ich glaube auf einem Poetenseminar in Schwerin. Wir dachten, der muss mitmachen, und luden ihn also ein. Bei einem Solidaritäts-Subotnik* hatten wir etwa zur gleichen Zeit Studenten aus Leipzig von der Karl-Marx-Universität kennen gelernt, die Mitglieder der PLO waren. Die erzählten uns, dass sie aus dem Westen, wo sie nicht geduldet wurden, in die

* Arbeitseinsatz

DDR zum Studium hatten kommen dürfen. Das waren zwei sehr sympathische junge Männer. Wir dachten, denen müssen wir helfen. Jürgen sagte: Wir laden sie auch ein, dann wird die Veranstaltung international.«

Pannach sang Biermann und eigene Lieder. Niemand drehte den Ton ab.

Die palästinensischen Studenten aber kamen nicht. »Ohne abzusagen, wir wunderten uns schon. Später erfuhren wir, dass sie ernsthaft verwarnt worden waren: Wenn sie sich mit diesen feindlich gesinnten Jenensern einließen, könnten sie ihr Studium an der Karl-Marx-Universität vergessen. Sie sollten sofort Abstand nehmen, sagte man ihnen, und aus Angst brachen die den Kontakt zu uns wirklich ab.«

Sie waren also Feinde. Dabei lag es ihnen fern, etwas gegen den Staat zu unternehmen. »Wir wollten nur nicht dieses Schweigen hinnehmen, dass man nichts sagen durfte. Wir hatten den Satz von Honecker immer parat, dass es in der Kunst keine Tabus gebe, solange sie auf dem Boden des Sozialismus stehe. In diesem Sinne, dachten wir, verhalten wir uns gut und auch gut für dieses Land.«

Bei alledem wünschte Jürgen Fuchs sich sehr, Robert Havemann und Wolf Biermann kennen zu lernen. Doch wie sich dem einen oder dem anderen nähern? »Ich traute mich nicht, einfach da hinzugehen. Und wie sollte ich mich vorstellen? Die hätten mich doch für einen Spitzel gehalten.«[32]

Ein Zufall half: 1973 begann Sibylle Havemann ihr Psychologiestudium in Jena. Lilo Fuchs: »Wir bemerkten bald, dass sie eine Verwandte von Robert Havemann ist. Jürgen kam mit ihr ins Gespräch.«

Katja und Robert Havemann besuchten Sibylle einige Male in Jena, dabei begegneten sie Fuchs und seiner Freundin zum ersten Mal. Robert Havemann interessierte sich gleich für Fuchs: »Er war kein Typ, der große Reden gehalten hat. Er nahm mich auch gleich als Schriftsteller ernst.«

---

32 Jürgen Fuchs in der Havemann-Schule.

Im Herbst 1973 waren sie zum ersten Mal bei Havemanns zu Besuch. Lilo Fuchs: »Wir saßen mit Katja und Robert zusammen und unterhielten uns. Die kleine Franzi war im Laufgitter. Wolf Biermann kam irgendwann auch dazu. Es war eine freundliche, zugewandte Atmosphäre mit sehr interessanten Menschen.«

Im Frühjahr 1975 dann traten Jürgen Fuchs, Bettina Wegner und Gerulf Pannach bei einer Veranstaltung in Bad Köstritz in der Nähe von Gera auf. Am zweiten Tag wurde die Fortsetzung unterbunden. Fuchs, Pannach und Wegner erhielten Auftrittsverbot. Lilo Fuchs: »Das Problem war die Mischung. Dass die drei gemeinsam auftraten, war das eine. Aber dass sie Verbindung nach Grünheide hatten, diese Kombination war zuviel.«

Die Stasi griff nach Mitteln, um Fuchs zu disziplinieren. Er wurde aus der Gewerkschaft und aus der SED ausgeschlossen. Robert Havemann versuchte ihm in einem Brief[33] Mut zu machen:

> *»Lieber Jürgen, …*
> *Du kannst Dir vorstellen, dass ich, als ich das damals durchmachte, ganz massiv mit emotionalen Bindungen an die Partei gebunden war, – aber ich fand dann bald heraus, dass diese Leute gar nicht befähigt sind, mich aus der Partei auszuschließen. Ich habe das damals Kurt Hager gesagt: Der Einzige, der mich aus der Partei, der ich angehöre, ausschließen kann, bin ich selbst. Der ganze Vorgang ist ja auch völlig konsequent …, mit dem Klassenfeind wird nicht diskutiert – außer man hat die besseren Argumente (warum hat man die eigentlich nicht?)*
> *Das Ergebnis ist eine großartige Erleichterung. Man ist aus einem Zwang entlassen, in dem man sich auch immer geschämt hat. … Lieber Jürgen, trotzdem muss man in dem Parteiverfahren unter Ausnutzung auch aller formalen Mittel des Statuts*

33 Datiert 5. April 1975.

gegen den Ausschluss kämpfen. Es ist das eine großartige Gelegenheit für eine sehr wirksame politische Betätigung. ... Ich würde mir zum Ziel setzen, mit allen guten Mitteln: also: Leichtigkeit, Humor, Ernst, Einfalt (ruhig echter, d. h. die nehmen, wie sie sein möchten), Ausdauer, lange philosophische Betrachtungen und Reflexionen über Ästhetik, ohne vermeidbare Schärfe usw., Du weißt schon, – also zum Ziel setzen, zu erreichen, dass sie mit einer Versammlung nicht auskommen, sondern eine zweite ansetzen müssen. Bei der zweiten werden sie dann so hart auftreten, dass Du zwar ausgeschlossen wirst, aber doch als der Sieger. Lieber Jürgen, wir sind hier alle bei Dir. Du weißt doch, hoffe ich, dass Ihr immer hier sein könnt, braucht Euch um garnichts zu sorgen wegen der verdammten Schissköppe. ... Lilo kann ja auch hier Euer Kind kriegen. Mit Bylles Beistand. Und unserem natürlich auch. ...«

Nach dem Parteiausschluss folgte der nächste Schlag, mit dem Havemann, wie er am Ende des Briefes andeutete, schon gerechnet hatte: Der Entzug der Existenz. Fuchs' Diplomarbeit wurde mit »sehr gut« bewertet, dann rückwirkend zurückgewiesen wegen »anarchistisch trotzkistischer Tendenzen«.

Ein Gespräch mit Universitäts- und Parteifunktionären folgte dem nächsten. Fuchs protokollierte aus dem Gedächtnis die Dialoge. Am 17. Juni 1975 wurde Fuchs exmatrikuliert, ohne dass er sein Diplom bekommen hatte. Er war zutiefst erschüttert, an den Rand der Gesellschaft gestoßen zu sein, Lilo war schwanger, das junge Ehepaar rechnete mit Schlimmerem.

Lilo Fuchs' Diplomarbeit war noch nicht beendet. »Ich arbeitete mit einem Professor, der uns wohlgesinnt war, Professor Böttcher. Der sagte mir, wir müssten sehen, dass wenigstens einer von uns den Abschluss bekomme. Ich solle die Diplomarbeit ein Jahr später verteidigen, dann sehe es wieder anders aus.«

Lilo und Jürgen Fuchs bemerkten, dass sie immer intensiver beobachtet wurden. »Die kamen immer näher heran, wir sollten das auch merken. Sie postierten sich offen vor dem Haus, um uns zu zeigen, dass wir nichts mehr machen konnten, ohne beobachtet zu werden. Unsere Tochter Lili kam zur Welt. Die Mitstudenten, so viele waren es nicht, rückten zum großen Teil von uns ab. Einige Professoren machten richtig Druck. Gerade nach Lilis Geburt gab es eine Versammlung unseres Studienjahres, auf der Professor Hiebsch begründete, warum es richtig war, dass Jürgen sein Diplom nicht bekommen hatte. Der begründete das in einer Sprache, dass mir ganz schlecht wurde. Er redete, als ob man sich nie zuvor anders und durchaus mit Wertschätzung begegnet wäre.«

Sie waren ratlos. Was sollten sie tun? Das staatliche Studiengeld lief aus, sie hatten nur ein sehr kleines Zimmer. Lilo Fuchs war ein Arbeitsplatz in einem Krankenhaus in Sangerhausen angeboten worden. »Ich hatte dort angefragt, ob sie nicht noch einen zweiten Psychologen brauchten. Sie sagten, ja, warum nicht. Später bekamen wir heraus, dass man uns genau dorthin bringen wollte, in die Provinz. Einer, der uns bespitzeln sollte, war schon dort postiert. Es kam aber nicht dazu, weil Jürgen ohne Abschluss nicht mehr in Frage kam. Da löste ich den Vertrag wieder.«

Die Universitätsleitung bewertete die Aktivitäten Jürgen Fuchs' als »strafrechtlich relevant«: »Wir mussten also befürchten, dass er in Haft genommen wird. Havemanns haben daraufhin gesagt, bevor Jürgen als junger, unbekannter Autor einfach weggefangen wird, könnten wir zu ihnen ins Holzhaus ziehen, um wenigstens Zeit zu gewinnen.«

Wolf Biermann kam an einem Wochenende angefahren, in seinem Shiguli*, einen geliehenen Anhänger hinten dran.

Die beiden Männer luden die wenigen Habseligkeiten der Familie unter den Augen von Biermanns Bewachern und denen, die schon seit Tagen das Haus beobachteten, ein.

Lilo, Jürgen und Lili Fuchs zogen ins Holzhaus auf dem Grundstück in der Burgwallstraße. Havemanns halfen der

* Lada mit 1200-ccm-Motor

jungen Familie auch finanziell. Fuchs fand in Grünheide zunächst nur den Job eines Aushilfs-Briefträgers und bekam gleich wieder Ärger.

In der Nähe der Burgwallstraße wohnte ein hoher SED-Funktionär, den Robert Havemann von früher her kannte. Als Fuchs in Grünheide mit dem Fahrrad umherfuhr und Post austrug, nutzte der Mann jede Gelegenheit, ihn zu schikanieren.

Es war ein Spaß für Havemann, seinem früheren Genossen einen seiner gefürchteten Brief-Appelle zu schreiben. Fuchs trug ihn ohne Umweg aus. Er überreichte ihn persönlich, mit einem Grinsen. Der Brief ging nach Katja Havemanns Erinnerung etwa so: Werter Genosse, mein Freund Jürgen Fuchs, ein Schriftsteller, muss als Briefträger arbeiten. Das ist völlig unter seinem Niveau, aber Du, der Du Dich als Kommunist und Genosse betrachtest, dass Du gegenüber einem jungen Mann, der Briefträger ist, in dieser Weise auftrittst ... Der Genosse ließ Fuchs von da an in Ruhe.

Über Bekannte in der Kirche ergab sich für Fuchs die Möglichkeit, in Grünheide, in einem Heim der Stephanus-Stiftung, als Erzieher zu arbeiten. Lilo Fuchs: »In dem Heim waren die Bedingungen sehr schlecht. Jürgen kümmerte sich um die verpissten Betten, um die Betreuung, er geriet in Konflikte mit der Leitung, hatte aber auch sehr nette Kollegen. Die Kinder kamen öfter auf Havemanns Grundstück. Es war mehr eine Übergangslösung, um Geld zu haben, ich hatte Zeit für Lili.«

Fuchs schickte hartnäckig Texte an DDR-Verlage und bekam immer wieder Absagen. »Ende 1976, machten wir aus, muss sich etwas ändern. Ich sollte dann mein Diplom haben, ich wollte mir eine Arbeit suchen, damit Jürgen schreiben konnte. Das gelang auch, ich fand eine Stelle in der Reha-Klinik in Fürstenwalde, in den Samariteranstalten, wo ich mit mehrfachbehinderten Kindern arbeitete. Ab September 1976 fuhr ich jeden Tag dorthin. Jürgen hatte sich im Holzhaus ein kleines ›Kabinett‹ eingerichtet. Wenn Lili schlief, arbeitete er, wenn sie wach war, versorgte er sie.«

Jürgen Fuchs saß gern mit Robert Havemann zusammen. Die beiden wurden enge Freunde.

Havemann schützte Fuchs, wie er glaubte, gegen die Gefahr, als Niemand einfach aus dem Verkehr gezogen zu werden. Er bestärkte Fuchs auch sehr in seinem Schreiben und dämpfte Biermanns kritischen Eifer. Wenn der die Texte des Jüngeren gelegentlich scharf kritisierte, schritt Havemann mäßigend ein.

Katja Havemann: »Jürgen hielt die Gespräche mit Robert kurz, um ihn nicht abzulenken. Er hatte eine respektvolle Haltung und dadurch auch eine gewisse Distanz; er war nicht albern oder locker, wie wir es oft waren. Es gehörte einfach nicht zu Jürgens Wesen. Robert fand Jürgen manchmal zu bescheiden. Er sagte zu ihm: ›Jürgen, du rennst schon wieder weg und entschuldigst dich für alles, dafür, dass du lebst.‹«

Fuchs hielt von Grünheide aus die Kontakte zu seinen Freunden aufrecht, lud sie auch dorthin ein. Er hatte in Jena in seiner Wohnung einen Anlaufpunkt, dort lebte Sibylle Havemann, sie vermittelte Nachrichten. Nicht von ungefähr machte Major Lohr von der für die Verfolgung von »Politischer Untergrundtätigkeit« zuständigen Stasi-Hauptabteilung XX im März 1976 eine Dienstreise zu seinen Kollegen in Jena: zur »gegenseitigen Informierung über den Stand der operativen Bearbeitung der Schwerpunktvorgänge ›Pegasus‹ [unter anderem Fuchs], ›Lyriker‹ [Biermann] und ›Leitz‹, besonders unter dem Gesichtspunkt der derzeitigen Verbindungen der Personen Fuchs, Robert und Sibylle Havemann sowie Biermann zu den verdächtigen Personen in Jena«[34].

34 Dienstreisebericht Lohrs vom 30. 3. 1976

Um Näheres über Havemann und seine Kreise zu erfahren, waren Dienstreisen von Stasioffizieren in der Regel nicht erforderlich.

Zu den Freunden, die an Havemanns Leben besonders rege Anteil nahmen, gehörte Herbert Landmann, sein Hausarzt, Stasi-IM »Chef«. Niemand unter den vielen Stasi-Mitarbeitern kam so nah an Havemann heran wie er. Intimität ergab sich schon aus dem besonderen Verhältnis zwischen Arzt und Patient. IM »Chef« war, wie die Akten nahelegen, dafür zuständig, die Genossen bei der Staatssicherheit in regelmäßigen Bulletins und unter Verletzung seiner Schweigepflicht als Arzt über den Gesundheitszustand seines prominentesten Patienten auf dem Laufenden zu halten. Er erfüllte ferner den Auftrag, Havemann durch eine immer wieder übertrieben beunruhigende Darstellung seines Gesundheitszustandes zur Ruhe zu nötigen und politisch auszuhorchen.

Ein weiterer IM, der es schaffte, sich tief in Havemanns Vertrauen einzuschleichen, war »Martina«[35], »Reisekader« in einem Ministerium und dem Bürgerrechtler ein anscheinend dankbares Publikum. Sie berichtete über Liebschaften, die der eine oder die andere in den wachsenden Freundeskreisen der Familie Havemann miteinander haben mochten, mit derselben Hingabe, mit der sie sich auch über politische Debatten ausließ.

Viele ihrer Berichte setzte »Martina«, die sich am 9. August 1972 »freiwillig bereit« erklärte, »das MfS in seiner Arbeit zur Sicherung und Stärkung der DDR zu unterstützen«, und ihren Decknamen selbst wählte, in Heimarbeit handschriftlich auf. Üblich waren Treffen zwischen IM und ihrem Führungsoffizier und Berichte auf Tonband, die von der Stasi abgetippt wurden. Ihre Eigeninitiative sowie dass sie »ohne Zögern« Auskunft über Freunde und Kollegen erteile, wurde

35 Registrierung bei der HA XX/1 unter der Nummer XV/2962/72, Verpflichtungserklärung am 9. 8. 1972 (liegt den Verfassern in Kopie vor).

von der Stasi regelmäßig gewürdigt. Zweimal wurde sie für Auszeichnungen des MfS vorgeschlagen.[36]

Zum Stilmittel eines jeden Berichts machte »Martina« meist zum Ende hin die schwärmerisch-backfischhafte Beschreibung der herzlichen Freundschaftlichkeit, die zwischen ihr und Havemanns herrschte. Eine Stilprobe vom Ende eines 13-seitigen Berichts »Martinas« vom 8. 4. 1976: »Wir bedankten uns noch einmal für das sehr gute Abendbrot, das Katja zubereitet hatte, und versprachen, uns auf jeden Fall diese Woche noch einmal zu melden und uns nach dem Befinden zu erkundigen und Katja umarmte mich und meinen Mann. Robert tat es nicht, wegen der Grippe, obwohl er es sonst auch immer tut. Wie mein Mann dann zu mir im Auto sagte und mich auch fragte, ob ich das bemerkt hätte, Robert Havemann hätte ihn ganz glückstrahlend angesehen ... Ich selbst habe es nicht so gesehen, weil ich mich dann von Katja verabschiedete, aber sie selbst drückte mir noch einmal ganz fest die Hand und sagte, habt vielen Dank, dass Ihr gekommen seid ...«[37]

Die Stasi stufte »Martina« als zuverlässig ein – das war leicht, denn »eine Kontrolle« bestand durch ihren Ehemann, selbst ein IM[38] – , doch ersuchte sie sie mehrfach, bitte nur »operativ bedeutsame« Informationen zu erheben.

Ahnten die Havemanns etwas? Katja Havemann: »Einmal, bei irgendeiner Feier, folgte sie mir bis in den Keller, als ich Wein holte, um mir ohne Unterlass plappernd irgendeine blöde Geschichte zu erzählen und mich über die anderen Gäste auszufragen. Wir fanden die nicht ganz sauber. Wir ahnten, dass sie durch ihre Arbeit mit Stasi zu tun haben musste.«

---

36 Beide Vorschläge stammen von der HA XX/1: am 8. 7. 1976 (datiert in Berlin) wurde »Martina« zur Verleihung der Verdienstmedaille der NVA in Bronze und am 22. 10. 1981 (in Berlin) aus Anlass des 32. Gründungstages des MfS für eine Geldprämie in Höhe von 250 Mark vorgeschlagen.

37 Hauptabteilung XX/OG: Abschrift vom Tonband. Berlin, den 8. 4. 1976. Gez.: »Martina«

38 So die HA XX/1 in ihrem »Vorschlag« zur Werbung von IM »Martina« vom 6. 7. 1992

IM »Chef« hatte es in seiner Position leichter, sich unauffällig an Havemann heranzumachen.

Wie intensiv, aber auch wie geschickt sich »Chef« Landmann um Havemann bemühte, um sein »recht herzliches« Verhältnis zu ihm zu pflegen, konnte dem wachsamen Auge von Staat und Partei aber nicht verborgen bleiben. Inoffizielle Mitarbeiter wurden von ihren Führungsoffizieren unter Wahrung strenger interner Konspiration angeleitet. So meldete ein Stasi-Hauptmann, nicht ahnend, es mit einem IM zu tun zu haben, »eine auf ihrer Arbeitsstelle gemachte Beobachtung«[39] seiner Frau, einer Ärztin.

An diesem Tag habe im Institut für Lungenkrankheiten und Tuberkulose Berlin-Buch eine »außergewöhnliche Betriebsamkeit« geherrscht, schrieb er in seinen Bericht:

„Besonders ... Herr OMR Dr. Landmann, sorgte sich in auffallender Weise um die Vorbereitung eines Patientenbesuches. Er begab sich in die Poliklinik (er ist eigentlich Stellvertreter des Institutsdirektors und Leiter eines theoretischen Bereiches), um den H[avemann] zu untersuchen.
In einem Gespräch meiner Frau mit der ehemaligen Sekretärin ... des Dr. Landmann erfuhr sie, das der H. nicht zum ersten Mal dort weilte, dass er mit Dr. Landmann befreundet sein soll. Diese Behauptung wird dadurch unterstrichen, dass Dr. Landmann nach der Untersuchung des H. ihn zu sich in sein Arbeitszimmer nach oben nahm, wo die beiden längere Zeit verweilten. Die von Dr. Landmann für diese Zeit angesetzten Arbeitsbesprechungen fielen

39 Information über Kontakte des Prof. Havemann vom 2.5.1979. Die geschilderten Ereignisse trugen sich am 27.4.1979 zu.

aus, ohne dass er seine Mitarbeiter vorher davon in Kenntnis setzte. Das ganze Verhalten des Dr. Landmann, meine Frau hat ihn an diesem Tag z.B. zum ersten Mal im Laufschritt gesehen, erweckte den Anschein, dass er für den H. zumindest sehr viel übrig hat. Den gleichen Eindruck hatte die Parteisekretärin des Instituts, Genossin ... . Zur Person des Dr. Landmann schätzt meine Frau ein, dass er seine Arbeit stark vernachlässigt (diese Meinung äußerte auch ... Gen. ... S...) und sich mit verschiedensten gesellschaftlichen Funktionen außerhalb des Instituts beschäftigt, dass im Institut keiner weiß, was er wann macht. Im Institut tritt er politisch nicht positiv in Erscheinung, beteiligt sich z.B. nicht an der Mai-Demonstration u.a.
In der Parteiorganisation herrscht die Meinung vor, dass der Dr. Landmann mit Genossen nichts zu tun haben will (Meinung Genn. J..., Parteisekretär; Gen. K..., Kaderleiter; Gen. S..., BGL-Vorsitzender; Genn. R..., Mitglied der Parteileitung). Zu beachten ist in diesem Zusammenhang, dass der Dr. Landmann sehr häufig im Rahmen der WHO ins kapitalistische Ausland fährt und als Mitglied des Vietnam-Ausschusses ebenfalls viele Auslandskontakte hat. Er ist als Mitglied der CDU Stadtverordneter von Berlin. Insgesamt hat meine Frau die Meinung, dass ihr Dr. Landmann, je mehr sie ihn kennen lernt, immer undurchsichtiger vorkommt; seine Entscheidungen nicht der Sache, sondern seinen persönlichen Interessen und dem Herausstreichen seiner persönlichen Verdienste dienen. ..."

Wissend, dass sein Schreiben wahrscheinlich bis »ganz oben« gelangen würde – und daher so gesuchte Worte wie »weilte« und »verweilten« wählend –, empfahl der Gen. Hauptmann nun nicht gleich seine Frau für die Stellung des zwielichtigen, gleichwohl offenbar stark beneideten Reisekaders Landmann. Nein, er wollte diesen zuerst ein wenig von der »zuständigen Diensteinheit« bearbeiten lassen, »da ein Mann wie Dr. Landmann als Kontaktperson geeignet erscheint und er die Möglichkeit hat, an sehr viele Informationen heranzukommen und diese unauffällig abzusetzen«.

Havemanns fuhren im September 1976 sogar auf einige Urlaubstage gemeinsam mit Landmann und seiner Frau nach Polen. Der Stasi wurde nachher geradezu ein Tagebuch abgeliefert. Neben dem Plan Havemanns, ein Buch über einen idealen Kommunismus zu schreiben – erst vier Jahre später würde er »Morgen« fertig stellen können –, erfuhr die Stasi, wann sie Spaziergänge gemacht und wo sie gefrühstückt hatten. Havemann, beruhigt der IM-Bericht[40] die Staatssicherheit, hatte keinen der so selbstbewussten und gefährlich klar denkenden oppositionellen polnischen Intellektuellen, Arbeiter- und Kirchenfunktionäre getroffen, gegen die wenige Jahre später die deutsch-polnische »Friedensgrenze« für solche Reisen undurchlässig gemacht werden sollte.

Robert Havemann ging mit der Präsenz von Spitzeln offensiv um. Er besprach Wichtiges mit seinen Vertrauten bei einem Spaziergang, auf seinem Steg, an dem sein Motorboot im Möllensee dümpelte, bei einer Autofahrt. Wenn er die Genossen etwas wissen lassen wollte, sprach Havemann in die Ecke des Wohnzimmers, in der er die Wanze vermutete.

Mit dieser Vermutung lag er allerdings falsch: Nur sein Telefon wurde seit Ende der Sechzigerjahre abgehört. Die Stasi wagte es nicht mehr, eine Wanze zu installieren, da sie Ha-

40 An die Hauptabteilung XX/OG, Tonbandabschrift vom 13.9.1976

vemann zutraute, sie zu finden. Einmal hatte er das dank eines Zufalls geschafft. In »Fragen Antworten Fragen« beschrieb er, wie er den Sender durch eine Rückkopplung im Kofferradio aufstöberte.

Klaus Jentzsch, der Chef der Renft-Combo, erinnert sich: »Havemann … machte den Eindruck eines gelassenen, ja weisen Menschen, der über den Dingen zu stehen schien. Er besaß eine seltsame kleine Holzvorrichtung, eine Art Treppe, da legte er manchmal, wenn er sprach, Kugeln drauf und ließ sie herunterkullern.« Es war Franziskas Spielzeug, das ihr Opa Felix Grafe gebaut hatte. »Lächelnd sagte er in das störende Geräusch hinein: ›Die Genossen müssen ja nicht alles hören.‹«[41]

»Dissiland«

Katja und Robert Havemann zeigten auch ihren Freunden und Vertrauten, wie man mit der ständigen Präsenz der Spitzel und der Mikrofone leben konnte, nämlich durch eine Nichtachtung.

Sie hielten weder ihren Fundus an Literatur, die nicht in der DDR veröffentlicht worden war, noch den »Spiegel«, den ihnen dessen Ost-Berliner Korrespondent jede Woche zukommen ließ, unter Verschluss. Sie verteilten Biermann-Platten, die sie unter Umgehung der Kontrollen und des Zolls mit Hilfe von Journalisten und Diplomaten aus West-Berlin empfangen hatten – unter den Augen der angesichts solcher Dreistigkeit ratlosen Staatssicherheit[42]. In Grünheide galten Auftrittsverbote nicht. Als zum Beispiel die Mitglieder der Renft-Combo am 8. November 1975 bei Havemanns in Grünheide, das von Combo-Chef Klaus Jentzsch den Beina-

41 Klaus Renft: Zwischen Liebe und Zorn, Hg. v. Hans-Dieter Schütt. Berlin 1997, S. 108

42 Laut der »Information [über] Aktivitäten von in der DDR bevorrechtigten Personen aus der BRD«, Stasi-Hauptabteilung XX vom 10. 6. 1976

men »Dissiland« bekam, zwischen Kachelofen, Kamin und Sitzgruppe gedrängt Musik machten, dann Gerulf Pannach solo, schließlich Biermann zuhörten, war die Gruppe schon verboten. Havemann hatte eigens dazu einen Interviewtermin mit Jörg Mettke vom »Spiegel« arrangiert. Das Interview erschien Anfang Dezember, Mettke wurde wenig später aus der DDR gewiesen. Die Stasi resümierte: »Zwischen Havemann und Mettke bestand ein enges und vertrauensvolles Verhältnis, beide besprachen u. a. ihr taktisches Vorgehen und Verhaltenslinien (per ›Du‹-Verhältnis, Absprache zur Vorladung Havemanns zum Generalstaatsanwalt und evtl. Veröffentlichungen im ›Spiegel‹) ab.« »Operativ wurde festgestellt, dass etwa alle 6–8 Wochen Zusammenkünfte stattfanden.«[43]

»Renft«, benannt nach dem Mädchennamen von Jentzschs Mutter, war Anfang der 70er Jahre die erfolgreichste Rockgruppe der DDR gewesen. Nun stand sie für die engen Grenzen, in denen Erich Honeckers Wort davon Geltung hatte, dass es in der Kultur keine Tabus mehr geben möge für Leute, die auf dem Boden des Sozialismus stehen. Auch »Renft« hatten ihre Texte nicht als politisch im Sinne aktiver Opposition verstanden, sondern nahmen auf, was viele Jugendliche bewegte. Die Botschaft war kühn, etwas anarchisch, laut, rau und emanzipatorisch. »Renft« brachten Erfolgs-LPs heraus, ihre Konzerte waren sehr gut besucht, der Kulturminister verlieh dem »Kollektiv« eine Auszeichnung. Klaus Jentzsch, in den Sechzigerjahren schon einmal mit einer Beatband an einem Verbot gescheitert, hatte mit seiner neuen Truppe den Durchbruch geschafft. Aber Textpassagen, wie »DDR-Leben ist wie Lotto, doch die Kreuze macht ein Funktionär«, brachten ihnen das Misstrauen der Funktionäre ein.

---

43 Beide Zitate: Hauptabteilung XX/7: Information, Berlin 8. 1. 1976. Demnach trafen Mettke und Pannach sich zu dem Interview am 12. 11. 1975, während das Treffen aller »Renfts« mit Biermann am 6. 12. 1976 stattfand. Die Stasi konnte nicht feststellen, ob Mettke bei dieser Gelegenheit auch in Grünheide war. Wer sich hier besser erinnert – Renft oder die IM, die die Stasi mit Informationen versorgten – ist fraglich.

Die einen SED- oder FDJ-Funktionäre ließen »Renft« auf ihren Veranstaltungen gewähren, die anderen ließen ihre Verstärkeranlage beschlagnahmen. Die Stasi setzte ihnen nach, junge Stasileute besuchten die Konzerte. Die Mitglieder der Combo biederten sich weder den einen noch den anderen an. Gerulf Pannach, selbst Sänger und Gitarrist, war Tonmeister der Band. Er durfte die Bühnenanlage von »Renft« für sich nutzen, obwohl er nicht über eine Auftrittsgenehmigung verfügte. Pannach schrieb auch Texte für »Renft«. Und er sang Biermann-Lieder über ihre Anlage. Öffentlich.

Die Gruppe zerstritt sich. Jentzsch sah die DDR nicht weniger kritisch als seine Leute, mochte sich aber nicht aus dem Spiel texten. Die anderen lehnten Kompromisse ab. Er gab nach. Sie brachten die umstrittenen Lieder.

Im Frühjahr 1975 versuchte das Komitee für Unterhaltungskunst die Gruppe davon abzubringen, »denselben Weg wie Pannach zu nehmen«, dessen Texte das »Ministerium für Staatssicherheit« diskriminierten, »ein Machtorgan der Regierung«[44], wie ihnen in einer Aussprache vorgehalten wurde. Überdies machten »Renft« erklärtermaßen »Deutschrock«, und der sei eine »BRD-Erfindung«. »Renft« sollten nicht Politik machen.

Christian »Kuno« Kunert, eins der politisch eher kompromisslosen Bandmitglieder, hielt den Genossen vom Komitee vor, sie seien autoritär. »Dagegen bin ich allergisch.« Die andere Seite drohte, machte Jentzsch ein Angebot: Er solle sich von den politischen Musikern trennen. Er trennte sich nicht, im Gegenteil: Pannach trat mit »Renft« auf. Die Gruppe wurde schikaniert, schlecht betreut. Niedergang. Und Selbstbehauptung: Sie blieben bei den Texten. Am 22. September teilte die Konzert- und Gastspieldirektion ihnen mit, dass die Gruppe »Renft« daher »nicht mehr als existent anzusehen« sei.

44 Klaus Renft: Zwischen Liebe und Zorn, Hg. v. Hans-Dieter Schütt, Berlin 1997, S. 102 ff.

Es gab keine Tabus in der Burgwallstraße 4. Das Grundstück war wie eine andere Republik in der Republik. Wer immer mit einem Problem ankam, fand Gehör. Das galt für SED-Mitglieder, die sich im Schutze der Dunkelheit aufs Grundstück schlichen, um mit Havemann, dem Erfahrenen, dem Unerschrockenen, eine Schwierigkeit im Apparat zu besprechen, das galt vor allem auch für die jungen Freunde, die von Sibylle Havemann, Jürgen Fuchs und Wolf Biermann ins Haus gebracht wurden.

Katja, die im Gegensatz zu ihrem Mann den Mittelpunkt nicht suchte, war eine offene Zuhörerin und Pol der Ruhe. Die Malerin Johanna Görke erinnert sich: »Katjas Wärme, diese Weitsicht, alles so global zu sehen ... Das Wort Freiheit kommt mir in den Sinn: eine andere Dimension zu leben. Andere haben mehr oder weniger so gelebt, wie es in der DDR vorgegeben war, und gedacht, was alles nicht stimmt, und manchmal ihren Unwillen auch geäußert. Dem aber etwas entgegenzusetzen, das einfach zu überfliegen, indem man eigene Gedanken entwickelte – das gab es selten. Dinge sich vorzustellen wie Robert und Katja auch, die immer gesagt hat: Klar, das geht doch. Einfach für alle Dinge so offen zu sein – eben ein ganz weiter Horizont.«

Die Genossen in der Stasizentrale in der Berliner Normannenstraße dachten sich Szenarien aus, wie Havemann und Biermann aus dem Land gedrängt werden könnten. Wie man sie kriminalisieren könnte.

Informationsbeschaffung um jeden Preis und »Zersetzung« war die Strategie. Allein auf Biermann setzte die Stasi im Laufe der Jahre 213 IM an, 197 hauptamtliche Stasi-Mitarbeiter waren mit ihm beschäftigt.[45] In einem Maßnahmeplan hielten die zuständigen Stasileute fest, wie er zu »zersetzen«, also fertig zu machen sei: durch falsche medizinische Behandlung; indem man ihm Rauschgift anbieten oder ihn

45 Wolf Biermann und andere Autoren: »Die Ausbürgerung«, Hg. v. Fritz Pleitgen, Berlin 2001, S. 306.

mit minderjährigen Mädchen in Kontakt bringen solle, damit er straffällig werde; indem man Journalisten im Westen dazu bringe, schlecht über ihn zu schreiben; und schließlich, indem man in seinem Stil schlechte, kompromittierende Texte schreiben lasse.[46] Die seit 1971 wiederholten Überlegungen, ihn zur Ausreise zu bewegen und nicht wieder in die DDR zu lassen, wurden aus Furcht vor den möglichen Folgen immer wieder verworfen.

Als Biermann 1973/74 in die Sowjetunion reiste und glaubte, er habe sich besonders pfiffig verhalten, indem er unauffällig eine normale Touristenreise buchte, hatte die Stasi die Hoffnung, dass er, nachdem er schon dauernd gegen den Paragraphen 106 (Hetze) des Strafgesetzbuches verstieß, nun auch noch gegen den Paragraphen 108, Hetze gegen Bruderländer, verstoßen werde. »Ich tat ihnen den Gefallen. Ich traf in Moskau viele Dissidenten, und darüber bin ich in die höhere Kategorie geraten.«[47]

Und doch kam Biermann so wenig ins Gefängnis wie Havemann, dem von Hetze bis hin zur Nachrichtensammlung (eine Form der Spionage) genug hätte nachgewiesen werden können. Die DDR mochte den schmalen Grat nicht verlassen, auf dem sie in Sachen »Weltniveau« balancierte: Holte man die Bundesrepublik schon nicht wirtschaftlich ein, so hatte man doch in UNO und KSZE diplomatisch gleichgezogen. Mehr Aktenbände als der Havemann-OV »Leitz« aber enthält kein anderer Operativer Vorgang zu einer Einzelperson: Es sind 300. Biermann folgt mit über 200.

Bei allem Aufwand zeitigte die Isolation das Gegenteil der gewünschten Wirkung. Ein Beispiel für die seherische Kraft als politischer Publizist ist Havemanns Antwort auf die Umfrage »Bürgerkrieg oder Wiedervereinigung in Deutschland?« der Zeitschrift »europäische ideen«, in der er Mitte 1975, ohne es auszusprechen, voraussagt: Die Sowjetunion

---

46 Laut seiner Aussage im Landgericht Frankfurt (Oder) am 24.4.1996
47 Ebenda

wird die DDR einmal verkaufen. »Deutschland, Vietnam und Korea sind ›ost-west-geteilte‹ Staaten, gegen ihren Willen in zwei Teile zerrissen. Die Völker, die in ihnen leben, haben noch das Bewusstsein ihrer nationalen Einheit, die staatliche ging verloren. Für immer? Nichts geschieht für immer. Nicht nur in Vietnam und Korea. Auch in Deutschland werden die Grenzbefestigungen fallen. Die Frage ist nur: Welche Seite wird sie einreißen? Von allen Möglichkeiten, die in Betracht zu ziehen sind, wäre die günstigste, wenn es die Erbauer selbst wären, die die Mauer wieder abbauen. ... Das Patt zwischen Ost und West garantiert vorläufig die Fortdauer der Spaltung. Aber nicht einmal das Patt garantiert sie für immer. Es kommt darauf an, was für beide Seiten teurer ist, Spaltung oder Wiedervereinigung zugunsten der anderen Seite. In Vietnam wurde den Amerikanern die Verteidigung der Spaltung zu teuer. Das Thieu-Regime ist dem Untergang geweiht. Auch in Korea wird sich das korrupte Park-Regime auf die Dauer nicht halten können, und die USA werden es auf die Dauer nicht halten wollen. Aber in Europa, in Deutschland? Vorläufig ist es schwer vorstellbar, dass eine Seite ihre Position freiwillig räumt. Aber die Lage in der Welt ist komplizert und viele Möglichkeiten eines Arrangements sind denkbar.«[48]

An Vorschlägen der Staatssicherheit an die SED-Führung, Havemann in Haft zu nehmen, mangelte es nicht. Einen Höhepunkt solcher Bemühungen gab es im Juni 1975, nachdem er in einem Interview im österreichischen Fernsehen gesagt hatte, »dass sich die Regierung ein neues Volk gewählt« habe, »das aus einer Reihe von Karrieristen, von Staatsfunktionären, von allen möglichen Leuten, die sich persönliche Vorteile verschaffen können, durch Verlogenheit und Arschleckerei« bestehe, während die »große Masse« misstrauisch sei und den Staat fürchte.

---

48 europäische ideen, Heft 10/11, Berlin 1975, S. 13.

Das Interview stammte aus einem längeren Feature, das die West-Berliner Journalistin und Filmproduzentin Margret Frosch mit zwei Kolleginnen Anfang des Jahres unter konspirativen Bedingungen gedreht hatte. Margret Frosch hätte nie die Genehmigung für ein Havemann-Interview bekommen.

Der Rohfilm wurde von einem offiziell akkreditierten Kameramann – er arbeitete mit seinem Team sonst für West-Korrespondenten in Ost-Berlin – zu Lotte Franck gebracht, Margret Frosch reiste als Touristin ein. Die 16-Millimeter-Kamera brachte der Kameramann dank seiner Akkreditierung gewissermaßen legal zum illegalen Drehtermin.

Der Film enthielt Havemanns politische Philosophie und Biografie in sehr konzentrierter Form, dazu einige harmlos wirkende Aufnahmen der Familie Havemann auf offener Straße mitten in Berlin, vor der Humboldt-Universität, denen man nicht ansah, dass sie unter besonderen Bedingungen gedreht worden waren.

Zu den Außenaufnahmen waren Margret Frosch und der Kameramann am 25. Februar getrennt von West-Berlin eingereist. Sie hatten sich mit Havemanns in deren Stadtwohnung verabredet. Von dort fuhren sie zusammen im Havemannschen Wartburg zum Drehort. Margret Frosch blieb im Auto, während Havemanns und der Kameramann nur wenige Schritte liefen, um auf dem Gehweg vor der Humboldt-Universität, der früheren Arbeitsstätte von Havemann, zu drehen. »Zwei Lederjacken-Männer tauchten vor dem Auto auf. Alles ging rasend schnell. Havemanns kamen zurück gelaufen, sprangen in den Wagen, Robert fuhr los. Die Männer folgten in ihrem Auto. Robert gelang es, den Kameramann am Ende der Straße wie verabredet schnell in den Wagen zu holen.« Vor dem Bahnhof Friedrichstraße stoppte Havemann und machte Anstalten, den Kameramann abzusetzen. Die Verfolger fielen darauf herein, einer der beiden sprang aus dem Wagen. Havemann gab Gas und lachte: »Den sind wir erst mal los«, sagte er und befahl: »Alles Filmmaterial sofort in meine Tasche.« Er fuhr zurück zum Bahnhof Friedrichstraße. Margret Frosch: »Jetzt konnte der Kameramann gut aussteigen. Er hatte schnell seinen hellen Mantel eingerollt und unter den Arm geklemmt, um flüchtiger Beschreibung zu entgehen.« Unbehelligt kehrte er nach West-Berlin zurück.

Margret Frosch wurde vor der Ausreise am Grenzübergang Heinestraße gefilzt. »Ich musste mich für die Durchsuchung ganz ausziehen. Meinen Wagen haben sie auf den Kopf gestellt. Es dauerte Stunden. Ich hatte keine Angst, nicht einmal in dieser Situation. Wir hatten uns immer abgesichert, indem wir den Mitarbeitern von ›Kennzeichen D‹ sagten, wann wir rüber fuhren und was wir machen wollten.«

Havemann hatte ihr eingeschärft, wenn etwas geschehe, lautstark auf ihre Rechte zu pochen und ihre Empörung zu zeigen. »Ich war so laut und so empört, wie ich nur irgend konnte.« Da bei ihr nichts zu finden war, konnte die Stasi nichts machen. Der Film fand seinen Weg nach Westen mit Hilfe eines in Ost-Berlin akkreditierten West-Korrespondenten.

Das Interview wurde nach einigen Diskussionen mit um die Entspannungspolitik fürchtenden öffentlich-rechtlichen Fernseh-Redakteuren einige Monate später in der Bundesrepublik ausgestrahlt. Havemann betonte darin seine »starke Bindung an die Arbeiterbewegung« und sagte leichthin, dass das Einparteiensystem kein unveränderliches Wesensmerkmal des Sozialismus sein müsse. Er schilderte sein Berufsverbot und wie er verschwiegen werde, bis dahin, dass er in späteren Auflagen aus einem Gruppenbild in einem Buch herausretuschiert worden sei, das ihn ursprünglich in Lambarene mit Albert Schweitzer gezeigt hatte. Er wolle keine »große, wilde Bewegung organisieren«: »Ich will die Menschen nicht in Wut bringen, dass sie über ihren Staat herfallen. Im Gegenteil bin ich der Meinung, man soll allen Kritikern dieses Staates DDR empfehlen, man soll behutsam mit ihm umgehen und ihn von innen heraus langsam umgestalten und wandeln … Ich glaube, dass es viele verschiedene Möglichkeiten gibt, eine sozialistische Demokratie zu realisieren«[49], sagte Havemann und plädierte für Meinungspluralismus.

Es gab zahlreiche Reaktionen auch von Unbekannten, die Havemann anonym und manchmal auch mit Absender zu der offenen Rede beglückwünschten und ermutigten. Die Berührungsangst gegenüber Havemann schwand, die Lage wurde für die Stasi zunehmend unübersichtlich.

Am 17. Juni 1975 wurde in der Hauptabteilung IX »Untersuchung« der Stasi in Abstimmung mit der politischen Abteilung der Generalstaatsanwaltschaft der Vorschlag erarbeitet, Havemann durch verdiente Antifaschisten oder den Generalstaatsanwalt zur Rede zu stellen, zu verwarnen und ihm klar zu machen, dass er bei »Weiterführung derartiger Handlungen der Staatsbürgerschaft der DDR unwürdig sei«. Eine weitere Variante der »Maßnahmen« gegen Havemann in dem Papier ist die Einleitung eines Ermittlungsverfahrens wegen Staatsverleumdung, das mit einer Geldstrafe abgeschlossen werden könne. Schließlich enthält der Vorschlag die Idee, Havemann wegen Hetze festzunehmen, ihm eine Freiheitsstrafe in Aussicht zu stellen und ihm nahe zu legen, den Antrag auf Entlassung aus der Staatsbürgerschaft zu stellen. In dem internen Papier mussten die Stasi-Planer kein Blatt vor den Mund nehmen, was eigene Gesetzesbrüche anging: »Lehnt er die Stellung eines derartigen Antrages ab, sollte Havemann dennoch auf der Grundlage einer staatlichen Einzelentscheidung aus der DDR ausgewiesen werden.«

Am 20. Juni stellte die Stasi fest, dass Havemann wegen Hetze zu zehn Jahren Haft verurteilt werden könne, und schlug vor, ihn in die politische Abteilung der Generalstaatsanwaltschaft vorzuladen, um ihn über die strafrechtlichen Konsequenzen weiterer Veröffentlichungen im Westen zu informieren.

Den Stasi-Genossen war völlig klar, dass Havemann nach einer solchen Drohung nicht Ruhe geben, sondern sie im

49 Zitate aus Froschproduktion: Robert Havemann, 1252 Grünheide, DDR (Fernsehfilm 1975)

Gegenteil publik machen würde, »sodass konsequenterweise im Interesse der Wahrung des Ansehens der DDR die Einleitung strafrechtlicher Maßnahmen unumgänglich« sei – und zwar auch gegen Wolf Biermann. Der Maßnahmeplan enthält abschließend die Einschätzung, dass dies zu einer »intensiven Hetzkampagne« in den westlichen Medien führen würde.

Am 24. Juni nahm das Politbüro zur Kenntnis, dass Havemann beim Generalstaatsanwalt vorgeladen werden und bedroht werden solle und, »falls er diese Warnung nicht versteht«, aus der Staatsbürgerschaft der DDR zu entlassen sei.

Die Vorladung erfolgte am 26. Juni durch den Genossen Staatsanwalt Heyer, einen Mitarbeiter der politischen Abteilung IA, wie Generalstaatsanwalt Streit einen Tag später an den »werten Genossen Honecker« schrieb. Sie wurde Havemann persönlich überbracht und wirkte wie die Vorstufe zu einer Festnahme, wenn nicht gar Inhaftierung. Er sollte abgeholt werden, was nach einer »Zuführung« aussah. So wurde im DDR-Amtsdeutsch das genannt, was nach ordentlichen strafrechtlichen Maßstäben eine vorläufige Festnahme oder die Vorführung eines Zeugen hätte genannt werden können. Für die Praktiken der politischen Justiz gab es nicht einmal Worte. »Zuführung« war einer der Neologismen, die dem abhalfen. Sie konnte vorläufig sein und auch nur der Vorführung eines zu Vernehmenden dienen, sie konnte aber auch bedeuten, dass man vom »Zugeführten« erst tagelang nichts und dann aus der Stasi-Haftanstalt wieder hörte.

Ein hellbrauner Wartburg fuhr in der Burgwallstraße vor, ein schlanker Mann mittleren Alters forderte Havemann auf, mitzukommen, ein zweiter saß am Steuer. Havemann bestand darauf, dass seine Frau mitfahre. Die Fahrt verlief fast ohne Worte. Bei der Pförtnerloge der Generalstaatsanwaltschaft musste Katja Havemann zurückbleiben.

Heyer hielt Havemann das Interview vor und wies ihn darauf hin, dass ihn nur noch seine antifaschistische Biografie vor Verfolgung schütze. Havemann suchte Heyer zu erklären, dass er keineswegs »böswillig« gegenüber der DDR handle, sondern sein Recht auf freie Meinungsäußerung gemäß Artikel 27 der DDR-Verfassung nutze, um als Kommunist aus Sorge um die sozialistische Entwicklung Kritik zu üben … »Entsprechend der festgelegten Konzeption für die Gesprächsführung wurde Havemann in seinen Darlegungen unterbrochen«, so Streit in seinem Brief[50]. Am Ende gab Havemann sich versöhnlich. Er versprach, darauf zu achten, dass ihm Äußerungen nicht mehr als Diffamierungen ausgelegt werden könnten. Katja und Robert Havemann wurden von denselben schweigenden Männern nach Grünheide zurückgefahren.

Streit aber versprach Honecker, »in enger Zusammenarbeit mit Genossen Mielke« das weitere Verhalten von Havemann im Auge zu behalten.

Das tat die Stasi ohnehin. Sie registrierte im Detail: Havemann veröffentlichte wenige Tage später zum 90. Geburtstag von Ernst Bloch einen Artikel in der »Zeit«, »Die Angst der Macht vor Ideen«[51], der auch im RIAS verlesen wurde. Er gab mit Biermann gemeinsam dem »Stern« ein Interview, das im Oktober 1975 erschien. Er sagte darin: »Eigentlich müsste es im Sozialismus die Freiheit der Meinungsäußerung in einem Ausmaß geben, wie es der Kapitalismus überhaupt nicht zu Stande bringt, wo doch zum großen Teil nur formal die Freiheit zur Meinungsäußerung herrscht. … Insofern, als jemand, wenn er etwas sagt, dafür zwar nicht eingesperrt wird. Nur wird er seine Meinung keineswegs auch immer verbreiten können. Doch ich gebe Ihnen [den Interviewern des »Stern«] Recht: In unserem jetzigen Sozialismus hier ist es noch schlimmer. Da ist der Staat der direkte Unterdrücker mit Polizeigewalt. Deshalb ist ja auch hier alles so armselig, deshalb wird ja hier auch nur Sklavensprache von den meisten Schriftstellern und Dichtern gesprochen.« Eine richtige sozialistische Revolution habe in der DDR nur insofern stattgefunden, meinte Havemann, als die »privaten Eigentümer

50 Josef Streit: Brief an Erich Honecker. Berlin, 27. 6. 1975
51 »Die Zeit«, 18. 7. 1975

ausgeschaltet« seien: »An ihre Stelle ist aber nicht die Gesamtheit der Arbeiter, der Werktätigen, kurzum der Menschen, die produzieren, getreten, sondern ... eine Parteiclique, eine Staatshierarchie.«

Ein weiteres Gespräch zwischen den beiden in diesem Ton – klar habe es 1968 eine Konterrevolution in der ČSSR gegeben, so Biermann, nämlich den Einmarsch des Warschauer Pakts – wurde im April 1976 vom Westdeutschen Rundfunk gesendet. In einem Interview mit ARD-Korrespondent Lothar Loewe, für das Magazin »Report«, nannte Havemann die DDR ein »Provisorium«.

Die Staatssicherheit zählte zu Havemanns treuestem Publikum. Regelmäßig erhielten alle für ihn zuständigen Abteilungen und das Büro von Minister Mielke detaillierte Zusammenfassungen:

„Havemann ist jederzeit bereit, jedem x-beliebigen Journalisten derartige Interview's [!] zu geben. Er gibt diese Interview's in seiner Wohnung oder trifft sich mit dem betreffenden Journalisten in der Hauptstadt der DDR. ... Havemann erarbeitete einen Artikel für die Zeitschrift ‚Europäische Ideen' über ‚Die Zensur in der DDR'. Gegenüber IM äußerte Havemann, dass es ‚bedauerlicherweise in der DDR keine Zensur gäbe, da von vornherein festgelegt ist, was erscheinen darf und was nicht'. ... In diesem Artikel greift Havemann die sozialistische Staats- und Gesellschaftsordnung an, er äußert, dass alles der Staats- und Parteikontrolle unterliegt, dadurch wurde z.B. das Buch von Heym ‚Der Tag X' in der DDR nicht verlegt. ... Am 6.4.1976 gab Havemann in der Sendung ‚Kennzeichen D' des ZDF ein Interview, in Form eines Dialoges mit Erhard Eppler, Bundestagsabgeordneter. Havemann äußerte sich hierbei, dass er mit den hiesigen Verhältnissen (gemeint DDR) nicht einverstanden ist und er einen demokratischen Sozialismus anstrebt. ... Am 20.4.1976 wurde im Westdeutschen Rundfunk III ein Interview von Havemann und Biermann mit dem Thema: ‚30. Jahrestag der Gründung der SED' gesendet. In diesem Interview richten Havemann und Biermann ihren Angriff gegen die SED ... Inoffiziell wurde erarbeitet, dass am 23.4.1976 der in der DDR akkreditierte BRD-Journalist der ‚Westfälischen Rundschau' Peter Nöldechen ... Havemann in Grünheide aufsuchte. ... Das Interview erschien am 24.4.1976 ... mit der Überschrift ‚Die SED ist von den kommunistischen Parteien der Welt isoliert'. ... Am 21.5.1976 gab Robert Havemann ein Telefoninterview, wo er seine Meinung zum IX. Parteitag der SED darlegt und äußert, ‚dass der IX. Parteitag der SED um die wirklichen und echten Fragen einen Bogen mache'. ... Am 23.5.1976 führte der in der DDR ständig akkreditierte Korrespondent der ARD Lothar Loewe ... auf dem Grundstück des Havemann in Grünheide ein Interview unter dem Arbeitstitel ‚Kritische Meinung eines Kommunisten aus der DDR zum IX. Parteitag der SED' durch. ... Operativ wurde erarbeitet, dass der österreichische Journalist Dr. Peter Huemer ... am 30.5.1976 mit Havemann ebenfalls ein Interview über die Ergebnisse des IX. Parteitags der SED durchführte. Am 1.6.1976 gab Havemann ein weiteres Telefon-Interview zu den neuen sozial-politischen Maßnahmen. Havemann urteilte, dass diese Maßnahmen in ihrem Umfang bescheiden sind, die Regierung mit diesen Maßnahmen nichts zu tun habe, denn die Bevölkerung müsse sie erarbeiten. Am 4.6.1976 traf sich Havemann mit Jürgen Mechelhoff ... Redak-

```
teur der Zeitschrift ‚Metall‘ ... in einer
Gaststätte in Berlin-Friedrichshagen. Thema:
‚Probleme der wirtschaftlichen Lage und Situa-
tion in der DDR nach dem IX. Parteitag der
SED‘ [In dem Interview berichtet Havemann von
der Einlieferung Oppositioneller in die Psy-
chiatrie]. Inoffiziell wurde erarbeitet, dass
Havemann seine Bereitschaft ... für weitere
Artikel für BRD-Massenmedien bereits zu-
sagte.“
```

So registrierte die Stasi in einer »Information über feindliche Verhaltensweisen und politisch-negative Aktivitäten Havemann's [!]«[52].

Im Oktober 1976 polemisierte Havemann in der »Zeit« gegen das Biermann-Auftrittsverbot (»Könnte es sich nicht eines Tages herausstellen, dass Ihr die Pseudolinken wart?«) und forderte dort zwei Wochen später 1. den »schrittweisen Abbau der Mauer«, 2. die Bildung eines Reisedevisenfonds für Auslandsreisen der DDR-Bürger aus den Zwangsumtausch-Einnahmen, 3. »Generalamnestie für alle politischen Gefangenen einschließlich der Grenzverletzer«, 4. »Aufhebung des verfassungswidrigen Paragraphen 106 des Strafgesetzbuches der DDR über die staatsfeindliche Hetze«, 5. die »Wiedereinführung des Streikrechts«, 6. »Zulassung einer unabhängigen Zeitung, ... in der z. B. auch dieser Beitrag erscheinen könnte«, 7. »Zulassung mehrerer, von der Nationalen Front und der SED unabhängiger Bewerber für jedes Volkskammermandat«, und 8. »Zulassung wenigstens einer unabhängigen Block-Partei«, um mögliche Einwände mit diesem Argument beiseite zu wischen: »Nichts öffnet der durch Radio und Fernsehen ohnehin in breitem Strom in unser Land flutenden antisozialistischen Propaganda mehr und wirksamer die Tore als eben das Fehlen der von mir vorge-

52 Hauptabteilung XX/OG, 16.6.1976

schlagenen demokratischen Rechte und Freiheiten. Gerade davon, dass es eben nicht so ist, zehrt diese Propaganda. Dass Sozialismus und Freiheit miteinander unvereinbar seien, ist nicht von ungefähr der Wahlslogan der westdeutschen CDU/CSU.«

Es war eine stetige Demütigung für die Offiziere der Staatssicherheit, dass Biermann und Havemann ihre Meinungen und ihre Unerschrockenheit so unbeeindruckt von staatlichen Einschränkungen verbreiteten.

Es gab daher immer wieder Zwischenfälle, die die beiden fürchten ließen, dass Gefängnis nicht die einzige Option für die Stasi war. Jürgen Fuchs – mit ihm fuhren seine Frau Lilo und seine nicht einmal einjährige Tochter Lili – verunglückte mit Katja Havemanns Trabant auf der Autobahn in Richtung Jena, das Auto geriet bei niedriger Geschwindigkeit außer Kontrolle und überschlug sich ohne erkennbaren Grund. Die Bremse an Havemanns stets vom Freund und Mechaniker der Familie, Horst Moelke, bestens gepflegten Wartburg versagte bei einer Autobahnfahrt mit Glück folgenlos.

Biermann wurde von einem Mercedes mit Ost-Berliner Kennzeichen fast überfahren, als er einen Bittbrief für einen Inhaftierten beim Generalstaatsanwalt abgeben wollte: »Ich fuhr nachher mit zitternden Knien zu Robert, aufgelöst in Selbstmitleid: ›Robert, stell dir vor, die wollten mich gerade umbringen. Mit einem Auto.‹ Ich schildere ihm alles und sagte mit dem Bibber des echten Selbstmitleids: ›Was soll ich denn jetzt machen?‹ Die Antwort war typisch für Robert. Er sagte: ›Erstens: du darfst es keinem erzählen, die haben alle schon Schiss genug. Zweitens: du musst besser aufpassen.‹ Da wurden meine Knie auch wieder etwas steifer, das Schlottern in der Hose hörte langsam auf, und dann haben wir gegessen.«

Die Stasi brach auch gelegentlich ins Haus ein. Dass das im Jargon der Genossen beschönigend »konspirative Wohnungsdurchsuchung« hieß, konnten Havemanns nicht wissen, ihnen war nur klar, dass auch diese Stasi-Strategie illegal war. Jürgen Fuchs beklagte einmal das Verschwinden einiger

Gegenstände von seinem Schreibtisch im Holzhaus. Robert Havemann verteilte daher Durchschläge aktueller Manuskripte bei engen Freunden und Verwandten, ein Exemplar nahm er immer mit, wenn er unterwegs war.

»Robert machte es vor, sich in Anwesenheit von Spitzeln nicht zu verbiegen, sich keine Selbstzensur aufzuerlegen. Das machte Mut, sich durch die Gegenwart Unbekannter nicht irritieren zu lassen«, sagt Johanna Görke, ganz wie Bernd Florath: »Die verklemmte Angst vor der ›Firma‹, die auch für viele ein Vorwand wurde für ganz andere Sachen, die hat mir Robert ausgetrieben. Die ist in Grünheide verloren gegangen.«

1975 und 1976 wurde an Robert Havemanns Geburtstag ein auffälliger Lastwagen mit Kastenaufbau auf der gegenüberliegenden Straßenseite geparkt, mit unverstelltem Blick aufs seitliche Wohnzimmerfenster des Hauses. Havemann mutmaßte, dass es sich um einen Abhörwagen handelte, mit dem Gespräche durch das geschlossene Wohnzimmerfenster hindurch aufgezeichnet werden konnten. Havemanns nahmen es amüsiert zur Kenntnis, statt sich eingeschränkt zu fühlen und von der technisch hochgerüsteten Staatsmacht beeindruckt oder gar eingeschüchtert zu sein.

Eines Sommers stand für einige Tage ein Auto ein paar Meter vom Havemannschen Gartentor entfernt geparkt. Ein heller Wartburg, auf dessen Hutablage wie zufällig ein Karton stand. Durch ein Loch in der Pappe registrierte das Objektiv einer Kamera jeden Menschen, der Havemanns Grundstück betrat.

Sibylle Havemann klebte mit Spucke ein trockenes Blatt vor dem Objektiv auf die Heckscheibe. Nachbar Erich Haeseler baute sich vor der Kamera auf und schimpfte: »Ich gehe arbeiten, obwohl ich schon alt bin, und hier werden meine Steuergelder verschwendet für sinnlose Schweinereien.« Eine Gruppe Havemann-Gäste posierte wie für ein Familienfoto. Christiane Rusch, eine alte Freundin Katja Havemanns aus der Heimerziehungs-Fachschule, braun gebrannt und gut gelaunt auf dem Weg zum Badestrand, öffnete ihren

Bademantel, unter dem sie nackt war, genau vor dem Objektiv. Katja Havemann fotografierte das Kamera-Auto.

In Anbetracht der Lage war die heitere Freizügigkeit der kleinen, aber wachsenden bunten Gesellschaft nicht bloß Bohème, sondern eine politische Demonstration.

Genauso wurde es auch von der Stasi begriffen: Sie streute das Gerücht, dass bei Havemanns extrem ausschweifend gefeiert werde.

»Das Ungeheure war, dass wir uns unter einem totalitären Regime normal benommen haben«, sagt Wolf Biermann. »Dass das dann unter solchen Umständen zur Heldentat wird, spricht gegen eine solche Gesellschaft.«

Asyl II

Die Stasi setzte ihre Hebel gern da an, wo es am empfindlichsten schmerzte: am Privaten. Es ist kein Zufall, dass es die emotionale Christiane Rusch, die Freundin Katja Havemanns, in dieser Zeit als eine der Ersten traf. Sie führte ein zunehmend problematisches Doppelleben zwischen Grünheide und ihrer Neubauwohnung in einer Plattenbausiedlung an der Ostsee – einer Siedlung, in der nahezu ausschließlich See-Offiziere mit ihren Familien wohnten.

Es war eine andere Welt: Gardinen und Gummibäume im Neubaufenster, Blümchentapeten, Schrankwände aus furnierter Spanplatte in Nussbaumoptik. Ihr Mann stand am Beginn einer Karriere bei der Nationalen Volksmarine. Die Rolle als die adrette, repräsentative Frau an seiner Seite war ihr schon vorgezeichnet, als sie Katja 1971 beim Studium kennen lernte.

Den Namen Havemann hatte Christiane Rusch nie gehört, und Katja erzählte nicht, wohin sie jedes Wochenende fuhr.

Christiane war vollauf damit beschäftigt, das Studium zu meistern, in das sie sich trotz eines unzureichenden Schulabschlusses hineingemogelt hatte. Auch die Geburt ihrer Tochter Claudia, deren Unterbringung in einer Wochenkrippe in

Stralsund sie organisieren musste, weil Kinder im Wohnheim der Fachschule nicht vorgesehen waren, konnte sie nicht von ihrem Ziel ablenken. Sie kehrte nach kurzer Babypause zum Studium zurück, womit keine ihrer Kommilitoninnen gerechnet hätte. Christiane Rusch wollte sich etwas beweisen. Und nicht nur sich: »Mein ganzes Leben lang war mir von meiner Mutter« – einer Zivilangestellten der Nationalen Volksarmee – »erklärt worden, aus dir wird nie was, du bist zwar nicht blöd, aber Hoffnungen kann man nicht haben.«[53]

Eine um fünf Jahre ältere Mitstudentin weckte Christianes Interesse und auch Neugier: »Katja war vom Typ her ein anderer Mensch als die anderen dort. Sie rauchte Camel, trug als Nachthemd Männeroberhemden, trank nachts Nescafé und las den ›Spiegel‹. Ich wusste, sie ist aus einer Welt, die ich nicht kannte.«

Die Zuneigung war gegenseitig.

Christiane Rusch konnte nur alle vier Wochen nach Stralsund zu ihrer Tochter fahren, die an den Wochenenden bei ihrer Großmutter untergebracht war. Eines Tages lud Katja ihre Freundin und Kommilitonin ein, einfach mitzukommen, wenn sie am Freitagabend nach Grünheide abgeholt wurde. »Ich war froh, mein Wochenende nicht in diesem Nest verbringen zu müssen.«

Christiane Rusch glaubte, der ältere Herr, der ihre Freundin abholte und sich nach kurzer Vorstellung freute, dass es einen Gast geben werde, sei Katjas Schwiegervater. »Irgendwann bei Wittenberg wurde Katja müde und ist sozusagen auf den Fahrer abgenickt. Robert streichelte ihren Kopf, und mir war auf einmal völlig klar, der ist alles andere als der Schwiegervater. Robert strahlte mich im Rückspiegel an und sagte: ›So ist das, Christiane.‹«

Christiane Rusch begriff wenig von dem, was Havemann ihr erzählte. Aber wie eine warme Welle kam es über sie, dass

---

53 Christiane Rusch im Interview am 15.8.2001. Ihr früherer Familienname, der Nachname ihres ersten Mannes, wird hier nicht genannt.

sie mit einer bis dahin ungekannten, selbstverständlichen Freundlichkeit und mit Respekt aufgenommen wurde.

Das kleine Haus mit der witzigen Kupfer-Esse über der Kochstelle, die alten Bäume am stillen Möllensee, das Licht – alles stimmte: »Ich war begeistert. Davon, dass Robert so eine besondere politische Person war, verstand ich überhaupt nichts. An Politik hatte ich kein Interesse. Meine Mutter war eine Mitläuferin, die mir beigebracht hatte, das Maul zu halten, damit man durchkommt. Sie meinte: ›Sei froh, dass du deinen Versorger hast, der ist immerhin ein Offizier und kann dich ernähren.‹« Die Liebe höre in der Partnerschaft schnell auf, die Versorgung sei das Entscheidende.

Christiane lernte in Grünheide, ihre »große Schnauze zu benutzen«. Sie lernte, die Klischees, die sie auf den Weg bekommen hatte, zu hinterfragen.

Von Wolf Biermann, dem sie in der Burgwallstraße 4 zum ersten Mal begegnete, hatte Christiane Rusch auch noch nichts gehört. »Ich erlebte die Freundschaft und Vertrautheit zwischen Robert und Wolf. Es ging so freundschaftlich zu, so offen, so zugewandt. Das kannte ich nicht, das war für mich neu.«

Christiane Rusch hatte gefunden, was zu suchen ihr zuvor gar nicht bewusst gewesen war. Ohne zu überlegen, was das mit Blick auf ihre bisherigen Verhältnisse bedeutete, gewann sie die innere Sicherheit, »so, in dieser Art, wünsche ich mir auch mein Leben. Der freundschaftliche Umgang, dass man gütig ist, dass man den anderen ernst nimmt, ihn aussprechen läßt, einander auch kritisiert und sich trotzdem miteinander totlacht, Spaß hat«.

Alle hatten das hübsche blonde, lebensfrohe, ebenso kecke wie herzliche Mädchen ins Herz geschlossen. »Das war für mich etwas unheimlich Schönes.«

Ihre ersten Ferien mit ihrer acht Monate alten Tochter Claudia verbrachte sie nicht mit ihrem Mann, sondern in Grünheide. »Ich hatte da das Gefühl, vielleicht auch ein wichtiger Mensch für sie zu sein und dazuzugehören.«

Ihr »Empfinden, dass meine Ehe, meine Lebensbezüge ein

Scheinleben sind«, wurde immer beherrschender. »Das wirkliche Leben war in Grünheide.«

Es gab Streit. Ihr Mann stellte Christiane vor die Wahl: Er oder Katja. Als sie das Wolf Biermann erzählte, lachte der nur. »Das ist doch gut, es gibt nichts Besseres, als sich für Katja zu entscheiden. Tu es doch, was steht dem im Weg?« Sie ekle sich mittlerweile geradezu, weil ihr Mann immer nach Schiffsdiesel rieche. Biermann sagte: »Wenn du ihn lieben würdest, würdest du dir den Diesel vor Sehnsucht ins Nachthemd kippen, wenn er nicht da ist.«

Christianes Mann nahm die Briefe aus Grünheide an sich. Er zerbrach die Biermann-Platte, die sie einmal geschenkt bekommen hatte, und legte ihr Bücher von Lenin aufs Kopfkissen. Er verlangte, sie solle sich ideologisch zu ihm bekennen. Als Christiane die Scheidung wollte, wurde das Verfahren einstweilen »aus Mangel an Gründen« für ein Jahr ausgesetzt. »Jetzt wurde auch mir klar, dass meine ganz privaten Sachen eine politische Dimension hatten.«

Christiane konsultierte Robert Havemann. Er beriet sie, wie die DDR im Konfliktfall funktionierte: »Ich entwickelte langsam Verständnis dafür, wie das Private zum Politischen wird in diesem Land.«

Das Politische wurde vor Gericht schließlich auch angesprochen. Der Name Havemann fiel. Es war Christianes Mann, der ihn ins Spiel brachte, um sie als politisch Abtrünnige hinzustellen. Im Scheidungsurteil von 1975 wird Christiane ersucht, die Verbindung zu Havemanns aufzugeben, weil sonst die Entwicklung ihres Kindes gefährdet sei. Die politische Argumentation war die einzige Möglichkeit, ihr das Erziehungsrecht streitig zu machen.

Sie wagte es nicht, Kontakt mit ihren Freunden aufzunehmen, hatte Furcht, »völlig fertig gemacht zu werden. Ich fühlte mich der Staatsmacht ausgeliefert«.

Schließlich bewarb sie sich auf eine in der »Wochenpost« ausgeschriebene Stelle in einem Jugendwerkhof bei Berlin. Dessen Leiter kam an die Ostsee und machte Christiane ein anderes Angebot: Es gebe eine freie Stelle in einem Kinderheim, mit Wohnraum – in Grünheide. Es war dieselbe Stelle, die Katja Havemann gerade aufgegeben hatte, um ihren Mann beim Schreiben eines neuen Buches zu unterstützen, indem sie ihn von der Betreuung Franziskas entlastete und ihm in Alltagsdingen den Rücken freihielt.

»Ich habe mich an diesem Abend vor Glück besoffen, ich fühlte mich wie befreit. Das war fast wie im Märchen.«

An Claudias fünftem Geburtstag zog Christiane nach Grünheide: »Ich war überglücklich. Ich konnte auch wieder auf Leute zugehen. Manchmal sagte Robert, wenn es klingelte: ›Guck mal nach, wer da steht, und wenn du ein schlechtes Gefühl hast, schmeiß ihn gleich raus.‹ Das habe ich dann natürlich mit Freuden gemacht, so einen Spitzel abwimmeln.«

Es war September 1976.

Biermann-Auftritte mit Folgen

Nach elf Jahren Verbot, teils listig überbrückt, teils durchlitten, trug die Liedermacherin Bettina Wegner eines Tages im Frühjahr 1976 Wolf Biermann ein Anliegen vor: »Tritt doch mal in der Kirche in Prenzlau auf. Ich kenne da einen Jugendpfarrer, der ist unheimlich nett, ein ehrlicher tapferer Mann.«[54]

Biermann antwortete im hohen Ton des in seiner Ehre gekränkten Kommunisten: »Nie im Leben, was denkst du von mir. Du kannst so was machen, aber ich kann mir das nicht leisten. Ich werde doch nicht, nur weil ich mit meinen Genossen Streit habe, unter den stinkenden Rock der Kirche kriechen. Ich kriege da keine Luft.«

Wegner ließ nicht locker: »Wenn der schon den Mut hat, dich einzuladen – dazu gehört sehr viel –, dann bist du doch eine Pfeife, wenn du da nicht hingehst.«

»Zum Glück besaß sie den freundschaftlichen Mut, mir Großkotz zu widersprechen. Ich begriff, dass ich falsch lag,

---

54 Lt. Wolf Biermann im Interview am 24. 11. 2001

und sagte: Gut, ich mache das, du hast Recht, ich muss das wagen.«

Von der rasch folgenden Absage mit der Begründung, die Maul- und Klauenseuche sei ausgebrochen, sah Biermann seine Befürchtungen bestätigt: »Als alter Fachmann für Landwirtschaft dachte ich natürlich, dass der Pfarrer sich in die Hosen geschissen hatte, aus welchen edlen Motiven auch immer. Natürlich war das eine feige Ausrede. Ich diskutierte gar nicht weiter mit dem rum, ich wusste ja, dass das alles nur Lüge war, und fuhr in die Ferien, nach Usedom, ans Achterwasser.«

Als Biermann im August wieder nach Berlin zurückgekehrt war, meldete sich der Pfarrer erneut: Jetzt sei keine Maul- und Klauenseuche mehr. Er hatte nicht gelogen. »Mir blieb nichts weiter übrig, als nun freudig Ja zu sagen. Ich dachte, das ziehe ich eben nun durch, komme da zu ein paar verschüchterten Christenkindern, die da in irgendeiner Katakombe im alten Rom mit 'ner Kerze in der Hand sitzen.« Biermann wollte »möglichst vorsichtig singen, damit ich ihre Kerzen nicht ausblase mit meiner gewaltigen Stimme – das war so meine Vorstellung«.

Niemandem aus dem weitläufigen Chausseestraßekreis hatte Biermann von dem bevorstehenden Konzert erzählt. »Ich weiß gar nicht mehr genau, warum. Weil ich unsicher war, was das überhaupt ist. Ich konnte mir das gar nicht vorstellen. Ich hatte ja auch keine Erfahrung.«

Die Evangelische Kirche hatte trotz allerlei Annäherungs- und Unterwanderungsversuche, obwohl man sie finanziell kurz hielt und gesellschaftlich mehr und mehr isolierte, ihre demokratische Linie gehalten. In den zwanzig Jahren, seitdem Robert Havemann die Junge Gemeinde an der Humboldt-Universität bekämpft hatte, war die Kirche kleiner geworden, unbedeutender auch, weil viele Christen sich aus Furcht vor Karrierebehinderungen und anderen Repressionen von ihr abgewandt hatten. Der Versuch der »Differenzierung« durch die Staatssicherheit war jedoch gescheitert.

Differenzierung war die Strategie, die »fortschrittlichen« Kräfte innerhalb der Kirche zu vereinnahmen, die Masse der kompromissbereiten »Realisten« nicht zu verschrecken und die »Feindlich-Reaktionären« am anderen Rand des Spektrums klein zu halten oder auszuschalten.

Im Laufe der Zeit gewann die SED – über die offiziellen Kanäle des Staates und die inoffiziellen der Stasi – allerdings großen Einfluss auf die Personalpolitik der Kirche. Sie bewirkte überdies die strukturelle Abtrennung eines DDR-Kirchenbundes von der gesamtdeutschen Evangelischen Kirche Deutschlands. Die zwischen Kirche und Partei vereinbarte Formel »Kirche im Sozialismus« galt der SED als Zeichen der Gleichschaltung, aus Sicht vieler Kirchenleute aber auch als Definition klarer Abgrenzung: die Kirche als Eiland inmitten des roten Meers. Und mochten die »Fortschrittlichen« die Abweichler von der versöhnlichen Linie einschränken, ganz bremsten sie sie nie. So wenig, wie sie jemals den Austausch mit ihren Brüdern in der Bundesrepublik ganz einstellten.

Offiziell, in den Medien der SED wie in den scharf kontrollierten Presseorganen der »Fortschrittlichen« unter den Kirchenmännern, wurde stets die prinzipielle Einigkeit zwischen Staat und Kirche betont.

Inoffiziell wuchs der Leidensdruck in der Kirche, der sich nicht artikulieren konnte. Der Bruch zwischen Schein und Sein vor allem im Leben junger Menschen entsprach dem bleiernen Schweigen, in das kirchliche Arbeit gehüllt war. Was die SED von der Kirche erwartete, zeigte sich 1974, als die Partei zum 25. Jahrestag der DDR eine öffentliche Würdigung forderte. Die Kirchenleitung verweigerte die Ergebenheitsadresse. Das gab vielen Menschen in der Kirche einerseits Auftrieb, andererseits machte es das Bekenntnis zum Christentum nicht leichter, wo doch offiziell alles bei der erheuchelten Harmonie blieb und die Partei jeden echten Dialog verweigerte.

Der Preis dieser Harmonie war, dass die SED der Kirche gewisse Freiräume ließ, wenn sie sie auch durch die Staatssicherheit bis ins Letzte ausforschte. Die mit der Politik Unzufriedenen in der Kirche schafften der allgemeinen Unzufriedenheit ein Ventil, indem sie parteifernen, frei denkenden und handelnden jungen Menschen in eben diesen geschützten kirchlichen Räumen ein Forum boten, das der Staat ihnen nicht geben wollte. Die Staatssicherheit beobachtete, wertete aus, zersetzte, sorgte auch mit Hilfe von »Fortschrittlichen« in der Kirchenleitung dafür, dass die »feindlichen Kräfte« in der Kirche es nicht zu weit trieben. Sie wagte sich nicht weiter, weil es dem Regime, wie üblich, um inneren Frieden und äußeres Ansehen ging.

Pfarrer Oskar Brüsewitz in Zeitz setzte der Ruhe in den Verhältnissen zwischen Kirche und Staat im Sommer 1976 mit seiner offenkundig politisch motivierten Selbstverbrennung ein jähes und schreckliches Ende. Die SED ließ sich dazu hinreißen, Brüsewitz zum wahnsinnigen Selbstmörder zu erklären. In der Kirche begriff man die Selbsttötung als Fanal für ein viel entschlosseneres Bekenntnis zum Christentum, und sei es vom Sozialismus umzingelt.

Wie sehr das Not tat, erwies sich, als diese Interpretation durch Beschlagnahmen und Verbote kirchlicher Publikationen unterdrückt wurde. Dabei war Brüsewitz' Schwarzweißdenken, das aus seinem Abschiedsbrief sprach, theologisch und politisch nicht einmal unproblematisch. Doch berührte seine Verzweiflungstat viele in der Kirche nicht minder intensiv, als die zynische Reaktion der Partei Ekel und Widerstandsgeist weckte. Aus zahlreichen vormaligen »Realisten« wurden »Feindlich-Reaktionäre«. Die zwei Jahrtausende alte Sozialethik der Kirche, ihr alter Geist der Befreiung lebte auf. Im Schutz der Kirche begannen Areale ganz ähnlich dem Havemannschen Grundstück in Grünheide zu entstehen: Gehege der Freiheit, in denen unter den scharfen Blicken der Staatssicherheit wieder ein wenig gesellschaftliche Bewegung möglich war.

Als Biermann am 11. September nach Prenzlau kam, saßen zu seiner großen Verblüffung da nicht etwa ein paar versprengte Christen in einem dürftigen Kirchlein, sondern das gewaltige gotische Kirchenschiff war voller Menschen. »Für den eitlen Künstler ist das natürlich schön, wenn viele Leute kommen. Politisch gesehen, dachte ich, au au au, was soll das wohl werden. Aber wenn man dann in die lebendigen Menschengesichter schaut, und die reden mit einem, dann wird man auch wieder leichtsinnig und unbeschwert.«

Biermann predigte für das Dableiben, für eine Kirche, die politisch aktiv werden und sich einmischen solle. Und er machte Programm. Mehr als drei Stunden lang.

»Natürlich war ich doch einigermaßen begeistert, dass ich zum ersten Mal wieder öffentlich gesungen hatte, dass es erfolgreich war, dass ich meine Sache gut gemacht hatte und tapfer für das Dableiben gesprochen hatte.« Über das Konzert schrieb Biermann seiner Mutter einen Brief, der – nicht ohne sein Zutun – im Westen veröffentlicht wurde. »Dass die Stasis dem jungen Pastor auflauerten und ihn unter einer Brücke halb tot schlugen, das wusste ich nicht: Der hat die Rechnung bezahlt, nicht ich.« Die Stasi hatte von dem Konzert zuvor nichts geahnt – eine Panne. Der Name Biermann stand zwar im offiziellen Veranstaltungsplan der Prenzlauer Gemeinde. Deren ehemaliger Kantor hieß aber ebenfalls Biermann, auch er gab in der Kirche gelegentlich Konzerte.

Thomas Auerbach, Jugenddiakon in Jena und Freund Jürgen Fuchs', hörte von dem Konzert und dachte: Was die können, kann ich auch. Er lud Biermann ein, am 1. November auch dort in einer Kirche aufzutreten.

Als Christian »Kuno« Kunert und Gerulf Pannach von »Renft«, obwohl ebenfalls verboten, wenig später in Leipzig ihrerseits in einer Kirche auftraten, schmiedeten sie mit Jürgen Fuchs und Biermann ein Komplott, um von dem Auftritt eine Aufnahme zu machen. Biermann stellte sein Profi-Tonbandgerät und die guten Mikrofone aus dem Westen zur Verfügung. Fuchs machte die Aufnahme. In Grünheide, mit Havemanns großen Lautsprecherboxen, hörten sie das Band zum ersten Mal an und freuten sich wie Kinder über die Qualität. Im Westen sollte eine Platte daraus gemacht werden. Kunert und Pannach konnten nicht ahnen, dass es ihr letztes Konzert in der DDR war und dass sie bei Erscheinen der Platte bereits im Gefängnis sitzen würden.

Havemann, Biermann, Fuchs und die Jenenser, »Renft«, die Kirche: Es bedurfte nicht viel, zu erkennen, dass ein neues Gravitationszentrum in der DDR entstand, das vor allem die desillusionierte Jugend anziehen konnte und mit der Kirche und den westlichen Korrespondenten über große Kommunikationspotenziale verfügte. Die höchsten Genossen begriffen, dass sie handeln mussten, solange sie dazu noch Spielraum hatten.

Havemann und Biermann waren zu dieser Zeit von seltsamer Arglosigkeit beseelt. Sie sahen sichere Zeichen für eine nahende Lockerung, einen frischen Wind, zu denen nicht nur die Freilassung Sigmar Fausts auf Havemanns Intervention hin zählte. Dazu hatte er dem »lieben Kameraden und Genossen Erich Honecker«[55] – so sprach er ihn an, weil auch Honecker als junger Mann von den Nazis im Zuchthaus Brandenburg gefangen gehalten worden war – am 16. März 1976 einen Brief geschickt, in dem er um die Freilassung des Schriftstellers aus der Haft bat. Faust war wegen Hetze schon zum zweiten Mal inhaftiert worden, unter üblen Umständen, in einer feuchten Kellerzelle eines berüchtigten Gefängnisses in Cottbus.

Biermann, der Faust schon länger kannte, hatte zuvor bei Günter Gaus, dem Ständigen Vertreter der Bundesrepublik in der DDR, beim Ost-Berliner Anwalt Wolfgang Vogel, dem Unterhändler zwischen West und Ost in allen sensiblen Fragen, und bei Stephan Hermlin um Hilfe gebeten; Havemann wandte sich an Stefan Heym. Vogel gab Biermann eine Zusage, bat aber, noch ein wenig abzuwarten, Hermlin beantwor-

55 Robert Havemann: Berliner Schriften. Hg. v. Andreas W. Mytze. Berlin 1977, S. 101

tete einen Brief mit einem Schreiben, das heftige Vorwürfe und Beschimpfungen gegen Biermann enthielt[56], Heym schließlich enttäuschte Biermann und Havemann mit Ausflüchten. Biermann mobilisierte Freunde im Westen, die Presse griff den Fall Faust auf.

Keine Reaktion.

Havemann drohte nicht einmal offen damit, den Brief an Honecker der westdeutschen Presse zu senden. Er erwähnte allerdings, dass Gaus schon Bescheid wisse, und zitierte ausführlich aus einem verzweifelten Kassiber, den Faust an seine Frau gesandt hatte. Havemann appellierte an Honecker als Antifaschist und duzte ihn vertraulich, obwohl er ihm zur Zeit des Dritten Reichs nie begegnet war und lange nicht mehr der SED angehörte. Faust charakterisierte er als »leidenschaftlichen Streiter für den Sozialismus«.

Abschließend betonte Havemann »mit kameradschaftlichem Gruß«, dies mache ihn »für uns alle traurig. Lieber Kamerad, denke daran, wie schwer es manche von uns hatten, damals in der Nazizeit, und daran, wieviel schwerer es ist, bei den eigenen Freunden und Genossen eingesperrt zu sein.«

Biermann brachte den Brief zum Staatsratsgebäude. Drei Tage später, am 19. März, kam, wie Havemann mit Genugtuung registrierte, ein äußerst höflich, ja ehrerbietig auftretender Vertreter des Staatsrates nach Grünheide, um mitzuteilen, dass Faust freigelassen werde. Das geschah am selben Tag.

Havemann jubilierte.

Noch Wochen nach dem Erfolg platzte Havemann geradezu vor Befriedigung, als er Freunden davon berichtete.

Er fühlte sich durch die Freilassung Fausts nicht nur in seiner eigenen Bedeutung bestärkt, er fasste sie als eines von vielen Anzeichen für Veränderungen auf. Ein weiteres war die Lage in Polen. In Radom und Warschau hatten im Juni Arbeiter gestreikt und demonstriert, wenig später wurden die vermeintlichen Rädelsführer vor Gericht gestellt und verurteilt. Die Friedhofsruhe, die so in bewährter Manier hergestellt

56 Lt. Bericht von IM »Martina« am 8.4.1976

werden sollte, blieb aus; im Gegenteil, es geschah Ungeheuerliches: Eine Gruppe namhafter Intellektueller ließ einen eindringlichen Appell verbreiten, setzte die Unterdrückung in Polen, in der ČSSR und in der Sowjetunion unter einem Motto von Karl Marx mit jener der faschistischen bzw. extremistisch-antikommunistischen Regimes in Spanien und Chile gleich und forderte Intellektuelle in aller Welt auf: »Verlangt die Freiheit für die Teilnehmer am Protestmarsch in Polen!«

Zur selben Zeit tagte in Ost-Berlin eine große Konferenz des Eurokommunismus. Alle Beiträge auch der Reformer aus Westeuropa – nicht wenige davon hatten in ihren Parteizeitungen immer wieder Texte Havemanns gedruckt –, wurden im »Neuen Deutschland« dokumentiert. Havemann verschlang das Zentralorgan mit ganz fremden Gefühlen. »Texte italienischer Kommunisten, da war jede Zeile gut für vier Jahre Bautzen im DDR-Maßstab«, sagt Biermann.

29 Parteien, darunter die SED, einigten sich auf eine gemeinsame Politik in Übereinstimmung mit dem KSZE-Abkommen von Helsinki. Santiago Carillo, der spanische KP-Generalsekretär, erfreute Havemann und Biermann mit einem Bekenntnis zu den »formalen Freiheiten« der bürgerlichen Demokratie, die unter dem Sozialismus nicht abgeschafft werden dürften, Enrico Berlinguer trat – gemäß der italienischen Praxis – für Meinungsfreiheit auch unter Kommunisten ein, der Schwede Lars Werner forderte von den versammelten Ostblock-Größen weitere »Entstalinisierung«, und das aus »Sorge um den Sozialismus«[57], nicht anders als Havemann. Der griff die Argumente der westlichen Linken sofort auf, »weil der politische Begriff Sozialismus durch niemand mehr und gründlicher diskreditiert worden ist als durch die Länder des realen Sozialismus«[58]. Im »Spiegel« schrieb er: »Georges Marchais und Enrico Berlinguer haben

---

57 Siehe Manfred Wilke: »Nur wer sich ändert bleibt sich treu«; in: Zeitschrift des Forschungsverbundes SED-Staat, 11/2002, Berlin, S. 30 ff.

58 Robert Havemann: »Der Sozialismus und die Freiheit«; in: »europäische ideen« 24/75, Berlin 1976. S. 34

völlig klar gemacht, dass ein staatliches System ohne freie Presse, ohne Parteien-Pluralismus, ohne Freizügigkeit auch über die Grenzen des Landes, ohne freie Wahlen und freie Gewerkschaften, die von Staat und Partei unabhängig sind, ohne uneingeschränkte Freiheit der religiösen Betätigung, ohne eine Regierung, die jederzeit in Wahlen abgewählt werden kann, selbst wenn sie einer reaktionären Regierung Platz machen muss – kurz, dass ein solches System, wie es in den sozialistischen Ländern praktiziert wird, kein Sozialismus ist. Bestenfalls kann es beanspruchen, eine auf halbem Wege stecken gebliebene sozialistische Revolution genannt zu werden, die sich zunehmend zur Farce verwandelt hat. Das sind schreckliche Wahrheiten, die unsere Genossen in Berlin zu hören bekamen.«[59]

Jürgen Fuchs fuhr in jener Zeit mit der Absicht durch die Republik, eine lockere Gruppierung Gleichgesinnter wie jene polnische Intellektuelle, die den Appell lanciert hatten, um Havemann zu sammeln. Havemann sprach sehr freizügig davon, wie er sich organisierte Opposition vorstellte, um nicht in Konspirationsverdacht zu geraten.

Nach dem Ausschluss Reiner Kunzes aus dem Schriftstellerverband, weil er die »Wunderbaren Jahre« im Westen veröffentlicht hatte, rief Havemann am 7. November den verwunderten Stephan Hermlin an, um ihn an die Macht seiner Popularität zu erinnern und zu einem öffentlichen Protest aufzurufen. Doch Hermlin hielt Kunze einer solchen Bemühung nicht für würdig. Havemann wies wiederholt darauf hin, dass es gar nicht um Kunze gehe, der der Hilfe nicht bedürfe. »Es geht vielmehr um eine politische Frage«, die alle Künstler und Schriftsteller betreffe. »Es geht darum, uns beizustehen, dem Ansehen unserer Sache beizustehen, die verunglimpft wird durch solch eine rüde Methode, einen Schriftsteller aus dem Verband zu werfen, der ein Buch veröffentlicht hat, das den Leuten nicht passt.« Am Ende lenkte

---

59 Robert Havemann: »Das sind schreckliche Wahrheiten«; in: »Der Spiegel« Nr. 28/1976, S. 79

Havemann zwar ein, was die Öffentlichkeit des Protestes anging, doch sprach er von der Bildung einer möglichst großen Gruppe namhafter Schriftsteller, die den Verbandsvorstand unter Druck setzen müsse.

Auch bei Heym rief Havemann an und wurde abgewiesen. Er wisse nicht genug über den Fall Kunze, er müsse sich erst informieren, sagte Heym zweimal, im Bewusstsein, dass das Telefon abgehört wurde.

Wolf Biermann telefonierte mit den Schriftstellern Thomas Brasch, Jurek Becker und Volker Braun, der wie Heym reagierte: Er müsse sich erst informieren. Brasch, Kandidat des Schriftstellerverbands, und Becker erwogen, aus Protest die Kandidatur niederzulegen bzw. aus dem Schriftstellerverband auszutreten.

Lotte Franck hatte vor den Telefonaten mit den Schriftstellern zu Biermann und Havemann gesagt: »Es gibt doch keine Solidarität. Die Älteren sind sich mit den Jüngeren nicht einig, und Solidarität erzwingen kann man nicht.« Sie behielt Recht. Havemann und Biermann waren Unberührbare.

Doch auch Havemann behielt Recht: Die Zeit war auch in der DDR reif für die Solidarisierung der Intellektuellen.

Nicht lange nach dem Prenzlauer Konzert erhielt Biermann die Einladung der IG Metall zu einer Tournee in der Bundesrepublik.

Biermann hatte schon 1975 einen Antrag gestellt, als er nach Offenbach zu einem Konzert gegen die gerade niedersinkende Franco-Diktatur eingeladen worden war. Zunächst genehmigte ihm die DDR-Führung die Reise.[60] Die Hoffnung war, so entnahm Biermann es später seinen Akten, dass er auf dem Konzert sein »feindlich-negatives« Liedgut gegen die alten Genossen und den ganzen Rest der SED zum Besten geben werde. In dem Fall hätte man ihn aus der DDR werfen können, ohne dass ein Hermlin, ein Heym oder eine

60 Wolf Biermann und andere Autoren: Die Ausbürgerung. Anfang vom Ende der DDR. Berlin 2001, S. 59 ff.

Wolf auf die Idee gekommen wäre, sich mit ihm öffentlich solidarisch zu erklären. Und auch sonst hätte die SED ein solches Verhalten Biermanns vor den DDR-Bürgern so darstellen können, dass der politische Schaden einer Ausbürgerung verhältnismäßig gering geblieben wäre. Auch die westdeutsche Linke – in Teilen ohnehin von Biermanns Haltung wenig erbaut – hätte zu ihm nicht stehen mögen. »Nun aber hatte ich ein lupenreines Anti-Franco-Liederprogramm auf der Pfanne. Die Abhörwanzen in meinem Zimmer lieferten der Stasi die neuen Lieder in bester Tonqualität. Und irgendwelche Spitzel im Freundeskreis haben der Sicherheit sicher gemeldet: Dieser falsche Hund Wolf wird im Westen treu-antifaschistisch heulen. Nach innen wertet ihn das auf, nach außen macht es uns höchstens diplomatischen Ärger.«[61]

Der SED war klar, dass die geplante öffentliche Maßregelung nicht stattfinden konnte, und um Biermann für mustergültigen Antifaschismus nicht auch noch öffentlich loben (oder solches Lob hinnehmen) zu müssen, sagte sie ihm seine Reise am Vorabend ab.

Im Oktober 1976 wurde sein Antrag nicht abgelehnt. Biermann durfte fahren. Um die Reise nicht zu gefährden, verschob er das Konzert in der Kirche in Jena. Die Einladung in die Bundesrepublik war ihm vom IG-Metall-Vorstandsmitglied Jakob Moneta ausgesprochen worden, der dazu eigens nach Ost-Berlin gekommen war. Möglicherweise, mutmaßt nicht nur Biermann nahezu drei Jahrzehnte später, nicht nur im Auftrag der Gewerkschaftsführung, die er vertrat.[62]

Der Verdacht, dass man Biermann nach all der Zeit unüberbrückbarer Feindseligkeit nicht so einfach würde gehen und singen lassen, lag auf der Hand. Der Schriftsteller Jurek Becker sagte Biermann ahnungsvoll, er werde es nicht still hinnehmen, falls es sich bei dieser Reise um eine Falle handle.[63]

Havemann jedoch glaubte fest an eine Aufweichung der

---

61 Ebenda, S. 61
62 Ebenda, S. 62
63 Ebenda, S. 57

Einheitsfront seiner ehemaligen Genossen. Er war überzeugt, dass durch die starken Öffnungstendenzen der Linken im Westen auch in der DDR an der Spitze von Staat und Partei Denkprozesse in Gang gekommen waren. »Dass die Genossen im Politbüro der SED sich Gedanken machen und womöglich Schlussfolgerungen ziehen werden – ich bin davon überzeugt. Und ich wünsche mir, dass es ihnen nicht allzu schwer fallen möge und dass es die richtigen Konsequenzen sein werden«, hatte er im Spätsommer in einem »Spiegel-Essay« geschrieben. Nach der großen Ost-Berliner Sozialismus-Konferenz, die eine Diskreditierung der Sowjetunion bedeutet hatte, vertraute Havemann einem Bekannten, der als IM weitermeldete, seine Überzeugung an, dass diese Erkenntnis sich in deren Lager durchsetzen könne: »Aus dem Westen kommt der große Aufschwung der sozialistischen Revolution, der Osten, wie er heute existiert, ist das Haupthindernis für den revolutionären Kampf.«[64] Der Kampf darum hatte nach Havemanns und Biermanns Meinung bereits hinter den Kulissen begonnen.

So ordneten sich die Ereignisse, die gegen ein Aufweichen der SED sprachen, als letztes oder doch vorletztes Aufbäumen mächtigen alten Denkens in ihr Weltbild ein. Mochte die SED auch binnen weniger Monate nach der hoffnungmachenden Konferenz der Sozialisten auf die Selbstverbrennung des Pfarrers Brüsewitz mit ihrer üblen Diffamierungskampagne reagieren, die an die Öffentlichkeit gegangenen Ausreisewilligen in Sachsen festnehmen und Kunze aus seinem Verband werfen – der Eindruck des Sommers 1976 blieb lebendig, da aus den Seiten des Zentralorgans plötzlich eine nie gekannte Liberalität gestrahlt hatte. Biermann: »Gemäß unserem Weltbild gab es die historische Chance zu einem demokratischen Sozialismus. Ich spekulierte darauf, dass viel-

---

64 Bericht des IME (Inoffizieller Mitarbeiter für einen besonderen Einsatz) »Hartmut« (Büronutzer im Haus der Lotte Franck): »Besuch bei Robert Havemann in Grünheide« vom 8. 5. 1976. Der Besuch hatte drei Tage zuvor stattgefunden.

leicht ein Mann wie Kurt Hager, der immerhin mal Hegel gelesen hatte, dass der so einen Ball ins Spiel wirft: ›Wir lassen den kleinen Biermann da singen.‹ Ich dachte, sie würden mich zurückkehren lassen müssen. Sonst wäre ich vor Angst gar nicht erst weggefahren. Ich hatte Angst davor, dass mich die Muse nicht mehr küssen würde.«[65]

Zwei Tage vor seiner Abreise fuhr Biermann noch einmal nach Grünheide. Die Familie Fuchs, Havemanns und Hartmut Jäckel aus West-Berlin saßen zusammen, Biermann spielte ein wenig Gitarre und sang. Beim Abendessen sprachen sie darüber, dass die DDR Biermann nicht mehr reinlassen könnte. Biermann sagte: »Kein Problem, in einem Kofferraum komme ich zurück, denn bei der Einreise wird nicht kontrolliert.«[66]

»Havemann sagte: Sie werden es nicht wagen. Sie sind reaktionär, aber keine Idioten. Es würde politisch, nicht nur moralisch, zu teuer. Die Ironie ist: Sie haben es getan, und es wurde zu teuer.«[67]

Mit zwei Gitarren und einer kleinen Reisetasche mit dem Nötigsten verließ Biermann am 11. November seine Wohnung in der Chausseestraße 131 und ging in Begleitung seiner früheren Lebensgefährtin Eva-Maria Hagen und deren neuen Freund Matti Geschonnek – er studierte in Moskau Regie und war gerade zu Besuch – die paar Hundert Meter zum Bahnhof Friedrichstraße; vorbei an den gusseisernen Preußenadlern im Geländer der Weidendammer Brücke, die er im »Preußischen Ikarus« besungen hatte. Er gelangte nach der Kontrolle im »Tränenpalast«, der Abfertigungshalle, die schon so viele Verwandte für lange und für immer hatte voneinander Abschied nehmen sehen, durch gewundene Gänge reibungslos zu dem mit grauen Profilblechwänden

65 Wolf Biermann in seiner Aussage vor dem Landgericht Frankfurt (Oder) am 24. 4. 1996
66 Lt. Hartmut Jäckel, Interview vom 22. 12. 2000
67 Wolf Biermann in seiner Aussage vor dem Landgericht Frankfurt (Oder) am 24. 4. 1996

vom übrigen Bahnhof abgeschotteten S-Bahnsteig für die Fahrt nach Westen. Zwischen den tristen Höfen Kriegsspuren tragender Mietskasernen schlängelte sich die S-Bahn mit ihren acht Wagen in Richtung Lehrter Stadtbahnhof, über das Sperrgebiet, die Mauer, die Spree, zwischen Charité im Osten und kuppellosem Reichstag im Westen.

Am 12. November flog Biermann von Berlin-Tegel nach Köln. Am 13. fand das berühmte Konzert in der Kölner Sporthalle statt. Er war nicht so böse gegen die DDR-Führung, wie er sein konnte. Er hielt sich im Bereich eines wohlerwogenen »Einerseits-Andererseits«, das er für unverfänglich hielt. Er sang nicht seine schärfsten Lieder, und er differenzierte so sehr seine Kritik, dass es durchaus nicht allen seinen Zuhörern einleuchten und gefallen mochte. Es gab Zwischenrufer unter den 7000 Zuschauern, die es ihm übel nahmen, wie freundlich er zur DDR stand.

Die weitaus meisten im Publikum waren hingerissen. Biermann sang, sprach, dozierte und sang wieder für volle viereinhalb Stunden. Er war bei Stimme, die Finger fanden sich sicher auf Gitarre und Harmonium zurecht, die Texte saßen.

Biermann war glücklich.

Das Hochgefühl hielt. Am 14. trat Biermann bei einer Matinee gegen die Diktaturen in Lateinamerika in Köln auf. In anhaltendem Überschwang feierte er am 15. seinen Geburtstag, den vierzigsten.

Am selben Tag beantragte die Generalstaatsanwaltschaft knapp 600 Kilometer Luftlinie entfernt beim Stadtgericht Berlin-Mitte Haftbefehl gegen Robert Havemann.

Am Dienstag, dem 16. November, im Auto Jakob Monetas auf dem Weg zum nächsten großen Konzert nach Bochum, hörte Biermann im Autoradio die Nachricht von seiner Ausbürgerung.

Die Ausbürgerung

Als Havemann von der Ausbürgerung Biermanns erfährt, ist ihm seit einigen Tagen nicht mehr nach heiterer Dialektik und Politik zumute.

Er umkreist das Telefon. Seine Frau hatte nach einem Zerwürfnis am Abend des Kölner Konzerts, den sie gemeinsam mit Eva-Maria Hagen und Matti Geschonnek verbrachten, Grünheide verlassen.

Es war ein fröhlicher Abend gewesen, mit lauter Musik, viel Wein und Cognac. Eva-Maria Hagen und Robert Havemann flirteten miteinander, er animierte sie dazu, freizügig zu tanzen. Die Stimmung kippte, als Matti Geschonnek Katja Havemann den Arm um die Schultern legte. Havemann machte ihm und seiner Frau eine Eifersuchtsszene. Ein Gespräch kam nicht mehr zu Stande.

Am Sonntag, dem 14. November, packte sie einige Sachen zusammen und verließ mit der dreijährigen Franziska das Haus, um in die Stadtwohnung in der Berolinastraße 12 zu fahren. Die anderen schliefen noch. »Ich wollte Zeit verstreichen lassen, um den Punkt abzuwarten, dass ich wieder auf meiner Ebene mit ihm reden konnte.«

Havemann ist allein im Haus, als Jürgen Fuchs aufgeregt aus dem Holzhaus kommt. Er macht ihn auf das »Neue Deutschland« aufmerksam, das Havemann an diesem Dienstag noch nicht gelesen hat. In einem aus der bundesdeutschen DKP-Zeitung »UZ« übernommenen Artikel wird Wolf Biermann scharf attackiert.

Die namentliche Nennung Biermanns im Parteiorgan bedeutet Alarm. Ein Zufall ist ausgeschlossen, derlei gibt es im »ND« nicht. Nach elf Jahren Schweigen erstmals wieder in einem vernichtenden Kommentar genannt zu werden, ist ein sicheres Zeichen dafür, dass etwas Bedeutendes geschehen wird.

Der erste Impuls ist: alle zusammenholen. Havemann ruft in der Berolinastraße an. Katja ist nicht da, er spricht mit ihrer Schwester Eva Grafe, die in der Wohnung lebt.

Später ruft Katja zurück. Sie solle sofort nach Hause kommen, es sei etwas Furchtbares geschehen, sagt er. Er insistiert. Sie begreift, dass es ernst ist. Sie verabreden, dass er sie vom Bahnhof in Erkner abholt. Busse fahren selten, Taxis sind rar.

Lotte Franck ruft in Grünheide an. Sie hat schon im Radio gehört, dass Biermann ausgebürgert ist. Sie spricht in Verschleierungsfloskeln, daher bezieht Havemann ihre Aufregung zunächst auf den Artikel im »ND«. Sie reden einige Minuten lang aneinander vorbei.

Wenig später begreift er, was geschehen ist. Wieder überbringt Fuchs die Nachricht. Havemann kann es erst nicht glauben, obwohl er durch die »ND«-Meldung schon gewarnt ist. Er denkt an ein Missverständnis, an eine von Journalisten fahrlässig zugespitzte Nachricht, an etwas, das erwogen wird. Fuchs zerstreut diese Hoffnungen.

Havemann reagiert mit für seine Verhältnisse ungewöhnlicher Fassungslosigkeit.[68] Er spricht von drohender Verhaftung, wirkt fahrig, erschüttert. Doch die Furcht weicht schnell der Routine des erfahrenen Widerständlers, der immer damit rechnen muss, dass die politischen Erwägungen der Führung sich plötzlich gegen ihn richten. Er macht kurz seinem Zorn Luft, indem er laut den Rechtsbruch anklagt, den die DDR-Führung mit der Ausbürgerung begangen habe. Dann dreht Havemann das Radio lauter, um mit Fuchs ohne ungebetene Zuhörer reden zu können.

Als erster Journalist ruft Peter Pragal von der »Süddeutschen Zeitung« an. Die Stasi hört mit und notiert:

„Havemann erklärt, dass er die Ausweisung für widerrechtlich hält. Herr P. beruft sich auf einen Paragraphen aus dem Gesetzbuch der DDR, wonach Bürgern der DDR die Staatsbürgerschaft aberkannt werden kann, wenn diese gröblichst

---

68 Jürgen Fuchs vor Schülern der Robert-Havemann-Schule am 9. Juni 1993; Jürgen Fuchs: Zwo! Empfang einer Nachricht, in: Wolf Biermann und andere Autoren: Die Ausbürgerung. Berlin 2001, S. 244 ff.

ihre Staatsbürgerschaft verletzt haben. ... Havemann verneint. Selbst wenn man den Paragraphen ... hinnimmt, ist es trotzdem notwendig, dass das, was der Betreffende getan hat oder getan haben soll, ganz genau beschrieben und ausgesprochen wird, und nicht in allgemeinen Redewendungen, damit sich die Öffentlichkeit ein Urteil bilden kann. ... Es ist doch bekannt, ... dass Wolf Biermann ein Freund der DDR ist. Dass er natürlich Kritik übt – aber dürfen Freunde an einer Sache nicht Kritik üben? ... Solche Sachen wären immer ein Zeichen der Schwäche, wenn sich ein ganzer Staat gegen einen schwachen einzelnen Menschen wendet. ...
[Gesprächsende] 16.43 Uhr"

Gleich darauf sucht Havemann auf seinem Schreibtisch und in den Regalen seines Arbeitszimmers nach Dokumenten und Manuskripten, mit denen man eine Anklage gegen ihn rechtfertigen könnte. Er hat einen Plan: Die Sachen zusammenpacken, sie über Schleichwege in das Oderbruch zu seinen Schwiegereltern fahren und dort verstauen. Havemann ist Minuten nach Empfang der Nachricht wieder so weit Herr der Lage, dass er Fuchs beruhigen kann.

„Vertrauliche Dienstsache, Informationsbericht vom 16.11.1976[69]

Herr Wagner vom ‚Axel-Springer-Inlanddienst' bittet Robert Havemann um eine Stellungnahme zu ... Biermann.
Herr H. hat eben schon eine Stellungnahme abgegeben, aber er will es gern noch einmal tun ...
16.57 Uhr"

69 HA XX/7, Berlin, 16.11.1976

„Vertrauliche Dienstsache, Informationsbericht vom 16.11.1976[70]

Herr Lothar Loewe nimmt an, dass [Herr Havemann] gehört hat, was dem Wolf zugestoßen ist. Herr H. bestätigt das. Er hofft, dass man es noch rückgängig machen kann. [Biermanns] Verteidigungen und seine Lobreden über die DDR in der Bundesrepublik sind doch alle ... aufgenommen worden. ... Eventuell bereitet Herr L. für die Tagesschau ... etwas vor. Vielleicht meldet er sich noch einmal bei ihm.
Herr H. war damit einverstanden.
17.07 Uhr"

Mit Fuchs' Hilfe lädt Havemann einige Kartons mit Papieren in seinen Wartburg und fährt ab. Er steht schon am Bahnhof, als seine Frau und seine Tochter aus der S-Bahn steigen. Die beiden wissen nichts von der Ausbürgerung. Er berichtet rasch. Katja Havemann: »Mir war sofort klar: Das ist die totale Katastrophe, eine Situation, wie sie noch nie da war. Er sagte mir, es könne Verhaftungen geben, auch er sei in Gefahr. Er habe Unterlagen zusammengesammelt, Manuskripte, Briefe, die er fortschaffen wolle.«

Die Blockade der Burgwallstraße hat noch nicht begonnen. Die Stasiautos, die Havemann verfolgen, warten in der Altbuchhorster Straße bei der Gaststätte »Hubertus«, nahe der Hauptstraße. Fährt jemand aus der Burgwallstraße 4 dort vorbei, lassen die Fahrer die Motoren an und folgen. Es gibt die Möglichkeit, von der Altbuchhorster Straße in der anderen Richtung durch den Wald zu fahren. Dort stehen keine Stasi-Autos. Havemann will im Schutz der Dunkelheit über Schleichwege via Kienbaum und Müncheberg zu Katjas Eltern fahren.

70 HA XX/7, Berlin

„Vertrauliche Dienstsache, Informationsbericht vom 16.11.1976[71]

... Ein Herr vom ‚SFB' erkundigte sich ... nach Prof. Havemann ...
19.32 Uhr"

„Herr [Name geschwärzt] vom westdeutschen Fernsehen Köln erkundigt sich bei Fuchs nach Havemann ...
19.36 Uhr"

„Herr Schulz von der DPA erkundigt sich beim Jürgen Fuchs nach Herrn Havemann. ...
20.36 Uhr"

Als Havemann bei seinen Schwiegereltern ankommt und die Situation schildert, begreifen sie sofort, was zu tun ist. Sein Schwiegervater, Felix Grafe, geht im Dunkeln in sein Bienenhaus und versteckt die mitgebrachten Dokumente hinter Waben. Havemann fährt nach einem kurzen Abendessen zurück. Seine Fahrt bleibt unentdeckt. Gegen 21.30 Uhr ist er wieder in Grünheide.

„Vertrauliche Dienstsache, Informationsbericht vom 16.11.1976[72]

Robert Havemann teilt dem Rainer [!] Kunze mit, dass er aufgrund der Geschichte mit seinem Freund Biermann morgen nicht kommen kann ... weil er noch etwas veröffentlichen will und das muss noch zu Papier gebracht werden. Es ist in dieser Angelegenheit und sehr dringend.
Kunze versteht das natürlich. ...
22.03 Uhr"

---

71 HA XX/7, Berlin
72 HA XX/7, Berlin

Nach und nach füllt sich das Haus mit Freunden, die die Nachricht von der Ausbürgerung erreicht hat.

Bettina Hindemith kommt vorbei und geht wieder mit der Absicht, ihren Vater, Stephan Hermlin, aufzusuchen.

Der Handwerker und Automechaniker der Familie, Horst Moelke, erscheint, Christiane Rusch kommt nach Dienstende im Kinderheim mit ihrer Tochter Claudia, ihr buntgestreiftes Campingbett ist noch im Kinderzimmer aufgebaut.

Amrei und Gerulf Pannach kommen mit Christian Kunert aus Leipzig. Auch sie sind sich sicher, dass sie nach der Ausbürgerung ihres Freundes in Gefahr sind. In Grünheide fühlen sie sich sicherer. Sibylle Havemann kommt mit ihrem Sohn aus Jena. Alle vereinbaren, dass sie möglichst zusammenbleiben, dass sie viele Informationen zusammentragen über die Situation, dass sie intensiv mit Wolf Kontakt halten wollen. Die Pläne geben jedem Einzelnen Halt in seiner Furcht vor der unbestimmten Drohung, die die Biermann-Ausbürgerung bedeutet.

Biermanns junge Frau Christine ist in seiner Wohnung in der Chausseestraße gerade über sich selbst hinausgewachsen: Wie selbstverständlich hat sie in diesen Stunden der Staatsmacht die Stirn geboten und intuitiv das Richtige getan. Dabei hat sie allen privaten Ärger zwischen sich und ihrem Mann abgestreift. Sie hat keine Routine darin, sich als Oppositionelle zu behaupten. »Ich hatte die DDR-Erziehung, auch mit ihrer Ideologie, auch als was Positives erlebt. Jedenfalls Teile davon.«

Bis sie Biermann 1973 kennen lernte, hatte sie nicht damit gerechnet, dass sie einmal anders leben könnte als in stiller, privater Koexistenz mit dem Sozialismus und seinen Organisationen. »Es war sicher so, dass Wolf mir das Tor zum Leben aufgestoßen hat. Da schlummerte offenbar etwas in mir, was Wolf geweckt hat. Vieles ging von seinen Liedern aus. Meine Begeisterung für seine Lieder und wie er gesungen hat. Das verbinde ich auch immer mit Grünheide.«

Grünheide wurde ein wichtiger Ort im Leben von Christine Barg. »Ich kann mich noch an einen Tag erinnern, da hatte es dort stark geregnet und gewittert. Dann war das vorbei, und der ganze Garten war blank, glänzte und dampfte. Wir saßen auf der Terrasse, und Robert sagte wieder mal: Ach Wolf, sing uns doch mal ein Lied. Wolf sang, und ich hatte das Gefühl vollkommenen Glücks. Diese Kombination von Natur, seinen Liedern und dem Verliebtsein.«

Sie wusste, dass auch Havemann ein Staatsfeind war, aber sie kümmerte sich nicht darum. »Robert war für mich ein väterlicher Freund, der sehr geduldig war, mir Dinge zu erklären. Ich weiß noch, damals habe ich mich in meinem Medizinstudium ziemlich abgequält mit Physiologie und Biochemie. Das hat er mir erklärt, und ich habe es bei ihm auch verstanden. Und dann die Freundschaft, manchmal geradezu Verwandtschaft zu Katja; wir hatten beide komplizierte Männer, mit den entsprechenden Schwierigkeiten. Das war sicher etwas, was mich auch mit Grünheide sehr verbunden hat. Obwohl wir erst viel später darüber redeten, wie es wirklich war. Aber es gab eine Solidarität unter uns jungen Frauen.«

Christine lebte noch bei ihren Eltern in Berlin. Dann zog sie zu Biermann. Zog wieder aus. Sie floh vor den politischen Konflikten und auch den persönlichen Auseinandersetzungen. In ihrem Kopf gab es die Vorstellung, ein ordentliches Leben zu führen.

Während einer ihrer Fluchten ging Biermann eine Beziehung zu Sibylle Havemann ein, die noch vor Tine schwanger wurde.

Wolf Biermann und Tine Barg heirateten in einer Seminarpause Christines im November 1975. Sie hatte sich seinen Vorstellungen gebeugt. Er meinte, eine Heirat sei nur richtig, wenn es einen wichtigen politischen Grund dafür gebe. Und den gab es: Sobald sie Biermann heiße, schütze sie sein Name, meinte er. Statt romantisch in Weiß und mit Schleier kam sie »mit dickem Bauch und in Cord-Jeans zum Standesamt. Die Standesbeamtin fragte uns, ob wir schon das nächste Brautpaar gesehen hätten. Ich sagte: Ich glaube, das sind wir.« Kaum war die Ehe geschlossen, fühlte Biermann sich schon eingesperrt »im lebenslänglichen Eheknast«, wie er sagte. Seine Frau fühlte sich nicht minder bedrückt: »Unsere Beziehung war für mich im Sommer 1976 das eigentliche Problem, nicht die politische Zuspitzung der Situation. Die kam dann erst schlagartig mit Wolfs Ausbürgerung. Da hatten wir kurz zuvor den Höhepunkt unserer Krise, und ich wollte mich scheiden lassen.«

Doch als sie von der Ausbürgerung im Radio hört, ruft sie Götz Berger, ihren Anwalt, an. »Ich nehme hiermit sofort meine Scheidungsklage zurück«, sagt sie ihm.

Sie hat sich mit niemandem beraten müssen, um zu wissen, worauf es jetzt ankommt: Solidarität. Jetzt ist nicht die Zeit, sich von Biermann loszusagen. Nicht in dem Moment, wo er jeden braucht, der zu ihm hält. Die Politik verlangt es.

Minuten später erweist sich, wie richtig ihre Eingebung gewesen ist. Die Genossen von der Staatssicherheit stehen an der Tür und sagen mit ernster Miene: »Ja, wir verstehen Ihre Situation gut. Sie leben ja in Scheidung und haben das leider nicht mehr hingekriegt. Wir bieten hiermit an, die ganze Angelegenheit für Sie abzuwickeln.« Sie wollten Biermanns Sachen schriftlich erfassen, packen, ihm nachsenden, sagen die Stasis: »Wir sind sozusagen die Nachlassverwalter von Herrn Biermann.«

»Ich habe meine Scheidungsklage soeben zurückgezogen«, sagt sie sehr bestimmt. »Ich brauche keinen Verwalter, verlassen Sie sofort meine Wohnung.« Die Genossen sind überrascht, sie wissen nichts von ihrem Anruf beim Anwalt.

Christine Biermann ist plötzlich nicht mehr die kleine Studentin an der Seite des großen Mannes, um die man sich in Grünheide Sorgen machen muss. Sie lehnt ab, als Havemanns ihr am Telefon sagen, sie solle doch kommen. »Ich war ein politischer Mensch, obwohl ich gar nicht darauf vorbereitet war.« Sie nimmt die Rolle der Statthalterin des Geschassten an. »Das war für mich ganz klar, dass ich das mache. Da spielten die persönlichen Kränkungen und Krisen und Verletzungen und Traurigkeiten keine Rolle mehr. Jedenfalls für eine kurze Weile nicht. Als Bylle am nächsten Tag kam, lagen wir uns in den Armen und sagten: Unser Wolf.«

Etwas tun

Die kleine Gesellschaft auf dem Grundstück in Grünheide ist schockiert. Gelähmt ist sie nicht. Robert Havemann sagt: »Wir müssen in aller Klarheit unseren Widerspruch artikulieren und öffentlich machen, wir dürfen uns zugleich aber keinerlei Blöße geben und denen nicht ins offene Messer rennen. Sie werden uns nicht verschonen, irgendetwas geschieht.«

Draußen macht sich die Staatssicherheit lächerlich mit dem Versuch, unauffällig in einer Straße zu patrouillieren, die nachts sonst stundenlang ohne eine Bewegung bleibt. Regelmäßig fahren Autos vorbei, wenden, fahren zurück. Fußgänger passieren das Haus und schauen aufs Grundstück. Jürgen Fuchs erwischt am Fenster Lauscher, die in die Dunkelheit fliehen.

Drinnen sucht Robert Havemann das Strafgesetzbuch durch, bestätigt sich, was er schon dem ersten anrufenden Journalisten gesagt hat: dass das Staatsbürgergesetz die Maßnahme nicht deckt.

Am Abend versammeln sich alle Anwesenden im großen Zimmer des Havemannschen Hauses. Die Stühle reichen nicht, einige sitzen auf dem Boden. Im Fernsehen laufen Ausschnitte aus dem Kölner Konzert. Die Stimmung schwankt zwischen Begeisterung über den Auftritt und Bitternis über das Willkürurteil, das Biermann die Rückkehr verwehrt. Die Bildhauerin Sabine Grzimek kann nicht zu weinen aufhören. Sie und ihr Mann Peter Schwarzbach sind Freunde Biermanns. Immer, wenn Katja Havemann zu ihr hinübersieht, ist ihr auch zum Heulen. »Gleichzeitig freuten wir uns mit Wolf über seinen Auftritt vor Tausenden von Zuschauern. Der Gefühlszustand hatte schon etwas sehr Irrationales, Abgehobenes. Wir tranken auch viel, klare Überlegungen hatten keinen Platz.«

Robert Havemann sagt mehrfach: »Der kommt zurück, der kommt zurück. Ich wette drauf, der setzt sich in irgendein Diplomatenauto und steigt hier in der Burgwallstraße plötzlich aus einem Kofferraum.«

Genau das denkt um diese Zeit auch eine Nachbarin Wolf Biermanns: Bärbel Bohley. Die Malerin kennt den Sänger nur vom Sehen auf der Straße und ein paar seiner Lieder. Sie ist kritisch, aber nicht oppositionell eingestellt. Dass Biermann sich wieder in die DDR zurückschmuggeln lässt, ist für sie so etwas wie eine irre Hoffnung. Dass er es nicht tut, enttäuscht sie in den nächsten Wochen schwer. Die Ausbürgerung ist für Bohley, die später selbst zur populärsten Oppositionellen wird, so etwas wie ein Schlussstrich unter die DDR, frei nach Dante »lasse alle Hoffnung fahren«: »Das ist es jetzt gewesen«, denkt sie.

„Geheime Dienstsache, Informationsbericht vom 16.11.1976 ...[73]

Herr Schulz von DPA möchte von Herrn Havemann die Meinung zur Biermanngeschichte wissen. Herr H. ist grundsätzlich der Meinung, dass Aberkennung der Staatsangehörigkeit ... mit den Rechtsgrundsätzen eines Staates nicht vereinbar ist, der das Recht seiner Bürger achtet ... Außerdem ist Herr H. der Meinung, dass die Behauptungen zu seinem Freund Biermann, dass er die DDR verleumdet und ihr Ansehen geschändet hätte, nicht eine Zeile wahr ist [!] ... Diese Regierung kann doch nicht verlangen, dass solche Menschen wie der Biermann nur immer Lobhudeleien und Bewunderungen ausstoßen ...

---

73 HA XX/7, Berlin

Herr Sch. möchte weiter wissen, ob Herr H. in diesen Dingen eine allgemeine [Verschärfung] der Kulturpolitik der SED sieht ... Heute scheint man ja ... wieder in frühere Methoden zurückzufallen.
Herr H. sieht es nicht so. Es ist vielleicht ein wenig zu einfach. Konkret wird es so aussehen, dass Wolf Biermanns Auftritt in der Kirche in Prenzlau, sein Vorschlag einer roten Kirche und damit im Verein auch die allgemeine Auflockerung im kritischen Verhalten der Bevölkerung, den Leuten in der Regierung einen furchtbaren Schrecken eingeflößt hat. Diese Reaktion ist ... ein ganz besonderes Zeichen peinlicher Schwäche. ... Herr H. ... hofft ..., dass die Schriftsteller der DDR sich ... endlich in einer unmissverständlichen Weise hinter Wolf Biermann stellen werden. So auch hinter Rainer [!] Kunze ... 23.11"

Am Morgen des 17. November ruft Tine Biermann in Grünheide an. Inge Heym habe ihren und ihres Mannes Besuch angekündigt; Wolf Biermann sei überzeugt, dass Stefan Heym etwas plane und dass es daher gut wäre, wenn Robert Havemann dabei wäre.

Havemann mag zu dem Gespräch nicht in Biermanns Wohnung kommen – wenn er dabei wäre, meint er zu Tine Biermann, würde Heym »alles ablehnen, wenn er mich nur sieht«[74]. Abends zuvor hat er Heym von seinen Schwiegereltern aus angerufen und wurde von ihm zurückgewiesen.

Havemann ist entschlossen, selbst etwas zu tun. Er lässt Ulrich Schwarz vom »Spiegel« übermitteln, dass er schnellstens einen Text schicken werde.

---

74 Lt. HA XX/7: Informationsbericht vom 17. 11. 1976 (über ein Telefongespräch zwischen Havemann und Tine Biermann)

Nach Heyms Besuch informiert ihn Tine Biermann von einem bevorstehenden Treffen der Schriftsteller bei Hermlin. Viel verspricht Havemann sich davon nicht.

Doch was bei Kunze noch nicht möglich gewesen ist, bei Biermann wird es als notwendig empfunden. Als Stephan Hermlin bedeutende Kollegen telefonisch in sein Haus in Berlin-Niederschönhausen eingeladen hat, saß ihm der Schrecken in den Knochen. Aber er hatte das Gefühl, etwas tun zu müssen. Er deutete am Telefon nicht an, worum es gehen sollte.[75]

So kommt am 17. November gegen 11 Uhr in den großen Wohnräumen des Hermlinschen Hauses eine ebenso illustre wie unruhige Gesellschaft zusammen.

Im »Neuen Deutschland« dieses Tages rechtfertigt ein Kommentar des stellvertretenden Chefredakteurs »Dr. K.« – Kertzscher – hämisch die Ausbürgerung: Wie Heym feststellt, in praktisch denselben Worten, in denen derlei in jenem vergangenen deutschen Staat gerechtfertigt wurde, in dem die Ausbürgerung von missliebigen Bürgern, von Juden, praktiziert wurde.

Neben Hermlin und Stefan Heym sind Christa und Gerhard Wolf, Günter Kunert, Erich Arendt, Heiner Müller, Volker Braun versammelt. Heym und Hermlin setzten einen Text auf:

»Wolf Biermann war und ist ein unbequemer Dichter – das hat er mit vielen Dichtern der Vergangenheit gemein. Unser sozialistischer Staat … müsste im Gegensatz zu anachronistischen Gesellschaftsformen eine solche Unbequemlichkeit gelassen nachdenkend ertragen können. Wir identifizieren uns nicht mit jedem Wort und jeder Handlung Wolf Biermanns und distanzieren uns von den Versuchen, die Vorgänge um Biermann gegen die DDR zu missbrauchen. Biermann selbst hat nie, auch nicht in Köln, Zweifel darüber gelassen, für welchen der beiden deutschen Staaten er bei aller

75 Siehe Günter Kunert: »Also morgen vormittag um elf Uhr«, in: Wolf Biermann und andere Autoren: Die Ausbürgerung. Berlin 2001, S. 225 ff.

Kritik eintritt. Wir protestieren gegen seine Ausbürgerung und bitten darum, die beschlossenen Maßnahmen zu überdenken.«

»Wir protestieren«, steht da. Zum ersten Mal erklingen in der DDR außerhalb organisierter Protest-Veranstaltungen der SED diese Worte. Eine Sensation ist das in einem Land, in dem sich viele Bürger die Ich-Form abgewöhnt haben und für Meinungsäußerungen ein unbestimmtes »man« bemühen.

Alle unterschreiben. Hermlin zeichnet, wie zuvor vereinbart, für Franz Fühmann und, nach einem Anruf, auch Jurek Becker, der auf Lesereise in Jena ist.

Rolf Schneider, der uneingeladen dazugekommen ist, und Gerhard Wolf bieten an, die Petition zum SED-Zentralorgan zu bringen, zum Chefredakteur, mit der Bitte, sie an die staatliche Nachrichtenagentur ADN weiterzureichen. Sie dringen nicht bis zum Chef vor. Zuvor holen die beiden Männer noch die Unterschrift des kranken Bildhauers und früheren Biermann-Vertrauten Fritz Cremer ein. Stefan Heym fährt zu den Nachrichtenagenturen AFP und Reuters und lässt die Petition mit der Sperrfrist 17 Uhr versehen.

Das Zentralorgan und die staatliche Agentur haben vier Stunden, den Text selbst zu veröffentlichen, bevor die Petition im Westen bekannt wird.

Bereits am Abend des 17. und am 18. November schwärmen die westlichen Korrespondenten aus, versuchen von den Unterzeichnern Stellungnahmen einzuholen. Stefan Heym sagt dem ARD-Korrespondenten Lothar Loewe, dass es ein Akt der Stärke, nicht der Schwäche wäre, wenn die DDR die Ausbürgerung zurücknähme. Havemann bestätigt Dietmar Schulz von der Deutschen Presseagentur, dass er einen Brief an Erich Honecker schreibe.

Schulz kann Havemann den bereits weltweit verbreiteten Originaltext der Schriftsteller-Erklärung nicht geben, weil ihn seine Akkreditierung nur zur Nachrichten-Weitergabe an ein westliches Publikum berechtigt. Havemann bittet den Journalisten, das in seine Meldung hineinzuschreiben.

Sibylle Havemann bekommt den Text der Protesterklärung wenig später von Jurek Becker und diktiert ihn am Telefon Fuchs. Der tippt ihn ab, gibt ihn auf deren eigenen Wunsch per Telefon an seine Freunde in Jena durch, nachdem er sie überzeugt hat, nicht selbst noch einen Text zur Ausbürgerung zu formulieren.

Katja Havemann: »Die Unterschrift unter den Text der Schriftsteller zu setzen, das schien uns die einfachste und sicherste Variante zu sein.«

„Vertrauliche Dienstsache, Informationsbericht vom 18.11.76[76]

Eva[-Maria Hagen] teilte Frau H. mit, dass sie inzwischen noch mehr [Unterschriften] bekommen haben, und zwar Uschi Brüning, Kurt Demmler, Ernst-Ludwig Petrowski, Jürgen Böttcher, Eberhard Esche, Dieter Schubert, Angelika Domröse, Hilmar Thate und Christian Kunert. Sie verabschiedeten sich dann bis bald.
17.27"

Bei Havemanns steht das Telefon nicht still. Als es wieder klingelt, gibt ein Mann vor, die Deutsche Post zu vertreten: Wegen missbräuchlicher Verwendung des Fernsprechanschlusses werde dieser ab sofort gesperrt. Havemanns Telefon bleibt tot über das Ende der DDR hinaus.

Die Sperrung des Telefons erschwert das Sammeln von Unterschriften unter den Appell der Schriftsteller. Fuchs in Grünheide ist die Zentrale, Eva-Maria Hagen, Sibylle Havemann und Bettina Hindemith suchen einige Leute persönlich auf. Unterschriftenlisten werden zusammentelefoniert

76 HA XX/7, Berlin

oder per Boten übermittelt und dann von Fuchs in die Schreibmaschine getippt. Die Listen sollen fortgeschrieben und dann Journalisten übergeben werden.

Jürgen Fuchs unterschreibt selbst. Gerulf Pannach und Christian Kunert unterschreiben, Manfred Krug, der populärste Schauspieler der DDR, unterstützt seinen Freund Biermann nicht zum ersten Mal.

Zwei Tage später haben bereits mehr als 70 Prominente ihre Unterschrift unter die Ursprungs-Petition gesetzt, an vielen Orten in der DDR sammeln sich weitere Unterschriften wie von selbst. Beim VEB Carl Zeiss Jena unterschreibt ein Betriebskollektiv. Es kommt zu ersten Festnahmen.

Auf der Autobahn Berlin–Leipzig muss eine Reinigungsbrigade wasserfeste Farbe vom Asphalt kratzen, mit der Unerschrockene alle paar Kilometer »Biermann« in unübersehbaren Lettern auf die Straße geschrieben haben. Die Autobahn bleibt einen Tag lang gesperrt. Am gusseisernen Adler an der Weidendammer Brücke legen Unbekannte Blumen nieder.

Auf dem Alexanderplatz sammeln einfache Bürger Unterschriften unter eine Solidaritätsadresse. Studenten erzwingen an der Humboldt-Universität Diskussionen über die Ausbürgerung.

Die Ausbürgerung Biermanns, der den meisten bislang unbekannt gewesen ist, setzt eine Lawine des Protests in Bewegung. Damit hat die Staatsmacht nicht gerechnet, und sie reagiert sofort.

Jürgen Fuchs wird am Bahnübergang in Erkner aus Robert Havemanns Auto heraus verhaftet. Die Fahrt dient dazu, Unterschriftenlisten Journalisten zu bringen.

Gerulf Pannach und Christian »Kuno« Kunert werden tags darauf, am 20. November, auf dem Alexanderplatz festgenommen. Havemann hatte sie gewarnt, sie sollten sein Grundstück besser nicht verlassen.

In der Burgwallstraße beginnt die Belagerung. Die Stasi sperrt die Straße mit zwei IFA-Lkw.

Die Nachbarin Brigitte Haeseler ruft aufgeregt bei Pfarrer Meinel im Grünheider Pfarrhaus an: »Hier tut sich was«, sagt sie und schildert rasch die Lage.

Meinel hatte von Biermanns Reise nichts gewusst, und als er davon im West-Fernsehen hörte, gleich gedacht: »Den lassen sie sicher nicht mehr rein. So wie damals im Herbst 1961 Bischof Scharf, der einen täglichen Passierschein hatte, auch nach dem Mauerbau noch. Aber als er eines Abends in seine Ost-Berliner Wohnung zurückfahren wollte, wurde er plötzlich als ›unerwünschte Person‹ zurückgewiesen.«

Auch eine »Verengung Havemanns« hatte Meinel befürchtet. »Ich erinnere mich, dass wir Angst hatten, die Familie Havemann würde ausgewiesen, als die Unterschriften-Aktion für Biermann stattfand und die Kampagne im ›Neuen Deutschland‹ initiiert wurde. Oder dass Robert aus Gesundheitsgründen ins Krankenhaus müsste und nur im Westen behandelt werden könnte«, erinnert sich Edda Meinel.

Meinel zögert keine Minute nach dem Anruf der Nachbarin. Er setzt sich in sein Auto und fährt zur Burgwallstraße. Er kommt bis zur Absperrung, wird aufgehalten. Mehrere der Wachen versuchen ihn abzudrängen. Er besteht darauf, Havemann zu sehen. Er sei Katja Havemanns Seelsorger, er müsse ihr in Bedrängnis beistehen, beharrt Meinel laut.

Er ist ein eher zierlicher, drahtiger Mann, doch sein schmales Gesicht mit furchtlosen Augen, seine sehr aufrechte, äußerst gespannte Haltung machen Eindruck.

Die Wachen führen lange Gespräche über Funk. Dann wird Meinel festgenommen und zum Rat der Gemeinde gebracht. Er wird drei Männern vorgeführt, von denen er einen kennt: Es ist der SED-Bürgermeister. Der zweite gibt sich als Kripobeamter aus, der dritte stellt sich nicht vor: Stasi in Zivil. Meinel beschwert sich empört darüber, dass er nicht zu Havemann vorgelassen wird. Die Männer stellen ihm einige

Fragen und versuchen ihm klar zu machen, dass es schlimme Konsequenzen für ihn haben könne, das Grundstück in der Burgwallstraße zu betreten. Dann darf er gehen.

»Ich dachte nur: Jetzt oder nie. Ich bin gleich wieder hingefahren in die Burgwallstraße. Sofort ging die Telefoniererei wieder los. Von hinten aus der Straße kam ein Offizier und versuchte, mich zu behindern. Ich sagte: Als Seelsorger von Frau Havemann lasse ich mich nicht davon abbringen, dieses Grundstück zu betreten. Ich will da jetzt hin. Ich sagte: Ich bleibe so lange stehen, bis ich da reinkomme.«

Die enge Freundschaft zwischen Havemanns und Edda und Johannes Meinel, der nach Stasi-Einschätzung zu den »negativsten Pfarrern des Kreises Fürstenwalde«[77] gehörte, hatte sich etwa drei Jahre zuvor entwickelt.

Schon auf seiner ersten Pfarrstelle, in Ortmannsdorf bei Zwickau, einer bäuerlich und von Bergarbeitern geprägten Gemeinde, war er aufgefallen, weil er den Bauern beistand, als sie in die Kollektivierung ihrer Höfe genötigt wurden. »Eins kam zum anderen. 1961 war meine Verhaftung beschlossen.« Davon erfuhr Meinel erst dreißig Jahre später aus den Akten, in denen die Stasi schon die Klageschrift und sogar den Prozessverlauf vorweggenommen hatte. Der Bau der Mauer bewahrte den Pfarrer vor Verhaftung und Prozess. Die Stasi hatte anderes zu tun. Die Bezirksverwaltung der Staatssicherheit in Karl-Marx-Stadt hatte jedenfalls mit dem Stellvertreter von Stasiminister Mielke telefoniert: Der gab die Anweisung, dass alle Fälle von Pfarrern mit Verhaftungsbeschluss zentral von Berlin aus bearbeitet würden. Damit fiel die in Karl-Marx-Stadt librettierte Kriminalisierung des Pfarrers Meinel aus.

Auf Wunsch von Edda Meinel betrieben sie schließlich den Umzug nach Berlin. Sie erhielten jedoch keine Zuzugsgenehmigung. So zogen sie 1965 nach Fürstenwalde, immerhin schon in die Nähe von Berlin. Sie blieben sieben Jahre, und

77 Mehrfach in den Akten zu findende Einschätzung der Staatssicherheit.

es war, so Edda Meinel, »vermutlich Nachhilfe der Stasi im Spiel, dass wir von da weg nach Grünheide sind«.

Jährlich fand beim Rat des Kreises ein »vertrauliches Gespräch« statt. Alle Pfarrer aus dem Kreis wurden eingeladen. Es ging um die Wahlen, um Freizügigkeit, Rentenfrage, wirtschaftliche Situation, Versammlungs- und Redefreiheit, den Druck auf die Jugendlichen. Der Superintendent war auch dabei, den Kirchenmännern saßen der SED-Kreisparteisekretär und der Leiter des Kreisamtes für Kirchenfragen gegenüber. »Das ging mitunter sehr lautstark zu, wobei sich einige auffällig zurückhielten; der Superintendent bemühte sich immer sehr darum, die Wogen zu glätten und die Überspitzungen abzubrechen. Was sich dahinter verbarg, weiß ich nicht. Jedenfalls war unser Verhältnis – wir wohnten im selben Haus mit dem Superintendenten – nicht ganz spannungsfrei. In politischen Grundsatzfragen über das Leben in der Stadt und die Arbeit mit Jugendlichen konnten wir uns nicht einigen.«

Zum Bruch kam es, als Meinel zu einem Jugendgottesdienst ein Riesenplakat am kriegsbeschädigten Dom und an der altkatholischen Kirche anbrachte: »Ich wasche meine Hände in Unschuld.«

Die Genossen fassten das Pilatus-Zitat als Kritik auf. Getreu ihrem Wunsch, »differenzierend« auf die Kirche einzuwirken, sorgten sie für Meinels Versetzung: Die »feindlich-reaktionären« Kirchenleute waren, soweit es ohne öffentlichen Aufruhr ging, in den Hintergrund zu drängen.

In den Akten wurde Meinels Zwangsumzug nach Grünheide als »operativer Erfolg« dargestellt. »Die haben gedacht, das ist ein kleines Nest, besser als die Kreisstadt, weil er da auch dauernd Ärger hatte.«

Dass ein christlicher Querulant den Weg zum kommunistischen Dissidenten im selben Ort finden könnte, wurde als Möglichkeit nicht in Betracht gezogen.

Es war einer der ersten Einfälle des 38-Jährigen in Grünheide, »nein: ein Bedürfnis, bei Havemanns anzurufen und mich dort als der neue Pfarrer vorzustellen. Politische Absichten hatte ich dabei nicht. Ich wusste, dass Robert Havemann ein Diskriminierter war, und an dessen Seite gehört man zunächst als Seelsorger. Ohne dass man sich über spätere Folgen irgendwelche Vorstellung hätte machen können. Ich war ein wenig beklommen: Wie wird man von jemandem aufgenommen, der weltanschaulich so ganz anders lag?«

Auch Edda Meinel hatte zunächst ihre Zweifel, ob Havemann und ihre Familie zusammenpassten: »Dann war das so natürlich und problemlos, ohne jede Fremdheit – eine Überraschung. Und die Kinder sind sehr gern mitgekommen, sie haben sich gern mit Robert unterhalten. Sie hatten ja Probleme in der Schule, und es war wichtig für sie, auch mal eine andere Sicht als unsere zu hören. Mit wem sollten sie reden, wen sollten sie fragen: Da war ja niemand.«

Ende 1976 sind Meinels Havemanns engste familiäre Freunde. Die weltanschaulichen Gräben zwischen dem Dissidenten und dem Pfarrer könnten tief sein, wären sie beide verbohrte Ideologen. Der eine lehnt als Atheist und Kommunist mit dem ganzen fortschrittseligen Hochmut seiner Überzeugung ab, woran der andere ebenso inbrünstig glaubt. Sie teilen allerdings die meisten Ansichten über die DDR-Führung. Der eine dialektisch ohne Dogma, der andere aus sozialethisch-christlicher Achtung vor Gottes Geschöpfen und ihren Menschen- und Bürgerrechten.

Meinels sind in Grünheide isolierter als Havemanns. Anders als in Ortmannsdorf, wo fast jeder Gemeindemitglied gewesen war, bekommt Meinel zu vielen Menschen keinen Kontakt. In Grünheide ist einer von dreien Christ. Die Stasi unterhält Dienststellen und Ferienheime im Ort, viele SED-Funktionäre wohnen in Grünheide oder haben dort ihren Zweitwohnsitz. Selbst diejenigen, die nicht aus Prinzip der Kirche fernbleiben, sind nicht sehr aktiv: »Die Zahl derer, die regelmäßig am Gemeindeleben teilnahmen, hielt sich sehr in Grenzen. Es war schmerzlich, zu spüren, welche Auswirkungen die Atmosphäre im Ort auf das Gemeindeleben hatte.«

Der lebendige Kern der Gemeinde, ein Kreis der Verlässlichen, ist klein. Meinel legt sich für sie ins Zeug: »Es freute uns, diesen Menschen Angebote machen zu können. Wir veranstalteten Konzerte, Lesungen, Filmvorführungen.«

Unversehens hat Meinel durch diese Aktivitäten auch wieder den Zorn der Staatsmacht geweckt. Seine Eigenmächtigkeiten werden ihm regelmäßig vorgehalten.

Als hätte er nicht schon Ärger genug, stellt sich Meinel nun auch noch vor die Sperre vor Havemanns Haus und bleibt einfach stehen.

Es ist ein grauer Tag, etwas zu warm für die Jahreszeit. Meinel raucht eine Zigarette, noch eine. Er kann das Zittern seiner Hände und seiner Lippen nicht unterdrücken. Er bleibt stehen.

Er rechnet sich aus, was die anderen denken und tun. Sie werden in Berlin anrufen. Dort wird man abwägen, was es für das Verhältnis zwischen Staat und Kirche bedeutet, wenn Meinel einfach in den Stasiknast geschafft wird.

Bedacht werden muss auch die Reaktion der Westpresse. Die Schlagzeile »Havemanns Seelsorger an Besuch gehindert« würde ja, ganz ohne Festnahme, nicht nur christlich-konservativen Westblättern vollkommen reichen, um in den Kommentarspalten einander in Aufregung und Empörung zu übertreffen. Es wäre ein Verstoß gegen die KSZE-Vereinbarungen. Nach dem Propaganda-Debakel um Biermann nun auch noch einen Pfarrer durch Stasi-Sturheiten weltweit bekannt zu machen als dessen Verbündeter und Havemanns Freund, käme außerdem für die SED in vielfacher Hinsicht einer Katastrophe nahe.

»Nach etwa zwei Stunden war ich drin. Von da an konnte auch die ganze Familie zu Havemanns. Ungehindert. Wir probierten es einfach aus, und seltsamerweise funktionierte es.«

»Neues Deutschland« in Kampagnenstimmung

Die Zurücknahme der Ausbürgerung Wolf Biermanns kommt für die SED nicht in Frage. Sie weiß, Demokratie, die diesen Namen verdient, würde sie sehr schnell erledigen. »Insofern waren die die Realisten und wir die Phantasten«, sagt Wolf Biermann heute: Die SED glaubt 1976 im Gegensatz zu den Dissidenten nicht an die Reformierbarkeit des realen Sozialismus.

Wie die Petenten mit ihren Unterschriftenlisten schwärmen die Redaktionen des »Neuen Deutschlands« und vom ADN aus. Die SED-Spitze mobilisiert die Bezirks- und die Kreisparteileitungen, um treue Genossen zu Vertrauens- und Lobesbekundungen zu bewegen. Vertreter von Partei, Kulturbund, Akademie der Künste und Schriftstellerverband suchen eilig nach Prominenten, die Gegenerklärungen abgeben.

Fritz Cremer zieht seine Unterschrift zurück, spricht von Missbrauch. Schriftsteller-Spitzenfunktionär Hermann Kant wendet sich vorsichtig gegen die Biermann-Ausbürgerung (»mich brauchte man nicht vor ihm zu schützen«), aber auch gegen den Protest, der über die West-Medien verbreitet wird. Die Vorsitzende des Schriftstellerverbandes der DDR, Anna Seghers, dementiert, der Petition zugestimmt zu haben; alle Bezirks-Schriftstellerverbandsvorsitzenden distanzieren sich von Biermann, der Regisseur Kurt Maetzig und der Schauspieler Eberhard Mellies, ganze »Hochschulkollektive«; Paul Dessau, der sozialistische Sänger Ernst Busch; der Malerfunktionär Willi Sitte gibt sich »beunruhigt« über »das Auftreten Biermanns«.

Als Werner Lamberz, der Chef der Abteilung Agitation und Propaganda, am Freitag, dem 19. November, mit Hilfe des Schauspielers Hilmar Thate erneut eine bunte Gruppe »Kulturschaffende« – alles Petenten – einlädt, sich tags darauf bei Manfred Krug einzufinden, ist kaum noch etwas zu retten. Diejenigen, die bedingungslos mit der Führung sein wollen und jedes Bubenstück, jede Ungerechtigkeit mit ihrem guten

Namen zu adeln bereit sind, stehen an diesem Samstag mit Ergebenheitsadressen für die SED und gegen Biermann seitenlang im »Neuen Deutschland«. Es ist wie ein selbstgewählter Platz am Pranger.

Diejenigen, die sich das eigenständige Denken nicht ausreden lassen, bekommen im Hause Krug noch einmal die Chance, auf Lamberz' Angebote, die man besser nicht ablehnt, einzugehen.

Lamberz gibt sich empört über das Wörtchen »protestieren«. Er versucht, Heym, die Wolfs, Krug, Heiner Müller, Domröse und Thate, Jutta Hoffmann sowie Frank Beyer und die anderen zu einer Erklärung im »Neuen Deutschland« zu bewegen, in der sie sich vom »Missbrauch« ihrer Petition durch die West-Medien ebenso distanzieren wie von ihrer raschen Verbreitung.

Lamberz verweigert die Zusage, dass die Petition gegen die Ausbürgerung ebenfalls im »ND« erscheint, um die zweite Erklärung überhaupt verständlich zu machen. Niemand soll lesen: »Wir protestieren ...«

Christa Wolf erklärt jedoch, damit, dass der Kommentar Dr. K.s im Zentralorgan so deutlich gewesen sei, habe sich jedes Gespräch erübrigt.

Krug bringt es auf den Punkt: Wer versuche, ins Gespräch zu kommen oder in der DDR etwas öffentlich zu machen, komme jedes Mal in dieselbe Zwickmühle, »dass sie irgendeinen Schrieb bei ADN abgeben und ADN silberhell kichert und die Leute abweist nach der Formel: Das ist eine Frage des Klassenstandpunktes, ob man mit Kritik an die Öffentlichkeit geht oder nicht. So stehen sie dann als konspirative Dummköpfe in der Gegend rum und können euch (die Führung) nicht erreichen und erreichen auch nie eine Veröffentlichung. Du (Lamberz) hast das Wort ›protestieren‹ in dem Text sehr herausgestrichen. Natürlich ist auch von Protest die Rede. Gegen eine so ungeheuerliche Entscheidung, einen aus dem Land zu schmeißen, kein Wunder.«[78]

---

78 Manfred Krug: Abgehauen. Düsseldorf und München 1996, S. 26

Das Treffen endet für beide Seiten unbefriedigend. In den Folgetagen picken sich Stasi und Parteiführung Einzelne aus der Gruppe heraus und bearbeiten sie. Hermlin und Heiner Müller misstrauen offenbar ihren eigenen großen Namen und geben die von der SED gewünschte Erklärung schließlich (mehr und minder gewunden) ab.

Die Konfrontation hält dennoch an. Weitere Petitionen werden abgegeben. Während am Montag, dem 22. November, im »Neuen Deutschland« durch Stellungnahmen unter anderem von Gerhard und Fridrun Bondzin, Konrad Wolf, Ludwig Renn, Paul Wiens, Heinz Kamnitzer, Wieland Herzfelde, Ruth Berghaus, Peter Edel (mit dem Zusatz unter der Namenszeile: »Auschwitz-Gefangenen-Nummer 164145«), Erwin Geschonnek, dem westdeutschen Liedermacher Franz Josef Degenhardt sowie »Werktätigen« aus DDR und BRD *en gros* und *en détail* weiter gegen die Kritiker der Ausbürgerung Front gemacht wird, bringt die »Frankfurter Rundschau« an diesem Tag eine Reuters-Meldung über eine Initiative von Schauspielern in der DDR, die sich eine »öffentliche Auseinandersetzung« mit Biermann »natürlich in eigener Person« im Palast der Republik wünschen.

Die Haltung der »westdeutschen Arbeiterklasse« wird in der »Frankfurter Rundschau« ebenfalls dokumentiert: »Der DGB sieht keine Veranlassung, wegen Wolf Biermann beim DDR-Gewerkschaftsbund FDGB vorstellig zu werden und auf eine Rücknahme der Ausbürgerung hinzuwirken. Dies geht aus einer Stellungnahme des DGB-Bundesvorsitzenden Heinz O. Vetter hervor, die der FR auf Anfrage übermittelt wurde, sowie aus zusätzlichen Erläuterungen des DGB-Pressesprechers. … Der DGB hoffe selbstverständlich, dass Biermann in seine Wohnung zurückkehren könne, doch sei die Behandlung des Liedermachers durch die DDR-Behörden für den DGB nicht überraschend gekommen.«

Robert Havemann unterschreibt keine Petition, er schreibt wieder an Erich Honecker – und an den »Spiegel«. Mit seinem viel zitierten Artikel stiehlt er den Äußerungen »Kulturschaffender« gegen Biermann im »ND« am selben Montag die Schau. »Biermann muss Bürger der DDR bleiben«, lautet die Überschrift, »Havemann appelliert an Erich Honecker« die Unterzeile des Textes[79], für den er vier Tage später mit ungenanntem Ziel von der Polizei zu Hause abgeholt wird. Havemann zitiert lange Passagen aus Rosa Luxemburgs Kritik an einer »Diktatur einer Handvoll Politiker, das heißt Diktatur im gemein bürgerlichen Sinne«, um dann zum Kern zu kommen: »Diese Kritik ist auch Wolf Biermanns Kritik, und sie ist nicht eine Kritik am Sozialismus, sondern an seiner Handhabung. … Für Wolf Biermann ist die DDR der bessere deutsche Staat, er trägt die große Hoffnung auf den Sozialismus in ganz Deutschland … Wolf Biermann ist für den Sozialismus, der die ›rote Demokratie‹ verwirklicht, wie ihn im Juni dieses Jahres auf der Berliner Konferenz der kommunistischen und Arbeiterparteien Europas der Vorsitzende der Kommunistischen Partei Frankreichs, der Genosse Georges Marchais, definiert hat und wie man es im ›Neuen Deutschland‹ vom 1. Juli 1976 auf Seite 9 nachlesen kann … Die ›zuständigen Behörden der DDR‹, wie sie in der ADN-Meldung vom 16. November mit bemerkenswerter Verschwommenheit bezeichnet werden, begründen ihre Entscheidung über die Aberkennung der Staatsbürgerschaft mit dem Satz: ›Mit seinem feindseligen Auftreten gegenüber der DDR hat er sich selbst den Boden für die weitere Gewährung der Staatsbürgerschaft entzogen.‹ … Jeder, der Wolf Biermann auch nur einigermaßen kennt, weiß, dass diese Behauptung durch nichts begründet ist. Im Gegenteil, in zahlreichen Kommentaren der bundesrepublikanischen Presse wird Wolf Bier-

79 »Der Spiegel« Nr. 48/1976, S. 49 f. Der Brief an Honecker erscheint eine Woche später im »Spiegel«.

mann zum Vorwurf gemacht, dass er bei aller von ihm an den politischen Zuständen in der DDR geübten Kritik immer noch ein leidenschaftliches Bekenntnis zu seinem DDR-Staat ablege. …

Die Männer, die diesen Beschluss gefasst haben, waren wirklich schlecht beraten. Sie waren es, die das Ansehen unserer DDR, das wir verteidigen, beschmutzt haben. …

Weil ich an diesen Staat und seine Zukunft, an die Kraft der Ideen des Sozialismus-Kommunismus ebenso wie an die unüberwindliche Kraft und Vernunft der Volksmassen glaube, appelliere ich an die Partei- und Staatsführung der DDR, diese Entscheidung aufzuheben und dem großen und leidenschaftlichen Dichter und Sänger die Bürgerrechte seines Staates nicht weiter vorzuenthalten.«

Dieser Appell ist mehr, als die Staatsmacht vertragen mag. Von der Berufung auf Rosa Luxemburg bis hin zur detaillierten Beschreibung der elenden strategischen Dummheit, die aus der Ausbürgerung spricht, trifft Havemann immer wieder dahin, wo es besonders wehtut.

Am 26. November kurz nach 15 Uhr stehen die beiden Volkspolizisten vor seiner Tür und bestehen darauf, dass er mitkommt.

Havemann zieht seinen Parka über, entschuldigt sich für einen Moment und geht ins Bad. Die Wasserspülung rauscht. Im Hinausgehen wirft er seiner Frau einen Blick zu, der bedeutet: Ihr wisst, was Ihr zu tun habt. »Robert hatte mit mir und Bylle ausführlich vereinbart, was zu tun sei, wenn er verhaftet wird. Er war wegen seiner Lunge, Herz und Kreislauf auf keinen Fall haftfähig, darauf wollte er beharren und gleich bei Verhaftung auch hinweisen. Er hatte uns gesagt, wir sollten ganz beruhigt davon ausgehen, dass man ihn in ein Haftkrankenhaus schaffen würde. Außerdem war er sich sicher, dass die Stasi alles dafür tun werde, dass es ihm gut gehe.

Er werde sich ›absolut tot stellen‹, sagte er: bei guter Verfassung bleiben, aber zugleich so tun, als ob mit ihm absolut nichts anzufangen sei. Wir sollten nach unseren Möglichkeiten alle Glocken läuten und für seine Freilassung mobil machen.

Er sagte uns, dass er in keinem Fall eine Aussage machen werde, dass er auch nie etwas unterschriebe. Unter keinen Umständen würde er einem Ausreiseantrag zustimmen. Das erwarte er auch von uns. Die warteten ja nur darauf, dass wir das Feld räumen. Eine Unterschrift dürfe man schon deshalb nicht leisten, weil das Möglichkeiten der Manipulation eröffne.

Wir waren also vorbereitet. Deshalb war es im Moment ein Schreck, als Robert abgeholt wurde, aber in Panik gerieten wir nicht.«

Katja Havemann nimmt ihren Fotoapparat und hält fest, wie ihr Mann, eingerahmt von den Polizisten, zum Auto geführt wird. »Ich weiß nicht mehr, was aus den Bildern wurde. Meist gaben wir solche Filme einem Journalisten, der sie dann im Westen entwickeln ließ. Oft wurden Bilder aber auch nichts, wenn die Aufregung und die Eile dann doch zu groß waren.«

Havemann sagt leichthin, »Tschüss, ich bin bald wieder da«, die beiden Polizisten führen ihn zum Auto. Er wird auf den Rücksitz gesetzt, ein Polizist sitzt neben ihm, der zweite schiebt sich auf den Beifahrersitz, ein dritter sitzt am Steuer. Sie fahren los.

Die Frauen schließen die Tür und stürzen ins Bad. Hat Robert eine Nachricht hinterlassen?

Sie finden sein kleines Notizbuch mit den Adressen und Telefonnummern. Er will nicht, dass es in deren Hände fällt, wenn man ihn durchsucht. Da wird den Frauen klar: Er rechnet mit Haft.

Das Polizeiauto biegt auf die Altbuchhorster ein, fährt vorbei an den Stasiautos auf dem Parkplatz der Gaststätte »Hubertus« auf die Hauptstraße.

Der Fahrer nimmt nicht den Weg nach Berlin, zum Stasigefängnis in Hohenschönhausen.

Er fährt auch nicht nach Süden, Richtung Sachsen, zum

Gefängniskrankenhaus in Meusdorf, wo man Havemann wegen seiner schwachen Konstitution am besten gefangen halten könnte. Er fährt nach Osten. Nach Fürstenwalde (Spree), in die Kreisstadt.

Die Fahrt dauert eine halbe Stunde. Der Wagen hält vor einem Gebäude, das aussieht wie ein besseres Mietshaus, ein wenig Klassizismus, ein wenig ziseliertes Schmiedeeisen am Schmuck-Balkon, ein wenig Prämoderne. Die Fassade unter grobem DDR-Grauputz. Es ist das Kreisgericht.

Die Polizisten führen Havemann durch die mit ausgetretenem Linoleum belegten Flure, in denen es nach Toilette riecht, sie helfen ihm die Stufen hinauf.

In einem kleinen Gerichtssaal sitzen bereits eine Richterin und ein Staatsanwalt.

Die Richterin stellt die üblichen Fragen. Name, Adresse, Geburtstag, Familienstand, Beruf.

Kreisstaatsanwalt Wilhelm Pilz ergreift das Wort. Er ist ein Mensch in den Vierzigern, sein rundes Gesicht mit der kleinen Nase und den vollen Lippen trägt einen Ausdruck ständigen Missmuts. Er hält Havemann seinen Appell an Erich Honecker vor, seine vor vier Tagen im »Spiegel« erschienene Forderung, »Biermann muss Bürger der DDR bleiben«: Ob er das geschrieben habe?, fragt Pilz mit etwas näselnder Stimme.

»Ja natürlich.«

Damit ist die Beweisaufnahme beendet. Der Antrag des Staatsanwaltes beginnt mit einer Anschuldigung: Er, Havemann, habe in dem Artikel zu Verstößen gegen die öffentliche Sicherheit und Ordnung aufgerufen. Dies begründe den Antrag, Havemanns Aufenthalt auf sein Grundstück in Grünheide zu beschränken. Pilz liest den Antrag vom Blatt. Er hat ihn nicht formuliert, nur abschreiben lassen. Er ist von »oben« gekommen, am späten Vormittag, vom Leiter der politischen Abteilung 1A der Generalstaatsanwaltschaft, Gernot Windisch, selbst überbracht.[80]

---

80 Laut Aussage von Wilhelm Pilz vor dem Landgericht Frankfurt (Oder)

Pilz kennt Havemann vom Hörensagen, er muss wissen, welche Rolle er selbst hier spielt: die des politisch operativen Erfüllungsgehilfen für die Staatssicherheit. Als Strafrechtler ist es Pilz klar, dass die gegen Havemann angewandte Verordnung zur Aufenthaltsbeschränkung ein mindestens exotisches, bei näherer Prüfung möglicherweise rechtlich unzulässiges Mittel ist, einen Menschen mit Hilfe der Justiz in die Schranken zu weisen.

Der Staatsanwalt hat kraft seines Amtes darüber zu wachen, dass das Verfahren rechtlich einwandfrei geführt wird. Er prüft die Verordnung aber nicht. Er reklamiert auch nicht den Formfehler, dass der Antrag, den er stellt, nicht vom Rat des Kreises auf dem Dienstweg gekommen ist, sondern über den Genossen Staatsanwalt Windisch. Der ist dazu eigens aus Berlin angereist. Es gibt eben nicht nur den gesetzlichen Dienstweg. Es gibt auch den politischen Dienstweg. Pilz stellt keine Fragen.

Pilz ist Staatsanwalt und SED-Mitglied, er tut seine Pflicht. Und die besteht nicht darin, entlastende Momente für einen Angeklagten wie Havemann zu sammeln und zu würdigen.

Nach einer Beratung von zehn Minuten wird das Urteil verkündet. Es steht ohnehin fest: Es geht aus dem Antrag des Staatsanwalts hervor. Die Stirn hat kein Richter in der DDR, in einer politischen Sache solcher Bedeutung den Antrag des Staatsanwalts nicht zu erfüllen, selbst wenn er nicht ganz auf dem Boden des Gesetzes zu ruhen scheint. Die Vorsitzende Margot Kypast schon gar nicht. Sie ist seit 1963 Inoffizielle Mitarbeiterin des MfS.[81]

Havemanns Aufenthalt wird unbefristet auf sein Grundstück beschränkt, weil er die öffentliche Ordnung und Sicherheit der DDR gefährde. Er wird abschließend darauf hingewiesen, dass er sich einen Anwalt nehmen und innerhalb einer Woche Berufung einlegen könne. Er kündigt an, dass er das zu tun gedenke.

---

81 Clemens Vollnhals: Der Fall Havemann. Berlin 1998, S. 47 f.

Die Sitzung ist geschlossen.

Sie hat nicht einmal eine Stunde lang gedauert.

Richterin Kypast verfügt, das Urteil im Original zu den Akten zu nehmen, je ein weiteres Exemplar dem Obersten Gericht und der Generalstaatsanwaltschaft sowie zwei Abschriften der Staatssicherheit zu schicken. Sie weiß, wer hinter dem Verfahren steckt. Der Rat des Kreises, der offizielle Antragsteller gegen Havemann, ist es nicht. Er ist nicht einmal einer schriftlichen Vollzugsmeldung würdig, obwohl doch sein Vorsitzender am Morgen den Antrag an den Staatsanwalt Pilz unterzeichnet hat. Kypast hat soeben eine Rechtsbeugung[82] begangen, aber im Sinne der sozialistischen Gesetzlichkeit ist sie sauber.

Auch Robert Havemann bekommt das Urteil nicht zugestellt.

Havemann ist schneller wieder zu Hause, als die Frauen erwartet hatten. Er wird in demselben Auto zurückgebracht, mit dem er geholt wurde.

Havemann setzt sich in seinen Sessel, verschnauft ein wenig und sagt: »Das ist ein starkes Stück, ich bin sprachlos. Was haben die mit mir gemacht! Das kann doch nicht wahr sein.« Er berichtet den Ablauf des Schnellverfahrens in Fürstenwalde, bekommt Tee und Cognac.

Drei Mal wiederholt er, was das für ein starkes Stück sei – die Formulierung zählt zu den Stereotypen, die er benutzt, wenn er sich aufregt.

Havemann nimmt sein Exemplar des DDR-Strafgesetzbuches zu Hand, in dem er in diesen Tagen häufig liest, und versucht, die Verordnung nachzuschlagen, auf deren Basis er verurteilt worden ist.

Er will seinen Arzt sehen, schon aus taktischen Gründen.

---

82 Im Rechtsbeugungs-Prozess gegen die Ankläger und Richter Robert Havemanns wurde der frühere Kreisstaatsanwalt Wilhelm Pilz im August 2000 vom Landgericht Neuruppin zu einem Jahr Bewährungsstrafe verurteilt. Richterin Kypast war zur Zeit der Anklageerhebung bereits gestorben.

Und er bittet, seinen Anwalt Götz Berger anzurufen. Katja Havemann und Amrei Pannach fahren gemeinsam zum Telefonieren ins Pfarrhaus zu Meinels.

Meinels haben sich als Telefonzentrale zur Verfügung gestellt, weil sie im Pfarrhaus ein Diensttelefon haben. Ohne sich mit der Kirche anzulegen, kann die Stasi es nicht abstellen. Havemanns denken, es sei günstiger, Haeselers Telefon für den Notfall zu schonen. »Natürlich gingen wir davon aus, dass jedes Telefon, das wir benutzten, abgehört wurde.«

Sozialistische Gesetzlichkeit

Götz Berger, Jahrgang 1905, ist einer der wenigen verlässlichen alten Kontakte Havemanns, einer seiner engsten Freunde und loyalsten Unterstützer.

In einem wesentlichen Charakterzug unterscheiden sich die beiden: Havemann ist Realist und Pragmatiker, Berger dagegen ist durch und durch Moralist, von einem tiefempfundenen, ideologischen Humanismus geprägt. Wo Havemann volksnah, ja populistisch formuliert, vertritt Berger hohe Werte.

Die alten Freunde können heftig streiten. Doch Berger ist bereit, für Havemann durchs Feuer zu gehen.

Aus einem pazifistischen Elternhaus »mit Tendenz zum Kommunismus«[83] stammend, hatte der junge Jurist, der schon als Schüler Kommunist gewesen war, Ende der Zwanzigerjahre beschlossen, dass es ihm beruflich nicht darum gehe, »viel Geld zu machen«. Als Mitglied einer Gruppe

---

83 Götz Berger in seiner Aussage im Prozess gegen die Ankläger und Richter Robert Havemanns vor dem Landgericht Frankfurt (Oder) am 6. 3. 1996.
Bevor ihn seine Haushälterin in den Zeugenstuhl führte, hatte Berger gesagt: »Das muss ich noch erledigen, ich bin es Robert schuldig.« Seine Aussage dauerte Stunden. Er ging danach einige Schritte, fiel zu Boden. Er starb Sekunden später in den Armen Katja Havemanns.

kommunistischer Anwälte, darunter die spätere DDR-Justizministerin Hilde Benjamin, widmete Berger seine Arbeitskraft Mietrechtsfällen im bitterarmen proletarischen Berliner Bezirk Wedding. Seinen Lebensunterhalt verdiente er in dieser Zeit als Urlaubsvertretung für Scheidungsanwälte.

Das Gesetz über das Berufsbeamtentum, mit dem die Nazis unter anderem Anwälte jüdischer Herkunft oder kommunistischer Prägung mit einem Berufsverbot belegten, zwang Berger zu emigrieren. Er war Jude und Kommunist.

Er ging ins Exil, kämpfte in der Internationalen Brigade gegen »Franco und seine Nazifreunde«, musste wieder fliehen, wurde in Frankreich interniert, in der französischen Kolonie Algerien von der britischen Armee befreit, trat in die britische Armee ein. Schließlich übersiedelte er freiwillig in die Sowjetunion: »Sympathie war das nicht, sondern die Frage, wo kann ich am meisten tun. Außerdem hatten die so viele Opfer gebracht.«

Nach dem Krieg gehörte er zu den wichtigsten Funktionären der sowjetisch besetzten Zone. In hoher Position beteiligte sich Berger, der rasch der SED beitrat, am Aufbau einer Justiz, die nicht von ehemaligen Nationalsozialisten durchsetzt war.

In keinem anderen Bereich war die Entnazifizierung so gründlich. Ohne ehemalige Nazis aber gab es praktisch keine Justiz mehr. Die Hauptaufgabe Bergers lag daher vor allem in der Ausbildung von Juristen im Schnellverfahren. Zuerst bildete er »Volksrichter« aus, also Laien, die nicht wirklich über eine juristische Qualifikation verfügten, dann half er die Volksrichterausbildung mit immer ausgefeilteren Lehrplänen zu optimieren und schulte selbst Volksrichter-Lehrer.

1952 wurde er Richter am Berliner Stadtgericht – nach DDR-Maßstäben ein Abstieg für einen Funktionär. 1956 folgte ein weiterer Karriereknick: Er wurde Anwalt.

Berger hatte bis dahin einiges zur Ausprägung der »sozialistischen Gesetzlichkeit« beigetragen, die es erlaubte, als Rechtsgrundsatz jenseits der Gesetzbücher Gerichtsurteile nach politischer Opportunität zu fällen, aber: »Ich habe mich nie dafür ausgesprochen, dass das Gesetz ohne Bedeutung sei; ich habe keinen Rechtsnihilismus betrieben.«

Berger weigerte sich 1965, das Mandat als Scheidungsanwalt Karin Havemanns anzunehmen: Er hielt den Zeitpunkt der Trennung politisch für schlecht gewählt, er war auch mit ihr befreundet. Aber als Robert Havemann von allen Seiten unter Druck geraten war, hielt er zu ihm.

1968 verteidigte Berger Havemanns Söhne Frank und Florian, als sie wegen ihres Protests gegen die Niederschlagung des Prager Frühlings vor Gericht standen. Als Gegenpol zum Staatsanwalt leistete er ganze Arbeit. Vor einem Publikum, das überwiegend aus Stasileuten bestand, zerpflückte Berger die Anklage, wies auf Formfehler bei den Ermittlungen hin und verteidigte die beiden jungen Männer als »Theoretiker des Sozialismus«. Er führte das Verfahren, wie er es für richtig hielt, auch wenn er aus eigener Richtererfahrung wissen musste, dass das Urteil, Haft, schon festgelegt worden war, und wusste, dass es nicht um die Söhne ging, sondern der Vater getroffen werden sollte.

»Danach gab es einen erbitterten Kampf zwischen der Stasi und mir.« Die Staatssicherheit machte Berger Mandanten abspenstig, setzte sie unter Druck, um zu erreichen, dass ihm das Mandat entzogen wurde, damit es nicht wieder zu gelebter Dialektik – und politisch missliebigen Auseinandersetzungen – vor Gericht komme.

Als Katja Havemann versucht, Berger aus dem Pfarrhaus anzurufen, ist er in seiner Wohnung in der Kavalierstraße in Berlin-Pankow nicht zu erreichen.

Die Wagenbach-Lektorin Ingrid Krüger in West-Berlin dagegen ist schnell am Apparat. Sie erkundigt sich regelmäßig, was los ist, bei Eva-Maria und Nina Hagen ruft sie öfters an. Zuverlässig gibt sie wichtige Meldungen immer gleich weiter. Katja Havemann sagt ihr auf die Schnelle nur, dass Robert wieder zu Hause sei. Zeit für Details ist nicht.

Der nächste Anruf erreicht Dr. Herbert Landmann. Katja

Havemann sagt ihm, Robert stehe unter Hausarrest, es gehe ihm schlecht und er brauche Medikamente.

Als die beiden Frauen nach einer knappen Stunde zurück in die Burgwallstraße kommen, treffen sie zwei Journalisten, die es fast bis zum Grundstück geschafft haben. Die Uniformierten haben sie gerade abgewiesen. Dies sei »polizeiliches Sperrgebiet«. Der eine der beiden Journalisten ist Dirk Sager, fast schon ein Freund der Familie.

In der Burgwallstraße herrscht Bewegung. Im Dunkel des Novemberabends bezieht Polizei Posten neben den Stasileuten, die im ersten Drittel der Straße herumstehen, ein weiterer Posten steht unmittelbar vor dem Haus, ein Polizeiwagen blockiert die Einfahrt des Grundstücks. Er macht Platz, als Katja Havemann mit ihrem Trabant einfahren will. »Wir bemerkten, dass plötzlich auch solche Männer in Uniformen steckten, die wir zuvor im Stasi-Zivil gesehen hatten.«

Katja Havemann und Amrei Pannach stellen das Auto ab und gehen zurück zu Sager und seinem Kollegen. Unter den Augen der Stasi spazieren sie gemeinsam die Straße entlang und erzählen ihnen im Detail, was geschehen ist. Dann gehen die beiden Journalisten durch die Sperre und fahren davon. Die Frauen ziehen sich ins Haus zurück. Der Polizeiwagen rollt vor die Einfahrt.

Aufgescheucht von der Meldung, die Sibylle Havemann am Nachmittag in den Westen lanciert hat, kommt am Abend der Ost-Berliner Korrespondent der Deutschen Presseagentur, Dietmar Schulz, in die Burgwallstraße. Auch er schafft es bis an die Grundstücksgrenze. Katja Havemann sieht ihn mit den Wachen diskutieren. Er will sich nicht abwimmeln lassen. Sie geht aus dem Haus zum Zaun. Die Uniformierten stellen sich direkt vor ihn, damit er nicht näher herankommt.

»Wie geht's«, ruft Schulz.

»Gut.«

Robert Havemann kommt an die Tür, als er hört, dass seine Frau mit jemandem redet. Schulz winkt und ruft: »Alles Gute!«

Dann wird er abgedrängt.

Der Abend wird kurz. »Wir waren alle ziemlich groggy.«

Für den Sonnabend hat sich Dr. Landmann bei Havemanns angekündigt – er kommt »auftragsgemäß«, wie die Stasi am selben Tag registriert[84], am frühen Vormittag. Robert Havemann sei sehr deprimiert, teilt IM »Chef« der Stasi später mit.

Havemann gibt Landmann zwei Briefe. Der eine ist an das Kreisgericht Fürstenwalde gerichtet: Er wolle Einsicht nehmen in das Protokoll der Gerichtsverhandlung. Da ihm das Urteil verbiete, nach Fürstenwalde zu kommen, solle ihm die Einsichtnahme durch einen Vertreter des Kreisgerichts zu Hause in Grünheide gewährt werden. Der andere Brief ist für Götz Berger: Es ist die Bitte, für ihn beim Kreisgericht Berufung einzulegen.

Beide Briefe werden, wie die Akten nahelegen, von Landmann der Stasi übergeben, geöffnet, abgetippt. Den an Berger will er selbst überbringen, im Sinne der Stasi »auftragsgemäß«: Er soll herausfinden, wie Berger Havemann helfen will und wie er die Lage einschätzt, wie es Tine Biermann geht, wie es um die Scheidungssache steht und wie Berger über Ausbürgerung und Hausarrest denkt.

An der Ecke der Burgwall- zur Altbuchhorster Straße herrscht an diesem Tag viel Bewegung. Zahlreiche Grünheider wollen selbst in Augenschein nehmen, was sie im West-Fernsehen gesehen haben.

Am Nachmittag steht ein Kamerateam am Eingang der Burgwallstraße. Es ist ARD-Korrespondent Lothar Loewe mit seinen Leuten. Höflich, aber bestimmt verlangt er, zu Havemanns Grundstück vorgelassen zu werden. Er lässt die Uniformierten an der Straßensperre filmen, die beiden Lkw, die Fahrbahn und Sicht blockieren. Mehrere Ladas und ein weiterer Polizist stehen unmittelbar vor dem Havemann-

84 »Operative Information Robert Havemann« der Abteilung XX/1 vom 27. November 1976

schen Grundstück. Ein »Leutnant der Volkspolizei« (Loewe) sagt: »Hier darf weder ein DDR-Bürger noch ein Bürger der BRD hierein [!].« Das wiederholt der Mann zwei- oder dreimal.

Loewe lässt nicht locker: Ob es richtig sei, dass er nicht zu Professor Dr. Robert Havemann gehen dürfe. »Hier ist gesperrt.« Ob er irgendeinen Bewohner der Burgwallstraße besuchen dürfe. »Hier ist gesperrt.« Als Loewe um die Begründung der Sperrung bittet, wird einer der Volkspolizisten – ein jüngerer Mann – ungeduldig und versucht, die Kamera mit der Hand zuzuhalten. Loewe: »Bitte bleiben Sie von der Kamera weg.«

Der Vopo-Leutnant: »Ja, bitte bleiben Sie weg von der Kamera.«

Als die kleine Gesellschaft hinter den Absperrungen in der Burgwallstraße 4 am Abend diese Bilder in der ARD sieht, ist die Stimmung ausgelassen. Bei allem Druck ist es eine Genugtuung, wie blamabel sich die Gegenseite wieder einmal darstellt. Die Reaktion im Westen bringt weitere Ermutigung. Der Hausarrest ist den ganzen Tag im Radio das Hauptthema gewesen, der Protest gegen die Verhaftung von Jürgen Fuchs läuft auf Hochtouren, der westdeutsche Schriftstellerverband hat einige namhafte Leute – Böll, Gollwitzer, Grass und andere – dazu gebracht, ihren Protest bei der DDR-Regierung anzumelden. Die Fernsehbilder runden das Bild ab.

Katja Havemann: »Ich sehe noch Lilo Fuchs sitzen, am Kamin, in der Ecke. Sie wurde immer fröhlicher, sie sang sogar. Ich hatte schon gefürchtet, sie habe das verloren.«

Am Sonntag geht Robert Havemann gelegentlich zum Gartenzaun. Das Polizeiauto fährt jedes Mal sofort vor das Tor. Es ist klar, dass er sich nicht einmal zu Fuß vom Grundstück entfernen könnte. In sein Auto steigt er erst gar nicht.

Katjas Eltern, Dorothea und Felix Grafe, müssen mittags am Eingang der Burgwallstraße ihre Ausweise abgeben und dann warten. Ein Posten nimmt die Papiere mit, die Burgwallstraße hinunter in das große Haus zwei Grundstücke neben dem Havemannschen, wo die Stasi ihr Hauptquartier eingerichtet hat. Nach zehn Minuten kommt der Posten mit den Ausweisen zurück: »Sie dürfen passieren.«

Die Überwachungsmaßnahmen der Stasi stehen unter höchster Aufsicht: Der oberste Kulturfunktionär der SED, Kurt Hager, vor allem aber Stasiminister Mielke und der Parteichef und Staatsratsvorsitzende Erich Honecker erteilen die Befehle, treffen die Entscheidungen.[85] Für die Überwachung der Familie Havemann hat die Staatssicherheit eine eigene Abteilung mit zwei Referaten gegründet. Die Bewacher sind Stasileute aus allen Bezirken der DDR, die von ihren Familien und Freunden getrennt worden sind. Es sind überwiegend junge Männer, insgesamt etwa 300.

Einmischung in innere Angelegenheiten

IM »Chef«, Dr. Herbert Landmann, verbringt den Sonntag damit, seine Hausaufgaben für Havemann und für die Stasi zu machen. Nach einigen Versuchen, Götz Berger zu Hause zu erreichen, ruft er einen Kanzleikollegen Bergers an und erfährt, dass Berger und seine Frau Leonie sich in ihrem Wochenendhaus in Altenhof am Werbellinsee aufhalten. Der IM setzt sich ins Auto und fährt hinaus nach Altenhof.

Berger hegt so wenig Verdacht gegen Landmann wie Havemann selbst. Er offenbart dem Arzt, wie dubios er die rechtliche Grundlage für den Hausarrest findet. Er wolle Berufung einlegen, auch wenn vielleicht wegen seiner besonderen Regierungsnähe besser Rechtsanwalt Wolfgang Vogel

---

85 Vgl. »Der Bewachungsmechanismus. Ergebnis von Befragungen und Dokumenten-Auswertungen der mobilen Bewachungskräfte« in: Robert Havemann: Dokumente eines Lebens, zusammengestellt und eingeleitet von Dirk Draheim, Hartmut Hecht, Dieter Hoffmann, Klaus Richter, Manfred Jäckel. Berlin 1991, S. 272

– der oft als Vermittler zwischen West und Ost auftritt – den Fall übernähme.

Berger glaubt auch nicht, dass die Ausbürgerung Biermanns eine Rechtsgrundlage hatte. »Der IM [»Chef«] stellte fest, dass Dr. Götz Berger bei der Rechtfertigung der Haltung von Wolf Biermann genau die gleichen Argumente gebrauchte, wie einen Tag vorher Robert Havemann ihm gegenüber anführte«, notiert die Stasi tags darauf in einer »Information«[86].

Sie erfährt von »Chef« auch, dass Berger als »alter Kommunist und Antifaschist« das Vorgehen des Staates gegen Havemann und Biermann nicht billigen kann. Berger erzählt Landmann – und dieser dann seinen Auftraggebern –, dass er sich schon Kritik seines Anwaltskollektivs zugezogen habe, nachdem er zuerst Christine Biermann in der Scheidungssache, nun aber in ihrem Auftrag Wolf Biermann gegen die Ausbürgerung vertrete. Übrigens habe er die Rücknahme der Scheidungsklage vordatiert, »vorsichtshalber«.

Landmann verzichtet nicht darauf, Bergers Dank für seinen »persönlichen Mut«, »Havemann in dieser komplizierten Situation aufzusuchen«, der Stasi zu berichten[87].

Bergers Entschlossenheit, das Vorgehen gegen Havemann als rechtswidrig zu qualifizieren, alarmiert das MfS. Am Montag Nachmittag, Robert Havemann ist allein im Haus, klopft wieder ein Polizist an die Tür, um ihn zum Kreisgericht abzuholen. Havemann weigert sich, mitzukommen. Der Polizist argumentiert, dass dies die letzte Gelegenheit sei, Berufung einzulegen. Havemann weiß genau, dass er dazu mindestens noch bis zum Freitag Zeit hat. Er bestehe darauf, mit seinem Rechtsanwalt zur Berufungsverhandlung zu kommen, sagt er, er steige auch nicht einfach in ein Auto ein, ohne genau zu wissen, wozu. Er ahnt, dass es der Versuch sein könnte, mittels irgendeines Kniffs die Berufung zu vereiteln

86 HA XX, 29. 11. 1976
87 Ebenda

und das Urteil rechtskräftig zu machen. Berger kündigt sein Kommen für den 30. November an.

Am selben Tag werden Lothar Loewe von der ARD und Hans-Joachim Wiessner und Dirk Sager vom ZDF, Dietmar Schulz von dpa, Christel Sudau von der »Frankfurter Rundschau«, Peter Pragal von der »Süddeutschen Zeitung«, René Bayer von »Kölnischer Rundschau« und »Badischer Zeitung«, Wolfgang Nette vom ARD-Hörfunk, Klaus Kämpgen von der »Westdeutschen Allgemeinen« und Ulrich Schwarz vom »Spiegel« ins Außenministerium bestellt und »in Sachen Havemann« »belehrt«[88]: »Wir betrachten jegliche Kontaktaufnahme mit Herrn Havemann als eine Einmischung in die inneren Angelegenheiten der DDR. Wir erwarten von Ihnen, dass sie solche Kontaktaufnahme unterlassen. Herr Havemann hat gerichtlich die Auflage erhalten, mit Vertretern ausländischer Massenmedien keinerlei Kontakt aufzunehmen, bis seine Angelegenheit geklärt ist.«[89] Die Erklärung ist falsch – das Fürstenwalder Gericht hat Havemann nicht verboten, Kontakt zu Journalisten aufzunehmen.

Unterdessen wird Götz Berger von einem Nachbarn nach Grünheide gefahren. Er hat selbst keinen Führerschein. Der Nachbar muss an der Sperre warten, Berger wird nach einigen Überprüfungen und Rückfragen eingelassen. Havemann begrüßt ihn sehr herzlich. Er ist allein im Haus.

Die beiden Männer setzen sich an Havemanns Schreibtisch, der Hausherr schildert die Verhandlung und das Urteil. Berger: »Das war das Erste, was ich als rechtswidrig empfand: Das Gericht gab Havemann keinen Hinweis auf die Möglichkeit, sich einen Anwalt zu nehmen.«[90]

Dann zieht Havemann seine Schreibmaschine an die

88 Amt für Auswärtige Angelegenheiten der DDR, Abt. Journalistische Beziehungen: Vermerk v. 30. 11. 1976 sowie Vermerk vom 1. 12. 1976

89 Ebenda

90 Götz Berger in seiner Aussage vor dem Landgericht Frankfurt (Oder) am 6. 3. 1996

Tischkante. Sie diskutieren den Text der Berufung, Havemann tippt Satz für Satz in die Maschine. Der vorliegende Fall sei nicht für ein Schnellverfahren geeignet, die gegen Havemann angewandte Verordnung sei durch und durch fehlerhaft ausgelegt worden. Überdies sei Havemann, ein kranker Mann, mit Gewalt nach Fürstenwalde geschafft worden und habe sein Recht auf anwaltlichen Beistand nicht wahrnehmen können. Der »Spiegel«-Artikel sei nicht verlesen, demnach nicht zum Gegenstand des Verfahrens gemacht worden, er habe überdies keinen Aufruf zum Widerstand enthalten.

Die beiden arbeiten noch daran, den Versuch der Staatsmacht, ihrem Vorgehen gegen Robert Havemann eine halbwegs rechtsstaatliche Fassade zu geben, als windige Kartenhausbauerei zu entlarven, als es an der Tür klopft. Havemann öffnet. Gernot Windisch steht draußen, der Leiter der politischen Abteilung IA der Generalstaatsanwaltschaft der DDR. Sie kennen einander. Windisch hatte 1968 das Verfahren gegen Havemanns Söhne Frank und Florian geführt, und Havemann hatte sich ihm auf seine Weise widersetzt. Bei einer Haussuchung hatte sich Windisch damals auf ein langes Gespräch eingelassen, das Havemann im Stil eines Interviews in »Fragen Antworten Fragen« veröffentlichte. In dem Gespräch räumte Windisch gewunden die Schiefheit der »sozialistischen Gesetzlichkeit« und der Gesinnungsjustiz ein und gab zu, dass die Söhne für den unerreichbaren Vater büßen mussten. Havemanns Gedächtnisprotokoll schließt mit den Worten: »Ich hatte [nach dem Gespräch] das Gefühl wie nach einem gelungenen wissenschaftlichen Experiment im Labor. Diese Art von Kontakt mit unserer politischen Wirklichkeit braucht man gerade dann nötig, wenn man sich mit dieser Wirklichkeit kritisch auseinandersetzen will.«

In politisch-operativer Zusammenarbeit der Staatssicherheit mit der Generalstaatsanwaltschaft ist diesmal, um derlei ungeplanten Erkenntnisgewinn auszuschließen, ein Sprechzettel formuliert worden, den Windisch auswendig gelernt hat. »Herr Havemann! … Ich bin bevollmächtigt, Ihnen zu erklären, dass dieses Urteil unter der Voraussetzung und der Erwartung, dass Sie die Aufrechterhaltung bzw. die Aufnahme von Verbindungen zu DDR-feindlichen ausländischen Dienststellen und Massenmedien künftig unterlassen, nicht weiter vollstreckt zu werden braucht. ... Ich erwarte nunmehr von Ihnen, die gegebene Auflage einzuhalten.«

Als Windisch seinen Text heruntergespult hat, erklärt Havemann, assistiert von Berger, dass er schriftlich haben wolle, mit wem er in Verbindung treten dürfe. Außerdem wolle er nicht wie ein Bürger zweiter Klasse behandelt werden, denn für jeden anderen in der DDR sei es legal, mit hier akkreditierten Journalisten zu reden. Windisch reagiert einsilbig: »Die Berufung können Sie sich sparen.« Berger betont, das werde nicht geschehen. Windisch geht nach einer Viertelstunde, er hinterlässt nichts Schriftliches, das Havemann den West-Medien zuspielen könnte. In seinem Bericht – der auch an die Stasi geht – über das Treffen vom gleichen Tag schreibt er: »Bei mir entstand der Eindruck, dass Robert Havemann unterstützt durch Dr. Berger auch durch die von mir durchgeführte Maßnahme von seinen bisherigen Aktivitäten nicht abgebracht werden wird.«

Havemann lässt sich nicht einschüchtern, er besteht auf seinem Berufungsverfahren, und zwar mit genau dem öffentlichen Aufsehen, das die Genossen fürchten. Berger fährt nach dem Treffen mit Havemann gleich zum Kreisgericht, um die Berufungsschrift abzugeben und Akteneinsicht zu nehmen. Es ist eine seiner letzten Handlungen als Rechtsanwalt. Tags darauf erhält er Besuch eines Entsandten des Justizministeriums: Er solle sofort zu einem Gespräch ins Ministerium mitkommen.

Berger erhält dort von Staatssekretär Kern[91] die Mitteilung: »Im Namen des Ministers werden sie mit sofortiger

91 Nach Angaben des Historikers Clemens Vollnhals in seinem Gutachten zum Prozess gegen die Ankläger und Richter Robert Havemanns vom 18. Dezember 1996 war der SED-Mann Herbert Kern als Staatssekretär und »Aufpasser« Justizminister Hans-Joachim Heusinger (LDPD, selbst

Wirkung aus dem Anwaltskollegium ausgeschlossen. Sie haben kein Recht mehr darauf, mit irgendjemandem dienstlich zu verkehren, und dürfen über dienstliche Sachen nicht mehr verfügen.«[92] »Warum das? Und warum so plötzlich?«, fragt Berger.

Kern wird laut. »Das fragst du noch? Denk an Budapest, da haben sie unsere Genossen an Laternenpfählen aufgehängt. Und du hast jetzt dazu aufgefordert.« Eine weitere Begründung gibt Kern nicht.

Tags darauf ist das Namensschild von Bergers Büro bereits entfernt. Unter Aufsicht darf er seine persönlichen Dinge herausholen.

Am 3. Dezember besiegelt das Anwaltskollegium, formal eine Genossenschaft und juristisch so unabhängig wie die Gerichte im Lande, einem Stasibericht zufolge bereitwillig Bergers Ausschluss.

Am selben Tag erarbeitet die Staatssicherheit eine »Konzeption zur Einleitung und Bearbeitung eines Ermittlungsverfahrens (ohne Haft) wegen Sammlung von Nachrichten« gegen Havemann. Der Plan sieht vor, Havemann in einer U-Haftanstalt der Stasi zwei bis drei Mal wöchentlich für jeweils fünf Stunden zu vernehmen. Ziel ist, ihn zu zermürben, um ihn zur Ausreise zu drängen.

---

laut Vollnhals von 1955 bis 1962 Stasi-Mitarbeiter IM »Knebel«) zur Seite gestellt worden. Kern, dem die Kaderabteilung, die für die Gerichte zuständige Hauptabteilung und die Abteilung für internationale Beziehungen und Rechtshilfe des Justizministeriums unterstanden, wurde Vollnhals zufolge vom MfS mehrfach ausgezeichnet. 1985, zu seinem 60. Geburtstag, lobte die Stasi Kern für »vorbildliche Unterstützung des MfS« und »hohe Einsatzbereitschaft« in der Zusammenarbeit mit den Geheimen. Siehe auch Joachim Widmann: »Dich kriegen wir weich.« Berichte aus dem Alltag einer Diktatur. Bonn 1997, S. 74 ff.

92 Zitate Kerns und Bergers wörtlich nach Angaben Götz Bergers in seiner Aussage vor dem Landgericht Frankfurt (Oder) am 6. 3. 1996.

2
Belagerung

»Leitz« wird bearbeitet

„Hauptabteilung XX/OG

Berlin, den 24.1.1977

Konzeption

zur weiteren politisch-operativen Bearbeitung des Vorgangs „Leitz"...

gegen Havemann, Robert ...

Zielstellungen

Die Bearbeitung des Vorganges erfolgt mit dem Ziel

1. Havemann von seinem engsten Verbindungskreis zu isolieren und die um ihn bestehenden Gruppierungen zu zerschlagen;
durch geeignete Maßnahmen der Zersetzung, Verunsicherung und Diskriminierung Havemann zu zwingen, sich künftig nur noch mit sich selbst und familiären Problemen zu befassen, um damit seine feindlichen Aktivitäten weitgehend einzuschränken und zu unterbinden.

2. Havemann eine nachrichtendienstliche Tätigkeit ... nachzuweisen, indem er Nachrichten, die geeignet sind, die gegen die DDR oder andere friedliebende Völker gerichtete Tätigkeit von Organisationen, Einrichtungen, Gruppen

oder Personen zu unterstützen, für sie sammelt oder ihnen übermittelt ...

3. Auf der Grundlage der bereits erarbeiteten Materialien sowie der vorliegenden strafrechtlichen Einschätzungen ist weiterhin aufzuklären und nachzuweisen, dass Havemann ...

– mit der Absicht und Zielstellung, die sozialistische Staats- und Gesellschaftsordnung der DDR zu schädigen oder gegen sie aufzuwiegeln

. Schriften mit diskriminierendem Inhalt herstellt und verbreitet

. andere Personen dazu auffordert, Widerstand gegen die sozialistische Staats- oder Gesellschaftsordnung der DDR zu leisten

. Repräsentanten oder die Tätigkeit staatlicher Organe und Einrichtungen diskriminiert ...

– zu Organisationen, Einrichtungen, Gruppen oder Personen Verbindung aufnimmt, deren Tätigkeit sich gegen die DDR oder andere friedliebende Völker richtet ...

– deren Wirksamkeit und Beteiligung an feindlichen Vorhaben und Handlungen Havemann's [!] aufzuklären

– Informationen zu erarbeiten und Voraussetzungen für die Einleitung spezifischer operativer Maßnahmen der Zersetzung und Trennung Havemann's von seiner Ehefrau zu schaffen. ...

1.5. Aufklärung, Gewinnung, Überprüfung und Einsatz neuer IM-Kandidaten aus dem operativ bekannten Verbindungskreis Havemann's ...

1.8. Durch eine exakte Aufklärung der Vergangenheit Havemann's bis in das Detail ist zu prüfen, welche tatsächliche Rolle er in der Zeit des Faschismus und während seiner Haft gespielt hat ...
Der Verdacht einer möglichen Zusammenarbeit mit der Gestapo ist dabei gleichzeitig nochmals mit zu überprüfen. ...
Das Ziel besteht darin, Havemann in der Öffentlichkeit als Gestapo- oder Geheimdienstagent zu entlarven und zu diskriminieren ...

1.10. Aufklärung der in der Vergangenheit von Havemann unterhaltenen intimen Frauenbekanntschaften und Prüfung ihrer evtl. Eignung für weitere Bearbeitung bzw. Einbeziehung in Maßnahmen der Zersetzung, Verunsicherung und Kompromittierung ...

1.14. Die Liste der Personen, die keinen Zutritt zu Havemann's Wohnung in Grünheide erhalten, ist unter dem Gesichtspunkt zu überprüfen, bestimmte ‚Ausnahmen' zu gestatten, um damit Havemann zu verunsichern. Dabei sind solche Personen auszuwählen, die ihm gegenüber den glaubhaften Eindruck hinterlassen, mit dem MfS in Verbindung zu stehen ...

2. Zur Aufklärung, Dokumentierung und Beweisführung einer möglichen staatsfeindlichen Tätigkeit des Havemann gemäß § 100 StGB – Staatsfeindliche Verbindungen – sind vorrangig die operativ bekannten Verbindungen nach West-

berlin zu Prof. Jäckel, Hartmut ... Frosch, Margret ...
gezielt aufzuklären und zu bearbeiten. Es ist herauszuarbeiten, ob

– Personen dieses Verbindungskreises Verbindung zu Geheimdiensten, anderen volksfeindlichen Organisationen, Gruppen und Einzelpersonen unterhalten, die ... strafrechtlich relevant sind

– als Kuriere zu oder von Havemann tätig sind oder

– anderweitig feindlich in Erscheinung traten bzw. treten. ..."

In den ersten Wochen nach dem Urteil perfektionierte die Staatssicherheit die Überwachung des Havemannschen Grundstücks. Sie entzog das Nachbargrundstück Nummer 3 seinen nichts ahnenden West-Berliner Eigentümern, ein weiteres konnte sie nur teilweise nutzen, weil die Eigentümerin es nicht preisgeben wollte. Auf ihrem Grundstück betätigte sich ein »Gärtner«, der sich auffällig für den Nachbarn zur Rechten interessierte. Seit längerem schon nutzte die Staatssicherheit ein großes Haus in der Burgwallstraße 6, es war mit Überwachungs- und Kommunikationstechnik sowie Unterkünften mit Feldbetten und Spinden für die Mannschaften ausgerüstet.

Ein Wochenendhäuschen in der Altbuchhorster Straße, das einem Betrieb gehörte, wurde ebenfalls von der Stasi übernommen. Vom Dachfenster aus konnte man die Burgwallstraße ungehindert einsehen. Jeweils eine Woche am Stück dauerte der Dienst der in dem unscheinbaren Holzhaus einquartierten Stasileute.

Motor- und Ruderboote patrouillierten auf dem See, auch der Steg am Havemann-Grundstück wurde überwacht.

Nachts beleuchteten starke Scheinwerfer das Grundstück von Nummer 3 her, damit niemand im Schutz der Dunkelheit über die Gartenzäune kommen oder gehen konnte.

Als Besucher in der Burgwallstraße 4 waren neben der Familie Meinel und den kleinen Freunden Franziskas nur Havemanns engste Angehörige sowie die Nachbarin Brigitte Haeseler zugelassen. Gemäß der Ansage des Staatsanwalts Windisch durfte Havemann das Grundstück gelegentlich verlassen, solange ein Treffen mit Medienvertretern oder irgendwelchen West-Verbindungen nicht zu erwarten war. Er durfte nach Berlin in seine Stadtwohnung fahren, seine Schwiegereltern oder Meinels aufsuchen. Besuche bei Lotte Franck waren schwieriger; Fahrten an Orte, an denen die Stasi keine lückenlose Überwachung vorbereitet hatte, wurden ihm meist verwehrt.

Havemann musste testen, ob er überhaupt hinausdurfte, wissen konnte er es nicht: Er setzte sich in seinen Wartburg, fuhr zur Barriere am Ende der Straße, wo er zum ersten Mal kontrolliert wurde. Aus nicht nachvollziehbaren Gründen ließ man ihn dann zunächst zur Hauptstraße vorfahren, wo sich ihm erneut ein Stasiauto in den Weg stellte. Aus dem stieg ein Mann, der sich Havemann als Kripo-Beamter vorstellte und fragte, wohin er fahren wolle. Mal kam er durch, mal nicht. Bei jeder Ausfahrt folgten ihm vollbesetzte Stasi-Ladas, vier, sechs Autos. Auch Katja Havemann, obwohl zu nichts verurteilt, wurde ohne Unterbrechung überwacht.

Getrogene Hoffnungen und Abschiede

Da der Hausarrest sowieso illegal war, wunderte sich Havemann nicht über seine inkonsequente Handhabung: Er durchschaute die Taktik der Stasi – wenn beispielsweise ein sozialistischer Feiertag nahte oder Großveranstaltungen, zu denen er früher gern Interviews gegeben und Texte nach Westen abgesetzt hatte, wurde er schärfer eingeschränkt – bis dahin, dass er nicht einmal zur Straßensperre vorfahren konnte, weil er schon an seinem Gartenzaun gestoppt wurde, und die Wachen selbst Familienangehörige nicht einließen.

Schon Anfang Dezember 1976 war Havemann klar, dass er Wolf Biermann wohl nicht mehr wiedersehen werde. In seinem Alter und bei seinem Gesundheitszustand rechnete er nicht damit, das Ende der Diktatur zu erleben und reisen zu können, ohne fürchten zu müssen, dass dann auch für ihn die Tür für die Rückkehr geschlossen bliebe. Selbst Katja Havemann, die nicht einmal 30-Jährige, hatte das Gefühl, »dass es eine Trennung für so lange sein würde, dass es zu lang für mich ist«.

Und es blieb nicht bei Biermann.

Anfang Dezember 1976 ging Nina Hagen, ihr folgte Eva-Maria Hagen.

Sibylle Havemann stellte, nachdem sie zwangsexmatrikuliert worden war, einen Ausreiseantrag, der im Februar 1977 genehmigt wurde. Als sie am 10. abfuhr, fiel eine wichtige Mittlerin zwischen Grünheide und Christine Biermann in der Chausseestraße sowie zwischen Robert Havemann und seinen westdeutschen Freunden aus.

Tine Biermann wurde in dieser Zeit von der Universitätsleitung und der Partei bearbeitet. »Die sagten: du kommst im ›ND‹ auf die erste Seite, wenn du dich von diesem Biermann distanzierst und von dieser ganzen Bewegung.«

Sie war sich gar nicht sicher, Biermann folgen zu wollen, schließlich hatte sie die Scheidung nur aus politischen Gründen zurückgenommen. »Ich dachte: So ist das Schicksal, jetzt hat man uns auf diese Weise getrennt. Eigentlich hatte ich beschlossen, in der DDR zu bleiben.« Doch auch sie wurde weiter schikaniert. Am 18. November war auch ihr Telefon abgestellt worden. Sie stand unter Beobachtung der Staatssicherheit. Besucher wurden an der Haustür abgefangen, kontrolliert und oft abgewiesen. »Ich hatte Angst, bestimmte Leute zu besuchen, denn mit jedem Besuch waren die auch auf der Liste der Stasi.«

Katja und Robert Havemann konnte sie ein letztes Mal bei

einem Waldspaziergang in Grünheide sehen, begleitet von 20 Stasileuten. »Wir haben im Auto geredet, die standen alle so drum rum mit ihren Richtmikrofonen. Weil es so grotesk war, habe ich es fast noch amüsant gefunden. Es hat ja auch Spaß gemacht, die Stasi an der Nase herumzuführen.«

Danach konnten sie einander nur noch über Mittelsleute Nachrichten zukommen lassen.

Für Tine Biermann wurde die Lage immer schwieriger. Wenn sie sich nicht von ihrem Mann lossage, gebe es nicht einmal eine Stellung in der Pathologie für sie, drohte man ihr.

»Ich beschloss nach einem halben Jahr, den Sprung ins kalte Wasser zu wagen und auch wegzugehen. Ganz unabhängig von meiner Situation mit Wolf, die nicht gut war, denn sonst hätte er mich ja als seine Liebste in den Westen gerufen.« Ihr Ausreiseantrag wurde ohne Verzug genehmigt. »Ich wurde sofort exmatrikuliert und aus der FDJ ausgeschlossen. Alles wurde für mich erledigt, wo andere zu tausend Ämtern rennen mussten. Ich hatte innerhalb von drei Tagen auszureisen. Ich musste dauernd an das Lied von Wolf denken, die Traumballade, wo er beschreibt, dass der Möbelwagen die Chausseestraße langschaukelt und die Packer kommen und alles einsacken und ihn dazu, um in Richtung Westen zu verschwinden. Das hat sich dann bewahrheitet, dieses Lied. Das war ein Einpacken rund um die Uhr. Und zum Schluss haben die gar nicht kontrolliert.«

Sie gab eine Abschiedsfeier in der leeren Wohnung. »Es war traurig und, wie früher, noch einmal ganz wild.«

Es wurde einsamer um Robert Havemann. Trotzdem feierte er am 11. März 1977 seinen Geburtstag, den ersten unter Hausarrest. Katja Havemann: »Wir hatten vor, in unserer Berliner Wohnung zu feiern, denn ins Haus in Grünheide kam ja niemand rein. Das war bei der Stasi angekommen, sie ließ es zu. Eine Menge Leute kamen, Roberts Stiefsohn Utz mit seiner Frau und Lotte Franck, Landmanns, Gisela Uschkoreit aus Jena, Hartmut Jäckel war mit seiner Referentin

Linda Reisch auch eingeladen.« Es sollte die letzte größere Geburtstagsfeier werden. Die nächsten untersagte der Generalstaatsanwalt.

Die Bewacher hatten sich am Eingang des sechsstöckigen Hauses in der Nähe des Kinos International postiert. Noch einmal zwei standen vor der Wohnungstür. Alle Gäste waren schon bei der Einladung gewarnt worden, dass sie kontrolliert werden würden.

Katja Havemann schaute immer wieder hinaus, um die Ankunft von Jäckel und Reisch nicht zu verpassen. Mit Schwierigkeiten war zu rechnen. Andererseits, so dachten Havemanns: »Wenn sie reinkämen, wäre das so eine Art Nagelprobe.«

Die Bewacher ließen sie nicht hinein. Also ging Havemann hinaus. Er setzte sich mit den beiden West-Berliner Gästen in sein Auto, Katja Havemann brachte Kaffee und Kuchen. Die Stasi stand daneben, machtlos. »Das Bedürfnis, brav zu sein, um die Lage nicht zu verschärfen, hatten wir nicht. Roberts Strategie war, zu demonstrieren, dass er die Behinderung nicht anerkennt. Er wollte bis dahin gehen, dass sie ihn mit physischer Gewalt zurückhalten. Und ich erst recht. Ich stand ja nicht unter Hausarrest, das Urteil betraf mich nicht. Vor den Stasileuten sagte Robert laut zu Jäckel: Ist doch eine Unverschämtheit, was die mit uns machen.«

Immer mehr geliebte Menschen verschwanden aus der Republik oder aus dem Blickfeld. Gesprächspartner, Bekannte, Freunde.

Für Bernd Florath etwa war mit der Ausbürgerung Biermanns der Punkt erreicht, an dem er »den Kopf nicht wegstecken« konnte: »Eine Menge Leute wussten, dass ich mit Wolf befreundet war und mit Jürgen. Wir diskutierten sehr lebhaft und klar über die Ausbürgerung. Ich sagte dann auch in der Seminargruppe, dass ich nach Prüfung aller auch nur halbwegs angebrachten Argumente zu dem Schluss komme: Das führt zu nichts. Im Übrigen sei es im besten Sinne dieses Staates kontraproduktiv.«

Floraths Weigerung, sich von seinen Freunden zu distanzieren und in falschen Jubel über die staatlichen Maßnahmen auszubrechen, setzte das Räderwerk gegen ihn in Gang. Er war ein kritischer FDJ-Aktiver, dem staatsfeindliche Gruppenbildung nicht nachgewiesen werden konnte, so wandte die Staatsmacht zivile Mittel der Unterdrückung an: die des universitären Disziplinarverfahrens. Dazu musste zunächst ein Vorgang geschaffen werden. Nur mündliche Äußerungen standen gegen ihn, er hatte nicht gegen die Ausbürgerung unterschrieben, weil ihm Sibylle Havemann und Bettina Hindemith davon abgeraten hatten.

Florath erhielt den Auftrag, Stellungnahmen zu schreiben: »Zum Studienziel der Historikerausbildung, zu Robert Havemann, zu Wolf Biermann, zu Jürgen Fuchs. Die habe ich geliefert. Was ich zum Studienziel der Historiker schrieb, hätten sie sozusagen gleich mit anklemmen können als parteilichen Aufruf zum politischen Studium. Dann schrieb ich etwas zu Robert: Der leidet an der Hierarchie, und das ist sicher einer, der sich schwer von etwas anderem überzeugen lasse. Auch bei Biermann schrieb ich irgendwas, was stimmte und was jeder wissen konnte.«

Zu Jürgen Fuchs schrieb er nichts. Sofort kam die Reklamation. »Ich lieferte also Jürgen nach: Mit Jürgen Fuchs bin ich seit dann und dann befreundet, schrieb ich, wir haben in etwa die gleichen Auffassungen, nur dass er Psychologe ist, und ich bin Historiker, und deshalb gehen wir mitunter verschieden an die Probleme heran.«

Florath wurde vor die Wahl gestellt, sich selbst »vom Studium zu beurlauben. Oder ...« Was das hieß, blieb unklar. Es hätte Relegation, Ausschluss vom Studium auf Dauer, heißen können.

Die Spielregel bei der »Beurlaubung« war, dass Florath »freiwillig« darum ersuchte, um nach eineinhalb Jahren wieder anzuklopfen und um Wiederaufnahme zu bitten. Dazwischen: »Bewährung in der Produktion«. »Ich machte meinen Facharbeiter bei Bergmann-Borsig, arbeitete anderthalb Jahre lang in der Kesselschmiede. Das war ganz spannend. Sehr interessant, auch die Leute. Der Pragmatismus, wie die mit solchen Fragen umgingen. Die nannten mich doof. ›Weeßte, wat der Biermann da für ne Knete einjefangen hat?‹ Damit war das erledigt: ›Verjessen wir det. Hier zählt, ob du arbeiten kannst.‹«

Für Konspiration waren die Arbeiter nicht zu haben. »Wenn die sauer waren, sprangen sie einem direkt ins Gesicht. Da wurde nicht lange rumgeredet, da flog schon mal ein Hammer.«

Die Stasi wirkte an der Bearbeitung Floraths durch die Universität im Hintergrund mit, trat aber nicht in Erscheinung. Sie eröffnete eine »Operative Personenkontrolle« gegen ihn. Einer seiner Kommilitonen wurde zur Inoffiziellen Mitarbeit bei der Stasi erpresst. Einer seiner Professoren war ebenfalls IM, ein alter Bekannter Robert Havemanns. Er gab Florath einen Forschungsauftrag: »Das Verhältnis von Produktivkräften und Produktionsverhältnissen am Beispiel des Kesselbaus von Bergmann-Borsig«.

Im September 1978 konnte Florath sein Studium wieder aufnehmen. Florath wurde unmissverständlich klar gemacht, dass auch der geringste Kontakt zu seinen Freunden in Grünheide zu unumkehrbaren Konsequenzen für seine akademische Karriere führen würde. Er hielt sich an die Auflage, blieb aber auf seiner Ebene politisch aktiv.

Der von der Stasi erwünschte Effekt der fortschreitenden Isolierung Havemanns blieb aus. »Robert schwächelte nicht eine Sekunde lang mit seinem ›Ich bleibe hier‹. Ich auch nicht. Ich lag auch emotional ganz auf Roberts Linie«, erinnert sich Katja Havemann. Jeder in der DDR, der der SED nicht von Herzen zugetan war, hätte nach Havemanns Ansicht geradezu die Pflicht gehabt, seine Kritik zu artikulieren, am besten mit vielen anderen gemeinsam, um etwas zu bewegen. Er hatte lange erkannt, dass der Staat zwar unter dem Problem der Auswanderung nach Westen litt, sich aber auch des Protestpotenzials auf elegante Weise entledigte, wenn er die Ventile, wie es hin und wieder geschah, ein wenig öffnete.

Es war wie ein Aderlass: Der Blutverlust schwächte, nahm aber auch Druck aus dem System.

Havemann reagierte auf Ausreisen im Bekanntenkreis sehr gereizt. Gerade junge Intellektuelle und Wissenschaftler, deren Ausbildung die DDR viel gekostet hatte, liefen davon, statt ihr bei dieser Ausbildung trotz aller Ideologisierung gewonnenes kritisches Vermögen in den Dienst des Sozialismus zu stellen: eines Sozialismus, wie er Havemann vorschwebte.

Er blieb auch, weil er um seine Wirkung und seine Glaubwürdigkeit fürchtete. Havemann war mit seiner in ihrer Blüte zerstörten Wissenschaftler-Karriere, in seiner aufrechten Haltung gegen die Parteidogmen und seinem klaren Bekenntnis zur DDR die Personifizierung des anderen, freiheitlichen Potenzials der Republik, den die Isolation auch noch in die Rolle des weisen Einsiedlers gedrängt hatte. Er wolle nicht in die Rolle geraten, die DDR von draußen zu verbellen, sagte er in einem Interview einmal. Er strebte nicht danach, der Guru der »undogmatischen« westdeutschen Linken zu werden oder sich gar als Vortragsreisender in Sachen DDR zu profilieren. Schon gar nicht war er erpicht auf den zu erwartenden Beifall am rechten bürgerlichen Rand, womöglich sogar in der extremen Rechten im Westen.

Für Katja Havemann gab es noch einen weiteren Grund für das Dableiben: »Ich kannte den Westen nicht, aber ich hatte die Ahnung, dass das Leben dort ganz anders geht. Und ich hatte meine Familie hier. Wenn ich mich dafür entschieden hätte, dann hätte ich das schon gemacht, bevor ich mit Robert liiert war.«

Im Sommer 1977 sahen Katja und Robert Havemann gemeinsam im ZDF, wie Manfred Krug im Westen ankommt und vor Dirk Sagers Kamera in Tränen ausbricht. »Robert war auf alle, die gingen, wie Krug, Kunze, Sarah Kirsch, nicht sauer im Sinne von Empörung, dass er es für eine Schweinerei hielt, dass sie jetzt aufsteckten. Bei jedem hatten wir das Gefühl: Jetzt wird es noch schwerer. Jeder Weggang ist ein Sieg für diese verrotteten DDR-Oberen.« Mit jeder weiteren

Ausreise schwand die Macht, die gerade diese Prominenten einen Moment lang gehabt hatten bei ihrer Protesterklärung gegen die Ausbürgerung. »Sie gehen zu schnell, empfanden wir. Andererseits waren auch die Argumente etwa von Krug völlig einzusehen, auch für Robert. Ein Schauspieler braucht sein Publikum.«

Direkten Kontakt hatten sie nur zu Sarah Kirsch. »Sie erzählte detailliert, wie sie drangsaliert wurde, bis hin zu Psychoterror in dem Haus, in dem sie wohnte. Sie hat es sich nicht leicht gemacht mit ihrer Ausreise. Sie ließ enge Freunde in der DDR zurück, die einen anderen Weg nahmen als sie.«

Die nicht ausreisten, wurden an die Leine genommen und von Partei und Schriftstellerverband differenziert behandelt. Immer mehr arrangierten sich wieder mit der Macht, und manche bekamen einen Reisepass.

Auch Lilo Fuchs bekam als Bewohnerin des Holzhauses auf dem Havemannschen Grundstück den Hausarrest zu spüren, ohne selbst verurteilt zu sein. Auch sie durfte nur ihre engsten Verwandten empfangen, Kollegen oder Freunde mussten draußen bleiben. Auch sie hatte Stasi-Bewacher, die sie auf Schritt und Tritt verfolgten.

Havemann nährte immer die Hoffnung in Lilo Fuchs, dass Fuchs, Pannach und Kunert in die DDR entlassen würden. Je länger die drei Männer ohne Prozess in Haft waren, desto klarer war es Havemann, dass die Führung es nicht wagte, sie vor Gericht zu stellen. Zugleich wusste er, dass man sie schwer bedrängen würde, einen Ausreiseantrag zu stellen, denn sie in die DDR zu entlassen, wäre problematisch gewesen, jeder hätte es erfahren. Aber er war sich sicher, dass sie nicht nachgeben würden.

Lilo Fuchs war empfänglich für diese Spekulationen. Sie wollte ohnehin nicht in den Westen. Der Gedanke ging über ihre Vorstellung.

Robert Havemann – diese Fahrten ließen seine Bewacher zu – brachte sie zu den »Sprechern«, den monatlichen Besuchsterminen mit ihrem Mann im Gefängnis. »Ich bereitete mich immer gründlich vor, packte meine karierte Reisetasche sehr sorgfältig, nicht wissend, ob ich ihm die Sachen geben durfte, das war von Mal zu Mal verschieden. Lange wussten wir gar nicht, dass Jürgen selbst immer aus dem Stasigefängnis Hohenschönhausen in den Gefängnistrakt des MfS in der Magdalenenstraße gefahren wurde. Ich erfuhr das durch einen Zufall, weil Rechtsanwalt Vogel das einmal beiläufig erwähnte. Zuvor hatte ich, wenn ich im Zug nach Jena saß und in Lichtenberg die beiden Kirchtürme sah, hinter denen das Gefängnis in der Magdalenenstraße lag, immer im Stillen gedacht, er ist nun da hinten und ich bin hier, mit den Stasis im Rücken. Seine Adresse, die man mir gegeben hatte, war ein Postfach, und ich war nicht einmal auf die Idee gekommen, zu fragen, wo er eigentlich ist.«

Die Magdalenenstraße war damals von der Einfahrt Frankfurter Allee her gesperrt; da stand ein Schild: »Nur für Angehörige des Ministeriums«. »Robert war das egal. Er sagte, wir gehören dazu, und fuhr einfach rein. Robert hatte die Art, in Zeitlupe zu fahren, damit jeder sah, dass ihm mehrere Autos folgten. Als wäre er mein Vater, kutschierte er mich da hin. Er sagte, ich müsse die Situation bei diesen ›Sprechern‹ auflockern, indem ich überraschend Tacheles redete.«

Die »Sprecher« waren sehr wichtige Treffen, streng überwacht zwar, aber in ihrem öden Monatsrhythmus große Ereignisse auch im Leben der Draußengebliebenen. In begrenztem Maße konnte man einander etwas mitteilen. »Roberts Rat, sich an die Auflagen zu halten, aber plötzlich etwas zu sagen, was wirklich wichtig war, nützte mir sehr, als ich mitbekommen hatte, dass Wolf und einige andere es geschafft hatten, bei Rowohlt Texte von Jürgen unterzubringen, und dass der Band ›Gedächtnisprotokolle‹ erschienen war.«

Der nächste »Sprecher«-Termin kam. Sie fuhr hin und wurde in den Raum geführt, in dem sie ihren Mann sehen sollte. Eine Art kleines Büro. An einem Schreibtisch saß der Hauptvernehmer, daneben noch mindestens einer oder zwei der mit dem Fall Fuchs befassten Stasileute. Ihr wurde ein Platz auf einer Sitzgruppe zugewiesen.

Ihr Mann wurde durch eine andere Tür hereingebracht, setzte sich hin, und dann konnten sie 15 bis 20 Minuten lang reden. »In meiner Tasche hatte ich meist Kuchen, einmal auch Rumtopf, einmal Kaffee. Den Rumtopf wollte er nicht essen. Der Kaffee wurde mir schließlich verboten.«

Sie sprachen indirekt, in Codes. »Ich durfte keine Namen nennen, daher sagte ich etwa: ›Weißt du, in Jena, der Elektriker, die hatten auch viele, lange Gespräche.‹ Da wusste er, dass unsere Freunde, die L.s – er war früher Elektriker gewesen – auch verhört worden waren. Wenn die Wachen reagierten, sprachen wir wieder ein paar Minuten irgendwas, bis ich wieder mit Dingen anfing, die verklausuliert waren.«

Am Ende wurde er dann als Erster hinausgeführt. »An diesem Tag hatte ich beschlossen, zuerst brav sitzen zu bleiben, um im letztmöglichen Moment aufzuspringen und ihm die Information ins Ohr zu flüstern. Genauso machte ich es. Ich flüsterte ›Buch erschienen‹ in sein Ohr, und schon hatten die mich an den Armen gepackt und von ihm zurückgezogen.

Wie er später erzählte, ging er wie auf Flügeln aus dem Raum hinaus.«

Bei den letzten Besuchen bemerkte Lilo Fuchs, dass ihr Mann manchmal nicht richtig sprechen konnte.

Neun Monate waren die höchste zulässige Dauer für die U-Haft, und nichts deutete darauf hin, dass es einen Prozess geben werde. Im August 1977 wurden die Frauen von Pannach, Kunert und Fuchs in die Praxis des Anwalts Vogel bestellt, dem Ost-West-Verbindungsmann für Ausreisefragen und Familienzusammenführung. Lilo Fuchs erinnert sich, dass Vogel sagte[93]: »In unseren Verhandlungen haben wir eine Abmachung erreicht, die so aussieht: Ihre Männer sind bereit, die DDR zu verlassen.« Die Frauen waren entsetzt. »Sie kennen ihre Männer ja selbst«, sagte er, »die sind stur. Selbst wenn man die in die DDR entlassen würde, würden sie ja das Gleiche machen, und dann kämen die wieder in den Knast.«

93 Alle Zitate nach Angaben Lilo Fuchs'.

Er fügte hinzu, indem er Lilo Fuchs ansah: »Ich sage Ihnen, noch einmal verteidige ich die nicht. Entweder gehen sie also in den Westen, oder sie werden in die DDR entlassen, und in dem Fall müssen Sie selbst zusehen.«

Vogel sagte, dass es jetzt sofort für alle drei einen »Sprecher« mit ihren Männern gebe. Vogel blieb bei Lilo Fuchs während des Gesprächs mit ihrem Mann. »Jürgen sagte mir sofort, er habe sich entschlossen, für eine Zeit in den Westen zu gehen. Ich sagte: ›Aber es gibt doch einen anderen Weg.‹ Jürgen sagte, den gebe es nicht. Ich sah Vogel an, und der sagte: ›Klar, Sie können in der DDR bleiben, aber bevor Sie entlassen werden, gibt es ein Urteil: acht bis zehn Jahre Gefängnis.‹ Das hatte er bei dem Gespräch in seiner Kanzlei vornehm weggelassen. Ich sagte nur: Ich gehe da hin, wohin mein Mann geht.«

Für Lilo Fuchs, Katja und Robert Havemann war die erzwungene Ausreise eine neue Niederlage, eine schwere Erschütterung. Überdies war ihnen klar, dass Jürgen Fuchs extrem unter Druck gesetzt worden sein musste, bevor er diesen Schritt tat. Er war entschlossen gewesen, wie Havemann, in der DDR zu bleiben.

Später schilderte Fuchs die Wirkungsweise der »schwarzen Psychologie«, eine Zersetzungsmethode, die darauf abzielte, den politischen Häftling als Persönlichkeit zu vernichten. Bei den überwachten »Sprechern« mit seiner Frau konnte er derlei nicht erwähnen.

Am Tag nach dem »Sprecher« kam ein Vertreter der Abteilung Inneres des Rates des Kreises nach Grünheide, um Lilo Fuchs' Ausreiseantrag entgegenzunehmen. Doch sie wollte zuvor sichergehen, dass ihr Mann gesund im Westen angekommen ist.

Vogel teilte mit, wann die Männer in den Westen abgeschoben würden: am 26. August.

In dieser Zeit wurde der Hausarrest verschärft, nicht einmal Katjas Schwester Eva Grafe durfte aufs Havemannsche Grundstück.

Nach ihrer Ankunft in West-Berlin wollten Fuchs, Pannach und Kunert im Grünheider Pfarrhaus anrufen.

Das Warten dauerte lange. Lilo Fuchs saß bei Meinels, die inzwischen auch ihre engen Freunde und Vertraute geworden waren, Havemanns zu Hause. »Wir trauten denen alles zu.«

„OSL Müller HA XX-OG Abteilung 26A/332/77, Frankfurt (Oder) 27.08.1977 ...

Information vom 26.8.77 ...

Katja (Annedore Havemann) setzte sich vom Anschluss der Haeselers mit Edda Meinel ... in Verbindung. Das Gespräch verlief wie folgt:
Edda: 6113
K.: Ja, hier ist Katja. Edda?
Edda: Ach, Katja.
K.: Ist nichts?
Edda: Nein.
K.: Ist ja eigenartig. Es ist irgendetwas faul im Staate Dänemark.
Edda: Wir haben auch schon Bauchschmerzen hier.
K.: War ja auch nichts im Fernsehen.
Edda: Nein. Wir haben auch Nachrichten gehört.
K.: Ja ja.
Edda: Auf ‚Riesa I und II' ([Anm. des Stasi-Protokollanten:] Gemeint ist sicher RIAS).
K.: Nee, da muss irgendetwas nicht stimmen.
Edda: Komisch.
K.: Sehr komisch.
Edda: Sagt Robert auch, nicht?
K.: Ja. ...
Edda: Ich wollte gerade sagen, er könnte es ja dringend machen. Er kann ja sogar ein Blitzgespräch anmelden.
K.: Ein Blitzgespräch, ja.
Edda: Aber vielleicht kommt er da gar nicht drauf.

K.: Da ist irgendetwas Mysteriöses, glaub ich, denn dass keine Nachricht – ist sehr eigenartig. Und diese Leute, die heute so stürmisch waren.
Edda: Die sind ja gestern auch schon stürmisch gewesen.
K.: Ja, nee, auch die [beiden auf eilige Ausreise dringenden Vertreter der Abteilung Inneres – eigentlich Stasi – , die] heute bei Lilo waren!
Edda: Ja. Das haben wir auch gerade vor 5 Minuten gesagt. Wieso haben die es eigentlich so eilig.
K.: Ja. Und wollten gleich? Was? Unterschrieben haben, nicht?
Edda: Ja, ja.
K.: Ist doch sehr komisch. Lilo soll mal nicht bis in die Puppen warten.
Edda: Nee.
K.: Bringst du sie oder soll ich sie holen?
Edda: Ja, nee, nee, ich kann sie schon bringen ...
... Beide Frauen vereinbarten, dass Katja die Edda in einer Stunde nochmals anrufen wird.

—

Katja setzte sich mit ihrem Vater ... in Verbindung ...
20.36 Uhr verabschiedeten sie sich.

—

Katja setzte sich wiederum mit Edda Meinel in Verbindung: Edda teilte mit, dass alles in Ordnung ist. Der hat angerufen ..."

Die Männer waren bei Margret Frosch in der Ahornstraße im West-Berliner Bezirk Steglitz, es ging ihnen gut.

Staatsanwalt Windisch kam wieder mit einem auswendig gelernten Spruch nach Grünheide und kündigte Havemann eine weitere Verschärfung des Hausarrests an. Er dürfe nicht nur das Grundstück, sondern nun auch das Haus nicht mehr verlassen, er dürfe auch keinen Kontakt mit Frau Fuchs haben und mit Besuchern von Frau Fuchs. Kaum war Windisch gegangen, postierten sich Uniformierte zwischen Haus und Gartenhaus auf dem Grundstück.

Katja Havemann erhielt von einem der Wächter ihre eigene Unterweisung: »Frau Havemann, ich habe Ihnen mitzuteilen, dass Sie ab sofort keinen Kontakt mehr zu Familie Uschkoreit und Frau Fuchs aufnehmen dürfen.«

Sie zögerte keine Sekunde: »Sie können mir sagen, was Sie wollen: Ich bin zu nichts verurteilt, das lasse ich mir nicht gefallen. Und gehen Sie weg von unserer Terrasse.«

Sie eilte sofort ins Holzhaus, um zu sehen, was geschehen würde. Sie wurde nicht aufgehalten, doch wenig später sprach der Offizier sie noch einmal an: »Der Kontakt ist Ihnen nicht verboten, aber halten Sie sich an die Regeln.«

»Welche Regeln?«

Darauf gab es keine Antwort.

Gisela Uschkoreit, Lilo Fuchs' Schwester, die zum Einpacken angereist war, wurde nicht daran gehindert, zwischen den beiden Häusern zu pendeln, Lilo Fuchs schon.

Jürgens Vater, Helmut Fuchs, begegnete Robert Havemann, der auf seiner Terrasse stand, am nächsten Morgen. Zwischen ihnen die beiden Uniformierten, die die ganze Nacht da gestanden hatten. Fuchs zögerte. Havemann überspielte die Verlegenheit, indem er die Stichworte für den kurzen Austausch von Belanglosigkeiten gab.

Am Nachmittag vor der Ausreise saßen Katja und Robert Havemann auf ihrer Hollywoodschaukel, zwei Posten standen davor, auftragsgemäß immer in Hörweite, und schauten ihnen beim Kaffeetrinken zu. Lilo Fuchs ließ sich draußen sehen. Havemanns riefen sie an den Tisch. Sie wurde nicht daran gehindert, sich dazu zu setzen. Robert Havemann sagte:

»Katja, ich darf nicht mit Lilo reden, das hat mir dieser Staatsanwalt verboten, und auch Lilo ist es verboten worden, mit mir zu reden. Nun frag doch mal Lilo bitte, ob sie das Kinderbett hat problemlos einpacken können.«

Katja Havemann: »Lilo, Robert darf nicht mit dir reden, und auch dir ist der Kontakt mit ihm verboten. So frage ich dich, ob du ...« So ging das mehrfach hin und her.

Lilo Fuchs reiste am 1. September aus. Ihre Schwester Gisela Uschkoreit und Katja Havemann brachten sie und die kleine Lili mit Gepäck und Kinderwagen zum Bahnhof Erkner und fuhren dann mit den beiden mit der S-Bahn zur Friedrichstraße. Fünf Stasileute folgten. Sie gingen vom S-Bahnsteig durch den Bahnhof hinaus und zum »Tränenpalast«, um Abschied zu nehmen.

Lilo Fuchs war niedergedrückt von dem Gefühl, zu desertieren und Havemanns im Stich zu lassen. »Robert sah mich in diesen letzten Tagen so an, dass mir klar war: Er missbilligte meine Entscheidung. Ich war auch ganz zerrissen, aber ich konnte nicht bleiben, weil ich ja zu Jürgen wollte.«

Katja Havemann: »Wir gingen als kleiner Trauerzug zur Sperre. Die waren immer ganz dicht um uns. Wir verabschiedeten uns und nahmen einander in die Arme. Lilo entfuhr ein ›Mach's gut, bis bald‹, und einer von denen lachte ganz höhnisch. Ich musste mich bemühen, nicht zu heulen, schon gar nicht vor denen.«

Lilo Fuchs: »Ich wurde mit Lili in eine Kabine geführt, wir mussten in dem kleinen Raum mit einem Fenster zum Vorplatz des Tränenpalasts an der Friedrichstraße warten, während in einem anderen Raum unser Gepäck durchsucht wurde. Ein Tisch war an der Wand festgeschraubt, es gab zwei Hocker, an der Wand hing ein weißer Kittel. Lili sagte, dass es wie beim Arzt sei, und fummelte an dem Tisch herum. Auf einmal gab es ein lautes Klingeln, sie war wahrscheinlich an den Alarmknopf gekommen, der irgendwo unterm Tisch angebracht war. Eine Beamtin raste rein und fragte, was los sei. Ich sagte, ich weiß nicht. Es war eine wohltuende Überraschung. Sie machte noch so eine Bemerkung: Sie sind so jung und dann mit einem kleinen Kind in den Westen, na das kann ja was werden. Etwas in der Art. Dann durften wir gehen.

Ich sehe das eigentlich nur noch schemenhaft, wie ich durch dieses Labyrinth gegangen bin, um schließlich am Bahnsteig nach Westen im Tiefgeschoss anzukommen. Jürgen wartete am Bahnhof Yorckstraße in Kreuzberg. Lili löste die etwas beklemmende Situation der Wiederbegegnung, indem sie ›Isser das?‹ fragte, als er da stand.«

Die junge Familie wurde zunächst von Margret Frosch in deren Wohnung aufgenommen. Die Journalistin hatte sich, »politisiert« durch ihre Arbeit mit Havemann, mit Manfred Wilke, Otto Schily und Hannes Schwenger an der Gründung des Schutzkomitees »Freiheit und Sozialismus« beteiligt. Schließlich kamen sie in der Wohnung eines Bekannten Margret Froschs im Hinterhof desselben Hauses unter. Lilo Fuchs: »Jürgen hatte in den ersten Tagen nur eines im Sinn: seine Erlebnisse erst einmal aufzuschreiben. Das war in dieser Wohnung möglich. Er schrieb ›Vernehmungsprotokolle‹, die er in den 90er Jahren dann anhand der Akten überprüfen konnte: Er hatte ein gutes Gedächtnis. Mit den Jahren war er auch ein wenig unsicher geworden, denn viele Menschen hatten seine Texte als extrem angesehen, gingen nachsichtig darüber hinweg – na ja, der hat ja auch einiges mitgemacht. Und er selbst dachte, ja vielleicht fokussiere ich falsch, schließlich war es eine extreme Situation. Diese Texte passten jedenfalls nicht in das DDR-Bild vieler Linker in Westdeutschland. Und er hatte allein erlebt, was er erlebt hatte, niemand konnte ihm helfen.«

Havemann in seiner Isolation beschäftigte sich unterdessen mit dem Fall Rudolf Bahro. Dessen Buch »Die Alternative. Zur Kritik des real existierenden Sozialismus«, ein scharfes Plädoyer für eine grundlegende Reform des sozialistischen Systems aus kommunistischer Sicht, war im August im »Spiegel« vorabgedruckt worden. Seither war der Ost-Berliner Sozialwissenschaftler und Industrie-Angestellte Bahro, Jahrgang 1935, aus der SED ausgeschlossen worden, er befand sich wegen »nachrichtendienstlicher Tätigkeit« in Haft. Zahlreiche Prominente in aller Welt setzten sich für ihn ein, und auch Havemann wollte sich, seinen »Auflagen« zum Trotz, so weit möglich engagieren.

»1252 Grünheide, Burgwallstraße 4, 26. 9. 1977

Lieber Wolf, …
Nachdem Jürgen und all die anderen jetzt weg sind, könnte man fast niedergeschlagen sein. Aber dann kam Bahro. Ich finde das Buch erstaunlich und extrem wichtig. … Das haben die Herren nun davon, dass sie die jungen Leute an Marx ranlassen. …
Ich habe jetzt Kenntnis davon erhalten, mit welchen Argumenten es der Firma und dem ehrenwerten Herrn Vogel gelungen ist, Jürgen (und damit die anderen) dazu zu bringen, den Widerstand aufzugeben. Ich habe … die ganze Situation ausführlich mit Lilo besprochen. Ich habe … ihr erklärt, dass damit nur der eine Zweck verfolgt wird, dass er sich bereit erklärt, wegzugehen. Man wollte unter allen Umständen einen Prozess vermeiden, jetzt vor der Belgrader [KSZE-Folge-]Konferenz. … Wenn Jürgen jetzt darüber berichtet, kann es nur Sinn haben, wenn er die hinterhältigen und verlogenen Methoden der Stasi, die Verletzung sämtlicher Rechte eines Untersuchungsgefangenen und die Schamlosigkeit des staatlich konzessionierten Menschenhändlers Vogel exakt beschreibt und analysiert. …
Die genau 14 Tage dauernde totale Einschränkung meiner Bewegungsfreiheit auf unser Grundstück war offensichtlich durch Vogel veranlasst worden. Sie begann an dem Tag, an dem unsre drei Helden [Pannach, Kunert und Fuchs] ihren Frauen klarzumachen hatten, dass es unwiderruflich nach Westen geht. Vogel fürchtete, ich könnte ihm in letzter Minute das Geschäft verderben. Der Staatsanwalt begründete die Verschärfung … mit meiner angeblichen ›Einmischung in ein laufendes Verfahren‹.
… Ich denke, dass sie inzwischen schon eingesehen haben, dass sie ihr Ziel, mir die DDR unerträglich zu machen, auf diese Weise und überhaupt nicht erreichen können. Ganz abgesehen von den

großen materiellen Kosten des bisherigen Verfahrens (verschiedene Experten berechnen zwischen 125 und 200 Tausend Mark im Monat) bringt es nicht nur nichts ein, sondern im Gegenteil; inzwischen wirkt ihr idiotischer Kampf zwischen Mücke und Elefant einfach lächerlich. … Sie möchten wahrscheinlich ganz gerne aufhören, … den ganzen Sommer hindurch haben Tausende von Urlaubern den Ort der Tat besichtigt und sich solide Information … beschafft. … Sie stünden natürlich belämmert da, wenn sie ihren so ungleichen Kampf schließlich doch aufgeben müssten. … Trotzdem glaube ich nicht, dass die Peinlichkeit ewig fortdauern wird. …

Was mich bedrückt, ist die Trennung von Bylle, von Dir, von den Fuchsens, Pannachs und Kunerts, von vielen guten Freunden. Wenn man zurückdenkt, wie alles vor dem November 1976 war, Mensch, was haben wir doch verloren. Aber wir haben auch etwas gewonnen! Der große Protest gegen Deine Ausbürgerung hat die politische Situation hier zumindest geschockt … Es sind Leute nachdenklich geworden, im Guten wie im Schlimmen. Ich hoffe auf weitere Bahros. …

Ich erwarte, dass unsere Eurogenossen sich für Bahro einsetzen werden. … Kannst Du etwas tun? …

Viele liebe Grüße, auch an alle Freunde und Genossen

Dein Robert«

Selbstbehauptung

An einem Sommertag parkte einer der Bewacher-Ladas auf dem Grünstreifen vor Grafes Gehöft. Keiner der Dorfbewohner hätte je dort geparkt, denn die Streifen waren Weideflächen. Sie wurden regelmäßig gemäht, um Kleintierfutter zu gewinnen. Felix Grafe ging hinaus, klopfte an die Fahrertür des Wagens und sagte: »Hier können Sie nicht parken. Das ist eine Weide.«

Die beiden Stasileute im Auto reagierten nicht.

Felix Grafe ging in seine Werkstatt, holte einen Hammer, Pfähle und Schnur und fing an, einen Pfahl nach dem ande-

1 Robert Havemann in seinem Wohnzimmer in Grünheide
© Stern-Fotos, Thomas Höpcker

2 Die Freunde Robert Havemann und Wolf Biermann
© Thomas Höpcker

3 Katja und Robert Havemann
© Ullstein GmbH, Axel Springer Verlag

4 Havemanns Freundin Charlotte Frank in ihrem Garten in Berlin

6 Robert Havemann mit seiner jüngsten Tochter Franziska

7 Jürgen Fuchs und Bylle Havemann

8 Tine Biermann, Katja Havemann und Lilo Fuchs auf der Burgwallstraße

9 Robert Havemann und der französische Germanistik-Professor Jean-Pierre Hammer auf der Terrasse
© Katja Havemann

10 Claudia, die Tochter von Christiane Rusch (rechts) und Robert Havemann »flirten«

11 (v. l. n. r.) Die Frauen Christiane Rusch, Brigitte Haeseler und Katja Havemann im Gespräch mit einem Freund

12 Robert Havemann wird von Polizisten gehindert, das Grundstück der Familie Haeseler zu betreten. Heimliche Aufnahme

13 Robert Havemann, Christiane Rusch und Sibylle Havemann im Wohnzimmer in Grünheide

14 Pfarrer Johannes Meinel und seine Frau Edda

15 Ein Polizeiauto blockiert die Ausfahrt von Havemanns Grundstück. Heimliche Aufnahme

16 Amrei Pannach in Grünheide

17 Christian Kunert (links) und Gerulf Pannach bei einem öffentlichen Auftritt

18 Robert Havemann und Katjas Mutter Dorchen auf dem Bauernhof der Grafes im Oderbruch

19 Felix Grafe, Katja Havemanns Vater, bei der Arbeit

20 Katja Havemann und Horst Moelke beim Bauen auf dem Havemann'schen Grundstück

21 Die Polizei blockiert das Havemann-Grundstück. Heimliche Aufnahme aus dem Haus der Familie Haeseler

22 Brigitte Haeseler bei Havemanns

23 Die Freundinnen Katja Havemann und Christiane Rusch

24 Robert Havemann: Bootspartie in »Heidegrün«

25 Rolf Schälicke in Grünheide

26 Thomas Klingenstein(1979)

27 Phantasievolle Solidaritätsbekundung an einer Litfasssäule in Ost-Berlin. Unbekannter plakatiert Unperson

28 Robert Havemann mit Tochter Franzi

29 Katja und Robert Havemann
© Stern, Foto: Schmitt

ren rund um das Auto in den Boden zu treiben. Nachbarn schauten, lachten. Erst da startete der Fahrer den Wagen und fuhr mit durchdrehenden Rädern davon.

Da alle übrigen Kontakte unterdrückt waren, gewannen die Familienfreundschaften an Bedeutung. Allerdings durften nur Brigitte Haeseler und Meinels mit ihren Kindern zu Havemanns, andere Eltern mussten an der Straßensperre stehen bleiben.

Die Respektlosigkeit der Bewachten vor den Bewachern übertrug sich auf die Kinder. Sie spielten »Robert und die Stasi«: Einer fuhr auf seinem Fahrrad los, die anderen jagten ihn. Das war die Grünheider Version von »Räuber und Gendarm«.

Oder die Kinder unterhielten sich laut in der Nähe der Staatsleute: »Heute Abend fahren Robert und Katja weg« – um zu sehen, ob die Bewacher gleich in Aktionismus verfielen, oder sie schickten Rolli, Havemanns Hund, mit Botschaften unter dem Halsband als Kurier über die Straße.

Dass die Kinder nicht ständig in Angst lebten, lag auch daran, dass ihre Eltern alles zum Spiel erklärt hatten. Robert Havemann machte den Kindern klar, dass ein Feind, über den man lacht, nur halb so gefährlich ist.

Die Stasi-Bewacher bekamen Spitznamen. »Hexenverbrenner«, »Schafslocke«, »Dummes Ruthchen«, »Kakerlaken«.

Die Kinder der Burgwallstraße entwickelten nicht die Schizophrenie, die im SED-Staat ein Verhaltensmuster zum Selbstschutz und auch ein Stück Erziehungstradition war: den Bruch zwischen Privatleben und -meinung und dem öffentlich Gesagten und Getanen. Nur Christine Haeseler, als Älteste bereits in der Schule, hatte die ständige Belagerung zunächst als Belastung empfunden: »Ich konnte damit nicht umgehen.« Es dauerte eine Weile, bis sie bemerkte, dass es auch Positives hatte. »Wir in der Burgwallstraße hatten einen besonderen Status. Irgendwann war selbst meine Klassenlehrerin neugierig, sie fragte immer so. Ich war nicht so toll in der Schule, auch kein besonders hübsches Kind. Für den Hausarrest interessierten sich selbst die Jungs, die fragten, ob sie mich mal besuchen können dürften, einfach um zu schauen, wie das war. Das hatte schon was in dem Alter. Das war ein Abenteuer.«

Einige Bewohner der Burgwallstraße schlossen ihre Haustüren nicht mehr ab. Die Stasi konnte sich ohnehin überall Zugang verschaffen. Ansonsten hätte kein Dieb eine Chance gehabt, den Grundstücken unbeobachtet auch nur nahe zu kommen. Die Sicherungsmaßnahmen begannen zeitweise schon am Ortseingang von Grünheide. Nichts wurde dem Zufall überlassen. Wenn Katja Havemann zu Haeselers ging, etwa um zu telefonieren, oder auch nur Franziska mit Christine Haeseler und anderen Kindern dort im Garten spielte, zog auch am hinteren Gartentor zum Wald sofort eine Wache auf. Als wieder ein Stasiauto an seinem Gartenzaun stand, entkleidete sich Erich Haeseler und nahm ein Bad unter der Gartendusche, um »denen meinen Arsch zu zeigen. Jetzt wissen die, was sie mich können«.

„[MfS-] Abteilung –26– Frankfurt (Oder), 10.4.1978

Information ... [Telefon-Abhörprotokoll] ...

Brigitte Haeseler ... erklärt ... wörtlich: ‚Heute Nacht habe ich mich furchtbar aufgeregt, aus dem Fenster oben gebrüllt. Das hat mir wieder gereicht mit diesen Kakerlaken hier draußen. Stehen die vor unserem Fenster, ... man hat das Fenster jetzt auf, und [die] machen da einen Krach und ärgern die Hunde und klopfen immer, also furchtbar. Ich beschwere mich jetzt beim Offizier. Und als ich dann rausgerufen habe, sie sollen gefälligst damit aufhören, haben sie es erst recht gemacht. Also, wie die blöden, verblödeten Kinder ... aus Trotz, nun erst recht. Die haben scheinbar gar keinen Grips im Kopf. Die denken, die müssen nun nachts da stehen und da brauchen die

```
anderen auch nicht zu schlafen. ... Die soll-
ten mal in die Fabrik gehen, um ein bisschen
zu arbeiten, dann sind sie ausgelasteter.' ...
(gez.) Mach, Ultn."
```

Von den meisten Kontakten abgeschnitten, nahmen die Beziehungen zu den verbliebenen Personen an Intensität zu. Auch zur Familie Dr. Landmanns, Havemanns Arzt.

IM »Chef« beobachtete, dass Havemann der Isolation zum Trotz gut informiert blieb, auch über Dinge, die in Radio oder Fernsehen nicht berichtet wurden. Angesichts des Aufwands, der gegen seinen Patienten geübt wurde, muss Landmann klar gewesen sein, wohin Denunziationen hätten führen können: »Sehr viel erfahren sie [Havemanns] über die Frau des Zahnarztes, über die wahrscheinlich noch andere Dinge laufen.«[94]

Zu den Aufträgen von »Chef« zählte es, Havemann immer wieder die Verschlechterung seines Gesundheitszustands vor Augen zu halten und über Katja Havemann ihrem Mann zu raten, seine Gesundheit nicht mit politischen Aktivitäten ernsthaft zu gefährden. »Chef« Landmann meldete der Stasi die zahlreichen Entzündungen und Infekte der Atemwege, die Havemann vor allem in den Wintermonaten schwächten.

Allerdings musste er seinem Führungsoffizier gegenüber auch zugeben, dass Havemann sich von Aussagen, dass er noch zwei Jahre zu leben habe, wenn er nicht kürzer trete, wenig beeindrucken ließ. Im Gegenteil rechnete er dem Arzt anhand physikalischer Formeln vor, dass sein schwer angegriffenes Herz viel leistungsfähiger sei, als es seine Medizinerweisheit wahrhaben wollte.

Obgleich IM »Martina« Ende April 1977 berichtete, dass die Eifersucht ihres Mannes Katja Havemann belaste, waren sich Katja und Robert Havemann in dieser Zeit so einig wie nie. »Vorher und auch nachher hatten wir nie wieder so viel Zeit

94 Operative Information vom 1. 3. 1977/Bericht des IM »Chef«

und Muße, uns in aller Gründlichkeit kennen zu lernen und über alles in äußerster Ausführlichkeit zu reden, was uns im Sinn war. Ich konnte ihn an so vielen langen Abenden so intensiv ausfragen – zu allem. Das hat in mir eine sehr große Nähe und Verbundenheit erzeugt, auch Verständnis. Und es milderte die negativen Wirkungen der Umstände erheblich, denn es war ein großes Glück für mich.«

Katja Havemann sah sich gezwungen, auf Distanz zu ihren Freunden zu gehen, nur Meinels, die den Schutz der Kirche genossen, waren ausgenommen. Sie konnte keinen Schritt ohne die Bewacher der Stasi tun, wer immer mit Havemanns in Berührung kam, wurde bis in sein Privatestes ausgeforscht. Sie fühlte sich zum Rückzug verpflichtet.

Der zweite Grund zur Zurückhaltung waren die »Romeos«. Robert Havemann wusste, dass es kein Zufall sein konnte, dass Brigitte Haeseler und Christiane Rusch plötzlich gleich mehrere neue Verehrer gefunden hatten. »Lass den laufen, der ist ein falscher Fuffziger«, sagte Havemann zu Christiane. Katja Havemann mochte und konnte mit den Freundinnen nicht so weit gehen wie ihr Mann, obwohl sie sich mit ihm vollkommen einig war: »Der Auftrag dieser Männer ging weit darüber hinaus, Brigitte und Christiane einzuwickeln, er galt mir. Die waren sehr aufdringlich.«

Wie die »Romeos« eingesetzt wurden, zeigt eine Stasi-»Kombination« vom Juni 1977. Erster Schritt: Christiane Rusch wurde vorgeladen. Zweiter Schritt: IMV* »Diamant«, ein auf sie angesetzter Forschungsstudent im Kinderheim, bot sich an, mit ihr über ihre Sorgen zu reden. Ergebnis: Die in Panik aufgelöste Christiane besprach sehr eingehend mit ihrem vermeintlichen Vertrauten und im größeren Freundeskreis, was die Staatssicherheit wohl von ihr wolle. Vor »Diamants« Augen und Ohren wurden die Strukturen des Havemannschen Helferkreises erörtert, um Christiane zu ihrer

* IMV: IM -Vorgang oder Vorlauf, Stasi-Mitarbeit vor der angestrebten Verpflichtung

Beruhigung zu verdeutlichen, dass sie im Vergleich zu anderen eher eine kleine Nummer sei. Katja Havemann drang, wie der IM der Stasi meldete, ohne großen Erfolg »auf die unbedingte Einhaltung der Verhaltensregeln …, lieber weniger zu sagen«. Sie versuchte, der Freundin die Angst zu nehmen, und hoffte zugleich, dass ihre Argumente ohne große Umwege zur Stasi gelangten. »Diamant« berichtete seinem Führungsoffizier: Katja und Robert Havemann hielten alle Verbindungen, Christiane sei »gar nicht über inhaltliche Dinge informiert«, sie »solle als Faustregel beachten, nicht mehr zu sagen, als was sie gefragt wird«.[95]

Die für den 28. Juni 1977 angesetzte Vernehmung Christiane Ruschs wurde abgesagt. Durch den IM-Bericht vom Tag zuvor wusste die Staatssicherheit bereits alles, was sie hätte fragen können – und noch einiges mehr. Die Absage erzeugte wiederum Unruhe, diese regte Debatten an, sodass der IM am 1. Juli wieder Bericht erstatten und weitere Details aus dem Umfeld Havemanns zum Besten geben konnte. Auf Seite 6 dieses Berichts plant die Stasi, dass der IMV »nach Möglichkeit« seinen Geburtstag bei Haeselers feiern solle, »um eine Teilnahme von Katja Havemann zu ermöglichen« »mit dem Ziel, evtl. den Kontakt« zu ihr auszubauen.

Havemanns beobachteten, wie die »Romeos« von Christiane Rusch zu Brigitte Haeseler wechselten, und sahen klar, dass es dabei nur um die Nähe zur Burgwallstraße 4 ging. Doch was der Freundin sagen, die den Männern vertraute? »Ich ließ das gegenüber Christiane offen und mahnte sie zur Vorsicht, wenn etwas ausreichend offensichtlich war.« Katja Havemann vermied Feiern und Treffen mit den verdächtigen jungen Männern, erfundene Eifersuchtsanfälle ihres Mannes nahm sie als Vorwand. »In der Hausarrestzeit war der Rückzug für mich die einzige Möglichkeit. Das waren Eingriffe ins Leben, die ich der Stasi nicht verzeihen kann.«

---

95 Hauptabteilung XX/3: Treffbericht vom 27. Juni 1977, Berlin, S. 6

Im Wechsel der Schichten waren die Bewacher immer dieselben. Ihre Bedrohlichkeit nahm ab, je mehr sich die Belagerten an die militärische Regelmäßigkeit ihrer Präsenz gewöhnten und auch erkannten, wie öde den jungen Männern der Dienst sein musste.

Die Wachen in den Uniformen hatten einen schlechteren Status als die Zivilbeamten in den Autos. »Es gab einen sehr harten Winter, 1978 zu '79. Stromsperren, die Kohle war knapp, zwanzig Grad minus. Wir hatten es warm und hörten die draußen im Schnee knirschen. Die bekamen eine Sonderausrüstung: Filzstiefel von der Armee und eine extra warme Uniformjacke. Es waren extreme Bedingungen. Wahrscheinlich, dass denen oder einigen von denen im Laufe von zweieinhalb Jahren Zweifel daran gekommen sind, was sie hier treiben.«

In Grünheide wurden die Sympathien der Leute immer deutlicher. Die Bewacher wurden gelegentlich angesprochen, sich gefälligst an die Verkehrsregeln zu halten, wenn sie wieder einmal mit ihren Ladas in der engen Karl-Marx-Straße im Halteverbot standen.

Es gab allerdings auch Leute, die Havemanns nicht mehr grüßten. Ein Nachbar in der Altbuchhorster Straße, Genosse und Opfer des Faschismus, spielte sich auf wie ein Hilfspolizist. Andere wichen nicht nur mit Blicken dem Gruß aus, sondern wechselten demonstrativ die Straßenseite. Die Zahl derer, die plötzlich anfingen zu grüßen, obwohl sie gar nicht zu Havemanns Bekanntenkreis zählten, wuchs allerdings schneller. Bis dahin, dass es Beifallsbekundungen von Fremden gab. Als Katja und Franziska Havemann einmal ihre Räder über den tiefen Sandweg durch den Campingplatz östlich der Seenkette von Altbuchhorst schoben, riefen Camper, bodenständige Kerle in Unterhemden und Trainingshosen, den Stasiverfolgern zu: »Das ist eine Schande, so junge Kerle, lasst die doch in Ruhe! Könnt ihr nichts Anständiges arbeiten?«

Schon im März 1977 hatten Havemanns gerüchteweise von einer Sitzung des Grünheider Gemeinderats erfahren, in dem ein Vertreter der Sicherheitskräfte die besorgten und auch irritierten Gemeindevertreter über die offzielle Lesart hatte aufklären müssen: Die »Maßnahmen« seien »hauptsächlich« zum Schutz Robert Havemanns gedacht. Er habe viele Feinde, außerdem sei er sehr krank. Zu anderer Gelegenheit sagte ein Funktionär einem fragenden Bürger, dass die meisten Autos, die Havemann folgten, »Westreporter« seien, die ihn sprechen wollen.[96]

Es war aber unvermeidlich, dass die Sperrung der Burgwallstraße die Sensation im Ort blieb.

Katja Havemann selbst wies vielen Ausflüglern den Weg dorthin. Sie hatte im Sommer 1977 einen Job als Eisverkäuferin am Kiosk im Kaffeegarten der Gaststätte Fleischmann angenommen, fünf Minuten zu Fuß von zu Hause. Die Leute kamen von der nahen Dampfer-Anlegestelle, stellten sich an und fragten schließlich, so leise es ging: »Sind Sie von hier? Wissen Sie, wo der Professor Havemann wohnt?« Gern erklärte sie den Weg. Noch ein Stück die Straße hinauf rechts. Wo die Polizei postiert ist.

Havemann fuhr, wenn die Wachen ihn ließen, täglich zum Mittagessen in den Fleischmannschen Garten, wenn seine Frau dort arbeitete. Sie hatten an ihre Bekannten übermitteln lassen, dass sie an drei Tagen in der Woche sommers dort sei. Wenn jemand kam und Robert Havemann nicht gerade sowieso im Kaffeegarten saß, schickte Katja ein Kind zu ihm. Er kam dann, wenn möglich, zum Gespräch am Gartentisch unter den Kastanienbäumen. Einmal stellte sich ein Stasimann mit einem Aktenköfferchen, in dem ein Richtmikrofon steckte, direkt an den Tisch. Havemann ließ sich nicht beirren und unterhielt sich einfach weiter.

Meist waren diese Gespräche belanglos, mit irgendwelchen Leuten, die ein paar solidarische Worte loswerden wollten.

Katja Havemann: »Der Hausarrest war nicht so schlimm, wie er von außen, für die Fernstehenden, aussah. In den Jahren vor dem Hausarrest war manches sehr beängstigend. Ro-

---

96 Operative Information vom 1.3. 1977 (IM-Bericht von »Chef«)

bert schrieb etwas, brachte einen Artikel auf den Weg oder gab ein Interview, dann debattierten wir: Wie reagieren die jetzt darauf? Was passiert jetzt? Im Hausarrest, als alle weg waren und wir keinen Einfluss mehr hatten, als dafür zu sorgen, dass wir Briefe und Tonbandkassetten transportiert bekamen, um Kontakte zu halten, waren die Fronten klar. Wir wussten nun halbwegs, dass sie mit uns nicht weiter gehen würden. Und die Unsicherheit war vorbei: Wussten die nun, dass du den und den besucht hast, waren die hinter dir? Jetzt war klar, die sind da. Psychologisch war es annehmbar, weil jeder Tag irgendwie demonstriert hat, nicht nur uns, sondern zunehmend auch anderen, dass die Staatsmacht im Unrecht ist.«

Katz und Maus

Havemann versuchte immer wieder, seine »Auflagen«, sich nicht mit westlichen Kontaktleuten zu treffen, zu unterlaufen. Es war ein Spiel, wenn auch ein ernsthaftes, das er mit Freude und Kreativität spielte. Er traf sich, wenn er ausfahren durfte, mit Besuchern wie dem führenden italienischen KP-Mitglied Lucio Lombardo-Radice, seinem Freund und Übersetzer, oder dem Vorsitzenden des West-Berliner »Schutzkomitees Freiheit und Sozialismus«, Hannes Schwenger, sowie mehrfach mit Hartmut Jäckel in seiner Stadtwohnung.

Jäckel schickte ihm weitere Verbindungsleute, und auch einige der in der DDR akkreditierten Journalisten wagten es noch, mit Havemann Fühlung aufzunehmen, dem Hinweis des Außenministeriums von Ende November/Anfang Dezember 1976, dass jede Kontaktaufnahme einer »Einmischung in innere Angelegenheiten der DDR« gleichkomme, zum Trotz.

Die meisten Journalisten aber hielten sich an die Auflage, weil die Arbeit in Ost-Berlin mit einem Privileg verbunden war: »Man bekam sein Gehalt steuerfrei ausbezahlt, wenn man da wohnte. Die meisten bekamen also das normale Redakteursgehalt, das plötzlich um einiges mehr wert war. Da überlegten es sich einige sehr genau, ob sie dies Leben wirklich aufgeben wollten für ein paar Worte von Havemann«, erklärt Ulrich Schwarz.

Die Treffen waren möglich, solange Havemann noch in seine Stadtwohnung in Berlin-Mitte fahren durfte. Er hatte Jäckel einen Schlüssel zukommen lassen, von dem in West-Berlin ein Nachschlüssel angefertigt worden war. Entweder wartete Jäckel schon in der Wohnung, oder er gab ihn jemandem, der Havemann besuchen wollte. Der Besucher musste möglichst lang vor Havemann und seinen Bewachern in der Wohnung sein. Havemann kam nach, seine Bewacher beobachteten das Haus. Wenn Havemann, die Bewacher im Schlepptau, abgefahren war, konnte der Besucher unbeobachtet wieder gehen. »Ich saß meist etwa eine Stunde lang in der Wohnung, bevor er kam. Im Winter im Dunkeln, damit niemand Verdacht schöpfte«, erinnert sich Jäckel. »Ich musste natürlich jedes Mal meine eigenen Verfolger abschütteln.«

Das erledigte er nach bester Agentenfilm-Manier: Zum Vordereingang in ein Restaurant, hinten wieder hinaus.

Havemann ahnte, dass die Wohnung abgehört wurde. Das Erste, was er tat, wenn er hineinkam, war, den Plattenspieler oder das Radio laut zu stellen. »Wir sprachen uns dann gegenseitig ins Ohr.«

Manchmal wurde Jäckel schon im Hausflur des Wohnblocks in der Berolinastraße erwartet. Ein Mann im Stasi-Zivil verlangte seinen Ausweis zu sehen und teilte ihm mit, dass das Haus heute für Besucher aus dem Westen gesperrt sei. »Dann hatten die irgendwie mitbekommen, dass wir uns verabredet hatten.«

„Hauptabteilung XX OG,
Berlin, den 29.9.1977 ...

Vorschlag

zur Einrichtung eines operativen Stützpunktes
im Hause der Stadtwohnung von Robert Havemann,
102 Berlin, Berolinastraße 12
Es ist vorgesehen, im genannten Wohnhaus einen

operativen Stützpunkt einzurichten, wofür die Wohnung von Prof. Gret Palucca[97] genutzt werden soll, die sich 2 Etagen unter der Wohnung von Havemann befindet. Prof. Palucca erklärte sich bereit, diesen – ihren Zweitwohnsitz – gegen einen anderen, gleichwertigen Wohnraum zu tauschen. ... In die jetzige Wohnung der Prof. Palucca soll der IM-S ‚Martha Webers' einziehen. Es handelt sich dabei um eine alleinstehende 50jährige Genossin, die ihre Zuverlässigkeit mehrfach bewiesen hat. Es besteht die Möglichkeit, für operative Einsätze zeitweilig bei ihr sowohl operative Mitarbeiter als auch technische Maßnahmen zur optischen Überwachung des Besucherverkehrs bei Havemann zu stationieren."

Oft fuhr Havemann vergebens nach Berlin, wenn die Einreise von Kontaktleuten an der Grenze vereitelt worden war. Oder man untersagte ihm schon, sein Grundstück zu verlassen.

Über Havemanns alte Freundin Lotte Franck kamen 1977 dennoch zwei Treffen mit Jäckel zu Stande – unter den Augen der Bewacher.

Mitte Mai[98] fuhren Havemanns zu einem Theaterabend in die Volksbühne, auf dem Programm stand »Die deutschen Kleinstädter« von Kotzebue. Wenig später trafen Jäckel und seine Referentin Linda Reisch ein, auch sie verfolgt von Stasi-

97 Auf Befehl des MfS wurde Frau Palucca vom Kulturministerium gebeten, ihre Wohnung freizugeben oder dem Tausch zuzustimmen. Nach einem »Vorschlag« der HA XX vom 25.3. 1977 wurden als Grund dafür »evtl. Eingaben von Bürgern angeführt«.

98 Lt. Bericht von IM »Chef« (Dr. Herbert Landmann), dem es Havemann erzählt hatte, vom 20.5. 1977 sowie laut Hartmut Jäckel im Interview am 22.12. 2000. Überdies berichtete der »Spiegel« über den Vorfall unter der Überschrift »Der Stasi ist immer dabei« in Nummer 22/1977 vom 23.5. 1977, S. 76.

leuten. Ulrich Schwarz, so erinnert sich Jäckel, hatte für alle vier die Karten besorgt: Sie saßen nebeneinander. Stasimänner setzten sich in die Reihen vor und hinter Jäckel und Havemann, in der Pause versuchten sie sich zwischen die beiden Männer zu drängen, um ein Gespräch zu verhindern. Es gelang ihnen nicht, weil Havemann sich bei Jäckel unterhakte.

Nach der Vorstellung bauten sich Stasileute breitbeinig vor Havemanns Wartburg auf, als er mit seiner Frau, Reisch und Jäckel einsteigen wollte. Havemann beschwerte sich lautstark über die »widerrechtliche Blockade«, da gaben die Stasis nach, um Aufsehen auf dem belebten Gehweg zu vermeiden. Als er sah, dass er von insgesamt acht Autos verfolgt wurde, höhnte Havemann: »Seht einmal, so wichtig sind wir«, und fuhr im Schritttempo die Straße Unter den Linden auf und ab. Er amüsierte sich köstlich, und der Tross erregte großes Aufsehen. Als Havemann am Hotel »Berolina« anhielt, wurden Reisch und Jäckel sofort abgedrängt und Havemanns aufgefordert, umgehend nach Grünheide zurückzufahren.

Im Herbst besuchten Havemanns eine Vorstellung im Berliner Ensemble. Sie nahmen kurz vor Beginn der Vorstellung im Zuschauerraum Platz, woraufhin Havemann sich mit dem Herrn auf dem Nebensitz angeregt zu unterhalten begann. Es war zur großen Demütigung der Begleiter wieder der Vizepräsident der Freien Universität in West-Berlin. Diesmal ließ ihnen die Stasi nicht einmal Gelegenheit, sich nach der Vorstellung voneinander zu verabschieden.

Im Hause von Lotte Franck arrangierte Havemann einige Treffen mit Jäckel. Dort begegneten die beiden einander im Januar 1978 unter abenteuerlichen Umständen. Jäckel war inzwischen Senatsdirektor – Staatssekretär – der Berliner Landesregierung. Er hatte bei seiner Einstellung als Vertreter von Wissenschaftssenator Peter Glotz drei Bedingungen schriftlich aufgelistet: Eine davon war, den Kontakt zu Robert Havemann in der ihm opportunen Weise halten zu können. »Der Regierende Bürgermeister Stobbe, den ich viel länger kannte als Glotz, sagte mir das zu, zumal er sicher war, dass ich nichts machen würde, was illegal war. Das war eigentlich ein Verstoß gegen den Geist der Entspannungspolitik, der in der SPD wehte.« Stobbe hatte Jäckel zunächst zum Chef der Senatskanzlei berufen wollen, es sich, wie Jäckel meint, wegen dessen Kontakte zu Havemann aber anders überlegt.

Havemann traf zuerst bei Lotte Franck ein. Als Jäckel im Wagen eines Ost-Berliner Bekannten ankam, war das Haus umstellt. Jäckel klingelte im Nachbarhaus, die Nachbarin, die Schauspielerin Marianne Wünscher, ließ ihn ein. Nach kurzer Begrüßung ging er weiter in den Garten, kletterte über den Zaun und kam durch die Hintertür ins Haus von Lotte Franck. Es war ihm und Havemann klar, dass dies wahrscheinlich sein letzter Besuch sein würde.

„Hauptabteilung XX, Leiter.
Berlin den 07.02.1978

Vermerk
Vorgang gegen Havemann

Nach Mitteilung des Genossen Generalleutnant Beater sind folgende Maßnahmen festgelegt worden:
1. Einreisesperre wird eingeleitet gegen die Personen Prof. Jaeckel, Hartmut
Reisch, Linda,
Prof Hammer, Jean Pierre* (französischer Staatsbürger)
2. Entsprechend den operativen Situationen werden technische Maßnahmen gegen Lotte Franck durchgeführt mit dem Ziel, die Benutzung ihres Fernsprech-Anschlusses zu bestimmten Zeiten zu verhindern. ...

---

* Frz. Germanist, Verfasser eines Artikels über Havemann in »Le Monde«. Hammer, ein Freund Havemanns, gehörte zu denen, die ihn heimlich in seiner Stadtwohnung trafen.

4. Mit der Schauspielerin Marianne Wünscher ... sind periodisch durch die LDPD Aussprachen zu führen. Die bereits begonnenen Aussprachen sind fortzuführen, mit dem Ziel, ihre Verbindung zu Lotte Franck aufzugeben. Durch ihr Verhalten soll die Lotte Franck weiter verunsichert werden.
5. Das ... Grundstück zwischen den Häusern ... und Marianne Wünscher ... wird unter Nutzung verwandtschaftlicher Beziehungen eines Angehörigen der DVP (Feuerwehr) für die operative Nutzung durch das MfS vorbereitet."

Lotte Franck wurde unter Druck gesetzt: Die Staatssicherheit postierte sich in Autos vor dem Haus und auf einem unbebauten Nachbargrundstück.

Nichtsdestotrotz gelang es Havemann, mit Francks Hilfe im Juli 1978 seine Erklärung zum Urteil gegen Rudolf Bahro, acht Jahre Haft, in den Westen zu übermitteln. Da Havemann die Fahrt verboten wurde, fuhr seine Frau unter einem Vorwand zu Lotte Franck. Sie übergab ihr zwei Exemplare der Erklärung. Sie sollten auf verschiedenen Wegen in den Westen gelangen. Ein Exemplar wurde abgefangen – Lotte Franck hatte es ahnungslos einem IM anvertraut. Der sorgte zwar dafür, dass es in den Westen gelangte, dort wurde es aber von Stasileuten aus der Post gefischt, als mögliches Beweismittel gegen Robert Havemann.

Das andere Exemplar erreichte mit Hilfe der Frau des malinesischen Botschafters, deren Diplomatengepäck nicht durchsucht werden durfte, Jürgen Fuchs, der den Text unter anderem an den RIAS und den »Spiegel« weiterreichte.[99]

99 Vgl. Hauptabteilung XX/OG: Information über die Reaktion und das Verhalten von Robert Havemann im Zusammenhang mit der Verurteilung von Bahro, Berlin 19. 7. 1978

Selbst die Spitzenkraft der Auslandsaufklärung, Markus »Mischa« Wolf, kam in Berührung mit dem operativen Netzwerk gegen Havemann. Davon jedenfalls weiß Havemanns Freund Rolf Schälike zu berichten.

1977 wurde dessen Freund Helmut Warmbier, ehemals Dozent für Marxismus-Leninismus an der Leipziger Universität, nun Schlosser in einer Škoda-Werkstatt, verhaftet, weil die Staatssicherheit annahm, er sei Koautor von Rudolf Bahros Buch »Die Alternative«.

Schälike hatte Bahros Manuskript zugespielt bekommen. Er kannte Bahro nicht, der Autorenname war mit »RB« abgekürzt. Er fand das Manuskript – Titel: »Kritik am real existierenden Sozialismus« – sehr interessant und ließ den Text mehrfach von den Schreibkräften abtippen, die er als Dolmetscher manchmal beschäftigte. Helmut Warmbier bekam eine der Kopien. »Es gefiel uns sehr gut, und weil es so lang war, vereinbarten wir, dass jeder einen Teil übernehmen und eine Kurzfassung davon schreiben solle. Ich übernahm die Kurzfassung der Schlussfolgerungen. Das Buch hatte 400 Seiten, wir fassten das auf 40 Seiten zusammen. Die Kurzfassungen verteilten wir dann, eine landete in der Hausarrestzeit auch in Grünheide.«[100]

Nachdem das Buch im Spätsommer 1977 erschienen war, fand die Staatssicherheit bei Warmbier ein Exemplar: »Es war ihm von Bahro geschickt worden. Alle, an die Bahro ein Buch geschickt hatte, bekamen Ärger mit der Stasi. Wie Helmut auf die Liste von Bahro gekommen war, weiß ich nicht. Jedenfalls unabhängig von unserer Aktion mit dem Manuskript.«

Schälike fühlte sich verantwortlich und beschloss, seine Beziehungen zur DDR-Elite zu nutzen, um etwas für Warmbier zu tun. »In ZK und Politbüro wurde, wie ich später erfuhr, jeder damals vor Kontakt zu mir gewarnt. Es war also nicht leicht, an die Leute ranzukommen.«

100 Alle wörtlichen Zitate Schälikes und seiner Gesprächspartner im Folgenden laut Schälike.

Schälike ging zunächst zur Dresdner Stasi und forderte dort, den Mann zu sprechen, der seine Akte bearbeitete.

»Wie kommen Sie drauf, dass Sie hier von jemandem bearbeitet werden?«, fragte einer.

Schälike sagte: »Ich bin aus der Partei ausgeschlossen worden und noch einiges mehr, irgendwen muss es doch geben, der die Akte führt.«

Man ersuchte ihn, zu warten. Dann stellte sich Schälike ein Stasimann vor, der angeblich seine Akte führte. »Ich sagte ihm: Also wenn mein Freund Warmbier wegen Bahro verhaftet wurde, dann liegt das eigentlich an mir – hier habt ihr mich, lasst den frei, ihr habt den Falschen.«

Der Stasimann nahm das auf, besuchte Schälike auch ein paar Tage später zu Hause, aber es führte zu nichts. Warmbiers Bahro-Problem war bald ohnehin sekundär, denn er hatte offensichtlich keinen Kontakt zu Bahro. Fortan ging es der Stasi vor allem um sechs Gedichte, die er geschrieben und »verbreitet« hatte.

»Dann fiel mir ein, dass Markus Wolf helfen könnte. Wolf ist vom selben Jahrgang wie meine Schwester, unsere Eltern kannten sich in Moskau – man kann sagen, ein Freund.«

Schälike kannte allerdings die Adresse Wolfs nicht. Ein Bekannter wusste die Telefonnummer von Wolfs geschiedener Frau. Von der bekam er dessen Nummer. »Ich rief den also an, wobei zunächst die Verbindung dauernd zusammenbrach. Wahrscheinlich wurde der abgehört, jedenfalls als er rummeckerte, was das solle, das sei ja unerhört, blieb die Verbindung dann stabil. Ich sagte ihm, ich habe Probleme, ich möchte dich sehen. Wir vereinbarten ein Treffen.«

Sie trafen sich in Berlin, im Restaurant Baikal. »Ich erzählte ihm alles, und er sagte, darauf sei er nicht vorbereitet, er habe gedacht, ich suchte eine Wohnung oder wolle einen Telefonantrag beschleunigen. Das sei er gewohnt, wenn alte Bekannte kommen.«

Schälike sagte ihm, er wisse nicht genau, was er tun solle, er habe auch die Befürchtung, selbst eingesperrt zu werden, und er wolle Wolfs Rat. Er, Schälike, verleihe Literatur in seinem

Freundeskreis, Warmbier wisse das und habe auch einige Bücher von ihm. Ihm fehle das Gefühl dafür, was verboten sei.

Wolf sagte, außer Pornografie und Faschismus könnten Bücher nicht zur Verhaftung führen.

Schälike wies Wolf auf Verhaftungen wegen Leonhards »Die Revolution frisst ihre Kinder« hin, von denen er gehört hatte. Wolf entgegnete, dass sich die Zeiten geändert hätten. Schälike nannte Bücher von Solschenizyn, Leonhard, Fuchs, Heinz Brandt, Manfred Wilke und Böll.

Nein, bekräftigte Wolf, dafür werde tatsächlich niemand verurteilt. Wenn doch, seien die Bücher nicht der Grund.

Schälike: »Den Bericht über Warmbier, den ich machen sollte, stimmte ich ab. Mit Katja, mit Robert, mit verschiedenen Leuten. Ich erzählte auch allen von dem Kontakt zu Wolf. Dass es jeder wusste, war mein Schutz.«

Beim zweiten Treffen sagte Wolf laut Schälike, er habe sich alle Akten angesehen. Das sei alles unwichtig. Ihn interessiere nur eines: ob Schälike für einen westlichen Dienst arbeite. Für den Fall drohte er ihm massiv. »Das war in unseren Kreisen nicht üblich, weil Drohungen auf dieser Ebene der ›Urkommunisten‹ keine Rolle spielen. Nur Argumente gelten.«

Wolf sagte, er könne sich nicht in allen Details mit Schälike beschäftigen. Aber ein Kollege, er heiße »Richter«, könne ihm weiterhelfen. »Richter« genieße sein Vertrauen. Wenn es wirklich nötig sei, könne Schälike sich aber auch wieder an ihn selbst wenden.

»Richter« war, wie sich herausstellte, der leitende Havemann-Bearbeiter, der Stasioffizier Reuter, der versuchte, Schälike zum Mitarbeiter der Stasi zu machen. Markus Wolf, der stets beteuert, dass er an operativen Handlungen der Stasi außerhalb des Tätigkeitsbereichs der »Hauptverwaltung Aufklärung« (HVA) nicht beteiligt war, bestreitet das zweite Treffen mit Schälike.[101]

---

101 Seine Darstellung der Schälike-Schilderung gab Wolf in einem Brief an Katja Havemann vom 8.4. 1991 als »Richtigstellung« zu einer Passage in deren Buch »Geschützte Quelle«: »Bei weiteren Auflagen des Buches

Schälike: »Ich traf mich mit Markus Wolf dann später nicht mehr. Ich besuchte ›Richter‹ hin und wieder, wenn es Probleme gab. Ich wollte ein Telefon, das hat er beschafft. Davon wusste meine Frau übrigens nichts.

Der wollte, dass ich einen Codenamen bekomme. Ich wollte nicht, machte einen Kompromiss und schlug ›Rolf‹ vor. Ich traf ›Richter‹ in einer konspirativen Wohnung in der Nähe der Friedrichstraße. Es war eine Einzimmerwohnung. ›Richter‹ kam mit einem grünen Wartburg. In der Wohnung war immer gedeckt. Ich überlegte mir, ob ich esse oder nicht, weil die Frage vor mir stand, wann wird man Mitarbeiter, wann ist man es noch nicht. Ich wollte andererseits auch nicht feindlich wirken. Auf die Rückerstattung der Zugfahrkarte Dresden–Berlin–Dresden, die mir jedes Mal angeboten wurde, verzichtete ich allerdings, obwohl das Geld, mehr als 30 Mark, mir nicht gleichgültig war.«

Für seinen Freund erreichte Schälike nichts. Warmbier saß zehneinhalb Monate in Haft, und am Ende konnte Schälike sich mit seinen Verbindungen selbst nicht helfen.

---

sollte vom Verlag die Richtigstellung berücksichtigt werden. Sonst müsste ich mir Schritte über meinen Anwalt vorbehalten. Mit freundlichen Grüßen (gez.) Markus Wolf.«
Wolfs »Richtigstellung«: »Irena Kukutz/Katja Havemann »Geschützte Quelle« … Auf S. 56 wird aus einem angeblichen Brief von Rolf Schälike an die [!] Bürgerkomitee im AfNS in Dresden vom 1. 2. 1990 zitiert: ›Markus Wolf … hat persönlich versucht, mich als Spitzel gegen Havemann aufzubauen‹. An dieser Behauptung ist kein Wort wahr. Auf dringenden Wunsch Rolf Schälikes habe ich mich einmal in Berlin im Restaurant ›Baikal‹ am Leninplatz mit ihm getroffen. Er ist der Sohn der mit unserer Familie befreundeten Luise und Fritz Schälike. Während des Gesprächs in dem von verschiedenen Gästen besuchten Lokals [!] hörte ich mir seine Probleme an. Soweit mir erinnerlich, setzte er sich insbesondere für einen in Leipzig inhaftierten Freund ein. Nach seiner Darstellung handelte es sich um kritische Äußerungen, die nicht Gegenstand strafrechtlicher Verfolgung sein dürften. Entsprechend kommentierte ich die Weitergabe des Anliegens an den Leiter der zuständigen Verwaltung. In keiner Weise habe ich versucht, Schälike in irgendwelche Maßnahmen des MfS einzubeziehen. Der Name Havemann ist während dieses einzigen Gesprächs überhaupt nicht gefallen.«

Es wurde stiller um Havemann, weil sich die in der DDR akkreditierten Journalisten an ihre Auflagen hielten und sein Radius sehr klein geworden war.

Im Herbst 1977 schlug Jürgen Fuchs Manfred Wilke vor, Havemann zu interviewen. Wilke nahm die Idee gern auf. Auch wie das Interview zu Stande kommen sollte, gefiel ihm: Havemann sollte die Antworten auf Kassette sprechen. Fuchs gab sich zuversichtlich, dass die Fragen in die DDR und die Kassette wieder hinauskommen würden. Wilke wollte nicht wissen, wie.

Das Interview auf Entfernung sollte Havemanns Isolation durchbrechen und ihn wieder ins Gespräch bringen. Als Buch sollte es schließlich möglichst publikumswirksam Verbreitung finden.

In einer Nachtschicht formulierte Wilke 150 Fragen. Die übergab er Jürgen Fuchs. Der wiederum reichte sie weiter an eine Freundin aus der DDR, die ihn und seine Familie regelmäßig besuchte. Als Invalidenrentnerin konnte sie nach West-Berlin reisen: Edda Meinel.

Die Pfarrersfrau hatte eine Begabung für konspirative Aufträge. Sie behielt Nerven und entwickelte eigene Kreativität beim Nachrichtenaustausch zwischen Robert Havemann und dem Westen.

Kürzere Nachrichten an Havemann lernte sie auswendig; längere Texte schrieb sie ab und schob sie zwischen andere Papiere in ihrer Handschrift, irgendwelche belanglosen Notizen. Wenn nötig, nähte sie Dokumente in das Futter ihres Mantels ein.

Die Stasi hatte sie bald in Verdacht. Mit jedem Grenzübertritt wurden die Kontrollen für Edda Meinel ein wenig schärfer. »Sie haben es mir nicht leicht gemacht. Jedes Mal, wenn ich kam, verschwand der Pass da drin, und ich wusste, dass der ganze Verkehr dann stocken würde. Die Leute warteten nicht gern im Tränenpalast. Da hörte man dann: ›Hää, wenn der Pass nicht in Ordnung ist, soll sie doch zu Hause bleiben. Was will die denn hier?‹« Sie wurde vor den wartenden Reisenden als schwieriger Fall bloßgestellt.

Wenn der Ausweis geprüft war, wurde Edda Meinel durchsucht. »Gepäckkontrolle, Körperkontrolle.«

Einmal hatte sie versehentlich noch einen Brief, der ihre Tochter Katharina betraf, in der Brieftasche. »Ich befand mich schon in dem Verlies, wo immer die Durchsuchung stattfand, als mir plötzlich der Brief einfiel. Doch da ging bereits die Tür auf, sodass ich den Brief nicht mehr verschwinden lassen konnte. Da musste ich halt alles aufmachen, auch die Brieftasche. Keine Ahnung, wie ich das hingekriegt habe, jedenfalls fummelte ich so lange herum, dass die Frau, die mich durchsuchte, den Brief nicht entdeckte.«

Die Prozedur konnte bis zu drei Stunden dauern.

Nach ungezählten Schikanen beschloss Edda Meinel eines Tages: Heute Abend beschwere ich mich. Mir reicht es.

Sie bat die Freunde, die sie im Westen Berlins besuchte, ihren Mann zu informieren: »Sagt Hannes Bescheid, wenn er anruft, dass es länger dauern kann: Heute mache ich da Ärger.« Sie hatte Predigtstudien in der Tasche. Das war eigentlich nichts Besonderes, aber in den Augen der Grenztruppen waren sie antikommunistischen Inhalts. Und tatsächlich nahmen ihr die Kontrolleurinnen bei der Durchsuchung die Predigtstudien ab mit dem Hinweis, sie könne sie ja mit der Post schicken, »dann wird das da selektiert«.

Edda Meinel entgegnete: »Ich habe heute Abend viel Zeit. Ich möchte bitte Ihren Vorgesetzten sprechen.«

Sie wurde in einen fensterlosen Raum gebracht. Nach einer Weile kam ein Mann, der sich ihr als leitender Offizier vorstellte. »Ich möchte wissen, warum mir jedes Mal, wenn ich nach West-Berlin fahre oder von da zurückkomme, eine Sonderbehandlung zuteil wird«, fragte sie.

Der Mann war empört. Nicht wegen der Frage, sondern wegen des Wortes »Sonderbehandlung«. Dies sei ein Wort der Faschisten, solche Vergleiche seien in der DDR nicht angebracht.

Sie sagte: »Ich fühle mich so. Ob das nun ein Wort aus dem Dritten Reich ist oder nicht, jedenfalls behandeln Sie mich so.«

In seiner Not betrieb er ein wenig Dekonspiration: Frau Meinel solle sich wegen ihrer Behandlung in Fürstenwalde erkundigen, er könne nichts dazu sagen. Gemeint war die Außenstelle der Frankfurter Bezirksverwaltung für Staatssicherheit für den Kreis Fürstenwalde.

»Von Stund' an fielen die Kontrollen wesentlich milder aus. Solche langen Wartezeiten habe ich jedenfalls nicht wieder erlebt. Vielleicht sahen sie das Wort ›Sonderbehandlung‹ schon im ›Spiegel‹ stehen.«

Robert Havemann war von der Idee des Interviews nicht minder begeistert als deren Urheber. Er machte sich gleich an die Arbeit. Das sah bei ihm wie üblich zunächst einmal so aus, als ob er nichts tun wollte. Er studierte den Fragenkatalog und verfiel in Untätigkeit.

Es war, als ob er eines seiner Bücher schrieb: Statt sich durch Berge von Papier zu wühlen und Stück für Stück einen Text zu schreiben, zu verwerfen und wieder zu schreiben – was damals ohne Textcomputer ausgesprochen mühsam war –, sammelte Havemann, meist im Gespräch, Informationen, dachte sich den Gang des Textes bis ins letzte Detail aus, um ihn dann in einem publizistischen Parforceritt praktisch in einem Stück niederzuschreiben. Die Hauptarbeit leistete er im Kopf. So arbeitete er auch an dem Interview. Die Fragen lagen ihm nicht alle, er stellte sie um, verwarf einige und fasste sie zusammen, um sie in kompakten Texten zu beantworten. Als er sich das ausgedacht hatte, setzte er sich für zwei Tage an den Tisch gegenüber der Küchenecke seines Hauses und sprach seine Antworten auf Tonband. Die Kinder waren gebeten worden, möglichst draußen zu spielen, doch Katja Havemann tat alle die Alltagsdinge, die anlagen. »Das beirrte ihn nicht. Er war in solchen Phasen ganz versunken.«

Havemann war sich seiner Sache sehr bewusst. Gerade weil es ein gesprochener, im Nachhinein nicht mehr groß zu bearbeitender Text war, traf er Aussagen von besonderer Klarheit.

Als Zielperson einer Bewachungsaktion, die jeden Monat Millionen Mark und ungeheure menschliche und produktive Potenziale aufzehrte, sagte er diesen Satz: »Ich denke gar nicht daran, die DDR zu verlassen, wo man wirklich auf Schritt und Tritt beobachten kann, wie das Regime allen Kredit verliert und schon verloren hat und es eigentlich nur noch weniger äußerer Anstöße und Ereignisse bedarf, um das Politbüro zum Teufel zu jagen.«

Katja Havemann fand die Schärfe des Textes absolut richtig. »Ich hatte keine Bedenken, denn schlechter konnte es nicht werden.«

Das Band fand über Freunde, befreundete Journalisten und wiederum mit diesen befreundete Diplomaten den Weg in den Westen.

Manfred Wilke war begeistert, Jürgen Fuchs besorgt wegen der möglichen Folgen für Katja und Robert Havemann. Er hatte zwar die Idee gehabt, erschrak nun aber, als er den Text, wie Wilke ihn vom Band hatte abtippen lassen, in seiner ganzen Härte vor sich sah. Er fürchtete, dass sein Freund nun auf eine längere Haft zusteuere. Auch Sibylle Havemann und Wolf Biermann hegten Befürchtungen. Sie konnten nicht ahnen, dass der Hausarrest in der Burgwallstraße nicht ständig als existenzielle Bedrohung empfunden wurde. Sie bekamen vor allem nicht mit, wie die Stimmung bei der Bevölkerung in der DDR war. Was immer Havemann geschah, diese Stimmung musste die SED einkalkulieren.

Biermann und Fuchs standen mit ihren Befürchtungen nicht allein. Auch Havemanns Lektor beim Rowohlt-Verlag, Freimut Duve, bekam Bedenken angesichts des Texts. Er gehörte dem SPD-Landesvorstand Hamburg an und ahnte, wie er Wilke anvertraute, mit einiger Deutlichkeit, wie ein solches Buch bei der SED ankommen würde, mit der die Sozialdemokraten im Zuge der Entspannungspolitik einen Dialog anstrebten. Überdies fürchtete auch er, dass es Havemanns Situation verschärfen würde, wenn das Buch erschiene.

Es brauchte ein Wort von Havemann selbst dazu.

Ein Zufall half, den Kontakt herzustellen. Karin Wilkes Mutter hatte eine alte Schulfreundin in Grünheide. In ihrem Reiseantrag konnte Karin Wilke deren Adresse angeben. Havemanns Adresse kam nicht in Frage, Meinels, Haeselers oder andere enge Freunde im Ort wären ebenfalls zu auffällig gewesen.

An einem schönen Sommertag fuhr sie mit ihrer Tochter Sabine mit der S-Bahn nach Ost-Berlin. Sie wusste, dass Katja Havemann, die sie nur von einem Foto kannte, an der Schiffsanlegestelle Eis verkaufte.

Sie kamen am Nachmittag an. »Auf der Terrasse des kleinen Restaurants an der Anlegestelle sah ich Katja. Ich erkannte sie gleich. Sie war gerade dabei, etwas zu essen, bevor sie nach Hause gehen wollte.«

Sie stürzte auf sie zu: »Katja, ich bin Karin Wilke … Sie guckte mich an in ihrer ruhigen Art und sagte: Ja, du weißt aber, was dir geschehen kann, wenn die uns zusammen sehen. Geh mal rein und warte da.«

Katja Havemann kam ein paar Minuten später nach. Sie besprachen die Bedenken von westlicher Seite, auch Wolf Biermann hatte sich inzwischen eingeschaltet. Er warf Manfred Wilke vor, Havemann mit der Veröffentlichung des Interviews aus eigenem Geltungsbedürfnis in Bedrängnis zu bringen, und »das gehöre sich nicht. Das hatte uns tief getroffen, denn es ging ja nicht um unsere persönlichen Eitelkeiten. Katja aber schmunzelte und sagte: ›Ach ja, unser Wolf. Ihr wisst schon, was richtig ist. Das ist schon in Ordnung, wie das angepeilt ist.‹«[102]

Dann kam plötzlich die Wirtin, Frau Fleischmann, und flüsterte: »Mensch, Katja, die suchen dich wie verrückt. Die

102 Indirektes Biermann-Zitat lt. Karin Wilke im Interview am 22. 7. 2001

haben dich aus dem Blick verloren und wissen nicht mehr, wo du bist.«

Karin Wilke: »Schließlich sahen die uns da in der Ecke sitzen und waren beruhigt. Wir sprachen in Ruhe zu Ende – alles andere wäre auch verdächtig gewesen. Dann gingen wir gemeinsam raus. Die saßen draußen im Auto, mit runtergekurbelten Scheiben. Wir gingen die Straße rauf, bis Katja nach rechts in die Burgwallstraße einbog und wir weiter nach links mussten. Kaum war Katja weg, sprangen die aus ihrem Auto und wollten meinen Ausweis sehen. Die schrieben sich alle Angaben auf und waren gleich weg.«

Karin und Sabine Wilke besuchten, um ihren Einreiseantrag zu rechtfertigen, die Freundin der Mutter. Am Abend fuhren sie mit Taschen voller Obst aus deren Garten nach Hause.

Das Buch ging in die Produktion, und Freimut Duve war verärgert über Manfred Wilke: »Am Ende sagte er zu mir: Ich wollte ein Buch machen, und du wolltest Politik machen. Ich sagte ihm, dass jedes Buch von Havemann, selbst eins über Maikäfer, Politik geworden wäre. Es gab da einen Widerspruch zwischen Duve als Lektor und Duve als SPD-Landesvorstands-Mitglied. Er war aber einer von den Guten. Er war sich sehr wohl bewusst, dass die Menschenrechtsproblematik nicht nur in Südafrika und in Chile spielte. Ich erinnere mich aber, dass schon der Titel des Buches, ›Ein deutscher Kommunist‹, von ihm abgelehnt worden war. Das war ganz und gar nicht richtig damals. ›Kommunist‹ störte, und es störte ›deutsch‹.«

Die Stasi ahnte nichts von dem neuen Buch. Dabei hatte ihr treuer IM »Chef« im Frühjahr mehrfach berichtet, dass Havemann sich mit Fragen eines Schriftstellers befasse, der eine Biografie über ihn herausbringen wolle. Wie der Schriftsteller heiße und was das für ein Projekt sei, konnte »Chef« nicht in Erfahrung bringen. Die Geschichte von der Havemann-Biografie, zu der viele Fragen zu beantworten seien, begann dem IM geradezu auf die Nerven zu fallen, denn offenbar erzählte sein Patient häufig davon. »Havemann fing wieder davon an«, stöhnte »Chef«, als er zum Beispiel am 27. März 1978 seinem Führungsoffizier Auskunft gab.

Erst ein halbes Jahr später dann dies:

„Hauptabteilung XX. Berlin, 2. Okt. 1978

Information

Operativ wurde bekannt [was in diesem Fall heißt: Stasi-Agenten im „Operationsgebiet" Bundesrepublik haben Buchhandelsprospekte und Zeitungen gelesen], dass im September 1978 im Verlagsprogramm des Rowohlt-Verlages ein Buch Havemanns mit dem Titel ‚Robert Havemann: Ein deutscher Kommunist'... angekündigt wurde. Herausgeber ist der seit längerer Zeit operativ bekannte Wilke, Manfred ..., Vorsitzender des ‚Schutzkomitees Freiheit und Sozialismus' in Westberlin ...
Seit den Kontrollmaßnahmen bei Havemann (November 1976) wurden die Kontakte telefonisch und schriftlich unter Ausnutzung dritter Personen ... aufrechterhalten. Dazu konnte inoffiziell erarbeitet werden, dass Wilke seit März 1978 seine Verbindung zu Havemann aktivierte und unter Ausnutzung des Fernsprechanschlusses der Lotte Franck mit Havemann in Verbindung stand.
... Ebenso ist nicht bekannt geworden, auf welchem Wege und in welcher Form (schriftliche Ausarbeitungen bzw. Tonbandaufzeichnungen) Havemann seine Auslassungen nach Westberlin verbringen ließ. ..."

Kurz nach dem Erscheinen des Buches plante Wilke eine Rundfunksendung mit den von Havemann besprochenen

Bändern, aber: »Rowohlt war dagegen. Das würde Robert schaden, meinten die wieder, nachdem der RIAS angefragt hatte.« Die damalige Ostpolitik war die andere Argumentation. Ein Buch im Westen zu veröffentlichen, von dem das eine oder andere Exemplar von vielleicht zwanzig, dreißig Menschen im Osten gelesen werden konnte – das ging noch. Doch eine Radiosendung, die über Mittelwelle bis Moskau und weiter zu hören sein würde, hatte im Verhältnis der beiden deutschen Staaten eine deutlich andere Qualität.

Wilkes Wort genügte nicht. Karin Wilke beantragte erneut eine Reise. Diesmal fuhr sie ungenehmigt zu Meinels ins Pfarrhaus. Robert Havemann wurde durch einen Anruf bei Haeselers dazugerufen. Der Hausarrest war gerade nicht in einer verschärften Phase, so konnte er die kurze Fahrt antreten. Seine Bewacher fanden den Anruf offenbar hochverdächtig, sie waren vor ihm da und hielten nach unerwünschten Besuchern, Verbindungsleuten Havemanns Ausschau. Karin Wilke: »Die rannten wie die Idioten immer rund ums Haus. Ich dachte: Bleib mal lieber in der Mitte des Zimmers.« Edda Meinel ging hinaus, fragte die Stasileute, was sie denn da trieben. Sie seien eigentlich nicht eingeladen. Das beeindruckte die Stasileute wenig.

Karin Wilke begegnete Havemann zum ersten Mal. »Er trat durch die Tür, musste dabei ein bisschen den Kopf einziehen. Er hatte auch ein wenig mit seiner Luft zu tun, gerade zu der Jahreszeit. Es war Oktober, so ein gräulicher Tag. Er kam rein und lachte. Ein Lachen, weil er denen ein Schnippchen geschlagen hatte. Wir sprachen ziemlich lange. Robert wollte diskutieren, der wollte wissen, wie andere die Lage sahen. Er insistierte, ob ich mir merken könne, was mitzuteilen war. Ich wollte nichts falsch machen. Mir selbst hätte wenig passieren können: Sie hätten mich selbst im schlimmsten Fall bald loswerden wollen und rausgesetzt. Aber ich hatte ja eine Verantwortung. Das war mir schon sehr bewusst. Er ging zwischen 8 und 9 Uhr abends.« Seine Zustimmung für die RIAS-Sendung war klar.

Karin Wilke blieb noch. Die Bewacher auch. Dass Havemann zu Meinels gefahren und dann so lange geblieben war, ohne zu telefonieren, fanden sie verdächtig.

Die Spannung wuchs. Schließlich hatte Edda Meinel eine Idee. Sie trommelte ihre Familie zusammen. Karin Wilke, so blond wie Meinels' drei Kinder, im Anorak wie die ganze Familie, tarnte sich zwischen Meinels. Sie quetschten sich alle ins Auto, und Edda Meinel brachte Karin Wilke unerkannt zur S-Bahn nach Erkner. »Die Stimmung, die man hatte, wenn man da so halb legal, halb illegal irgendwo hinfuhr, die war schon ungeheuer.«

Havemanns Renaissance und Diskreditierung

»1252 Grünheide/Mark, 30. 9. 78

Mein Lieber Wolf,

... Wenn Du diesen Brief hast, ist der Start des Wilke-Buchs schon vorüber. ... Ich brauche Deine Meinung darüber und dazu. ... Von Jürgen hatte ich nur eine kleine Nachricht, die wegen des Textes und möglicher Folgen besorgt war. Also mein Lieber, raff Dich auf und schreib mir einen Brief. Ich denke dabei auch an das Buch-Projekt, das mir Bylle angekündigt hatte, mit Briefen über ›brennende Fragen‹ gewechselt über die Grenzen. Ich fände so etwas sehr gut. Aber es kostet Zeit und könnte mit einem Brief an mich angefangen werden.

Hier in Heidegrün ist es schön. Die äußeren Umstände sind fast unverändert. Neu ist nur, dass man mich seit fünf Wochen nicht mehr nach Berlin fahren lässt. Eine Zeit lang davor gab es diese Einreisesperre nur gelegentlich. Aber jetzt ist sie dauernd, aber wenn ich kurz vor der [Stadt-]Grenze gestoppt werde und dann frage, ob das Berlin-Verbot für mich nun ständig gilt, heißt es nur: Haben Sie nicht verstanden? Sie dürfen heute nicht in das Gebiet der Hauptstadt fahren!. Dann ich: Und morgen? Antwort: Das werden Sie hören.

Bei meinem letzten Besuch in Berlin hatte ich mir einen besonderen Spaß geleistet. Ich war bei Lotte zum Mittagessen eingeladen. In der Schönhauser Allee wurde ich gestoppt. Man teilte mir

mit, dass es mir nicht gestattet sei, in die Heinrich-Mann-Allee zu fahren (wo Lotte wohnt). Sonst können Sie hinfahren, wo Sie wollen, hieß es höhnisch. Ich rief Lotte an und traf mich mit ihr auf dem kleinen Parkplatz gegenüber dem Rathaus Pankow. Wir fuhren dann in die Stadt und suchten ein Restaurant, fanden aber nichts rechtes und ich brachte sie schließlich zu ihrem Haus, was mir auf Anfrage gestattet wurde. Danach fuhr ich nach Grünau zu Stefan Heym. Meine Bewacher schienen keine Ahnung zu haben, wen ich da besuchte. Stefan bekam einen Schrecken bei meinem Erscheinen, der allein die Sache wert war. Inge meinte aber auch, mein Besuch würde sie in große Schwierigkeiten bringen. Er sagte, nun sei eine von ihm geplante Auslandsreise gefährdet. Er hätte mich am liebsten gleich wieder rausgeschmissen, aber Inge setzte mir dann wenigstens eine Tasse Kaffee vor. Ich sagte ihm, dass ich mich sehr über seine Anthologie gefreut hätte und dass ich überhaupt in der letzten Zeit öfters den Eindruck gehabt hätte, meine frühere Kritik an ihm sei ungerecht gewesen, besonders natürlich seit seiner aktiven Mitwirkung an der Solidaritätserklärung für Dich im November 76. Er war gleich wieder empfindlich, er hätte es nicht nötig, sich von mir politisches Wohlverhalten bescheinigen zu lassen (oder so ähnlich). ›Nur aus Solidarität mit dir gehe ich jetzt nicht zu deinen Bewachern raus und sage ihnen, dass ich nichts mit dir zu tun habe!‹ – Als ich nach Haus fuhr, war ich sehr nachdenklich. … Eben höre ich im Radio einen Satz aus meinem Band für das Buch. Ich habe natürlich nie daran gedacht, dass das gesendet werden könnte oder sollte. Es ging mir damals auch mit meiner Puste extrem schlecht und ich litt dauernd an Erkältungen mit starker Bronchitis. Jetzt klingt es wie die Stimme aus dem Grabe. Aber Du kannst in diesem Punkte beruhigt sein. Ich bin sehr gut über den Sommer gekommen und denke, dass ich den Winter ebenso gut schaffen werde. … Also ich meine, Du brauchst das nicht zu befürchten, wonach sich meine Hirten sehnen. …
Mein Lieber, sei in alter guter Freundschaft herzlich gegrüßt von
Deinem Robert«

Allein in den ersten vier Wochen erlebte »Robert Havemann: Ein deutscher Kommunist« drei Auflagen à 10 000 Stück. Das Buch war ein Erfolg, auch weil die Bänder mit der »Grabesstimme« im RIAS gesendet wurden.

Hatte sich Havemann schon in den vergangenen Monaten – dank Vermittlung durch Wilke und Wolf Biermann – in verschiedenen Briefen gegen die Verurteilung Rudolf Bahros gewandt und Einladungen zu Konferenzen der Eurokommunisten erhalten, die er, wie im Westen gemeldet wurde, absagen musste, da ihm die SED nicht die Garantie gab, dass er in die DDR werde zurückkehren können, war er nun erst recht in aller Munde. Erwartungsgemäß stürzten sich Journalisten aus aller Welt auf die von Geheimnissen umwehte Geschichte des verbotenen, weil freiheitsliebenden deutschen Professors, der aus der Isolation heraus ein Interview von mehr als hundert Buchseiten gegeben hatte.

Diskreditierendes kam aus einer für Havemanns und ihre Freunde unerwarteten Richtung.

Einen Monat, nachdem das Buch auf den Markt gekommen war, erschien ein Artikel von Florian Havemann im »Spiegel«: »Alle machen aus meinem Vater einen Fall.«[103]

Havemann wusste von Biermann und von seiner Tochter Sibylle, dass Florian, der als Bühnenbildner arbeitete, sich auch mit Schriftstellerei befasste. Man merkte diese Übung seinem Stück an, das den Vater treffen und bloßstellen wollte von der ersten, sadomasochistischen Vater-und-Sohn-Traumszene bis zum letzten Absatz: »Mein Vater sagte mir einmal, sein Leben nach dem Todesurteil sei wie eine Zugabe. Er habe sich damals vorgenommen, nur noch zu genießen. Es gibt unter zum Tode Verurteilten eine andere Zeitrechnung, sie zählen die Tage wie Jahre. Man wird nicht alt als zum Tode Verurteilter. Mein Vater aber ist so alt geworden, schon über zwölftausend Jahre alt. Ich möchte so alt nicht werden. Ich ahne, warum man mit diesem Alter nicht mehr von sich sprechen kann.«

---

103 »Der Spiegel« Nr. 44, 1978, S. 121 ff.

Auf vier »Spiegel«-Seiten machte der Sohn dem Vater den Vorwurf, dass er sich wiederhole und überdies mit seinen Forderungen ein Bürgerlich-Liberaler, ein Sozialdemokrat, aber ganz gewiss kein Kommunist sei, sondern vielmehr in seiner Auseinandersetzung mit den realsozialistischen Philosophen nichts als ein populistischer Dilettant, der Dilettanten eine Freude mache. Aber all dies sei sowieso gleichgültig, stellte Florian Havemann fest, weil es auf Inhalte nicht ankomme. Man mache seinen Vater aus vielerlei Interessen zum »Fall«, und der lasse es aus Eitelkeit geschehen.

Der Artikel erschien Jahre nach der letzten Begegnung Florian Havemanns mit seinem Vater. Ihre vielschichtige, politisch wie psychologisch gespannte Beziehung hatte auch ihr physisches Ende gefunden, nachdem Florian Havemann 1971 nach West-Berlin geflohen war. 1972, nach einer brieflichen Auseinandersetzung mit seinem Vater, hatte Florian, als Robert Havemann schon einlenken wollte, ihm geschrieben[104], er solle lieber hart und ignorant werden. Und dann hatte er angekündigt, der nächsten Veröffentlichung seines Vaters werde er einen Artikel folgen lassen. Er wisse einiges zu erzählen.

Als Robert Havemann den »Spiegel«-Artikel zu lesen bekam, sagte er nur: »Der arme Junge.« Er hatte sich einige Jahre zuvor vergebens bemüht, seinem Sohn, der sich als Künstler durchschlug, im Westen Verbindungen zu schaffen und den Weg zu ebnen. Wie sein Freund Biermann[105] in Hamburg mutmaßte auch er, dass die Stasi hinter dem Artikel stecken könnte. Havemann weigerte sich, allzu viele Gedanken auf diesen Verdacht zu verwenden, zumal er sich gut an die alte Drohung seines Sohnes erinnerte.

Allerdings kannte er zwar die Arbeitsweise, aber nicht die konkreten Pläne der Stasi in Sachen »Leitz«. Die Übereinstimmung zwischen den in Akten festgehaltenen Plänen für

---

104 Florian an Robert Havemann. Berlin, den 2. 2. 1972

105 Gemäß u. a. seiner Aussage als Zeuge vor dem Landgericht Frankfurt (Oder) am 1. November 1995

»Zersetzungsmaßnahmen«, die sich gegen den guten Ruf Havemanns als Mensch wie als Publizist und Kommunist richteten, und den im Artikel angesprochenen Kritikpunkten geht weit. So plante die Stasi nicht erst im Januar 1978, zu prüfen, »welche Quellen und Publikationsmöglichkeiten im Operationsgebiet, vornehmlich in der BRD, Westberlin, in Italien oder Frankreich vorhanden sind, die in Veröffentlichungen zu einem politisch günstigen Zeitpunkt Zweifel an der Wissenschaftlichkeit der Machwerke von Havemann ... verbreiten können«.[106]

Gegen den Stasi-Verdacht spricht, dass nicht die Einflüsterungen irgendwelcher Dunkelmänner, sondern laut Auskunft des »Spiegel«-Redakteurs Ulrich Schwarz augenscheinlich Stimmungen innerhalb der Familie das Motiv waren, den Artikel zu schreiben. Letzte Zweifel überwand die skeptische Redaktion, wie sie dem erbitterten Biermann[107] nach Erscheinen des Artikels mitteilte, mit der Argumentation: Bringen wir das Stück nicht, steht es morgen woanders.

Florian Havemann hatte den Artikel dem »Spiegel« über Ulrich Schwarz angeboten: »Der Part des ›Spiegel‹ war nicht so hintergründig, wie man sich hätte denken können. Es war eine starke Geschichte, die mussten wir machen, weiter reichte das nicht. Der Chefredakteur sagte erst: ›Das ist ein schweinischer Text, das ist Vatermord, das können wir nicht machen.‹ Rudolf Augstein aber meinte: ›Natürlich ist der Text schweinisch, Vatermord, aber natürlich werden wir ihn drucken.‹ So war das.«

Lilo und Jürgen Fuchs waren nicht weniger entsetzt als Wolf Biermann. Sie hatten Florian Havemann erst im Westen kennen gelernt. Lilo Fuchs: »Sibylle stellte ihn uns vor. Er war ein besonderer Mensch, durchaus sympathisch. Mit der Zeit bekamen wir mit, dass er sehr klare und auch extre-

---

106 HA XX: Plan zur weiteren Einschränkung und Verhinderung feindlicher Aktivitäten von Havemann durch Maßnahmen der Zersetzung, Verunsicherung und Isolierung, 31. 1. 1978

107 Lt. Aussage als Zeuge vor dem Landgericht Frankfurt (Oder)

me Ansichten über seinen Vater hatte. Na ja, wir kannten Robert ja, es ist für einen Sohn sicher nicht einfach, mit so einem Kaliber klarzukommen. Aber die Unverfrorenheit zu besitzen, aus der Entfernung dem eigenen Vater, egal wie er vielleicht gewesen sein mochte, in einer bedrängten Situation so eine reinzuhauen wie in diesem Text, das war ungeheuer. Es war ein Schock für uns, und Jürgen kam ja auch drin vor.«

Die Wirkung des »Spiegel«-Stücks blieb im Übrigen gering. Der Artikel stieß auf das Schweigen der anderen Medien, für die der Konflikt zwischen Vater und Sohn Privatsache, also kein Thema war.

»1252 Grünheide, 18. Januar 79

Lieber Wolf,
... Nun ist ja wieder ein ganzes Stück Zeit seit Erscheinen des Wilke-Buchs vergangen, und unsere hohen Herren haben nicht erkennbar reagiert. Das Einzige ist wohl das nicht ausgesprochene, aber praktizierte Berlin-Verbot. ... Jede Art von Kraftakt gegen mich hätte nur nachteilige Folgen für sie gehabt. ... Nun mein Lieber, Du hattest doch auch ziemliche Sorge um mich. ... Erzähl mir, wie die Sache mit Flori war. Ich hörte, Bylle war schon vorher davon unterrichtet. Weißt Du, mich hat dieser abscheuliche Artikel wohl traurig gemacht, aber noch viel mehr sehr besorgt um Floris ganze Existenz. ... Die Leute vom Spiegel, die das doch genau gesehen haben, was mit Flori da geschah, sollten sich schämen. ...
Bist Du in Deinem Haus mit dem Kälte- und Schneeeinbruch gut fertig geworden? ... Unser Haus in Heidegrün ist sehr gut gasbeheizt, Du würdest staunen. Stromabschaltungen, wie in Berlin, hatten wir auch keine, – die Grünheider meinen, das sei das einzige Gute an meiner Kakerlakenbrut.
Wolf, mein lieber Freund, erzähl mir wieder mehr von Dir und allem, was Dich bewegt. Viele liebe Grüße auch von Katja. ... In alter fester herzlicher Freundschaft

Dein Robert«

Getreu der Absicht, Havemann privat zu beschäftigen und von »feindlichen« politischen Aktivitäten abzulenken, legte die Staatssicherheit im Herbst 1978 in einer anderen Sache nach, die im März jenes Jahres mit einem eingeschriebenen Brief vermeintlich harmlos begonnen hatte. In dem Brief hatte seine geschiedene Frau Karin ihm den Mietvertrag für das Holzhaus auf seinem Grundstück gekündigt. Das Haus war ihr im Scheidungsurteil von 1966 zugesprochen worden, sie hatte es an Robert Havemann vermietet, nun wolle sie »über das Holzhaus selber verfügen bzw. es selber nutzen«[108].

Robert Havemann war alarmiert. Er hatte zwar keinen sicheren Anhaltspunkt, was seine frühere Frau vorhatte, doch ahnte er Ärger und war sich ziemlich sicher, dass im Hintergrund der unschuldig wirkenden Kündigung politische Ränke lauerten. Schließlich konnte man vom Küchenfenster des Holzhauses nahezu ungehindert in Havemanns Wohnzimmer blicken oder Gespräche auf der Terrasse hören. Katja Havemann nahm die Frau dagegen in Schutz: »Vielleicht hat sie den Krieg beendet und ist vernünftig geworden. Sie ist jetzt Rentnerin und will wieder rauskommen an den See.«

Robert Havemann war nicht zu beruhigen. Die SED hatte ein Jahrzehnt zuvor schon ihre Finger im Scheidungsverfahren gehabt, hatte es zu seiner politischen und persönlichen Diskreditierung genutzt.

Tatsächlich gab ihm die Entwicklung im Herbst 1978 Recht. Bislang hatte Havemann dafür gesorgt, dass das Holzhaus winterfest gemacht wurde. Es war nur mit Schwierigkeiten zu beheizen, also wurde es im Winter in der Regel nicht benutzt. Vor dem ersten tiefen Frost mussten das Wasser abgestellt und die Leitungen geleert werden. Diesmal schickte Karin Havemann einen Unbekannten mit einer Vollmacht, der diese Arbeiten in dem Haus erledigen sollte. Havemann wies ihn aus einem gesunden Instinkt ab. Er schrieb seiner

---

108 Stasi-Kopie des Briefes vom 15. März 1978

geschiedenen Frau tags darauf, am 25. November: »Da dieser Mann mir völlig fremd ist und durch sein Verhalten auch nicht gerade dazu beitrug, mein durch die Umstände geschärftes Misstrauen gegen Fremde auch nur zu mäßigen, sagte ich ihm, ich sei erstaunt, warum Du nicht [Karins Sohn] Utz mit dieser Aufgabe betraut habest.«

An dieser Stelle nimmt der Brief eine subtile Wendung, die typisch ist für Havemann: Er erzwingt eine Reaktion, eine Klarstellung, deren Nichterfolgen ihm genug Klarheit verschafft: »Inzwischen habe ich mir aber überlegt«, schrieb er, »dass man es … Utz keineswegs zumuten kann, einen solchen Auftrag anzunehmen, der womöglich sein Verhältnis sowohl zu Dir wie zu mir belasten könnte. Andererseits wirst Du verstehen, dass ich unter den obwaltenden Umständen nicht gewillt bin, Personen das Betreten des Grundstücks zu gestatten, die ich nicht kenne und die mein Vertrauen nicht genießen. Es ergibt sich also, dass Du entweder mich beauftragst, für die Sicherheit des Häuschens zu sorgen, wie ich es ja auch bisher getan habe und wie es ohne meine Mitwirkung auch kein anderer tun könnte, oder dass wir einen Menschen finden, der … unser beider Vertrauen genießt. Ich könnte mir denken, dass ein Handwerker in Grünheide gefunden werden kann, der diesen Bedingungen entspricht.«

Tatsächlich reagierte Karin Havemann nicht mit der Empörung der in ihrer Ehre gekränkten Ex-Frau auf die Unterstellung, mit der Staatsmacht zu konspirieren. Sie schrieb am 2. Dezember sehr knapp und wieder eingeschrieben, dass sie seine Begründung »unverständlich« finde, erteilte ihm aber dann den Auftrag zur Winterfestmachung des Hauses. »Zu Deiner Information teile ich Dir mit, dass ich die Absicht habe, mein Häuschen ab Frühjahr 1979 zu vermieten.«

Havemanns Brief vom 25. November wurde der Staatssicherheit »inoffiziell bekannt« und als Anlage in Kopie einem »Vermerk über durchgeführte Maßnahmen …« der Stasi-Hauptabteilung XX vom 1. Dezember beigefügt. Der Besuch des von Karin Havemann bevollmächtigten Handwerkers, IM »Lothar«, in Grünheide wird in dem Vermerk als »festgelegte operative Maßnahme« bezeichnet, seine Legendierung als Hausmeister eines Berliner Wohnblocks erfolgte demnach mit »fiktiven Dokumenten«.

Am 12. Dezember 1978 bot Robert Havemann seiner früheren Frau an, »unseren früheren Mietvertrag jederzeit zu erneuern«, da er nun wusste, dass sie das Haus weiterhin nicht selbst nutzen wollte, und stellte fest: »Das Haus und das Grundstück ist Tag und Nacht von allen Seiten, auch von der Wasserseite, von Polizei umstellt, die streng darauf wacht, dass niemand das Grundstück betreten kann. Da ich mir nicht vorstellen kann, dass Du die Absicht hast, Dein Häuschen an die Polizei, die Staatssicherheit oder deren Beauftragte zu vermieten, damit man den jetzt schon nicht sehr angenehmen Zustand für mich verschärfen kann, wirst Du verstehen, dass Dein Plan zur Vermietung jetzt praktisch nicht mehr realisierbar ist.«

Besorgt fuhr Utz Havemann nach Grünheide zu seinem Stiefvater, da auch er die Eskalation kommen sah. Ob er nicht eine »Aussprache« mit Erich Honecker suchen könne, in der er versprechen möge, Interviews und Veröffentlichungen künftig zu unterlassen, um das Ende des Hausarrests und aller anderen Repressionen zu erreichen[109].

Eine IM berichtete der Stasi laut »Information« der Hauptabteilung XX vom 15. Dezember, dass Havemann den gut gemeinten Vorschlag seines ältesten Sohnes rundheraus zurückwies. Havemann beabsichtige schon seit Längerem, Karin das Holzhaus abzukaufen, vermerkt der Stasi-Protokollant des IM-Berichts abschließend.

Aus dieser Information schlugen die Zersetzungsfachleute der Hauptabteilung XX Kapital, als sie sich – nach einer winterbedingten Pause – wieder mit dem Holzhaus zu befassen begannen.

In einem operativen »Vorschlag« stellte ein Stasi-Stratege erneut fest, »dass das Holzhaus durch die Einquartierung eines geigneten IM für Verunsicherungs- und Zersetzungs-

109 Laut einem IM-Bericht vom 15. Dezember 1978 an die HA XX

maßnahmen geeignet ist«. Einem Mieter oder Pächter könne Havemann rechtlich einwandfrei den Zugang verweigern, so das Papier. Daher wurde vorgeschlagen, »das Holzhaus von Karin Havemann käuflich zu erwerben (ihr Einverständnis liegt vor), um damit die Besitzverhältnisse zu verändern«, das Haus an einen IM der Hauptabteilung XX zu verkaufen und diesen einen Rechtsstreit um die Nutzung seines Eigentums gegen Havemann führen zu lassen.

Der Stratege, der seinen Vorschlag nicht unterschrieb, sah es aber kommen, dass Havemann den IM als Mitarbeiter des MfS erkennt und »darüber zu seinem Umgangs- und Verbindungskreis spricht« und »darüber hinaus eine Mitteilung mit Nennung des Namens des IM an westliche Massenmedien gibt«.

Nicht nur die Staatssicherheit rechnete mit einer scharfen Auseinandersetzung. Robert Havemann beschäftigte der Gedanke, seiner jungen Familie eines nicht fernen Tages ein Grundstück zu hinterlassen, auf dem sich die Stasi eingenistet hatte.

Er teilte daher im Frühjahr 1979 seiner früheren Frau mit, dass sein Schwiegervater Felix Grafe bereit wäre, das Holzhaus zu kaufen. Robert Havemann wunderte sich jedoch keineswegs darüber, dass Karin zwar verkaufen wollte, aber nicht an Felix Grafe. Der Verkauf an Grafe wäre, so eine »Information« der HA XX vom 16. April 1979, nicht im Sinne der Stasi gewesen: »Als Konsequenz könnte sich aus einer solchen Lage ergeben, dass unter dem Vorwand, die Verwandten Havemanns zu besuchen, weitere Personen Zugang zum Grundstück erlangen und von Havemann bzw. dessen Verbindungskreis inspiriert, provokatorisch in Erscheinung treten.«

Die letzte Chance einer gütlichen Einigung war damit vertan, die Stasi verfügte nun über ein Standbein auf dem Grundstück.

Tatsächlich kaufte der Stasi-IM »Alexander Reinhardt« das Holzhaus 1981 für 13 350 Mark. Damit wurde es Havemanns unmöglich gemacht, noch einmal Freunden für längere Zeit eine Zuflucht auf ihrem Grundstück zu bieten. Eine zermürbende juristische Auseinandersetzung um Wege- und Begehungsrechte begann. Der Fall Holzhaus sollte erst 1989, sieben Jahre nach Havemanns Tod, geklärt werden.

Offene Rechnungen

Die Rechnung wegen des Interview-Buches zwischen Havemann und der Staatsmacht blieb offen, bis sich die Lage im April 1979 zuspitzte.

Die Staatsanwaltschaften in Berlin und Frankfurt (Oder) begannen auf der Basis einer eigens nach den Gegebenheiten interpretierten Verordnung wegen »Devisenvergehen« Verfahren gegen Robert Havemann und Stefan Heym.

Heym hatte gerade den Roman »Collin« in der Bundesrepublik veröffentlicht. Daraufhin wurde ihm eine Reise nach Mainz verwehrt, die Stasi hinderte Journalisten daran, mit ihm Kontakt aufzunehmen. Ein Reuters-Interview konnte sie nicht verhindern.

Journalisten versuchten indessen seit Erscheinen seines jüngsten Buches, mit Robert Havemann in Verbindung zu treten. Auf einer Konferenz europäischer Sozialisten in Florenz wurde eine Solidaritätserklärung für ihn und den inhaftierten Bahro beschlossen, initiiert von Manfred Wilke.

Heyms und vor allem Havemanns nicht abreißende Medien-Kontakte hatten zur Konsequenz, dass die DDR-Regierung am 11. April 1979 die Arbeitsbedingungen für in der DDR akkreditierte Journalisten aus der Bundesrepublik und dem Ausland verschlechterte. Sie mussten von da an Vorhaben außerhalb Ost-Berlins mindestens 24 Stunden zuvor beantragen, Interviews wurden unter Genehmigungspflicht gestellt, was jede Art von spontaner Befragung von DDR-Bürgern, wie sie bislang üblich gewesen war, unterband. Schon gar das Befragen von Dissidenten und Oppositionellen.

Nach rund zweieinhalb Jahren Hausarrest wird die Absperrung der Burgwallstraße 4 in Grünheide ohne weitere Erklärungen – abgesehen von der allgemeinen Ansage, dass Havemann sich an seine »Auflagen« nicht halte – extrem verschärft. Diesmal helfen keine lautstarken Auftritte oder Hinweise auf die Rechtslage: Auch Katja Havemann darf das Grundstück nicht verlassen, die bis dahin erlaubten Besucher, Meinels, Brigitte Haeseler, nahe Verwandte und Kinder unter 14, sind ausgesperrt.

Katja und Robert Havemann sind ratlos. Sie fürchten, dass sie in einer Nacht-und-Nebel-Aktion in ein Auto gezerrt und erst in West-Berlin wieder hinausgelassen werden.

Die Lebensmittel drohen auszugehen.

Brigitte Haeseler wird es verwehrt, mit ihren Freunden auch nur ein Wort zu wechseln. Täglich nimmt sie Anrufe besorgter Freunde und Verwandter Havemanns entgegen.

Havemanns lassen Franziska schließlich von Brigitte Haeseler nach Neubarnim zu Grafes fahren. Sie wollen nicht, dass das Kind, das sich bald lautstark bei den Stasileuten über die Kontaktsperre beschwert, Zeugin von – ja wovon? – wird. Die Gewissheit, dass es schlimmer nicht kommen könne, ist erschüttert.

Dorothea Grafe ist so verzweifelt, dass sie am 19. April abends bei Pfarrer Meinel anruft und ihn um Rat bittet, was sie denn machen solle, falls Katja und Robert etwas passiere und jemand wegen des Kindes zu ihr komme. Meinel stammelt, offenbar erschrocken von der Sorge der ängstlichen Großmutter und wohl auch eingedenk der Abhörer: »Es wäre nur günstig, wenn irgendjemand bei Ihnen auftaucht ... wegen Franzi, dass Sie sie begleiten, ja? Dass er sie nicht alleine – dieses Kind fahren lässt. Entweder Katja ist dabei oder – – –«[110]

Brigitte Haeseler hat in diesen Tagen zum ersten Mal Angst. An den Hausarrest ist sie längst gewöhnt. Sie ist von Leuten in ihrem Umkreis oft gewarnt worden: »Geh doch lieber nicht

110 Stasi-Bezirksverwaltung Frankfurt (Oder), Abteilung 26: Information vom 19.4. 1979

mehr rüber, wer weiß, was sie dir anhängen werden.«[111] Das hätte sie nicht übers Herz gebracht. »Ich war mit Havemanns und der ganzen Situation schon viel zu sehr verwachsen. Es durfte kaum jemand zu ihnen, und ich konnte auch immer ein bisschen was aus dem Ort erzählen, Klatsch und Tratsch. Wir haben uns auch so manchen vergnügten Abend gemacht.«

Außerdem ist Brigitte Haeseler im April 1979 längst politisiert. Einem Freund, der sie am Telefon beschwört, sich nicht weiter für Havemanns in Gefahr zu begeben, sagt sie – im Bewusstsein, dass der Anschluss abgehört wird – am 18.: »Die können sich nicht anders wehren, nur auf solche primitive Art: ›Ich habe die Macht, Ihr müsst Euch ducken.‹ Die haben keine andere Möglichkeit, da machen sie es auf die primitive Art. Wir sind die Stärkeren.«[112]

In »Unità«, dem Organ der KPI, erscheint am 19. April ein Brief Robert Havemanns, in dem er detailliert den verschärften Hausarrest beschreibt und die Verletzung der Rechte seiner Frau und seiner Tochter kritisiert. Franziska hatte den Text in ihrer Unterwäsche vom Grundstück geschmuggelt und Brigitte Haeseler gegeben.

Am Morgen desselben Tages klopft es an Havemanns Haustür. Eine Staatsanwältin aus Berlin stellt sich vor, Heyer heißt sie, Eleonore Heyer. Begleitet wird sie von Zollrat Heinz Wunderlich, dem Leiter der Zollfahndung. Die Genossin legt einen Haussuchungsbefehl vor und sagt auf, was ihr ein Sprechzettel vorgegeben hat[113]: dass sie im Rahmen eines Er-

---

111 Lt. Brigitte Haeseler im Interview am 24. September 2001

112 Information vom 18.4. 1979 (Abhörprotokoll)

113 Zollverwaltung und Staatsanwaltschaft folgten Konzeptionen der Stasi-HA IX/2, die von Minister Mielke genehmigt worden waren. Laut Strafprozessordnung war der Staatsanwalt Herr des Ermittlungsverfahrens, das vom Zollfahndungsdienst der Zollverwaltung geführt wurde. Tatsächlich erhielten die offiziellen Akteure ihre Aufträge von einem offiziell unbeteiligten Untersuchungsorgan, dem über den Fall Havemann auch berichtet wurde (vgl. Vollnhals, S. 75 f.).

mittlungsverfahrens wegen Devisen- und Zollvergehen die Wohnungen Havemanns durchsuchen müsse.

Havemanns sind insgeheim erleichtert. Es ist nicht die befürchtete Zwangsausbürgerung, kein Haftbefehl, keine »Zuführung«.

Die Staatsanwältin holt ihre Leute herein, die noch vor der Tür warten. Es sind fünf, darunter ein Mann und eine Frau, die vor allem den Auftrag haben, Katja Havemann auf Schritt und Tritt zu folgen. Sie stellen sich vor die Tür zum Badezimmer, wenn sie zur Toilette geht. »Später mussten sie dann selbst und fragten artig wie die Kindergartenkinder und offenbar peinlich berührt.«

Die Durchsuchung, die wirkt wie die Vorbereitung eines Umzugs, beginnt im Belletristik-Regal im Arbeitszimmer. Ausräumen, Auflisten, Verpacken ist die Hauptarbeit bei dieser Haussuchung.

Keines der Bücher enthält Verbotenes. Die meisten Bücher stammen aus West-Verlagen, vor allem von Piper, weil Havemanns alter Jugendfreund Klaus Piper immer wieder Bände aus seinem Programm herüberschickt. Auch James Joyces »Ulysses«, gerade in Ost und West neu aufgelegt, wird mitgenommen. In den Sachbuch-, Politik- und Philosophie-Regalen versuchen Heyers Leute eine Auswahl nach politischen Kriterien zu treffen. Publikationen westeuropäischer Reformkommunisten packen sie ein, sie plündern Havemanns Sammlung linksalternativer Bücher und Zeitschriften aus der Bundesrepublik, zurück bleiben die sozialistischen »Klassiker«.

Gegen Mittag gehen die ungebetenen Besucher im Wechsel auf die Terrasse und packen Thermosflaschen und Butterbrote aus.

Havemann beobachtet die Durchsuchung von seinem Platz am Wohnzimmerfenster aus. Er habe das Gefühl, sagt er mehrfach zur Staatsanwältin, dass manche der Gegenstände, die sie zum Abtransport bereitstellen lasse, mit einem Devisenverfahren nichts zu tun hätten. Heyer weicht einer klaren Antwort aus.

Die Beamtin fragt, ob sie ihre Schreibmaschine auf Havemanns Schreibtisch stellen könne. Sie beginnt die Liste der beschlagnahmten Gegenstände zu tippen. Zu denen gehört eine Geldkassette, die von Katja Havemann kommentarlos geöffnet worden ist.

Neben der Schreibmaschine, in die die Frau eifrig ihr Inventar tippt, steht eine zweite, kleinere Kassette, um deren Inhalt Havemanns um einiges mehr besorgt sind. Darin steckt eine größere Summe Westgelds, um die es schade wäre. Wirklich problematisch sind einige in der Kassette verborgene Polaroids, die Havemann von der Belagerung des Grundstücks gemacht hat, und katastrophal wäre es, wenn die Besucher auf die Adressen stießen, die außerdem darin verschlossen sind.

Stundenlang sitzt die Frau und tippt, die Kassette vor der Nase. Und entdeckt sie nicht. »Was ihnen vor der Nase steht, sehen sie nicht, das ist typisch«, höhnt Robert Havemann, als die Haussuchung beendet ist: Ein psychologischer Effekt der Benutzung des Schreibtisches – mit der eigenen Schreibmaschine darauf zählte der Tisch nicht mehr zum feindlichen Terrain.

Die Besucher nehmen jedes Bild ab, blicken unter Teppiche und Matratzen, durchwühlen Kleiderschränke. Am späten Nachmittag erst entdecken sie die Treppe zum Keller. Unten lagern noch einige Stunden Arbeit: die Dunkelkammer und das ungeordnete Fotoarchiv der passionierten Hobbyfotografin Havemann, dazu ein großer Karton alter Tonbänder.

Alle Bänder bis auf eines werden später zurückgegeben: »Ein Band mit Witzen über Walter Ulbricht. Schade, Robert konnte so schön Witze erzählen.«

Wäschekörbeweise werden Bücher, Tonbänder, Videokassetten meist privaten Inhalts, Briefe, Tonband- und Videogerät, das Sennheiser-Mikrofon, Fotoapparate, Dokumente, Nachschlagewerke, Geld, Sparbücher, Kontoauszüge aus dem Haus geschafft.

Havemanns Schreibmaschine wird beschlagnahmt.

Es ist klar, dass die Durchsuchung nur mittelbar mit Devisenvergehen zu tun hat. Sie soll Havemann seiner Arbeitsmöglichkeiten berauben. Und Havemann ist auch bewusst, dass es beim Devisenverfahren zugleich darum geht, ihn als moralische Instanz abzuwerten. Einer mit Westgeldguthaben, was ist das schon für ein Kommunist!

Im Badezimmer, auf der Porzellanablage an der hellblau gekachelten Wand, entdecken die Besucher einen Umschlag mit einem grauen Pulver, den sie auf ihre Beschlagnahmeliste schreiben, sorgsam verstauen und zur Analyse ins Labor geben.

Havemann stellt später amüsiert fest, dass seine Barthaare verschwunden sind, die er mit der Schrulligkeit des alternden Naturwissenschaftlers als perfekten Topfflanzendünger (Hornspäne!) auffängt und sammelt, wenn er seinen Elektrorasierer reinigt.

Er unterschreibt das Beschlagnahmeprotokoll – es hat Hunderte Einzelposten, eine beachtliche Ausbeute aus einem Haus von gerade 100 Quadratmetern – und die Vollmacht, dass seine Wohnung in Berlin tags darauf in seiner Abwesenheit ebenfalls durchsucht werden dürfe.

Nach 19 Uhr verlassen die ungebetenen Besucher das Haus.

Druck und Gegendruck

Um 10 Uhr am nächsten Morgen fährt bei Haeselers ein Wartburg durchs offene Tor aufs Grundstück. Er blockiert Erich Haeseler, der gerade hinausfahren will. Drei Männer steigen aus dem Wagen. Brigitte Haeseler solle sofort zur Vernehmung mitkommen, sagt einer der Männer. Haeseler ist außer sich: »Lassen Sie meine Frau in Ruhe. Das ist ja schlimmer als in der Nazizeit«, brüllt er. Die Männer verbitten sich das. Er solle sich mäßigen, sonst werde das Folgen haben.

Brigitte Haeseler wird nach Berlin gebracht. Erst später erfährt sie, dass das Gebäude, in dem man sie in einen kleinen

Raum führt, ein Zollamt ist. In dem Raum sitzt ein dicker Mann, den sie vom Sehen kennt: Es ist Zollrat Wunderlich. Er sitzt hinter einem großen Schreibtisch und bietet ihr Kaffee an. Sie lehnt ab.

Wunderlich versucht sie nach den finanziellen Verhältnissen ihres Nachbarn auszufragen. Brigitte Haeseler ist als Zeugin gegen Robert Havemann ungeeignet: Sie weiß von nichts, sie interessiert sich auch nicht dafür.

Dann fragt Wunderlich nicht mehr nach Zoll- und Devisenvergehen.

Zur Zeit der Durchsuchung war nicht nur die Burgwallstraße abgeriegelt; Kontrollposten sollten schon an den Straßen nach Grünheide die Möglichkeit zufälliger Zeugen ausschließen. Wie es in den West-Medien so schnell Meldungen über die Haussuchung habe geben können, will Wunderlich von Brigitte Haeseler wissen: In der »Tagesschau« unmittelbar nach dem Ende der Aktion. Ob sie damit zu tun habe? Mit wem sie am Vortag gesprochen habe?

Es ist Brigitte Haeseler völlig klar, dass es zwecklos wäre, so zu tun, als ob sie von der Haussuchung gar nichts wisse. Schließlich hat sie tags zuvor am Telefon darüber gesprochen.

Plötzlich geht hinter Brigitte Haeseler die Tür auf und die graue Frau, die sie am Vortag bei Havemanns beobachtet und mit bemerkenswerter Kombinationsgabe als Leiterin der Untersuchung identifiziert hat, kommt herein. Staatsanwältin Heyer hat einen anderen Ton als der gemütliche Zollrat und Stasi-OibE* Wunderlich. Sie ist aggressiv und droht.

Die Fragen wiederholen sich, Heyer nimmt sie in die Man-

---

* Offizier im besonderen Einsatz: Hauptamtlicher Mitarbeiter der Staatssicherheit, der unter einer »Legende« außerhalb seiner Dienststelle arbeitet. Wunderlich, seit 1953 im Dienste der Stasi tätig, wurde 1976 als OibE zur Abteilung Zollfahndung der Zollverwaltung versetzt, deren Leiter er Ende 1978 wurde (so Vollnhals, S. 76 f.). Der langjährige Leiter der Zollverwaltung wie auch Wunderlichs Vorgänger waren ebenfalls OibE, »so dass die enge Verzahnung der Untersuchungsorgane des Zolls und des MfS strukturell wie personell gesichert war«, schreibt Vollnhals (S. 77).

gel. Sie legt Zeitungsausschnitte auf den Tisch und fragt immer wieder: »Frau Haeseler, wo kommen diese Berichte her?«

»Das weiß ich doch nicht.«

Es ist leicht, bei einer Aussage zu bleiben, die vollkommen den Tatsachen entspricht. Ihre sichere Vermutung, dass Meinels die Meldung weitergetragen haben, an ARD-Korrespondent Pleitgen, an Jürgen Fuchs, Manfred Wilke, behält Brigitte Haeseler für sich.

Wenn so etwas noch einmal passiere, werde das für Brigitte Haeseler und ihre Familie Konsequenzen haben, faucht Heyer schließlich. Dann wird Brigitte Haeseler wieder nach Hause gefahren.

Am 22. April 1979 schreibt Wolf Biermann einen düsteren Appell, den der »Stern« veröffentlicht: »Robert Havemann lebt noch«. Er hofft, mit politisch absichtsvoll anrüchigen Vergleichen der DDR mit Pinochets Regime in Chile Honecker zu verschrecken und die Isolation zu brechen.

»Wenn es noch ein paar Tage so weitergeht, werden wir weder wissen, ob Robert Havemann noch in seinem Haus eingesperrt ist oder in ein normales Gefängnis geschleppt wurde, … wir werden nicht einmal wissen, ob er noch lebt. … Ich will die Herrschenden der DDR nur auf ein paar Tatsachen aufmerksam machen, die sie offenbar in ihrer Panik übersehen haben: 1. Sie unterschätzen das Beharrungsvermögen des Kommunisten Robert Havemann. So wie ich ihn kenne, wird er nicht jene Unterschrift leisten, mit der man ihn bequem an den Westen loswerden könnte. …

2. … Er ist ein todkranker Mensch. Er könnte seinen Bewachern peinlich wegsterben, so, wie es den Pinochet-Faschisten mit dem weltberühmten Dichter Pablo Neruda passierte.

3. Sie schätzen die Folgen für die DDR falsch ein. Die Staatsverbrechen gegen Havemann werden … viele Menschen empören und anstacheln, die verbotenen Schriften Havemanns zu lesen…

4. … Kein Mensch wird glauben, dass Havemann verfolgt wird, weil er einer alten Frau die Handtasche oder dem Staat irgendwelche Devisen und Zollgebühren geklaut hat. …

Ich bin in Todesangst um meinen Freund.
Ich bitte nicht, und ich fordere nicht.
Ich sage nur: Robert Havemann lebt noch.«[114]

Am 25. April bekommt Havemann erneut ungebetenen Besuch. Es ist Zollrat Wunderlich, der die formalrechtlich erforderliche »Erstvernehmung Havemanns als Beschuldigter« ausnahmsweise nicht in seinem Büro in der Zollverwaltung, sondern in Havemanns Haus vornimmt. Das geschieht nach einer Intervention Dr. Landmanns, der der Vernehmung beiwohnt. Sein schlechter Gesundheitszustand hält den Patienten jedoch nicht davon ab, Wunderlich mit einiger Renitenz zu begegnen. So spricht er von dem Ermittlungsverfahren als einer »staatsfeindlichen Handlung« der DDR-Organe; es werde allein wegen seiner politischen Haltung eingeleitet.[115] Er versucht, auf Wunderlich politisch einzuwirken, indem er ihm seinen Standpunkt darlegt, der keinesfalls DDR- oder sozialismusfeindlich sei. Er fordert, den Hausarrest aufzuheben. Er verweigert rundheraus jede Stellungnahme zu den Vorwürfen Wunderlichs sowie die Auskunft auf dessen Frage zu mutmaßlichen Devisenvergehen und unterschreibt das Protokoll nicht. Stattdessen erklärt Havemann, dass er Heym, dessen Devisenverfahren parallel läuft, darin zustimme, dass es ohnehin nicht um irgendwelche Zollvergehen, sondern »um das Wort« gehe. Anschließend will Wunderlich

114 Zitiert aus einer damals nach Grünheide geschmuggelten Durchschrift des Typoskripts.

115 Die Schilderung des Verlaufs der Vernehmung wird am 26.4. 1979 in einer »Information« ohne Absender- und Empfängerangabe zu den Akten genommen. Da Wunderlich Stasi-Offizier im besonderen Einsatz (OibE) ist, könnte die detailreiche Darstellung von ihm stammen, die fehlende Firmierung des Dokuments diente dann also der internen Konspiration zum Schutz des OibE.

Katja Havemann vernehmen, doch die macht als Ehefrau von ihrem Aussageverweigerungsrecht Gebrauch.

Die Nachricht von der Vernehmung ist schon auf dem Weg nach West-Berlin, als am Nachmittag erneut ein Trupp mit einem Durchsuchungsbefehl kommt. Drei Männer mit Messgeräten, die sie in Leichtmetallkoffern mitbringen, beginnen, alle Steckdosen und Lampenanschlüsse im Haus auseinander zu nehmen.

Von ihrem Fenster aus beobachtet Brigitte Haeseler, wie die Besucher sogar in die Dachrinnen schauen. Havemanns ist klar, was die Männer suchen: den Sender. Der Text in »Unità«, die rasche, präzise Nachricht von der Haussuchung ...

»Haben Sie eine Stehleiter?«, fragt einer der Männer.

Katja Havemann holt sie.

Der Mann kriecht durch das Oberlicht der Küchenecke in den hüfthohen Hohlraum unter dem Dach, die Warnung ignorierend, dass da »nur Schmutz und Spinnweben« seien. Nach einigen Minuten trägt der Mann den Schmutz und die Spinnweben am Anzug. Er hat nichts gefunden.

„Hauptabteilung III, Leiter
Berlin, 16.5.1979 ...
Hauptabteilung XX/OG
im Hause

Funkelektronische Gebietsaufklärung im Raum Erkner – Grünheide

Im Zeitraum vom 22. April 1979 bis 7. Mai 1979 führten Spezialisten der Abteilung III im Raum Erkner – Grünheide eine funkelektronische Gebietsaufklärung zur Feststellung, Dokumentierung, Ortung und Lokalisierung möglicher Informationsübermittlungen im Frequenzbereich von 25 MHz bis 1 GHz durch.
Während des Einsatzes wurden im genannten Frequenzbereich Übermittlungen von Informationen

auf funkelektronischem Weg von und zur Zielperson nicht festgestellt.
Ich bitte um Kenntnisnahme
(gez.) Männchen, Generalmajor"

Der nächste Coup in den West-Medien folgt nicht einmal eine Woche nach der neuerlichen Durchsuchung.

Robert Havemann hatte das Material dazu auf einem der Bänder des Interview-Buches in den Westen schaffen können.

Es ist etwas mehr als ein Jahr alt. Es stammt vom 7.4. 1978. Havemann überspielte die Aufnahme von einem Gespräch mit dem Staatsanwalt Windisch ans Ende des letzten Tonbands für »Ein deutscher Kommunist«. Er versah die Aufnahme mit dem Hinweis: Nur im Notfall verwenden.

Wenigstens kann Katja Havemann nach den ungebetenen Besuchen der Staatsmacht das Grundstück wieder verlassen. Bei einem ihrer langen Gespräche über den Anschluss der Familie Meinel fragt Jürgen Fuchs nach, ob nun dieser Notfall mit der andauernden Totalabsperrung Robert Havemanns, deren Ende nicht abzusehen ist, gekommen sei. Er spricht in Rätseln, fragt, »ob es nicht gut wäre, dass einiges, was von staatlicher Seite gesagt wurde, jetzt öffentlich wird?«[116] Der Stasi-Abhörer registriert: »Katja kann sich denken, was Fuchs meint. Sie ist nicht der Meinung. Sie hat vor einigen Tagen mit Robert darüber gesprochen, da waren sie beide der Meinung: Noch nicht. ... Fuchs meint, es wäre wesentlich, wenn es jetzt öffentlich wird, weil es ganz genau erklärt, worum es eigentlich geht. Das ist der Katja auch klar. ... Fuchs meinte, es ist so deutlich, so überführend. Katja meinte dann, Fuchs solle sich bei allen guten Freunden beraten – auch mit Heinz [Brandt]. Sie sollen sich gemeinsam eine Meinung bilden.« Sie erwähnt noch, wie zufällig, Hartmut Jäckel: »Fuchs und Hartmut kennen sich ja und werden sich ja sprechen«, zitiert der Stasi-Protokollant in schlechter indirekter Rede.

---

116 Abhörprotokoll der Stasi-Abt. 26 vom 27. April 1979

Was Fuchs an diesem 27. April sonst zu sagen hat, ist für die Stasi bestimmt und soll ihr und ihren Auftraggebern in aller Klarheit zu denken geben: Er grüßt von Lombardo Radice, dem KPI-Führungsmitglied, er erwähnt die Solidaritätserklärung für Havemann, die unter anderem von Heinrich Böll, Günter Grass, Siegfried Lenz, Peter Weiß, Sarah Kirsch, Hans-Joachim Schädlich, Hellmut Gollwitzer, Jürgen Habermas, Carola Bloch, Wolf Biermann, Fritz Raddatz, Helga Nowak – und von Fuchs selbst – unterzeichnet worden ist. Die Zeitungen berichten an diesem Tag ferner über einen von Christian »Kuno« Kunert, Sigmar Faust und Gerulf Pannach initiierten Appell an Erich Honecker, der noch von 24 weiteren ehemaligen DDR-Bürgern unterschrieben worden ist. Überdies hat Freimut Duve im Namen des Rowohlt-Verlags an den DDR-Vertreter in Bonn geschrieben, die Umwandlung des Privathauses von Havemann »in ein Staatsgefängnis« erinnere »an sehr tragische historische Vorbilder« sowie an Pablo Neruda, »der in Chile inhaftiert wurde«[117].

Die Gleichsetzung mit dem Pinochet-Regime ist besonders bitter für die DDR-Regierung: »SED in der Defensive« titelt der Kommentator des West-Berliner »Tagesspiegel«. Die westdeutsche Linke beruft sich auf die Menschenrechts-Garantien, die die DDR-Regierung in Helsinki gegeben hat, die Konservativen stellen die versöhnliche Ostpolitik der sozialliberalen Regierung Helmut Schmidts in Frage. So oder so kommt die DDR schlecht weg.

Der Fall Havemann ist nicht zuletzt dank der Kampagnen seiner besorgten Freunde und Unterstützer wie lange nicht mehr ein Politikum, das die Gemüter erhitzt.

Jetzt nicht Ruhe geben: Fuchs berät sich, wie von Katja Havemann angeregt, mit den Freunden, die alle stark beunruhigt sind, seitdem der Hausarrest verschärft ist. Er spricht mit Manfred Wilke, der die Bänder hat. Sie beschließen: Es ist der Notfall, den Havemann gemeint hat.

---

117 Gemeldet unter anderem im »Tagesspiegel« vom 17. 4. 1979, S. 1

Wilke nimmt noch am selben Tag Kontakt zum »Spiegel«-Redakteur und früheren DDR-Korrespondenten Ulrich Schwarz und zum RIAS auf. »Spiegel« und RIAS kommen überein, das Gespräch zwischen Windisch und Havemann am gleichen Tag zu bringen: Montag, den 30. April 1979.

Die Aufnahme ist schlecht, das Gespräch muss für den Rundfunk nachgestellt werden. Die Zeit ist knapp. Ein Typoskript des Gesprächs gibt es bereits, geschrieben, als das Interview-Buch texterfasst wurde. Der Artikel erscheint im »Spiegel« unter dem Windisch-Zitat »Sie mögen das bezeichnen als Unrecht ...«. Im Vorspann wird das Devisenverfahren erwähnt: »Ein letzter Versuch, den Dissidenten zum Verlassen der DDR zu bewegen?« Der Dialog wird wie ein »Spiegel-Gespräch« als Interview gedruckt.

Wieder einmal entlarvt Havemann mit Windischs Hilfe die Taktik der Staatssicherheit. Diesmal sogar mit Tonbandbeleg; den Dialog mit Windisch in »Fragen Antworten Fragen« hatte Havemann aus dem Gedächtnis zitieren müssen. Das Bandgerät hatte er während eines der »Sprechzettel«-Besuche Windischs zu den »Auflagen« des Hausarrests etwas ungeschickt eingeschaltet. Windisch meldete nach dem Gespräch, dass er das bemerkt habe. Er meldete jedoch nicht, dass Havemann ihn zur Rede gestellt hatte.

Es geht Havemann bei der Veröffentlichung des Gesprächs darum, die Willkür des Hausarrests zu belegen und Windisch – der formal gar nicht zuständig ist und das schließlich auch zugibt – als Marionette der Stasi zu entlarven.

Havemann verstrickt den Staatsanwalt in Widersprüche, bis der zugibt, dass es gar nicht das Gesetz ist, dem er Gefolgschaft leistet.

»Havemann: ... Wenn ich also eine Fahrt, eine Reise machen will, die zu einem weiteren Ziel als meine bisherigen Fahrten hier in der Umgebung bei meinen Verwandten sind, dann sollte ich mich schriftlich oder mündlich – oder wie soll ich das nun anfangen – an wen wenden?

Staatsanwalt: An die zuständigen Organe.

Havemann: Wen?

Staatsanwalt: Habe ich doch schon gesagt, der zuständige, das zuständige Organ wäre in konkreto, ich würde Ihnen …

Havemann: … Ja?

Staatsanwalt: …den Weg erleichtern wollen. Wenden Sie sich an den Generalstaatsanwalt der Deutschen Demokratischen Republik.

Havemann: Aha.

Staatsanwalt: Sie können sich konkret an mich wenden.

Havemann: Gut, gut.

Staatsanwalt: Ich würde prüfen lassen, prüfen lassen, weil ich – Sie werden das verstehen – es ist nicht meine Funktion, mich um die konkrete Art und Weise der Vollstreckung zu kümmern. Aber ich würde mich zumindest, ich würde mich, äh, zumindest als Staatsanwalt, dafür verwenden, zu prüfen, inwieweit gibt es Möglichkeiten.«[118]

Das Frühjahr 1979 ist keine gute Zeit für Windisch. Er verliert, da sein Bild im »Spiegel« erscheint und seine Stimme im RIAS zu hören ist, sein Amt. Keiner seiner ehemaligen Kollegen mag sich später[119] an die näheren Umstände erinnern. Windischs Nachfolgerin wird Eleonore Heyer, die ein Vierteljahrhundert später noch Havemanns Witwe die Antwort auf die Frage schuldig ist, was aus den bei der Durchsuchung beschlagnahmten, tatsächlich aus politischen Motiven gestohlenen Privat- und Wertsachen geworden ist.

Am 2. Mai um halb neun ist Katja Havemann am Meinelschen Apparat mit Jürgen Fuchs verabredet, der aus West-Berlin anruft. Das Gespräch[120] wird aufgezeichnet, sofort

118 »Spiegel« 18/1979, S. 36 f.

119 Z. B. als Zeugen im Prozess gegen die Ankläger und Richter Robert Havemanns Mitte der Neunzigerjahre

120 Zur Wiedergabe in wörtlicher Rede rekonstruiert aus der Information zum OV »Leitz« vom 2. 5. 1979 der Stasi-Bezirksverwaltung Frankfurt (Oder) der Abteilung 26, gerichtet an Generalmajor Kienberg, Leiter der HA XX. Das Stasi-Protokoll des Gesprächs ist in indirekter Rede verfasst.

protokolliert und mit dem Vermerk »dringend« weitergeleitet.

Katja Havemann: … »Hast du gestern auch die Wiederholung der Sendung im RIAS gehört?«

Jürgen Fuchs: »Ja.«

»Das ist sehr sinnvoll gewesen.«

»Ganz bestimmt. Es wird auch auf anderen Sendern gebracht, die Sache läuft voll rund.«

»Das freut mich sehr. … Viele Leute amüsieren sich so über den Herrn Windisch. Einige sagen sogar, dass es nicht sein kann, dass es eine Fälschung sein muss. Der Kundschafter aus unserer Straße, den du auch kennst, behauptet das auch.« …

Fuchs lacht: »Wenn die das denken, dann können sie noch ganz andere Sachen zu hören bekommen.«

»Andere Leute, die von [Robert Havemanns ehemaligem Mithäftling] Ullmann [bei einer von Fuchs und Wilke initiierten Solidaritätserklärung im Radio] gehört haben, was Robert in Brandenburg gebastelt hat, halten Robert jetzt für einen sehr raffinierten Menschen …«

Fuchs lacht wieder. »Bei dem Ullmann hat sich ein Mensch aus der DDR gemeldet, der in Funktionen ist …: Viele ehemalige Brandenburger sind tief beschämt, die in der DDR sind, und werden auf nichtöffentlichem Weg etwas unternehmen.« …

»Sag mal, wann wollen wir wieder sprechen?«

»Ich rufe übermorgen um diese Zeit wieder an. Ich finde es erstaunlich, dass das immer noch geht.«

»Die Neugier scheint zu groß zu sein.«

»Eine alte militärische Regel lautet: Beobachten geht über Deckung. Die wollen sehen und hören. Die andere Seite will bestimmt auch überprüfen, wie souverän wir sind.«

»Die sind bestimmt auch sehr verwirrt und wollen etwas hören.«

»Wir sagen ja nicht alles.«

Beide lachen.

Katja Havemann: »Damit müssen die auch noch immer

rechnen! Es ist verdammt schwer, wenn man die Wahrheit nicht wahrhaben will und dann versucht, daraus was zu machen.«

»... Das ist alles vollkommen lächerlich.« ...

Je länger der verschärfte Hausarrest dauert, Robert Havemann sein Grundstück nicht verlassen und nicht einmal Verwandtenbesuch empfangen darf, desto mehr Druck muss die DDR-Führung aushalten, von Eurokommunisten, Havemann-Fürbittern und linken Kreisen. In der von der SED heimlich finanziell unterstützten westdeutschen DKP werden – wie schon zur Zeit der Biermann-Ausbürgerung – scharfe interne Auseinandersetzungen geführt.

All dies strahlt über die Mauer ins eigene Land ab.

„Zentraler Operativstab der Hauptabteilung XX, 3.5.1979, 01.30 Uhr, BV Dresden. Verteiler: Genosse Minister, Generalleutnant Beater, ... Generalmajor Mittig.

Information Nr. 801/79

Auffinden eines Hetzzettels im Durchgang 4 auf dem Hauptbahnhof in Dresden.
Am 2.5.1979 gegen 18.45 Uhr wurde dem Transportpolizeiamt Dresden durch den Bürger der DDR N.N.* ... bekannt, dass er im Durchgang 4 an der Eingangstür zur Betriebsverkaufsstelle der Mitropa einen Hetzzettel festgestellt hat. Der Zettel trug den Text:
‚Wir fordern Freiheit für den Kommunisten Robert Havemann. Er hat bei den Nazis als Kommunist im KZ gesessen und ist ein Kampfgefährte E. Honeckers. Schweinerei, dass so etwas passiert. Wir entwickeln uns zum zweiten Chile.

* Name auf der BStU-Kopie geschwärzt

Jetzt sitzt Havemann hier schon jahrelang unter Bewachung. Die DDR entwickelt sich zum zweiten Chile!'
... Da der Leim noch feucht war, konnte die mögliche Tatzeit zwischen 18.00 Uhr und 18.40 Uhr eingeengt werden."

Am 3. Mai 1979 erscheint in der »Frankfurter Rundschau« ein offener Brief des 1972 aus West-Berlin in die DDR übergesiedelten Schriftstellers Joachim Seyppel und seiner Lebensgefährtin Tatjana Rilsky an den Kulturchef der SED, Kurt Hager. Hager liegt der Brief schon seit einigen Tagen vor, das Publikum kennt ihn nicht. In der DDR werden offene Briefe in der Regel nicht öffentlich, wenn sie nicht staatlich initiiert sind.

Die beiden teilen dem »sehr verehrten Professor Hager« mit, dass man »als Staatsbürger« Stellung nehmen müsse zur Behandlung Robert Havemanns. »Verlangen Sie etwa von uns, dass wir Hausarrest, Isolierung, Hineinziehen seiner Familienangehörigen, kurz, die Marter eines ehrenhaften Mannes bejahen? ... Wenn sich die Staatsorgane so sicher sind: Wieso dann Geheimhaltung, Absperrung, Dinge außerhalb der Legalität? Ist dieser Staat so schwach, dass er einen Schriftsteller fürchten muss? Oder wäre ein Schriftsteller so stark, dass er diesen Staat verunsichern kann?« Hager solle sich dafür einsetzen, »dass Havemann human behandelt wird. ... Wir schämen uns.«

Als der Brief erschienen ist, schreibt Kurt Hager umgehend an den »lieben Erich« – den Staatsratsvorsitzenden und SED-Chef Honecker. Es liege ihm fern, sich für Havemann einzusetzen. Er schlägt vor, »gegenüber der feindlichen Hetze« in Seyppels Brief öffentlich zu reagieren.

Den Brief an Honecker schickt Hager in Kopie – will er sich absichern? – am selben Tag auch an den »werten Genossen Mielke«.

Hagers Anfrage ist der Auftakt zu einer der absurderen Propaganda-Aktionen der DDR-Führung: In seiner Bemühung, die Vorwürfe zu entkräften, liefert Hager Havemann in aller Öffentlichkeit unfreiwillig Argumente.

Freitag, 4. Mai, wird Robert Havemann erneut zu Hause vernommen. Er verweigert seine Teilnahme an dem Verfahren, wie er es ausdrückt. Wunderlich fragt hartnäckig nach Verträgen oder Vereinbarungen mit ausländischen Verlagen und nach Vermögenswerten im Ausland. Havemann sagt nicht aus, und weil das von Wunderlich ohnehin auf Band aufgezeichnet wird, verweigert er die Unterschrift unter das Vernehmungsprotokoll.

Am Samstag, 5. Mai, um 13.48 Uhr will Katja Havemanns Schwester Eva-Maria Grafe Lebensmittel bringen. Sie wird an der Sperre abgewiesen.

Nur Katja Havemann darf das Grundstück verlassen. Sie geht hinüber zu Haeselers, fährt – meist zum Telefonieren – zu Meinels.

Dienstag, 8. Mai, beginnt die Saison als Eisverkäuferin bei Familie Fleischmann im Kaffeegarten am See. Der Job ist so etwas wie eine schwache Hoffnung auf Normalität.

Ein Schreck und große Erleichterung

Mittwoch, 9. Mai 1979. Katja Havemann fährt gegen 8 Uhr Franziska zur Vorschule. Sie wird an der Sperre der Burgwallstraße kontrolliert, dann folgen ihr zwei Autos zum Kindergarten im Ortszentrum und zurück. An diesem Morgen geht sie nicht wie sonst fast immer kurz zu Meinels ins Pfarrhaus. Sie ist mit Brigitte Haeseler verabredet. Die Nachbarin soll Katja Havemann zum Klinikum in Berlin-Buch fahren. Sie muss Sauerstoff für Robert Havemann holen.

Brigitte Haeseler: »Auf der Rüdersdorfer Brücke auf der Autobahn waren plötzlich die Verfolgerautos nicht mehr da.« Katja Havemann erschrickt. Sie denkt an die mysteriösen Unglücke, von denen sie mit ihrem Mann nur unter vier Augen spricht: Jürgens Unfall mit ihrem Auto, die versagenden Bremsen an Roberts Wartburg. Sie hält es für undenkbar, dass Stasi-Mitarbeiter die eigenen Überwachungsmannschaften zu Zeugen machen würden. Sie spannt alle Muskeln an und wartet auf den großen Knall, dass das Auto plötzlich nicht mehr kontrollierbar ist. Sie versucht, Brigitte Haeseler nichts merken zu lassen von ihrer Panik. Sie ist erleichtert, als sie wohlbehalten auf dem Klinikgelände in Buch ankommen.

Als der Lieferwagen mit dem Sauerstoff, Katja Havemann auf dem Beifahrersitz, gegen Mittag in die Burgwallstraße einbiegt, ist die Sperre an der Ecke verschwunden wie ein Spuk. Kein Lastwagen, der die Straße blockiert, kein Schild »Einfahrt verboten«, keine Uniformierten. Am Stasihaus, Burgwallstraße 6, gibt es Bewegung, irgendwelche Gegenstände werden in einen Lieferwagen geräumt.

„Vermerk

Am 9.5.1979 informierte ich gegen 11.00 Uhr Herrn Robert Havemann
... von der Aufhebung der Vollstreckung seiner Aufenthaltsbeschränkung ...:

‚Herr Havemann,
Ihnen wurde am 26.11.1976 durch Urteil des Kreisgerichtes Fürstenwalde gemäß §§ 2 und 3 der Verordnung über Aufenthaltsbeschränkung der Aufenthalt auf ihr Grundstück beschränkt.
Ich bin bevollmächtigt, Ihnen mitzuteilen, dass die Aufenthaltsbeschränkung mit sofortiger Wirkung aufgehoben wird (Zwischenbemerkung von Havemann: Das freut mich).
Das ist mit der Auflage verbunden, dass Sie jegliche Kontakte auch über dritte Personen zu ausländischen Publikationsorganen und Massen-

medien oder deren Vertretern unterlassen. Ich mache Sie darauf aufmerksam, dass die Nichtbefolgung dieser Auflage die Fortsetzung der Vollstreckung des Urteils ... zur Folge haben kann.'
Da Havemann nach dieser Information keine Reaktion zeigte, stellte ich von mir aus die Frage, ob er dazu weitere Fragen habe. Er stellte daraufhin die Frage:
1. Darf ich hinfahren in der DDR, wohin ich will? Ich antwortete mit Ja.
2. Darf ich Besuch empfangen? Meine Antwort lautete ja, unter den Bedingungen, die ich Ihnen bereits als Auflage nannte.
3. Ist das Ermittlungsverfahren gegen mich eingestellt?
Ich erwiderte, nein, dieses Ermittlungsverfahren hat mit dem hier Mitgeteilten nichts zu tun.
4. Werden die Posten abgezogen? Antwort: Ja.
Da Havemann keine weiteren Fragen stellte, verabschiedete ich mich von ihm und verließ die Wohnung. Die Unterredung dauerte ca. 3 Minuten.
(gez.) Dr. Gläßner, Staatsanwalt"

„Bewegungsablauf des Personenkreises um Havemann, Robert ... am: 09.05.1979 ...

11.10 Uhr
das Sperrgebiet am Grundstück von Havemann wurde aufgehoben und die Sicherungskräfte der HA VIII abgezogen – Havemann beobachtete die Auflösung des Sperrgebietes und lachte mehrmals laut."

Havemann erzählt seiner Frau von dem Besuch des Staatsanwalts. Sie sind zur Vernunft gekommen, meint er. Vielleicht heiße das ja was. Auch für Bahro, den Inhaftierten.

Robert Havemann ist voller Tatendrang. Zur Feier des Tages fahren Havemanns in die Gaststätte Fleischmann zum Mittagessen, wo Katja als Eisverkäuferin an diesem Tag abgesagt hat. Es ist das zweite Mal seit einem Klinikbesuch am 13. April, dass Robert Havemann sein Grundstück verlassen kann.

„Bewegungsablauf des Personenkreises um Havemann, Robert ... am: 09.05.1979 ...

12.29
Pfarrer Meinel traf am Möbelwagen ein, beobachtete die Verladearbeiten der Sicherungskräfte und äußerte: ‚Die Schwachen sind doch die Stärkeren.'"

Johannes Meinel hat eine Flasche Sekt dabei. Er findet Havemanns bei Fleischmanns, ohne Bewacher, in einer seltsam gelösten und doch nicht von Anspannung freien Stimmung.

Sie können es nicht fassen. Meinel auch nicht. Sie sitzen ein paar Minuten zusammen, Robert Havemann erzählt, was der Staatsanwalt gesagt hat, Katja Havemann berichtet von ihrem Schrecken auf der Fahrt nach Buch, als die Verfolger plötzlich verschwunden waren.

Zurück zu Hause, meldet Meinel umgehend beim Fernamt ein dringendes Gespräch nach West-Berlin an, Nummer 785 18 01, Jürgen Fuchs.[121] Er beginnt das Gespräch mit »Lieber Jürgen, ich habe dir eine freudige Nachricht zu überbringen.«[122]

---

121 Stasi-Bezirksverwaltung Frankfurt (Oder), Abteilung –26–, ans MfS, HA XX, Generalmajor Kienberg: Information vom 9. 5. 1979 (Abhörprotokoll)

122 Nach der indirekten Rede des Protokolls rekonstruiert

Fuchs fragt zweimal nach, ob er richtig hört, irritiert, die Information zunächst nicht für Klartext, sondern für irgendeinen verqueren Code haltend.

»Ich fürchte, dass sie irgendeine Art von Verhaftung vorhaben«, sagt er dann, und fragt kurz darauf: »Hat Robert drüber nachgedacht, wo der Haken an der ganzen Sache sein könnte?«

Zum Nachdenken sei wenig Zeit gewesen, meint Meinel.

»Ist nicht erkennbar, dass mit diesem Vorhaben etwas verknüpft sein könnte?«

Meinel: »Nein. Ich schätze, es ist eine Rücknahme der bisherigen Restriktion auf der ganzen Linie.«

Fuchs taut langsam auf. Er nimmt die Nachricht an, beginnt Interpretationen. Sein Interview mit Katja Havemann im »Spiegel« zwei Tage zuvor habe starke Reaktionen hervorgerufen. Alle Welt schreibe Appelle, vor allem in eurokommunistischen Kreisen.

»Ich nehme auch an, dass es auf Grund des Echos weit über die Grenzen hinaus geschehen ist«, stimmt Meinel zu. »Vermutlich war das ausschlaggebend.« Katja und Robert seien Jürgen und seinen Freunden sehr dankbar für alles, was sie getan haben. »Auch ich bedanke mich sehr für das, was Ihr für Robert getan habt«, sagt Meinel. »Ich hoffe, wir sehen uns bald alle einmal wieder. Die Schwachen sind mächtiger als die Mächtigen.«

Fuchs: »Wir sind eben doch nicht ohnmächtig. Ich freue mich sehr. Ich danke dir für die Nachricht.«

„Bewegungsablauf des Personenkreises um Havemann, Robert ... am: 09.05.1979 ...

17.00 Uhr
das Kind der Familie Haeseler [und andere Kinder] streuen Wiesenblumen auf den Gehweg vor dem Grundstück Havemann"

Der ARD-Korrespondent Fritz Pleitgen kommt mit einem Kamerateam. Er filmt einen entspannten, lachenden Havemann im Kreise entspannter, lachender Freunde, befragen darf er ihn nicht. Aber es hat – ganz gegen die verschärfte Journalistenverordnung – keine 24 Stunden gedauert, bis Pleitgen aus der Hauptstadt nach Grünheide fahren durfte, um die gute Tat der DDR-Regierung als fröhlichen Stummfilm mit Off-Kommentar aufzuzeichnen. Der Beitrag läuft am selben Abend in der »Tagesschau«. Brigitte Haeseler: »Wir waren ausgelassen und aufgeregt, die ganze Straße. Ich habe meinen Fotoapparat geholt und geknipst. Leider hat mich dann ein Unbekannter, der auch sehr begeistert war, beschwatzt, ihm den Film zu geben, weil er ihn angeblich schnellstens entwickeln konnte. Er hat sich nie wieder bei mir gemeldet. Es waren jüngere Leute, ein Pärchen. Na, egal, nach zweieinhalb Jahren Belagerung waren wir schön ausgerastet hier in der Straße. Erich kam aus der Praxis und hat sich auch riesig gefreut. Wir haben was getrunken auf der Straße, es war verrückt, wie Kintopp. Unwirklich. Havemanns kamen dann, es war ein Gewusel, raus und rein, die Kinder rannten herum. Wir waren alle happy. Herrlich.«

Ungefragt

Bis zum 10. Mai 1979 hatte Karl-Heinz Baum Robert Havemann nicht zu Gesicht bekommen. Als der Korrespondent der »Frankfurter Rundschau« im September 1977 in Ost-Berlin antrat, dauerte der Hausarrest schon fast ein Jahr. »Ich bekam öfter erzählt: ›Ich habe mich gerade mit Havemann getroffen. Das hättste mal erleben sollen. Der und der hat mich eingeladen, da waren viele Leute, und dann kamense an, vorne Havemann, hinten zwei, vier Autos …‹«

Karl-Heinz Baum kommt am Morgen des 11. Mai gleichzeitig mit dem Team von ZDF-Korrespondent Peter van Loyen in Grünheide an. Gegen 11 Uhr, so ist telefonisch vereinbart worden, soll Havemann mit seiner Familie »zufällig«

aus dem Haus kommen. Das Wort an ihn zu richten ist Baum wie auch den Kollegen vom Fernsehen untersagt. Die Stasi registriert »acht männliche Personen« beim Filmen des Havemannschen Grundstücks.[123] Baum: »Er kam pünktlich raus, mit Frau und Kind, wir standen vor dem Gartenzaun, und begrüßte uns alle der Reihe nach: ›Guten Tag wird man sich wohl noch sagen dürfen.‹«[124]

Havemann kennt Baum nicht, also stellt er sich vor. Das Gespräch reißt ab. Havemann grinst und sagt: »Tja, da stehen wir nun dumm rum und dürfen uns nicht unterhalten.«

Da hat Baum eine Eingebung: »Also Herr Havemann, ganz so ist es nicht. Wir dürfen Ihnen keine Fragen stellen.«

Havemann schaltet sofort: »Ach so.«

Baum: »Er sprudelte los, sodass wir alle sofort nicht nur den Bericht hatten, sondern auch eine Meldung mit Aussagen Havemanns.« Havemann nennt die Aufhebung des Hausarrests »menschlich und vernünftig« und »vorteilhaft für die DDR«, beklagt aber, dass sein Telefon weiter abgestellt ist und seine Post nicht an ihn ausgeliefert wird. Er berichtet Details aus dem Devisenverfahren, dass ihm seine Arbeitsmittel beschlagnahmt wurden, sagt, er sei bei ausgezeichneter Gesundheit. Baum: »Das war die Geburtsstunde des Wortes ›ungefragt‹. Die Standardformulierung in den Korrespondentenberichten lautete fortan ›Ungefragt erklärte dieser oder jener, dass usw.‹, um der Journalistenverordnung und den Auflagen des Außenministeriums Genüge zu tun und zu belegen, dass wir nicht gefragt hatten und die einfach so losplapperten. Natürlich wurde gefragt, die Fernsehleute mussten das nur rausschneiden.«

An diesem Donnerstag telefoniert Havemann auch mit Wolf Biermann. Sie besprechen eine Anfrage des »Stern«. Havemann und Biermann sind sich einig, dem Wunsch des »Stern« nach einem Havemann-Biermann-Gespräch – wie es

---

123 »Bewegungsablauf« vom 10. Mai 1979
124 Alle Zitate lt. Baum

zuletzt drei Jahre zuvor veröffentlicht worden war – zunächst nicht nachzukommen, um nicht unnötig zu provozieren.[125]

An diesem Tag kommen zahlreiche Besucher, auch Fremde, die Havemanns gratulieren wollen, viele mit Blumen oder kleinen Geschenken.

Hager verplappert sich

Wie so oft bringt die SED selbst einmal wieder ihren hartnäckigsten Gegner in die Schlagzeilen. Es ist eine jener Fehlleistungen, über die auch in höchsten Parteikreisen nicht geredet wird.[126] Kurt Hager ist der Autor eines Artikels in der Ost-Berliner »Weltbühne«, in dem sich die DDR-Führung selbst und ihrer »unabhängigen« Justiz die Maske vom Gesicht reißt. Hager ist für den Lapsus nicht allein verantwortlich. Er hat seinen Text von Erich Mielke absegnen lassen, am Dienstag, 8. Mai, dem Tag, an dem Erich Honecker die Aufhebung des Hausarrests bestätigte.

Hager antwortet mit dem Artikel auf den offenen Brief des Schriftstellers Seyppel und dessen Lebensgefährtin.

Hager kommuniziert via »Weltbühne« über die Köpfe der DDR-Bürger hinweg, die nicht die Gelegenheit hatten, den Seyppelschen Brief in der »Frankfurter Rundschau« zu lesen, und nicht zu denen gehörten, die ihn über den RIAS zur Kenntnis nahmen – dass er es dennoch tut, folgt wohl der Einsicht, dass die Ahnungslosen in der Minderheit sind. Doch wenn es der Versuch ist, Seyppels Kritik am Vorgehen gegen Havemann Punkt für Punkt abzuarbeiten, so muss dieser fehlschlagen. Hager schreibt: »Da Havemann nicht aufhörte, durch die Veröffentlichung von Artikeln und Inter-

125 Information vom 10. 5. 1979 der Bezirksverwaltung Frankfurt (Oder)

126 Nach Angaben Günter Schabowskis bei einer Veranstaltung zum 25. Jahrestag der Biermann-Ausbürgerung am 16. November 2001 in Berliner Ensemble wurden an der SED-Spitze nie Fehler diskutiert, schon gar nicht die Mielkes oder Honeckers

views im Zusammenwirken mit westlichen Publikationsorganen und Massenmedien die sozialistische Staats- und Gesellschaftsordnung der DDR zu diskriminieren, wurde am 26. 11. 1976 durch ein rechtskräftiges Urteil des Kreisgerichts Fürstenwalde ... der Aufenthalt Havemanns auf sein Grundstück in Grünheide beschränkt. Dank der Nachsicht der Justizorgane konnte er zu Personen aus seinem Bekannten- und Verwandtenkreis in der DDR Kontakt unterhalten ... Gleichfalls pflegte er Umgang mit seinem Arzt, Nachbarn sowie dem Gemeindepfarrer.«[127]

Havemann triumphiert, seine Freunde in West-Berlin und in Hamburg sind entzückt, die »Springer-Presse, die so genannten liberalen bürgerlichen Zeitungen und das Fernsehen der BRD«, die »sich seit 30 Jahren auf einem antikommunistischen Kurs befinden«[128] (Hager) reagieren mit angemessener Häme. Denn Havemann war bekanntlich am 26. November 1976 offiziell keineswegs wegen wiederholten Gebrauchs seines in der Verfassung der DDR garantierten Rechts auf Meinungsfreiheit oder wegen Hetze zum Hausarrest verurteilt worden, sondern wegen »Gefährdung der Ordnung und Sicherheit«. Genau dies widerlegt Hager: Er übte immer wieder Kritik, also musste er weg. Außerdem gibt er zu, dass die Art der Vollstreckung eines hinreichend klaren Gerichtsurteils in der DDR von der »Nachsicht der Justizorgane« abhänge.

Robert Havemann amüsiert sich über diese »bemerkenswerte Offenheit«. Und er nimmt sich vor, die Indiskretion Kurt Hagers bei Gelegenheit als Argument zu verwenden.

Kriminalisierung

Das Ermittlungsverfahren gegen Robert Havemann wegen Zoll- und Devisenvergehen wird am 15. Mai 1979 von der Zollfahndung an die Generalstaatsanwaltschaft abgegeben.

---

127 »Weltbühne« 20, Berlin 15. Mai 1979, S. 612
128 Ebenda, S. 613

Auch dies Verfahren folgt, wie das von 1976, getreu den einschlägigen Maßnahmeplänen der Staatssicherheit. Wieder ist die Justiz dazu bestimmt, Mittel zum Zweck zu sein. Der Zweck ist: Havemann vor seinen Landsleuten als einen bloßzustellen, der sich als der bessere Kommunist darstellt, aber dank seiner West-Guthaben in ungewöhnlichem Luxus leben kann. Die einschlägige Konzeption des MfS ist kurz zuvor an diesem Dienstag von Erich Honecker abgezeichnet worden:[129]

„Durch den Generalstaatsanwalt der DDR wird das Verfahren an den Staatsanwalt des Kreises Fürstenwalde mit der Maßgabe übergeben, beim Kreisgericht Fürstenwalde auf der genannten Rechtsgrundlage den Erlass eines auf eine Geldstrafe in Höhe von 10000 Mark, die Einziehung des Videorecorders und des [bei der Haussuchung in bar gefundenen] Geldbetrages von 430 DM sowie die Ersatzeinziehung von 38275,63 Mark gerichteten Strafbefehls gegen Robert Havemann zu beantragen ...
Durch das Kreisgericht Fürstenwalde wird am 25.5.1979 der Strafbefehl erlassen und dieser Havemann am gleichen Tage durch den Sekretär des Kreisgerichtes persönlich zugestellt ...
Im Falle eines Einspruchs Havemanns gegen den Strafbefehl wird vom Kreisgericht Fürstenwalde in der Zeit vom 11.6. bis 15.6.1979 die Hauptverhandlung angeordnet ..., wobei zur Verhinderung von Provokationen durch von Havemann über den Prozesstermin informierte Personen der Gerichtssaal durch einen auszuwählenden Personenkreis besetzt wird ..."

129 Vollnhals, S. 82

Auch Havemanns bekannter Einwand, dass er keinen DDR-Anwalt akzeptieren könne, weil der Ärger bekomme, wenn er sein Vertrauen verdiene, oder sein Vertrauen nicht verdiene, ist in der Konzeption berücksichtigt: »Da vor dem Kreisgericht kein Verteidigerzwang besteht, kann Havemann, der die Bestellung eines bei den Gerichten der DDR zugelassenen Rechtsanwaltes ablehnt, sich selbst verteidigen. Im Ergebnis der gerichtlichen Hauptverhandlung wird der gleiche Strafausspruch erfolgen. Legt Havemann gegen das Urteil Berufung ein, wird diese durch das Bezirksgericht Frankfurt/Oder durch Beschluss endgültig verworfen.«[130]

Honecker streicht, bevor er seine Initialen setzt, den Vorschlag zur Ersatzeinziehung von 38 275,63 Mark für ein unerreichbares DM-Konto im Westen, für das Belege bei der Durchsuchung gefunden wurden. Und er verweigert den für die Planung zuständigen Genossen die von ihnen entworfene Aberkennung der Ehrenpension, die Havemann als verdienter Antifaschist erhält.

Honecker ahnt wohl, dass dies andere verdiente Antifaschisten wieder einmal mit allzu guten Argumenten in der West-Presse gegen die DDR zu Felde ziehen lassen würde. Für fortgesetzten Druck der internationalen Medien hat man den Hausarrest schließlich nicht aufgehoben.

Am 15. Mai 1979 gibt die Zollverwaltung auch das Verfahren gegen Stefan Heym an die Staatsanwaltschaft ab.

Die Stasi-Konzeption gegen Havemann legt alle Verantwortung für die reibungslose Arbeit der Justiz in die Hände Erich Mielkes. Dessen Ministerium leitet nicht nur im Fall Havemann in gut eingespielter Weise Generalstaatsanwaltschaft und Oberstes Gericht an. Jeder Zufall muss ausgeschlossen werden. Im Wochenrhythmus folgen weitere Konzeptionen. Einen oder zwei Tage bevor die Staatsanwaltschaft den Strafbefehl beim Kreisgericht beantragt, nimmt die Stasi schon

---

130 Zit. nach Vollnhals, S. 82 f.

dessen Text zu ihren Akten[131] – Indiz perfektionistischer Planung unter den Bedingungen der »sozialistischen Gesetzlichkeit«. Staatsanwältin Heyer beantragt den Strafbefehl am 23. Mai, formal richtig »im Auftrag« von Kreisstaatsanwalt Pilz. Er lässt Heyer gewähren wie 1976 Windisch und steht im Übrigen für den Fall eines Einspruchs Havemanns als Statist für die Hauptverhandlung zur Verfügung.

Über Jürgen Fuchs hat Robert Havemann Verbindung zu kommunistischen Parteien in Westeuropa aufgenommen, um sich einen möglichst prominenten und auch kompetenten Anwalt zu besorgen.

Der Mann muss mehrere Bedingungen erfüllen: Kommunist soll er sein, der deutschen Sprache und des deutschen Rechts kundig, um weder politisch noch formaljuristisch zurückgewiesen werden zu können.

Stefan Heym erhält am 23. Mai einen gerichtlichen Strafbefehl über 9000 Mark. Heym stellt fest, dass, seit er »Lassalle« veröffentlichte und eine Strafe von 300 Mark zahlen musste, die Freiheit des Wortes ihren Preis um das 30fache gesteigert habe. Das finde er bedenklich. Er zahlt die Strafe sofort.[132]

Am 25. Mai händigt der Direktor des Kreisgerichts Fürstenwalde, Hauke, Robert Havemann den Strafbefehl aus. Havemann fasst ihn als eine Kampfansage auf, die er nur zu gern annehmen will. Er zahlt die Strafe von 10 000 Mark nicht.

Der Zeitpunkt ist gekommen, die Mächtigen von seiner Bemühung um einen ausländischen, unabhängigen Anwalt wissen zu lassen. Die Absicht ist klar: Weisen sie den Anwalt ab, verletzen sie die Rechte des Beschuldigten auf freie Verteidigung. Lassen sie ihn gewähren – damit rechnet Havemann nicht ernsthaft –, wird das Spiel der »sozialistischen

---

131 S. Vollnhals, S. 85
132 Lt. »Tagesspiegel« vom 27. Mai 1979

Gesetzlichkeit« deutlich schwieriger zu spielen sein. Beides wäre Havemann recht. Auf eines, weiß er, kann er jedenfalls nicht zählen: einen unabhängigen, fairen Richter.

„Information vom 25.5.1979[133]

... Jürgen fragt, ob das Konto wieder freigegeben wurde.
Robert: ‚Ein Konto ist wieder freigegeben worden. Das zweite Konto aber nicht. Dann wurde mir mitgeteilt, dass auch die Postzustellung ab heute wieder genehmigt ist. Das erste Mal, dass ich offiziell höre, dass sie unterbrochen war. Ich habe das nur gemerkt bisher. Und als ich fragte, wie es mit dem Telefon wäre, sagte er, da müsste ich mich wohl lieber an die Post wenden und einen neuen Antrag stellen. Es ist ja noch alles da. Meine Telefonapparate sind noch in den Wohnungen, in der Stadt wie hier.'
...
Jürgen will wissen, ... was sie tun werden, falls er sich weigert, zu zahlen.
Robert: ‚Na, dann wird es im Zwangsverfahren eingezogen ...'
Jürgen meint, dass sie ja nicht einmal das Verfahren machen müssen, welches Robert fordert.
Robert: ‚Das müssen sie jetzt machen. ... Aufgrund meines Einspruches. Das steht in der Strafprozessordnung der DDR... Da steht drin, wenn jemand Einspruch erhebt, ein Gerichtsverfahren stattfinden muss und das Gericht aber im Strafmaß ... nicht über das ... hinausge-

---

133 Stasi-Bezirksverwaltung Frankfurt (Oder), Abteilung 26 – abgehört wurde das Telefon der Familie Haeseler

hen kann, was in dem Strafbefehl enthalten war. ... Aber natürlich muss erst einmal für mich ein Anwalt da sein. Denn nach den Gesetzen der DDR muss jeder Angeklagte einen Verteidiger haben. Und du weißt, dass ich keinen Verteidiger der DDR annehmen kann. ... Deswegen ist es so wichtig, dass meine Freunde von den kommunistischen Parteien Italiens oder auch in anderen Ländern etwas unternehmen, dass mir ein wirklich vertrauenswürdiger Anwalt zur Verfügung gestellt wird. ... So gut, wie die DDR-Anwälte im Ausland auftreten können, muss es auch umgekehrt möglich sein.'
Jürgen findet das sehr richtig und meint, dass es auch zugesichert wurde. ...
Robert: Das ist ja prima. Man muss jetzt noch einmal neu mitteilen, was heute stattgefunden hat und dass ich eben heute ... Einspruch erhoben habe und dass nun ein Verfahren vor Gericht stattfinden muss... Es wird behauptet, ich hätte ein Guthaben in Höhe von 40 TM ... im Westen Deutschlands überwiesen oder in Devisen angesammelt, ich hätte darüber Verfügung zugunsten anderer Devisenausländer erlassen, in Form von Honoraraufteilung und sonstigen Zuwendungen und Käufen. Ich hätte mit den verschiedenen Verlagen Vertragsabschlüsse, mit dem Rowolt-Verlag [!], dem JurkampVerlag [!] dem Verlag ‚Europäische Ideen' und der ‚Frosch-Produktion'."
Beide lachen darüber. ...
Robert: ‚Das sind alles so Sachen, die sie sich aus meinen Briefen herausgesogen haben. Die haben überhaupt nichts Greifbares in der Hand.'
Jürgen will wissen, ob Robert dazu Stellung genommen hat.

Robert: ,... Ich nehme [vor] diesen Leuten zu überhaupt nichts Stellung. ... Ich verlange, dass das im höchsten Maße öffentlich gemacht wird. Das ist das Wichtige dabei. Der ausländische Anwalt dient auch hauptsächlich der Sache. Er gibt Garantie dafür, dass keine geheimen Sachen stattfinden können. Dass alles vollständig öffentlich ist ... und ... auch in der ganzen Welt gehört wird. Es handelt sich ja nicht um meine Person dabei, sondern um das Recht, frei und ungehindert seine Meinung zu äußern und Kritik zu üben.' ...
Robert wüsste ja auch von Stefan Heyms neuntausend.
Robert: ,Ja, ich weiß das. Ich fürchte nur, er hat keinen Einspruch erhoben.'
Jürgen erklärt, dass der schon bezahlt hat.
Robert: ,Der hat schon bezahlt? Ach, das ist ja schrecklich.' ..."

In den kommenden Tagen telefoniert Jürgen Fuchs täglich mit Lombardo Radice in Italien.[134] Der setzt sich dafür ein, dass die KPI einem ihrer Anwälte offiziell den Auftrag erteilt, Havemann in Fürstenwalde zu vertreten. Doch es gibt Schwierigkeiten. Fuchs vermutet, dass die Genossen in Rom das Gefühl haben, Havemann überziehe sein Konto: Sie hätten sich bis zum 9. Mai mit den anderen westeuropäischen KP sehr für Havemann eingesetzt, sähen das Devisenstrafverfahren nun aber als einen hinnehmbaren Kompromiss zwischen der Härte des Hausarrests und Straflosigkeit. Radice verlangt von Fuchs eine detaillierte Darstellung der Rechtslage – auch in Italien, so wendet er ein, sei das Nichtdeklarieren von Deviseneinkommen strafbar.

134 Vgl. Abhörprotokolle (»Informationen«) der Abteilung 26 der Bezirksverwaltung Frankfurt (Oder) von Gesprächen zwischen Fuchs und Havemann am 31.5. und am 1.6. 1979

Doch schließlich spricht auch Lombardo Radice von der »Devisenfalle«: Fuchs kann ihm klar machen, dass es nicht nur darum geht, Veröffentlichungen im Ausland zu deklarieren und mit dem Staat eine Regelung über die Einkünfte zu treffen. Havemann müsste jeden einzelnen Artikel, jedes Buch im staatlichen Büro für Urheberrechte genehmigen lassen. Diese Genehmigung würde in seinem Fall nie erteilt, und mit den devisenrechtlichen Fragen, die damit verknüpft sind, ist jede ungenehmigte Veröffentlichung automatisch illegal.

Anfang Juni berichtet Fuchs Havemann, dass er Kontakt zum ZK der spanischen Kommunisten bekommen habe, das zusage, gemeinsam mit der sozialdemokratischen PSOE ein Team von Juristen auf seinen Fall anzusetzen und sich auch weiter zu kümmern. Wolf Biermann hat den Kontakt hergestellt.

„Abschrift[135]
Staatssekretär
5. Juni 1979

Vermerk

Während des Empfangs in der italienischen Botschaft am 31. Mai 1979 hatte ich mit dem ebenfalls anwesenden Stephan Hermlin ein Gespräch. In diesem Gespräch teilte Stephan Hermlin ausdrücklich offiziell mit, dass er vor einigen Tagen von dem Sohn eines verstorbenen Freundes* aufgesucht worden sei, der ihm die Bitte vorgetragen hat, an einer Zusammenkunft führender Schriftsteller der DDR mit Prof. Havemann teilzunehmen. Stephan Hermlin erklärte, dass er dieses Ansinnen empört zurückgewiesen

135 Dokument ohne Herkunftsnachweis, Fundort: Stasi-OV »Leitz«
* Es handelte sich nach dessen eigenen Angaben vom 19. 1. 2003 um den Journalisten Claus Bredel, Sohn des Schriftstellers Willi Bredel.

hat. Inzwischen sei ihm bekannt geworden, dass Günter Kunert, Christa Wolf und Franz Fühmann ebenfalls aufgesucht worden sind, um auch sie für eine derartige Zusammenkunft zu gewinnen. Auch diese Schriftsteller haben der Einladung nicht Folge geleistet. Von Günter Kunert wurde Stephan Hermlin informiert, dass die Absicht dieses Treffens die Bildung einer Gruppe gewesen sei, die sich als Vertreter der DDR der in mehreren sozialistischen Ländern bestehenden Konzentration für die ‚Samisdat' konstituieren sollte.
Da das Gespräch mit Hermlin nicht die Möglichkeit bot, intensive Rückfragen zu erhalten, konnte ich noch nicht erfahren, von wem er angesprochen worden ist und wann und wo dieses Treffen vorgesehen war. In der Gesprächsrunde der italienischen Botschaft befanden sich gleichzeitig Günter Kunert und Frau und Heiner Müller. Außerdem gesellte sich der Ständige Vertreter der BRD, Botschafter Günter Gaus, dazu, mit dem Günter Kunert ein offensichtlich sehr vertrautes Verhältnis besitzt.
Kurt Löffler"

Havemann wird für Donnerstag, 14. Juni, 8 Uhr ins Kreisgericht vorgeladen. Er beantragt die vorläufige Aussetzung des Termins – einerseits aus Gesundheitsgründen, andererseits, weil er »einen Anwalt, der in der DDR praktiziert, nicht als Verteidiger anerkennen« könne. Havemanns Antrag wird am 12. Juni abgelehnt.

Das Außenministerium der DDR untersagt den in der DDR akkreditierten West-Journalisten, über die Gerichtsverhandlung oder aus deren Umfeld zu berichten. Die Journalisten lassen sich die faktische Reisesperre nach Fürstenwalde nicht bieten und beantragen die Fahrt dennoch.

13. Juni, 15 Uhr. Jürgen Fuchs teilt Katja Havemann mit, dass »um 20 Uhr jemand mit dem Flugzeug [nach West-Berlin] kommen wird. Dieser Jemand wird sofort versuchen, in die DDR oder nach Ost-Berlin zu gehen.«[136] Fuchs deutet an, dass die DDR-Botschaft in Madrid auf Zeit gespielt hat und keine eindeutige Aussage zum Visum des »Jemand« macht. Der habe alle Telefonnummern.

Das Abhörprotokoll des Gesprächs wird mit dem Vermerk »dringend« per Telegramm zum Leiter der Stasi-Hauptabteilung XX geschickt, Generalmajor Kienberg.

13. Juni, 21.45 Uhr. Lilo Fuchs nimmt über Haeselers Telefon Verbindung zu Katja Havemann auf. Die »betreffende Person« sei gerade gelandet und werde »es« in einer halben Stunde versuchen. Es sei eine männliche Person mit dem Vornamen Enrique und einem französischen Nachnamen. Das Gesprächsprotokoll wird an Generalmajor Kienberg telegrafiert.

13. Juni, 23.00 Uhr. Er habe den »Jemand« zum Grenzübergang Friedrichstraße gebracht, teilt Jürgen Fuchs Katja Havemann mit. Nun, da er in der DDR ist, wird die Konspiration aufgehoben, damit die Mächtigen wissen, mit wem sie es zu tun haben. Fuchs gibt vor den Ohren der Abhörer den vollen Namen des Anwalts: Enrique Gimbernat, Professor und Dekan an der juristischen Fakultät in Madrid, ein »sehr hoher Mann«, der über die Zusicherung der DDR-Botschaft in Madrid verfüge, Havemann sprechen zu dürfen und den Prozess zu »beobachten«.

Generalmajor Kienberg erhält das Protokoll erneut per Telegramm.

---

136 Stasi-Bezirksverwaltung Frankfurt (Oder), Abteilung 26: Information vom 13. 6. 1979 (Abhörprotokoll eines Gesprächs am Telefon der Familie Haeseler)

14. Juni, 0.30 Uhr. Fuchs wird telefonisch mitgeteilt: Gimbernat ist in Ost-Berlin. Er hat kein Visum für Fürstenwalde erhalten, ist aber zum Staatlichen Reisebüro am Alexanderplatz geschickt worden – dort könne er eines bekommen.

Minuten später ruft Gimbernat Katja Havemann bei Haeselers an: Wenn er das Visum nicht bekomme, nehme er sich ein Taxi und fahre ohne nach Grünheide.

Telegramm an Kienberg.

Gimbernat wird die Genehmigung für Fürstenwalde verweigert. Er fährt dennoch mit dem Taxi in den Kreis Fürstenwalde, nach Grünheide. Er kommt erschöpft und übermüdet nach 3 Uhr an.

Katja Havemann versucht, Jürgen Fuchs zu erreichen. Gimbernat will sich mit ihm beraten, außerdem muss Fuchs informiert werden. Vergebens: Das Fernamt meldet eine »Störung nach West-Berlin«. Brigitte Haeseler nimmt die Störung gewissermaßen persönlich, ruft ihre Mutter in Kleinmachnow an, um sie zu bitten, bei Fuchs anzurufen. Von Kleinmachnow aus ist auch kein Durchkommen. An einen Zufall mag niemand glauben.

Katja Havemann ruft um 5 Uhr bei Meinels an: Ob die nicht jemanden in Berlin wüssten, der bei Jürgen Fuchs, ohne das Fernamt einschalten zu müssen, anrufen könne.

Fuchs ruft dank dieses Arrangements kurz nach 6 Uhr bei Haeselers an. Gimbernat hat sich hingelegt. Fuchs will von Katja Havemann sehr genau wissen, ob das Reisebüro die Verweigerung der Erlaubnis begründet hat, bevor er grünes Licht dafür gibt, dass Gimbernat unter Berufung auf die Menschenrechtskonvention nach Fürstenwalde fährt und sich als Anwalt Havemanns einsetzt. Es soll keine internationalen Verwicklungen geben. Fuchs setzt sich mit der spanischen Botschaft in Bonn in Verbindung.

Kurz vor Abfahrt nach Fürstenwalde ist alles klar: Gimbernat fährt ohne Genehmigung nach Fürstenwalde. Als Havemanns, Brigitte Haeseler und Johannes Meinel mit Gimbernat in Fürstenwalde ankommen, sind die Journalisten schon da. Sie sind um 6 Uhr in Ost-Berlin losgefahren, allein oder in kleinen Gruppen, dem absichtsvoll sehr früh angesetzten Prozesstermin zum Trotz. Außer den Journalisten und Havemanns engsten Freunden sind Sympathisanten Havemanns gekommen.

Er hat schlecht geschlafen, ist erschöpft von einer Halsentzündung, die er sich einige Tage zuvor zugezogen hat. Er lächelt etwas abwesend und geht mit seiner Frau langsam die Stufen zum Eingang des Kreisgerichts hinauf.

ARD und ZDF filmen. Das Regime hat es nicht gewagt, den Journalisten die Reise nach Fürstenwalde zu verwehren. Interviews aber sind untersagt.

Außer Katja Havemann darf nur Dr. Landmann mit in den Gerichtssaal. Brigitte Haeseler und Pfarrer Meinel, die versuchen, hineinzugehen, müssen wie alle anderen draußen bleiben. Der Saal sei voll, sagt man ihnen.

Gimbernat wird umgehend abgewiesen. Er halte sich illegal in Fürstenwalde auf und müsse sich sofort in die Hauptstadt der DDR begeben, sagt ein Volkspolizist.

Johannes Meinel schaltet sich ein: »Robert Havemann hat einen spanischen Anwalt, einen bekannten Kommunisten, der ist Anwalt seiner Wahl. Er hat das Recht, Havemann zu verteidigen, und dies Recht ist ihm von einem kommunistischen Gericht verwehrt worden. Es ist traurig, dass Havemann schutz- und rechtlos ohne anwaltliche Unterstützung vor Gericht stehen muss.«[137] Die Journalisten werden auf Meinel aufmerksam. Er gibt bereitwillig »Ungefragt«-Interviews.

Der Gerichtssaal hat zwölf Plätze, die tatsächlich alle besetzt sind mit teilnahmslos blickenden jüngeren Männern im vertrauten Stasi-Zivil. Es ist ein kleiner Raum, nicht größer als das Wohnzimmer von Havemanns Haus in Grünheide. Für

---

137 Zit. rekonstruiert nach einem IM-Bericht aus der Kreisdienststelle des MfS in Fürstenwalde: »Abschrift – Information über das Verhalten des Pfarrers Meinel aus Grünheide« vom 25.6. 1979

Katja Havemann und Dr. Landmann werden zwei Stühle dazugestellt.

Das Verfahren ist eine Farce, das ist Havemanns klar. Tatsächlich ist die Verhandlung bis in die letzte Frage des Richters, ja sogar der Laienrichterin an Haukes Seite, bereits vor dem Termin vorgezeichnet und zu den Stasiakten genommen worden.[138]

Dies Dokument wiederum, das Kreisgerichtsdirektor Nikolaus Hauke nach eigenen Angaben selbst zu seiner Vorbereitung geschrieben haben will[139], folgt einem »Vorschlag zur Durchführung der gerichtlichen Hauptverhandlung gegen Robert Havemann vor dem Kreisgericht Fürstenwalde« vom 4. Juni, der Erich Mielkes Genehmigung trägt.

Richter Hauke ist aus Sicht der Staatssicherheit ein zuverlässiger Genosse mit einem klaren politischen Standpunkt, dem das MfS auf Wunsch des Justizministeriums zwei Jahre später bescheinigt, dass er als GVS-Kader unbedenklich Zugang zu Geheimen Verschlusssachen haben dürfe. Zur Stasi-Kreisdienststelle »unterhält H. als Gerichtsdirektor und Genosse eine gute Verbindung bzw. Zusammenarbeit und gibt jede Unterstützung«, heißt es in dem Auskunftsbericht der Stasi vom 28. Januar 1981. In seiner Funktion als Kreisgerichtsdirektor ist Hauke also nicht nur gezwungenermaßen – es gehört zum Berufsbild – offizieller Zuträger der Stasi, sondern er hat sich dort Freunde gemacht. Ein MfS-Vermerk aus dem Jahr 1988 legt die Feststellung nahe, dass Hauke gelegentlich auch inoffiziell für die Genossen von der Sicherheit tätig ist.[140]

Die Stasi-Konzeption vom 4. Juni 1979 sieht auch eine – nach Prozessordnung illegale – »Schallaufzeichnung« der Ver-

---

138 Siehe Vollnhals, S. 90 ff.

139 So sagte Nikolaus Hauke 1997 als Angeklagter im Verfahren gegen Havemanns Richter und Ankläger vor dem Landgericht Frankfurt (Oder) aus.

140 Siehe Vollnhals, S. 48 f.

handlung durch die Staatssicherheit vor. Ihr ist es zu verdanken, dass Havemanns Auftritt vor Gericht wortgetreu überliefert ist.

Kaum hat Hauke die Verhandlung mit der Ansage »Zu Beginn der Verhandlung möchte ich … darauf hinweisen, dass Schallaufnahmen nicht gemacht werden dürfen«[141] begonnen, stellt Robert Havemann den Antrag, Gimbernat zuzulassen und ihm Akteneinsicht zu gewähren. Hauke blafft ihn zwar an: »Hier bestimme ich, wer hier was sagt«, legt aber doch eine Beratungspause ein.

Havemanns Antrag wird abgelehnt.

Hauke will nach seiner Konzeption um diese Zeit schon die Beweisaufnahme eröffnet haben.

Havemann legt Einspruch ein: Die Zulassung sei eine Ermessensfrage, Gimbernat habe sie beim Justizminister der DDR beantragt, der doch vielleicht anders entscheide als Hauke.

»Angeklagter, wir haben Ihren Antrag abgewiesen, und damit müssen Sie sich abfinden.«

»Nein, ich finde mich nicht damit ab, sondern ich werde an der Verhandlung dann nicht teilnehmen.«

Warum Havemann denn keinen DDR-Anwalt nehme?

»Das habe ich Ihnen ausdrücklich geschrieben und auch dem Generalstaatsanwalt mitgeteilt, aus welchen Gründen …«

Hauke unterbricht: »Wir wollen hier nicht polemisieren … Sind Sie bereit, in die Hauptverhandlung einzutreten, ja oder nein?«

»Nein.«

»Dann muss ich Sie darauf hinweisen, dass Sie damit nicht erschienen sind.«

»Ich bin erschienen, wie Sie sehen.«

»Ja, Sie sind nicht bereit, zu verhandeln.«

Havemann sagt, er werde verhandeln, wenn es sein müsse,

---

141 Alle Zitate nach einer Kopie der Bandaufzeichnung des MfS, HA IX/Tb/186/K1

aber nicht ohne sein Recht auf Verteidigung wahrzunehmen. Er fordert erneut die Vertagung.

»Also Sie wollen damit sagen, dass Sie einen in der DDR zugelassenen Rechtsanwalt nicht nehmen, und Sie wollen sich einen anderen ausländischen Rechtsanwalt nehmen?«

»Ich will nicht unbedingt behaupten, dass ich keinen Rechtsanwalt aus der DDR nehmen will. … Es müsste auf jeden Fall ein Rechtsanwalt sein, der genügend gewärtig ist, dass er mein Vertrauen genießt, und dem auch garantiert wird, dass ihm nicht geschieht, was Dr. Götz Berger vor diesem Gericht …«

Hauke unterbricht gemäß der Prozesskonzeption, um Havemann an »Provokationen« und politischen Erklärungen zu hindern.

Havemann beantragt erneut die Vertagung, um sein Recht auf Verteidigung wahrnehmen zu können.

Hauke: »Das hätten Sie doch schon tun können.«

»Sie haben meinen Anwalt abgewiesen.«

»Das ist insofern gerechtfertigt gewesen, als er in der DDR nicht zugelassen ist.«

»Deshalb beantrage ich seine Zulassung nach wie vor … Und unabhängig davon stelle ich jetzt den Antrag, das Verfahren deswegen vorläufig auszusetzen, weil ich nicht in der Lage bin, das mir nach § 61 zustehende Recht auf Verteidigung wahrzunehmen … Besonders empört bin ich über das Verhalten gegenüber dem ausländischen Gast.«

»Der ausländische Gast ist nebenbei gesagt rechtswidrig hier eingereist, ja?«

An dieser Stelle legt Hauke eine Pause ein, weil Dr. Landmann es auf Hinweis Havemanns für geboten hält, dessen Puls zu prüfen: Jede Aufregung und Belastung seien ihm untersagt.

Nach der Pause verliest Hauke den Strafbefehl, weist auf den Einspruch hin, eröffnet die Beweisaufnahme mit den üblichen Fragen zur Person.

Havemann antwortet ruhig.

Dann erhält die Schöffin ihr Stichwort: »Haben Sie noch weitere Vermögenswerte außerhalb der DDR?«

Havemann weist auf sein Recht auf Verteidigung hin und fordert erneut, die Verhandlung zu beenden. »Sehen Sie mal, Sie wollen ein Verfahren, das im Grunde ganz anderen Zwecken dient, dazu missbrauchen, die Freiheit der Meinungsäußerung …«

Hauke schneidet Havemann das Wort ab. »Angeklagter, ich weise Sie zurück – das gehört nicht zur Sache.« Dann glaubt er: »Wir kommen jetzt zur Vernehmung zur Sache.«

»Darf ich mich jetzt erheben, um den Gerichtssaal zu verlassen? Sie können doch nicht vorhaben, mich ohne Verteidigung zu dem zu verurteilen, was schon im Strafbefehl steht …«

Hauke wittert eine Chance. Er könnte weiterkommen in seiner Inszenierung, wenn Havemann sich darauf einließe: »Sie wollen sich also zur Sache nicht äußern, Angeklagter?«

Havemann hat sich zu intensiv auf diesen Tag vorbereitet, um mit einem juristischen Terminus zu antworten, der ihn auf die Wahrnehmung des Aussageverweigerungsrechts des Angeklagten festlegen könnte. »Ich kann nicht an einem Verfahren teilnehmen, das sowieso sinnlos ist. Ich nehme nicht an einer Sache teil, von der ich der Meinung bin, dass sie dem Ansehen der DDR international schadet und dem …«

Hauke unterbricht: »Angeklagter, Strafbefehl, dazu sollen Sie sich äußern, nicht, was nicht dazu gehört.«

»Ich habe nur zu erklären, dass die gesamte Anklage zu Unrecht ist … Und im Übrigen, Sie haben mich gefragt, ob ich bereit wäre, einen Rechtsanwalt der DDR zuzulassen. Ich bin dazu in bedingtem Maße bereit, und zwar schlage ich dafür Herrn Dr. Gysi vor. Dann müsste aber Herr Gysi vorher die Gelegenheit haben, die Anklageschrift, das gesamte Material, die Beweismittel kennen zu lernen. Und aus diesem Grund, weil ich bereit bin, bedingt, Dr. Gysi als zweiten oder dritten Rechtsanwalt, oder auch als ersten, die Reihenfolge ist egal, gleichzeitig zuzulassen, also anzuerkennen, der hier in der DDR zugelassen ist. So bitte ich aus diesem Grunde erneut, das Verfahren auszusetzen.«

»Sie beantragen also Herrn Dr. Gysi.« …

»Das hängt davon ab, ob Herr Gysi damit einverstanden ist und wie meine Rücksprache mit Herrn Gysi verlaufen wird. Ich kann nicht über Herrn Gysi verfügen, ohne seine Meinung gehört zu haben.«

»Noch mal: Sie sind also auch dann bereit, mit einem in der DDR zugelassenen Rechtsanwalt zu verhandeln.«

»Natürlich.«

Nach einer kurzen Pause verkündet Hauke die Vertagung auf den 20. Juni.

Havemann: »Ich möchte eine Bitte aussprechen, und zwar, dass beim nächsten Mal die Öffentlichkeit mehr gewährleistet ist ...«

»Angeklagter!«

»... als das heute ...«

»Angeklagter!«

»... der Fall ist. Und zwar ...«

»Angeklagter!«

»... durch einen größeren Gerichtssaal und auch dadurch, dass Personen, die den Prozess sehen wollen, eingelassen werden ...«

»Angeklagter!«

»... und der Saal nicht gleich voll ist.«

»Es ist Ihr Wunsch, dass in einem Saal zu ebener Erde verhandelt wird, da haben wir nur einen. Darüber zu entscheiden ist außerdem Sache des Gerichts.«

Als Havemann aus dem Gericht kommt, empfängt ihn Gudrun Bredel, die Frau des mit ihm befreundeten DDR-Journalisten Klaus Bredel, mit Blumen und umarmt ihn – unter DDR-Verhältnissen ist das eine politische Demonstration. Er informiert kurz die wartenden Journalisten, gibt aber kein Interview oder eine »Ungefragt«-Erklärung vor laufender Kamera. Die Journalisten beschäftigen sich mit denen, die vor dem Kreisgericht warten. Von den aufgezeichneten Gesprächen wird nachher im Fernsehen nichts, im Radio und in den Zeitungen nur wenig verwendet, weil es nicht zum Urteilsspruch gekommen ist. Havemann steuert seinen Wartburg Tourist selbst aus der Kreisstadt.

Claus Bredel: »Am Abend sahen wir in der Tagesschau den Film: Robert Havemann und die Sympathien der Bevölkerung. Das war kein schlechter Tag gewesen.«[142]

Havemann ist erschöpft, aber nicht unzufrieden. Er hat die Macht verunsichert, indem er Gysi, von dem er in Verbindung mit Rudolf Bahro gehört hatte, als Anwalt ins Gespräch brachte; er hat sie dazu gebracht, sich zu bewegen, und sei es nur um sechs Tage, in denen er alle Hebel in Bewegung setzen kann, um Gimbernat doch noch als Verteidiger durchzusetzen. Tatsächlich schreibt Gimbernat erst nach dem Gerichtstermin seinen Antrag an den Justizminister, das Mandat Havemanns übernehmen zu können, gemeinsam mit Götz Berger, dem das große Genugtuung verschafft.

Kaum ein Tag vergeht, da die Zeitungen im Westen den Namen Havemann nicht erwähnen.

Robert Havemann gibt sich dem Trubel hin, wenn es ihn auch sehr anstrengt und daran hindert, sich eingehend mit seiner Verteidigung zu beschäftigen.

Katja Havemann wird es bereits zu viel. »Bei Robert ist immer Besuch«, erzählt sie Jürgen Fuchs am 16. Juni am Telefon. »Ich bin schon ganz ärgerlich. Ich bin zu den Leuten oft so lange unfreundlich, bis sie gehen. Es sind auch ganz unverschämte Leute darunter, die Robert nur von der Arbeit abhalten.«

Fuchs: »Für die Zwecke sollten die Bewacher bestellt werden.«[143] Sie lachen beide.

Die Lockerung ist trügerisch. Trotz Aufhebung des Hausarrests werden die Havemanns von weiteren Freunden isoliert.

---

142 Claus Bredel in der Sendung »Damals war's«, Deutschlandradio Berlin, 24.7.1995

143 Dialog rekonstruiert nach indirekten Zitaten in: Information vom 16.6. 1979 der Stasi-BV Frankfurt (Oder); Abt. 26 (Abhörprotokoll eines Gesprächs vom Haeselerschen Telefon)

Christiane Rusch ist im Kinderheim eingeschüchtert worden, sie wagt sich in diesen Wochen nicht in die Nähe der Burgwallstraße. Sie hat noch diese Chance, ihre Arbeit zu behalten, ist ihr eingeschärft worden.

Margret Frosch hat seit dem Ende des Hausarrests Einreisesperre, zuvor hatte sie in die DDR, aber nicht nach Grünheide fahren dürfen.

Karin Wilke darf – wieder unter Nennung einer Deckadresse – noch einmal einreisen, wird aber durch einen Verfolger, der sich nicht abschütteln lässt, an dem heimlichen Treffen mit Havemann gehindert. Beim nächsten Mal, am Pfingstmontag, wird sie abgewiesen, als sie mit ihrer Tochter Lotte Franck besuchen will. »Sie wissen schon, warum«, herrscht sie ein Grenzer an, obwohl sie ein Visum hat. Das spielt auch keine Rolle, als sie am 16. Juni mit ihrem Jüngsten und ihrer Tochter erneut einreisen will. Diesmal ohne konspirative Absicht, ihr Antrag ist auf Katja und Franziska Havemann ausgestellt, sie hat eine Flasche Whisky für die Freundin im Gepäck. »Wir wurden unter Gebrüll aufgefordert, sofort das Territorium der DDR zu verlassen. Ich beschwerte mich, und der meinte, es sei an internationalen Grenzen üblich, dass es Zurückweisungen gebe. Ich sagte, ich hätte schon öfters internationale Grenzen überquert, und ich sei noch nicht ein Mal so behandelt worden. Nun, das war's dann.«

Auch Ernst Piper, der zuletzt 1975 zu Besuch war, wird trotz Visums daran gehindert, zu Havemanns zu fahren. Dem Sohn des Münchner Jugendfreunds und Verlegers von Robert Havemann wird an der Grenze gesagt, er könne in den Kreis Fürstenwalde fahren, aber nicht nach Grünheide: »Es besteht kein Einreiseverbot gegen Sie, aber ein Besuch bei Herrn Havemann ist nicht erwünscht.«[144] Als er tags darauf erneut als Tourist einreist, um in den Kreis Fürstenwalde zu fahren, wird ihm auch das ohne weitere Begründung verwehrt.

---

144 Lt. Stasi-Telefonprotokoll

Am 17. Juni trifft Robert Havemann Götz Berger zu einem Beratungsgespräch. Berger will nicht nach Grünheide fahren, weil er Folgen fürchtet. Havemann kann die Treppen zu Bergers Wohnung nicht bewältigen, daher wird das Treffen bei Landmanns arrangiert. IM »Chef« berichtet der Stasi ausführlich, wie Robert Havemann sich verteidigen möchte.[145]

Während Havemann die Vertagung als Erfolg schildert, ist Berger zurückhaltender. Er hält es nicht für wahrscheinlich, dass Gimbernat in der DDR zugelassen wird, obwohl er das rechtlich nicht zweifelhaft fände. Und er rät von Gysi ab, den er fähig nennt, aber allzu SED-treu.

Havemann kündigt an, dass er dem Gericht Verfassungsbruch vorwerfen wolle, nämlich die Unterdrückung der Meinungsfreiheit. Berger rät ihm ab.

Der eine macht Politik und denkt an die Wirkung seines Tuns in der Öffentlichkeit, der andere ist drei Jahre nach dem Berufsverbot noch immer Anwalt genug, den Fall als Fall anzusehen, der nach den Regeln verhandelt werden muss.

Da sich Havemann, bis er eine Entscheidung über Gimbernat bekommt, aus Prinzip nicht um einen DDR-Anwalt kümmern will, wird das Fürstenwalder Kreisgericht einen Tag vor der Fortsetzung der Hauptverhandlung aktiv und ordnet Rechtsanwalt Gysi Havemann als Pflichtverteidiger bei. Gysi besucht seinen neuen Mandanten am selben Tag, schaut in die Prozessunterlagen, soweit sie Havemann vorliegen, und gibt juristische Ratschläge. Mehr soll er nicht tun: Havemann lehnt die Beiordnung Gysis ab unter Hinweis auf Gimbernats Antrag, der dem Justizministerium vorliege. Der eloquente und offenbar auch fähige junge Anwalt macht einen freundlichen und sympathischen Eindruck auf Havemanns.[146] Gysi

145 Bezirksverwaltung für Staatssicherheit Berlin, Abt. XX/1: »Operativ-Information Zusammentreffen zwischen Robert Havemann und Rechtsanwalt Dr. Götz Berger«, 19.6. 1979

146 Lt. Katja Havemann gegenüber Lilo Fuchs, in Stasi-Bezirksverwaltung Frankfurt/Oder, Abteilung 26: »Information vom 19.6. 1979« (Abhör-

scheint entschlossen, Havemanns Vertrauen zu gewinnen, obwohl weithin bekannt ist, dass Havemann genau solchen DDR-Anwälten misstraut, die ihrer Kompetenz wegen sein Vertrauen verdienen sollten.

Als Gysi gegangen ist, sagt Robert Havemann zu seiner Frau, dass er den Anwalt in allen Angelegenheiten zum Einsatz bringen könne, die nicht direkt Strafsachen seien, zum Beispiel in der Auseinandersetzung um das Holzhaus. Er rät dazu, mit Gysi nichts zu besprechen, was den engsten Freundeskreis nicht verlassen soll.

Mit seinen Vorbehalten steht Havemann nicht allein. Nicht wenige ehemalige Mandanten Gysis aus den letzten Jahren der DDR sehen in zahlreichen Stasiakten hinreichende Anlässe für die Schlussfolgerung, dass Gysi eng mit der Stasi zusammen gearbeitet habe, bis hin zu der Feststellung, er sei IM gewesen, die allerdings nicht mit der Verpflichtungserklärung belegt werden kann. Gysi hat unter anderem mit diesem Argument solche Einschätzungen und Meinungen wie diese stets – auch erfolgreich vor Gericht – zurückgewiesen:

»Der Ausschuss für Wahlprüfung, Immunität und Geschäftsordnung [des Deutschen Bundestages] hat in seiner 87. Sitzung am 8. Mai 1998 … mit … Mehrheit von zwei Dritteln seiner Mitglieder eine inoffizielle Tätigkeit des Abgeordneten Dr. Gregor Gysi für das Ministerium für Staatssicherheit der ehemaligen Deutschen Demokratischen Republik als erwiesen festgestellt«, heißt es in Drucksache 13/10893 des Deutschen Bundestages:[147] »Zur Überzeugung des 1. Ausschusses steht fest, dass Dr. Gysi zumindest seit Ende 1979 bis 1982 personenbezogene Informationen über seinen Mandanten Robert Havemann an die HA XX/OG, die spätere HA XX/9, des MfS geliefert hat. Mit Bezug auf Gregor Gysi wurden in diesem Zusammenhang die Decknamen ›Gregor‹ und

protokoll eines Gesprächs von Haeselers Telefon; Vermerk »dringend« – per Telegramm an die HA XX, Generalmajor Kienberg)

147 Datiert 29. 5. 1998, S. 3

›Notar‹ verwendet.«[148] Nach Gysis Ansicht wird hier zwar »festgestellt«, aber nichts bewiesen. Seine Argumentation, nach der jeder Beleg, der gegen ihn vorgelegt wurde, falsch oder fehlinterpretiert ist, gilt besonders unter ehemaligen DDR-Oppositionellen als hoch zweifelhaft. Wer immer sie gewesen sein mögen, die Stasi setzte »Gregor« und »Notar« dazu ein, mit Havemann über seine Pläne und politischen Aktionen zu reden und ihn zu beeinflussen. Sie erstatteten seitenlang Bericht.[149]

Es gibt in den letzten Stunden vor der Verhandlung Hoffnung darauf, dass Havemann sein Wunschanwalt zur Seite stehen wird. Enrique Gimbernat verbringt den Vormittag in der DDR-Botschaft in Madrid mit drei anderen Anwälten aus dem spanischen Havemann-Team bei Kaffee und Kuchen. Der Botschafter spricht lange über die DDR, über die Rolle Havemanns: Der sei ein bewährter Antifaschist, der leider auf Abwege geraten sei und in der rechten Presse der Bundesrepublik veröffentliche[150]. Eine Antwort auf die Frage, die ihn

---

148 Ebenda, S. 32. Siehe auch: Der Bundesbeauftragte für die Unterlagen des Staatssicherheitsdienstes der ehemaligen Deutschen Demokratischen Republik (BStU): »Gutachten zu in der Behörde des Bundesbeauftragten aufgefundenen Unterlagen, die mit Dr. Gregor Gysi im Zusammenhang stehen und Dokumentenanhang«, 26. 5. 1995. Eine Interview-Anfrage der Verfasser, die ihn als Zeitzeugen der letzten Lebensjahre Robert Havemanns und der oppositionellen Tätigkeit seiner Frau nach dessen Tod zu Wort kommen lassen wollten, lehnte Gysi schriftlich ab. Am 13. Januar 2003 teilte der MDR nach Kritik des Leipziger Bürgerkomitees mit, Gysi habe als künftiger Talkshow-Gastgeber überzeugend belegt, nicht IM gewesen zu sein. Nach eigenen Angaben prüfte dies der MDR nicht durch eine Anfrage beim Bundesbeauftragten für die Stasiunterlagen, sondern auf der Basis von Akten und Gerichtsurteilen, die er sich von Gysi hatte vorlegen lassen.

149 Ebenda. Dass die Staatssicherheit, wie die BStU und der Bundestags-Ausschuss feststellten, »Gregor« und »Notar« in den Akten Gysi zuordnete, ist nicht ersichtlich mit dessen Zutun geschehen. Um wen es sich bei diesen beiden Personen handelt, gilt als offen.

150 Indirektes Zitat nach Abteilung 26: Information vom 19. 6. 79 (Abhörprotokoll eines Gesprächs zwischen Katja Havemann und Jürgen Fuchs. Fuchs schildert, was Gimbernat ihm mitgeteilt hat)

eigentlich interessiert, ob er einreisen dürfe, bekommt Gimbernat zunächst nicht. Am Ende des langen Treffens aber gibt der Botschafter die Zusage: Gimbernat kann nach Fürstenwalde fahren.

Gimbernat bricht gegen 22 Uhr am Abend des 19. Juni zur Sektorengrenze auf. Er will Jürgen Fuchs anrufen, sobald er drüben ist. Fuchs will sich um Mitternacht in Grünheide melden.

Katja Havemann richtet sich auf eine lange Nacht ein.

Pünktlich klingelt Haeselers Telefon. Jürgen Fuchs übergibt an Gimbernat, der sagt, er könne nicht kommen, er sei an der Grenze zurückgewiesen worden. Gimbernat wünscht alles Gute und bedauert, dass er am Prozess nicht teilnehmen kann.

Die Entscheidung, dass er als Anwalt abgelehnt wird, aber auf seinen Antrag, der als Provokation empfunden wurde, keine Antwort erhalten solle, ist bereits am 15. Juni im MfS gefallen und nach Abstimmung aller Beteiligten auf höchster Ebene – Generalstaatswanwalt, Oberstes Gericht, Justizministerium – am 18. durch Erich Honecker bestätigt worden.[151] Gimbernat hat tagelang für nichts verhandelt.

20. Juni 1979, 8 Uhr. Um und in Fürstenwalde herrscht ungewöhnlicher Betrieb: Die Polizei kontrolliert im Auftrag der Staatssicherheit auf den Chausseen einfahrende Autos. Unmittelbar vor dem Gerichtsgebäude sind Straßenbauarbeiter angeblich im Auftrag der Post damit beschäftigt, mit einem Presslufthammer die Straße aufzureißen. Das macht einen höllischen Lärm, die Radio- und Fernsehleute sind verärgert.

Es sind viele Journalisten da, auch haben sich wieder Menschen eingefunden, die Havemann ihre Solidarität bekunden wollen. Andere haben es nicht geschafft. Sie sind abgefangen

151 Vollnhals, S. 99

und festgenommen worden gemäß der »Konzeption zur Verhinderung von Provokationen im Zusammenhang mit dem Gerichtsverfahren« des MfS vom 18. Juni.[152]

Zunächst standen auch Pfarrer Meinel und Brigitte Haeseler auf der Liste der Festzunehmenden. Erich Mielke selbst nahm den Pfarrer aus, als er den Plan genehmigte, und auch Brigitte Haeseler wird nicht, wie zunächst geplant, am Morgen zur Volkspolizei vorgeladen und bis zum Ende der Verhandlung festgehalten. Beide stehen Havemann zu nahe. 34 andere seiner Freunde erfüllen diese Bedingung aus Sicht der Stasi nicht.

Wieder folgt Richter Hauke einer Konzeption. Wieder läuft das Band der Staatssicherheit mit[153] – diesmal ist die Aufnahme deutlich besser als sechs Tage zuvor. Hauke fragt gleich nach dem Anwalt, und Havemann sagt, dass er auf den Bescheid des Justizministeriums in Sachen Gimbernat gewartet habe.

Dann eröffnet der Richter die Beweisaufnahme.

Havemann unterbricht sofort: »Ich beantrage hiermit die Einstellung des gegen mich vor dem Kreisgericht Fürstenwalde … eingeleiteten Verfahrens. Begründung: Bereits in der Voruntersuchung … habe ich erklärt, dass ich die gegen mich wie auch gegen den Schriftsteller Stefan Heym eingeleiteten Verfahren für geeignet halte, den Feinden unseres Staates Argumente zu liefern, um auf eine sehr wirksame Weise dem internationalen und nationalen Ans…«

»Ich lasse es nicht zu, dass Sie hier solche Erklärungen abgeben …«

»Es ist keine Erklärung, sondern die Begründung meines Antrags …«

»Der geht nicht zur Sache.«

---

152 Siehe Vollnhals, S. 100 f.

153 MfS HA IX/Tb/187/K1. Alle Zitate aus der Verhandlung vom 20. 6. 1979 stammen aus einer Kopie dieses Bandes.

»Es ist ein Antrag zur Sache.«

Hauke versucht, seinem Konzept zu folgen. Er fragt wortlautgetreu: »Sind Ihnen der Rowohlt-Verlag Hamburg, der Suhrkamp-Verlag Frankfurt/Main, der Verlag Europäische Ideen, Berlin (West), und die Froschproduktion, Berlin (West), bekannt?«

Havemann weigert sich, die Frage zu beantworten, ohne dass zuvor über seinen Antrag entschieden ist. Er habe ein Recht auf Verteidigung.

»Hier bestimme ich, wer hier redet und wer hier nicht redet«, sagt Hauke wie sechs Tage zuvor. »Das Gericht hat Ihnen gestern Herrn Dr. Gysi beigeordnet. Sie haben auf die Beiordnung verzichtet. Es steht Ihnen also offen, sich zu verteidigen …«

Staatsanwalt Wilhelm Pilz, der Kraft seines Amtes über die Rechtmäßigkeit des Verfahrens zu wachen hat, stimmt Hauke zu. Der Antrag sei nicht sachdienlich.

Havemann höhnt: »Der Herr Staatsanwalt hat ein Urteil über ein Schriftstück abgegeben, das er gar nicht gelesen hat.«

Hauke versucht, kurzen Prozess zu machen: Zu diesem Zeitpunkt könne er das Verfahren gar nicht einstellen. Und stellt seine Frage nach den Verlagen und der Fernsehproduktion noch einmal.

Havemann will den Antrag begründen, er will eine qualifizierte Entscheidung des Gerichts, und er nennt es, nun sehr aufgebracht, »Unsinn«, dass das Verfahren nicht eingestellt werden könne. Jeder Richter könne an jedem Punkt des Verfahrens dessen Einstellung verfügen. Havemann lässt sich schließlich darauf ein, dass die Durchschrift seines Antrags zu den Akten genommen wird; er bekommt die Zusage, ihn am Ende verlesen zu können.

Dann beantwortet Havemann die Fragen Haukes.

Ein Diplomkriminalist gibt als Gutachter Auskunft über die Authentizität der Unterschrift Havemanns auf verschiedenen Dokumenten, die auf Honorarzahlungen westlicher Medien und Verlage deuten. Oder darauf, dass Havemann seine Honoraransprüche an Dritte abgetreten habe. Hauke verliest die Dokumente anschließend mit seiner hohen, monotonen Stimme. »Angeklagter, haben Sie sich zu den Beweismitteln zu äußern?«

»Zu den von Ihnen vorgelegten, so genannten Beweismitteln habe ich anzumerken, dass sie in keiner Weise irgendein Vergehen beweisen ... Es geht allerdings klar daraus hervor, ich habe keine Verträge geschlossen.« Was stimmt, der einzige Vertrag im Beweismittelordner ist eine Vereinbarung zwischen der Froschproduktion und dem Westdeutschen Rundfunk in Köln.

Der Staatsanwalt stellt fest, dass die »Beweisaufnahme keine anderen Fakten ergeben hat als der Strafbefehl«.

Hauke erteilt dem Angeklagten das letzte Wort.

Nun verliest Havemann seinen Antrag, in dem er qualifiziert, was in diesem mit Stasileuten besetzten Gerichtssaal geschieht: Scheinjustiz mit dem Ziel, die Meinungsfreiheit zu unterdrücken. Nach der Vorlage Hagers ist es klar, dass Havemann auf das Hausarrest-Urteil als erstes Beispiel dieser Strategie eingeht: »Professor Kurt Hager hat kürzlich in einer ›Antwort auf einen Offenen Brief‹ in der Zeitschrift ›Die Weltbühne‹ ... bekannt gemacht, dass der wahre Grund meiner Verurteilung gar nicht mein Pro-Biermann-Artikel im ›Spiegel‹ war«, sondern eben, in Hagers Worten, »die Veröffentlichung von Artikeln und Interviews im Zusammenwirken mit westlichen Publikationsorganen«. Er stelle den Antrag auf Einstellung des Verfahrens, weil er nicht wolle, »dass man der DDR nachsagen kann, in unserem Staat werde die Freiheit der Meinungsäußerung unterdrückt und Strafverfahren gegen Schriftsteller und Publizisten dienten nur der Bemäntelung einer in Wirklichkeit ausgeübten Zensur. Bedenken Sie, dass dieses Verfahren nur das letzte Glied einer Kette von Maßnahmen ist, die alle ganz offensichtlich aus den Gründen ergriffen wurden, die Professor Kurt Hager offen beim Namen genannt hat. Und er muss es wissen, als Mitglied des Politbüros der SED.«

Havemann weist schließlich auf einen Formfehler im Strafbefehl hin, auf den ihn Gysi aufmerksam gemacht hat: Ein Paragraph, der für dessen Wirksamkeit zwingend darin erwähnt werden müsse, fehle. Havemann stellt zusätzlich den Antrag auf Neuverhandlung.

Das Gericht zieht sich zur Beratung zurück. Hauke diktiert der Protokollführerin das Urteil, es besteht aus vier schreibmaschinengetippten Seiten, wobei er von einer Vorlage abliest.[154]

Havemann wird zu einer Geldstrafe von 10 000 Mark verurteilt.

Havemanns treten lächelnd aus dem Gerichtsgebäude. Sie werden von Kameraleuten und Fotografen umringt, bekommen Blumen in die Hände gedrückt.

Einer der Uniformierten, die aufgeboten worden sind, um vor dem Gericht für Ordnung zu sorgen, versucht, Havemanns und einige Leute, mit denen sie reden – darunter Journalisten –, voneinander zu trennen: »Sie stören die Bauarbeiter.« »Ha«, meint Robert Havemann, »die Bauarbeiter stören uns!« Die Szene wird von ARD und ZDF gefilmt. Die Journalisten haben ihre Auflagen, genauso wie Havemann, der immerhin sagen kann: »Das ist ein Unrechtsurteil, ganz klar.«

Das Urteil ist am Nachmittag und am nächsten Tag in allen westlichen Medien Thema von Berichten und teils empörten, teils ironisch-verwunderten Kommentaren – verwundert darüber, dass die DDR es sich leistet, einen Mann wie Havemann mit plumpen Mitteln und gegen die Vereinbarungen der KSZE von Helsinki zu kriminalisieren und mundtot zu machen. Die von Havemann und Meinel telefonisch über Wilke, Fuchs und Jäckel verbreitete Einschätzung vom eigentlichen Zweck des Verfahrens, die Meinungsfreiheit zu unterdrücken, wird auch dank der Bemühungen Hagers in der »Weltbühne« überall als erwiesen angesehen

154 Laut Aussage der Protokollführerin im Verfahren gegen die Ankläger und Richter Robert Havemanns vor dem Landgericht Frankfurt (Oder)

und aufgegriffen. Der Versuch, Havemann durch ein dem Anschein nach korrektes Strafverfahren zu kriminalisieren und in den Augen seiner Anhänger herabzusetzen, ist gescheitert.

Gudrun und Claus Bredel sind an diesem Tag sehr früh morgens mit dem Zug aus Berlin nach Fürstenwalde gefahren. Sie sind ungeliebte, weil nachfragende und sich mit Antworten nicht ohne weiteres zufrieden gebende Kinder der DDR. Bredel, Diplomjournalist, der in seinen jungen Jahren seine Karriere beim Rundfunk schon hinter sich hat, hatte 1964 zum ersten Mal von Robert Havemann gehört, als dessen Amtsenthebungen begannen. 1979 erst fuhr er nach Grünheide, auf der Suche nach »Menschen, die anderes im Kopf hatten als gläubige Ergebenheit oder innere Emigration«[155]. Da der Hausarrest noch dauerte, machte er Fotos von den Bewachern. Wenig später konnte er die Fotos Havemann zeigen. Eine Freundschaft begann.

Vor der Fahrt nach Fürstenwalde haben Bredels ihre Kinder sicher untergebracht, die Wohnung so verlassen, als ob sie planten, länger wegzubleiben. »Alles war … weitläufig abgesperrt. … Volkspolizei beherrschte das Stadtbild. Wir machten einen großen Bogen zur Orientierung. … Neben uns stoppte ein Polizeifahrzeug, und unter Drohungen wurden wir in den Wagen gestoßen … Mit hoher Geschwindigkeit rasten wir zum Volkspolizei-Kreisamt. In einem Verhörraum fanden wir uns wieder. Ein Mann in Zivil saß uns gegenüber, lächelte und schwieg. Ob er wisse, weshalb wir hier seien, fragten wir nach einer Weile. Leider nein, er komme gerade aus dem Urlaub, wisse gar nichts, man werde es uns schon sagen. Gudrun protestierte lebhaft, und so variierte er später seine Antwort: Es habe ja wohl einen Verkehrsunfall gegeben und man wolle uns als Zeugen befragen. Kein Grund zur Beunruhigung.

155 Claus Bredel in der Sendung »Kalenderblatt«, Deutschlandradio Berlin, 9.4.1992

Ob wir nun gehen könnten, einen Unfall hätten wir nicht gesehen, und wir müssten zu einem wichtigen Gerichtstermin. Er schwieg, wir warteten. ... Auf dem Weg zur Toilette – in Begleitung – stellten wir fest, dass das ganze Haus voller junger Leute war, die begleitet wurden. Die Stunden vergingen. ... Am frühen Abend erst nahm man unsere Personalien auf, fuhr uns in einem Dienstwagen an den Stadtrand, dort ließ man uns frei. Der zuständige Staatsanwalt notierte: ›Die in diesem Zusammenhang zur Tat- und Täteraufklärung notwendigen Prüfungshandlungen, einschließlich der Befragungen und Zuführungen, waren unumgänglich und gesetzlich zulässig. Prozessuale Zwangsmaßnahmen wurden nicht durchgeführt.‹ ... An diesem Abend sahen wir in der Tagesschau ... den Film: Robert Havemann und die mit der Volkspolizei raufende Bevölkerung. Dann war also auch dieser kein so schlechter Tag gewesen.«[156]

Havemann beauftragt Gregor Gysi am 27. Juni damit, Berufung einzulegen – ohne Anwalt ist das nicht möglich. Am selben Tag nimmt die Stasi ein Dokument zu den Akten, bei dem es als unklar gilt, wie es in die Hände von Mielkes Leuten geriet:

„Hauptabteilung XX/OG Berlin,
28. Juni 1979 lo-p

Auszug aus einem Bericht

Am 27.6.1979 habe ich Prof. Havemann auf seinem Grundstück in Grünheide getroffen. Er hat die Vollmacht unterzeichnet und war mit meiner Vertretung im Berufungsverfahren einverstanden. ... Da er im Prinzip von der Sache her nicht geständig ist, musste ich ihm zusichern, dass auch in[!] entsprechend meinen Berufs-

156 Claus Bredel in der Sendung »Damals war's«, Deutschlandradio Berlin, 24.7.1995

pflichten davon ausgehen werde, letztlich also den Freispruch beantragen muss. Er verlangte von mir, zusätzlich zu rügen, dass die Öffentlichkeit des Verfahrens nicht gegeben sei und dass hinter den Vorwürfen im Grunde genommen der Versuch stecke, ihn politisch zum Schweigen zu bringen. Die beiden letzten Dinge habe ich abgelehnt. ... Er fragte mich dann noch, ob es ratsam wäre, wenn seine Berufungsbegründung ... vor einer Entscheidung des Bezirksgerichts Frankfurt/O. in der Westpresse erscheinen würde. Ich habe ihm davon dringend abgeraten ... Hinsichtlich meiner Berufungsbegründung habe ich ihm eindeutig gesagt, dass ich nicht bereit bin, mit diesen Mitteln seine politischen Ziele zu unterstützen, er muss und kann von mir als Rechtsanwalt erwarten, dass ich juristisch konsequent seine Verteidigung übernehmen werde. ... Ich habe ihm dann noch einmal eindeutig gesagt, dass ich keinerlei Weisungen von irgendwelchen Organen hinsichtlich der Art und Weise seiner Verteidigung hätte. ...
Wegen Quellengefährdung offiziell nicht auswertbar."

In Bundestagsdrucksache 13/10893 heißt es zu diesem Dokument aus dem OV »Leitz«, dass sich nicht ausschließen lasse, dass der Ich-Form-»Bericht« auf anderem Wege als durch Gysis Zutun an die Staatssicherheit gelangt sei. Gysi bestreitet, dies Dokument gefertigt und der Stasi gegeben zu haben. Die »gefährdete« Quelle könnte demnach eine Person sein, die eine Notiz Gysis der Stasi zuspielte.

»Wer Schriften, Manuskripte oder andere Materialien, die geeignet sind, den Interessen der DDR zu schaden, unter Umgehung von Rechtsvorschriften an Organisationen, Einrichtungen oder Personen im Ausland übergibt oder übergeben lässt, wird mit Freiheitsstrafe bis zu fünf Jahren belegt«, heißt es im Strafgesetz-Paragraphen 219 des Strafgesetzbuches der DDR, dessen Verschärfung binnen weniger Tage nach den – wegen der offensichtlichen Rechtsbeugung[157] – politisch gescheiterten Verfahren gegen Heym und Havemann beschlossen wird. Neben diesem Paragraphen sind weitere 47 neu verfasst oder verschärft worden, mit Wirksamkeit zum 1. August. Die Volkskammer hat dem Paket ohne Debatte zugestimmt und damit jede Form von Kontaktaufnahme nach dem Westen, Informationsaustausch und auch nichtöffentliche Kritik unter Strafe gestellt und zugleich die Rechte Verdächtiger, Beschuldigter und Angeklagter weiter beschnitten.

Die »Zeit« titelt Anfang Juli: »›Lex Havemann‹ Maulkorb für die DDR«.

157 Wie Wilhelm Pilz wurde auch Eleonore Heyer am 14. August 2000 im Prozess gegen die Ankläger und Richter Robert Havemanns wegen Rechtsbeugung zu einer einjährigen Bewährungsstrafe verurteilt. Ein früherer Freispruch gegen Nikolaus Hauke war vom Bundesgerichtshof aufgehoben worden. Hauke konnte an der Neuverhandlung wegen Krankheit nicht teilnehmen, er starb wenig später.

3

Krise und Erfüllung

Freiheits-Bewegung

Nach dem Ende des Hausarrests wurden die alten Kontakte, so weit möglich, wieder aufgenommen. Aus Sicht der Besucher war das Grundstück in Grünheide, was es immer gewesen war: Eine Oase der Ruhe, ein Ort, an dem sich frei leben und reden ließ.

»Gemessen an der Berühmtheit des Mannes war da gar nicht so viel los«, meint der Maler Thomas Klingenstein, der Havemanns am Tag, nachdem der Hausrarrest aufgehoben worden war, kennen lernte. »Es gab ja nicht einmal Telefon. Die meisten Leute hatten große Angst, wenn dieser Name fiel. Nur wenige Leute wagten es, zu ihm zu fahren. Das fand ich schade.«

Klingenstein, der damals Schüler war und Gedichte unter seinem Namen, Thomas Erwin, schrieb – später nahm er den Mädchennamen seiner Mutter an –, war einige Monate zuvor mit der DDR in Konflikt geraten. Da er zum Studium der Japanologie entschlossen war, musste Klingenstein »gesellschaftliches Engagement« zeigen, um das Vertrauen der Genossen Lehrer zu gewinnen, die ihn am Ende der Schulzeit zum Studium zu empfehlen hatten. Rasch war er Agitator der Schule. »Plötzlich sah ich mich auf Parteiversammlungen sitzen als Nichtmitglied. Als Agitator nahm ich an denen der Lehrer teil.«

Als eine Schülerin von der Schule gewiesen werden sollte, weil sie sich mit literaturwissenschaftlicher Gewissenhaftigkeit geweigert hatte, Effi Briest mit Gorkis Mutter zu vergleichen und zu bewerten, war es Thomas Klingensteins Aufgabe als Agitator, die Versammlung der Schüler zu leiten, eine Art Tribunal der Blauhemden von der FDJ.

»Das war der Auslöser, mich davon zu entfernen. Ich hätte das nicht mitmachen können.« Auf der Versammlung sprach er sich gegen die Relegierung aus und legte sein Amt als Agitator nieder. Zwar wurde er nicht von der Schule gewiesen, aber sein Studium war für ihn unerreichbar geworden. Er hatte nichts mehr zu verlieren.

»Ich dachte, wenn so etwas in diesem Land passieren kann, muss ich mir dessen Geschichte noch einmal neu anschauen. Ich fragte mich auch, warum unsere Eltern nicht lauter waren, wenn ihnen das alles nicht gefiel. Vor allem fragte ich mich, wer ist eigentlich dieser Robert Havemann, und wie lernt man den kennen? Ich hörte mich um. Irgendwo muss es diesen Menschen, den man aus den Nachrichten kennt, ja geben, und irgendwer musste ihn kennen und wissen, wo.«

Klingenstein wusste dank Warnungen der FDJ, dass das Berliner Haus der Jungen Talente tendenziell oppositionell war. Also ging er dorthin. Es gab Gerüchte – der kennt den, der den. Er lernte schließlich die Tochter von Havemanns Freund Horst Moelke kennen. Ein paar Monate später, am 10. Mai 1979, war Klingenstein bei Moelkes in Friedrichshagen. »Irgendwer sagte, Katja wolle vorbeikommen. Und sie kam vorbei. Ich fuhr mit nach Grünheide, es war ein sonniger Tag. Robert muss etwas gewusst haben, denn die Begrüßung war: ›Du bist also der Thomas.‹ Er kannte Gedichte von mir, die ich einmal Moelke mitgegeben hatte.«

Die beiden verstanden sich auf Anhieb sehr gut. Havemann sah in Klingenstein so etwas wie einen Eleven, er freute sich über seine frische, nicht untheatralische Art und seine geistige Beweglichkeit.

Sie kannten sich einige Wochen, als Klingensteins Abitur in Gefahr geriet. »Ich kam völlig aufgelöst zu Robert, weil sich die Parteileitung rächen wollte und mich zur mündlichen Physikprüfung antreten ließ. Mir war Himmelangst. Mein Abitur wollte ich unbedingt schaffen.«

Havemann war in seinem Element. Er setzte sich mit dem Schüler auf die Terrasse in den Liegestuhl, verschränkte in typischer Weise die Hände hinter dem Kopf, weit zurückgelehnt – die Haltung erlaubte es ihm, leichter zu atmen: »Katjuschki, mach uns doch einen Eiskaffee.«

Es ging um Atomphysik. »Wir saßen zwei Tage. Ich schrieb keine Zeile auf. Relativitätstheorie, Niels Bohr … Er erklärte Dinge mit einfachen Worten. Als ich losfuhr von Grünheide, dachte ich, Physik ist eigentlich eine tolle Sache. Es ist alles so klar. Ich fühlte mich bestens vorbereitet. Die Prüfung war eine strahlende 1, die Lehrer waren sehr verblüfft. Es standen zwar Stasi-Autos vor dem Schulgebäude, aber was soll's. Ich fuhr gleich nach Grünheide, und wir feierten meine Prüfung.«

Für Klingenstein waren die Gespräche mit Havemann auch deshalb ermutigend, weil er ein Symbol für zivilen Widerstand war. »Die traumatische Erfahrung, in so jungen Jahren einer solchen Übermacht ausgesetzt zu sein, wurde durch Robert gebrochen: Ja, man kann sich wehren. Man kann Briefe schreiben, anrufen, Nein sagen, Fragen stellen, seine Meinung äußern.«

Thomas Klingenstein wurde einer der Boten Robert Havemanns. Er brachte Umschläge und Päckchen auf den Weg nach Westen, meist Manuskripte, meistens mit Hilfe von Diplomaten.

Schon Verbindungsaufnahme hätte zu einem Strafverfahren gereicht. »Der Fall war nicht vorgesehen, dass ein 18- oder 19-Jähriger einfach in eine Botschaft spazierte.« Aber Klingenstein hatte Erfahrung. »Ich war so 11, 12 Jahre alt, als ich in die japanische Botschaft ging und Brieffreunde haben wollte. Und Briefmarken und Zeitschriften, was immer ich kriegen konnte. Später, mit anderem Hintergrund, etwa einer Einladung, erzeugte dies Auftreten Liebedienerei bei den Trägern der Autorität. So konnte ich sehr viel machen. Auf der anderen Seite war es für manchen Journalisten und manchen Diplomaten wiederum auch interessant, mit einem jüngeren Menschen zu reden, der die Dinge in diesem Staat etwas anders sah. Ich fühlte mich dabei sehr wohl, weil ich das Gefühl hatte, einen kleinen Beitrag dazu zu leisten, dass irgendwann einmal etwas besser wird.« Da er auch noch Nachrichten übermittelte, kamen theoretisch jedesmal mehrere Jahre Haft zusammen.

Havemanns Bekanntenkreis erweiterte sich. Der bereits als »feindlich« eingestufte Schriftsteller Frank-Wolf Matthies kam gelegentlich mit seiner Frau Petra; Bärbel Bohley, die junge Berliner Künstlerin und spätere Galionsfigur der DDR-Opposition, in deren großer Wohnung in Prenzlauer Berg Robert Havemann einmal eine Lesung in größerem Kreis hielt; der Jenenser Schriftsteller Lutz Rathenow. Über Frank-Wolf Matthies lernten Havemanns den Leipziger Schriftsteller Gert Neumann und seine Frau Heide Härtl kennen, auch diese beiden kamen häufig.

Den durch den Hausarrest unterbrochenen Kontakt zu Gerd Poppe konnten die Havemanns auch wieder aufnehmen. Er war inzwischen verheiratet, seine Frau war schwanger. Poppe hatte Wolf Biermann und Robert Havemann in den Sechzigerjahren kennen gelernt.

Später würden Poppes zu den wichtigsten Köpfen der Bürgerbewegung gehören und als Abgesandte zweier Oppositionsgruppen am Runden Tisch sitzen, der Neben-Exekutive in der Übergangszeit zur ersten demokratischen und zugleich letzten Wahl in der DDR. Gerd Poppe wurde noch kurz vor dem Ende der DDR Minister, später Bundestagsabgeordneter, Menschenrechtsbeauftragter im Auswärtigen Amt. Ulrike Poppe wurde Studienleiterin für Politik und Zeitgeschichte an der Evangelischen Akademie Berlin-Brandenburg, sie bekam das Bundesverdienstkreuz und den Gustav-Heinemann-Preis.

1979 arbeitete Poppe, diplomierter Physiker, noch im Maschinenraum eines Hallenbads. Da war er trotz Stellenzusage der Akademie der Wissenschaften 1976 gelandet, weil er in einem persönlichen Brief an Erich Honecker gegen die Biermann-Ausbürgerung protestiert hatte. Ulrike Poppe arbeitete im Museum für Deutsche Geschichte und versuchte sich unter Vermeidung von Kompromissen an der Selbstbehauptung in den Institutionen. Sie nahm im Kollegenkreis kein Blatt vor den Mund und organisierte im Kinosaal des Museums Veranstaltungen, mit denen sie es tatsächlich schaffte, die Grenzen des An-sich-Möglichen gelegentlich zu überschreiten. Damals waren der bärtige 38-Jährige und seine um zwölf Jahre jüngere Frau Staatsfeinde, Berühmtheiten in der Ost-Berliner Untergrund-Kulturszene. Poppe, genannt Poppov, gehörte seit langem mehreren Zirkeln an, in denen frei geredet wurde, und veranstaltete Treffen und Lesungen in seiner Wohnung. Ulrike Poppe: »Unsere Wohnung war eine von vielen, die sich dafür eignete, wenn sie auch nicht besonders groß war. Wir veranstalteten unsere Leseabende unter anderem mit Adolf Endler, Elke Erb, Wolfgang Hilbig, Gerd Neumann, Liederabende mit Bettina Wegner.«

Poppes hatten nicht weit von Grünheide, in Woltersdorf, einen Garten mit Laube pachten können, dort veranstalteten sie gelegentlich »Werkstattwochenenden«: »Da kamen Dichter und Schriftsteller zusammen, es wurde gelesen und debattiert. Im Haus gegenüber dem Grundstück wohnte ein Stasispitzel, der das alles sehr genau registrierte. Das Grundstück wurde uns schließlich abgenommen, bzw. demjenigen, der es uns zur Nutzung übertragen hatte. Wie sich später herausstellte, war auch der ein IM.«

Robert Havemann interessierte sich lebhaft für diese junge Szene, einige der Schriftsteller unterstützte er, indem er Verbindungen für sie knüpfte. Er war selbst seit einiger Zeit auf der Suche nach einem Weg, der ihn aus der ständigen Konfrontation mit der SED lösen sollte. Sich auf die Partei zu beziehen, war ihm bislang Mittel zum Zweck gewesen, solange er glaubte, dass er die Existenz verschiedener, konkurrierender Fraktionen der SED gegeneinander ausspielen und für seine Zwecke einsetzen könne. Diese Hoffnung schwand aber, je klarer wurde, dass die Politik der SED allein auf Machterhalt gerichtet war. Deshalb war es für Havemann anregend, mit jungen Leuten debattieren zu können, denen der Sozialismus und die Partei herzlich gleichgültig waren und die versuchten, unter widrigsten Umständen ihren eigenen Weg zu gehen.

Zum dreißigsten Jahrestag der DDR, am 7. Oktober 1979, trat Havemann mit zehn Thesen in eurokommunistischen Zeitungen, in denen er seit Anfang der Siebzigerjahre ein gern gesehener Autor war, an die Öffentlichkeit, in denen er die Machthabenden der DDR heftig kritisierte: »... Die wirtschaftliche und politische Entwicklung der DDR wurde nicht nur von außen und nicht nur von den westdeutschen und den internationalen Gegnern des Sozialismus behindert.«[158] Die wahren Gegner des Sozialismus ortete Havemann im Lande selbst, er warf ihnen vor, die Ideale und die Träume des Sozialismus verloren zu haben und sogar aktiv zu bekämpfen. Seine »Vorschläge für erste Schritte« auf dem Weg zu einem Sozialismus, der nicht die Makel des realen Sozialismus aufweist, beeindruckten nicht wenige gerade unter den jungen, kritischen Geistern[159] stark wegen ihres knappen, nicht einmal im Ansatz unterwürfigen Tons; wieder einmal klingen sie sehr nach bürgerlichem Rechtsstaat: 1. Meinungsfreiheit; 2. Haftentlassung und Rehabilitierung derer, die wegen Verstoßes gegen politische Strafrechtsparagraphen verurteilt wurden; 3. Abschaffung jeglicher Zensur und Auflösung des Büros für Urheberrechte; 4. Gründung eines unabhängigen Presseorgans; 5. Senkung des Westreise-Alters und schließlich: »6. Veröffentlichung dieser Thesen im ›Neuen Deutschland‹.«

Natürlich erschienen seine Thesen im »Neuen Deutschland« nicht – dafür durfte Havemann Anfang Oktober, zur Zeit der Jubiläumsfeiern, nicht in Berlin erscheinen.

Aber der dreißigste Jahrestag der DDR-Gründung war Anlass für die vorzeitige Haftentlassung Rudolf Bahros, weswe-

---

158 Robert Havemann: »Zehn Thesen zum 30. Jahrestag der DDR«. Zitiert nach: europäische ideen 48/1980: »Robert Havemann 70«. Berlin 1980, S. 33 f.

159 Etwa den Schriftsteller Rüdiger Rosenthal, der das im Interview eigens herausstrich.

gen Havemann sogar bis zu Bahros Ausreise noch einmal für einige Tage unter Hausarrest gestellt wurde. Zu dem befürchteten, öffentlichkeitswirksamen Treffen Bahro/Havemann, das für den 14. Oktober, 19 Uhr, in der Havemannschen Stadtwohnung angesetzt war, kam es daher nicht, nicht einmal zu einem Telefongespräch.

Bahro wollte sich wegen Havemanns »Fehleinschätzung zur Rolle der Arbeiterklasse« brennend gern mit Havemann treffen, wie er Stasileuten sagte, die zu seiner »operativen Sicherung« abgestellt waren. »Ein Zusammentreffen mit Havemann sei für ihn eine ›materiell-existenzielle Frage‹«, protokollieren sie in ihrem Bericht über die »Aktivitäten von Rudolf Bahro am 14. 10. 1979«[160]. Wörtlich sagte er demnach: »Ich kann die DDR nicht verlassen, ohne vorher mit Robert Havemann gesprochen zu haben.«

Am 16. Oktober beanstandete Gregor Gysi auf Havemanns Bitte dessen neuen Arrest in einer Eingabe an den Generalstaatsanwalt.

Er wird an den Kreisstaatsanwalt in Fürstenwalde verwiesen. Wieder darf Wilhelm Pilz in Sachen Havemann zum Schein die Richtung vorgeben. Der Entwurf seines Sprechzettels wird am 29. Oktober zu den Akten genommen – mit dem handschriftlichen Vermerk »einverstanden Mielke«.

Am 30. Oktober entwirft die Staatssicherheit die »Konzeption für die Beantwortung der Eingabe Rechtsanwalt Dr. Gysi's an den Generalstaatsanwalt der DDR«: »Ist eine schriftliche Mitteilung [an Havemann] durch den Rechtsanwalt rechtlich und im Interesse der Sicherung der Position des Rechtsanwaltes nicht zu umgehen, wird Gen. Gysi einen entsprechenden Entwurf erarbeiten und zur Abstimmung übergeben.«[161] Der »Briefentwurf von Rechtsanwalt Dr. Gregor Gysi an Robert Havemann«, praktisch eine No-

160 Im Übrigen unfirmiert; wahrscheinlich ein Dokument der HA XX
161 Zit. nach Drucksache 13/10893 des Deutschen Bundestages, S. 22.

tiz von dem Gespräch Gysi/Pilz in Fürstenwalde am 7. November, wird dem Genossen Stasi-Oberst Coburger am 17. mit dem Vermerk übermittelt: »Es wird um kurzfristige Meinungsäußerung gebeten, ob so verfahren werden soll bzw. welche Änderungsvorschläge es gibt.«[162]

Auf Veranlassung der Hauptabteilung XX wird beschlossen, den »Genossen Gysi zu veranlassen, Havemann aufzusuchen, um ... Havemann ausdrücklich darauf aufmerksam zu machen, dass er keinen Rechtsanspruch auf eine schriftliche Antwort hat«.[163] Die Stasi fürchtet, dass Havemann eine schriftliche Antwort West-Medien übermitteln würde. Dem Vorschlag ist ein mit Gysis Briefentwurf nahezu textidentischer »Vermerk« in Ich-Form, »gez. Dr. Gysi« beigefügt, den Gysi Havemann laut Konzeption ersatzweise vorlegen soll und den Havemann, wenn er will, abschreiben darf. So[164] geschah es schließlich.

Havemann kenne die Handlungen, die die öffentliche Ordnung bzw. Sicherheit beinträchtigt hätten und die von ihm ausgegangen seien, einer weiteren Erklärung dazu bedürfe es nicht; die »zeitweilig ergriffenen Maßnahmen« seien laut Staatsanwalt »notwendig gewesen«, heißt es in dem von Gysi vorgelegten Text. Der Entwurf des Briefes an den »sehr geehrten Herrn Professor«, unter dem Briefkopf des Dr. jur. Gregor Gysi verfasst, von diesem unterschrieben und dann bei der Stasi gelandet, gelangt nicht an den Adressaten, sondern wird zu den Akten genommen.[165]

Laut Gysi, der auch in diesem Fall eine Kooperation mit der Stasi bestreitet und anderslautenden Mutmaßungen entgegen tritt, kam die so genannte »Abstimmung« nicht zwi-

---

162 Unfirmierte Aktennotiz, Deckblatt für den Entwurf von Gysis Schreiben an Havemann vom 15. November 1979

163 Hauptabteilung XX: »Vorschlag zur Beantwortung einer Eingabe von Robert Havemann«, Berlin, 21. November 1979

164 Statt Robert Havemann schrieb Utz Havemann, der zufällig gerade in Grünheide war, Gysis Text ab.

165 Auf S. 22 f. zitiert Drucksache 13/10893 des Bundestages im Detail zahlreiche Einwände und Klarstellungen Gysis.

schen ihm und dem MfS, sondern mit dem ZK der SED zustande in der Weise, dass der »Vermerk« ihm von einem Mitarbeiter des ZK, der ihn zu sich bestellt habe, mit der dringenden Bitte überreicht worden sei, ihn Havemann vorzulegen. Der ZK-Mann habe demnach Kenntnis von dem Brief gehabt, den Gysi an Havemann geschickt habe. Nach Gysis Darstellung wurde seine Anwaltsarbeit also per »Postkontrolle« abgeschöpft, sein Gespräch mit Havemann in diesem Zusammenhang, Basis einer »streng geheimen« »Information« der Hauptabteilung XX, im Hause Havemann abgehört, und sein Gesprächspartner war das ZK.

Als Havemann von Gysi den Bescheid erhielt, hatte die Stasi wieder einmal in sein Privatleben eingegriffen. Die Ehe von Katja und Robert Havemann steckte in einer Krise. Ausgerechnet Herbert Landmann offenbarte Havemann sich mit seiner Idee, Katja müsse auf andere Ideen gebracht werden. Landmann fand sich bereit, Katja Havemann im August 1979 auf eine Urlaubsfahrt nach Rostock mitzunehmen – und informierte gleich die Genossen vom MfS. »Die persönlichen Probleme beschäftigen H. wahrscheinlich so sehr, dass er gegenwärtig für seine Feindtätigkeit wenig Interesse aufbringt«[166], meldete IM »Chef« der Staatssicherheit. Sein Führungsoffizier notierte, dass Havemann sich endlich im Privaten zu verlieren versprach: »Der IM sagte, dass sie sich in Rostock und Umgebung einiges vorgenommen haben. Tanzengehen, Bar-Besuche, Ausflüge usw. ... Da der IM für eine Entspannung und Entkrampfung Katjas ist, wird er ihr großen Spielraum lassen. Er und seine Frau werden alle sich diesbezüglich bietenden Möglichkeiten unterstützen, auch wenn Männer zu Katja Kontakt suchen würden.«

Landmann wiegte sich in Sicherheit: »Katja Havemann kenne die Großzügigkeit des IM und seiner Ehefrau zu Fra-

---

166 Bezirksverwaltung für Staatssicherheit Berlin, Abteilung XX/1: »Information« (Bericht von einem »Treff« mit IME »Chef«), Berlin, 1.8. 1979; nachfolgende Zitate aus dem selben Dokument

gen der Moral, und es dürften deshalb keine Hemmungen zu befürchten sein.«

In welcher Zerrissenheit Havemann sich befand, meldete IM »Chef« am 19. September: Am Nachmittag des Vortages sei Havemann in seiner Wohnung aufgetaucht, habe mit seiner Frau über seine Eheprobleme und sein gerade in Arbeit befindliches Buch gesprochen, um dann zur Sache zu kommen: »Havemann ... versuchte zu erklären, dass Fremdgehen den Intellekt hebe und etwas ganz Natürliches sei. Sein Bestreben gehe dahin, verschiedene sexuelle Varianten (ein Mann und zwei Frauen; zwei Männer und eine Frau und zwei Männer und zwei Frauen) zu betreiben.«[167] In einem weiteren Bericht einige Tage später heißt es: »An einem der nächsten Freitage will Katja die Ehefrau des IM besuchen kommen. Dabei können weitere Informationen zum Verhältnis Robert–Katja erarbeitet werden.«[168]

Thomas Klingenstein war in jener Zeit häufiger in Grünheide: »Robert konnte richtig leiden, weinen, traurig sein. Er trank dann auch mehr, als er vertug, und er vertrug sehr viel. Ich habe die Spannungen zwischen Katja und Robert in dieser Zeit mitbekommen. Wenn sie eine Zeit lang rausmusste, um sich selbst wieder zu finden, fühlte er sich sehr einsam, traurig, bis zur Verzweiflung. Er schalt sich selbst einen Esel. Er litt sehr darunter, wenn er Katja nicht vermitteln konnte, wie sehr er sie liebt, bei aller Lebenslust, Flirterei und seinem Hofmachen.«

„Operative Information[169]

IM ‚Chef' nahm am 18.11.79 entsprechend der gegebenen Instruktionen zu Robert Havemann Kontakt auf, indem er ihn in seiner Wohnung in

167 Bezirksverwaltung für Staatssicherheit Berlin, Abteilung XX, »Operative Information«, Berlin, 19. 9. 1979

168 Bezirksverwaltung für Staatssicherheit Berlin, Abteilung XX/1, »Operative Information«, Berlin, 30. 9. 1979

169 der Stasi-Bezirksverwaltung Berlin, Abteilung XX, Berlin, 20. 11. 1979

Grünheide aufsuchte. Der IM traf Havemann allein an und wurde von ihm sofort umfassend über die gegenwärtige Ehesituation informiert. Nach Angaben des IM befand sich Havemann in einer sehr schlechten seelischen Verfassung. Er brach während des Gesprächs mehrfach in Tränen aus. ... Katja Havemann soll recht deutlich zum Ausdruck gebracht haben, dass sie die Trennung als endgültig ansieht. Ihren Schritt motiviert sie hauptsächlich damit, dass sie endlich aus dem ‚Schatten' ihres Mannes heraustreten will und ihren eigenen Entwicklungsweg gestalten und ihre Persönlichkeit profilieren möchte. ... Ein Treff mit dem IM ist am 23.11.79 vorgesehen. Zum vorliegenden Bericht sind dabei noch Detailergänzungen zu erwarten."

»Chef« blieb diese »Detailergänzungen«, die dem »Genossen General« persönlich übermittelt wurden, tatsächlich nicht schuldig. Er erörterte mit seinem Führungsoffizier die Probleme seines Patienten und dessen Frau, sprach sogar über deren (aus der Luft gegriffene) lesbische Beziehung zu einer ihrer engeren Freundinnen und versprach, mehr über Katja Havemanns Motive herauszufinden.

Die Stasi war sich sicher, endlich den Punkt des ihr verhassten Dissidenten gefunden zu haben, an dem er am verletzlichsten war.

„Information[170] vom 19.12.1979 zu OV ‚Leitz'

Robert Havemann spricht vom Anschluss Haeseler aus mit seiner Frau Katja in Neubarnim ...

Robert: Hallo Katja, wie geht es dir?

---

170 der Abteilung 26, Frankfurt (Oder)

Katja: Gut.
Robert: Hat der Jürgen mit dir gesprochen?
Katja: Er hat gestern Abend angerufen. ...
Robert: Katja, mein Liebes!
(Sie antwortet darauf nicht, es entsteht eine längere Pause.)
Katja: Ja, bis Sonnabend.
Robert: Bis Sonnabend, Katja, Grüß Franzi schön und deine Eltern.
Katja: Ja, mache ich.
Robert: Wie geht es dir so?
Katja: Gut.
Robert: Du kommst nicht mehr nach Berlin?
Katja: ... Nein, ich komme nicht mehr nach Berlin.
Robert: Ach du. Wenn du das tust, musst du immer bei mir vorbeikommen.
Katja: Ja, ja.
Robert: Katju, Wiedersehen, mein Lieb.
Katja: Machs Gut, bis Sonnabend.
Gesprächsende: 10.18 Uhr"

Nur langsam näherten sich Katja und Robert Havemann einander wieder an. Franziska verbrachte ihre Schulferien in Grünheide. Havemann bemühte sich, und er tat, wozu er bis dahin keine Muße gefunden hatte: Er schrieb »Morgen« fertig, das Buch, das er schon vor dem Hausarrest begonnen und dann unterbrochen hatte. »Stattdessen hatte Robert die Zeit mit seinen organisierten Lustbarkeiten vertrödelt. Als ich weg war, fing er sich schnell wieder, schon weil mein Weggang gegenüber unseren Freunden eine heftige Niederlage für ihn bedeutete.«

Als Katja Havemann im Oderbruch einen anonymen Brief eines »besorgten Nachbarn« erhielt, von dem sich die Stasi erhoffte, dass er das Ehepaar weiter voneinander entferne, wurde Robert Havemann, nicht aus moralischen, sondern aus politischen Gründen, klar, dass er zu weit gegangen war.

Der erste Teil des Manuskripts von »Morgen« war bei der Haussuchung entwendet worden, so musste Havemann einiges neu schreiben. »Morgen« sollte, wenn schon nicht sein Vermächtnis, so doch sein Hauptwerk werden, eines, das das Koordinatensystem von Parteimacht und Dissidenz, in dem er bislang lebte, weit hinter sich lassen sollte.

Niemand sah Havemann bei der Arbeit. Sein Schreibtisch schien unberührt. Das war genau der Eindruck, den er erwecken wollte. Wenn er allein war, tippte er am Manuskript, das er immer bei sich trug. Einen Durchschlag versteckte Katja Havemann in Neubarnim. »Ich habe … diesen Text … in sechs Wochen runtergeschrieben, immer in Sorge, der Verein merkt meine eifrige Schreiberei und klaut mir alles im letzten Moment«, schrieb Havemann an Biermann.

Mit »Morgen« gelang Havemann ein sehr vielschichtiges Buch. Er löste sich darin von der Fixierung auf die SED. Zwar übte er heftige Kritik an den Verhältnissen in der DDR. Doch deren Reformierbarkeit in ihrer bestehenden Form stand nicht mehr zur Debatte. Havemann widmete sich erstmals eingehend der Lage in Westeuropa und den USA, um seine Sorge zu bekunden, dass die Welt auf beiden Seiten des Eisernen Vorhangs aus unterschiedlichen Gründen in eine tiefe Krise gerate, die möglicherweise in die letzte, selbstzerstörerische Katastrophe führe.

Havemann hatte erfasst, dass die Zeit alternativer Lebensentwürfe angebrochen war. In »Morgen« entwickelte er seine eigene Utopie, und er wünschte sich sehr, über seinen utopischen Ansatz mit anderen ins Gespräch zu kommen. Sein Kurier war Thomas Klingenstein: »Ich sprach mit Bettina Wegner und Klaus Schlesinger, mit Karl-Heinz Jacobs und seiner Frau Marianne, mit Stephan Hermlin und Stefan Heym. Robert wollte sehr, dass ich mit ihnen rede, doch die Chance für ein Gespräch war meist gering, was ich wusste. Mir war zum Beispiel klar, dass es keinen Sinn hatte, das von Christa Wolf zu erwarten, weil sie zu ängstlich war.«

Zu Havemanns wagten sich nur solche, die die Abkehr von der DDR und den Abgang in den Westen praktisch schon beschlossen hatten. So war Havemann gezwungen, seine Vorstellungen im Alleingang zu entwickeln. Für ihn musste eine solche Vision der idealen Zukunft alle Errungenschaften von Forschung und Technik aufweisen und sie zugleich ökologisch optimieren. Sie musste die herkömmliche Familie bestätigen und zugleich den Familienverband auflösen. Sie musste größtmögliche Individualität zulassen und doch die Ordnung anerkennen. Sie durfte kein »Ismus« mehr sein, ohne dabei den Kommunismus zu verraten.

Es war Havemann selbst klar, dass er sich mit solchen Ansprüchen im zentralen Kapitel von »Morgen« quer zu allen gängigen Denkmustern stellte.

Havemanns Utopia ist eine Art pädagogische Provinz, in der sich durchaus hedonistisch alles um individuelle und kollektive Selbstverwirklichung, Erziehung und Kultur dreht, während gesellschaftliche Interaktion, Industrieproduktion und Erfüllung der menschlichen Grundbedürfnisse durch automatisierte Hightech gesichert und selbstverständlich werden.

In der Rahmenhandlung, einer Reise der Familie Havemann durch »Utopia«, widmet er sich intensiv den Themen Trieb, Liebe, Eifersucht, Freiheit in der Beziehung. Katja Havemann: »Er sagte, er verdanke das mir. Das war mir fast peinlich, weil die utopische Passage so etwas Persönliches hat. Sie entstand während unseres Zerwürfnisses und ist so etwas wie eine verdrehte Liebeserklärung. Ich verhinderte, dass er als Widmung hineinschrieb: ›Dies Buch habe ich direkt für Katja geschrieben, die vieles darin in mich hineingeschrieben hat.‹[171]«

Der österreichische Botschafter brachte das »Morgen«-Manuskript, das ihm Klingenstein gebracht hatte, nach West-Berlin. Er war grundsätzlich informiert über die Art der Post und auch über den Kontakt zu Havemann, wusste aber nicht,

171 Die Widmung ist als Autograph von Robert Havemann erhalten.

was in diesem Paket steckte, das er zu seinem Diplomatengepäck nahm. Er fragte nicht, Klingenstein sagte nichts. »Ich hielt das für klüger.«

... und Realität

»Morgen« erschien im Frühjahr 1980 im Verlag von Havemanns altem Freund Piper. Ungeduldig wartete er auf die Rezensionen. Und wurde enttäuscht.

Die einen suchten und fanden in »Morgen« nicht den Havemann, den sie kannten und schätzten. Die anderen hielten das Buch für abgehoben. Havemann hat den Anschluss verloren, dachten selbst Freunde. Das Buch setzte keine die deutsch-deutsche Grenze überschreitende Debatte in Gang, wie er insgeheim gehofft hatte. Er hatte seinen Text überschätzt. Er begriff selbstverständlich, dass das kühle, höfliche Zur-Kenntnis-Nehmen von »Morgen« in der westlichen Presse die respektvollste Art war, die Utopie restlos zu verwerfen.

Katja Havemann: »Ich bewunderte es schon, dass er sich diese Form von Offenheit erlaubt hatte. Er machte sich auch nicht durchweg lächerlich damit. Ich verstehe bei einem Menschen, der so leidenschaftlich war in allem, was er machte, dass er nun am Ende seines Lebens so eine Utopie mit einer solchen Leidenschaft vertrat. Als Autor im Jugendweihe-Buch der Fünfzigerjahre, ›Weltall Erde Mensch‹, hatte er die kommunistische Ideologie mit Feuer vertreten, und mit der ›Morgen‹-Utopie hat er noch einmal so etwas geschrieben wie eine sehr viel bessere Jugendweihe-Geschichte.«

Das empfanden bei aller Distanz zu Havemanns jüngstem Buch auch die Hörer seiner gelegentlichen Lesungen. Er war inzwischen so etwas wie ein Mittler zwischen den verschiedenen Lebenswelten der DDR. Selbst gezwungenermaßen in die Subkultur abgetaucht, hatte Havemann mit seiner Biografie aller Entfernung zum Trotz noch immer einen Fuß im DDR-Establishment. Das erwies sich 1980, als er Gelegenheit bekam, als geladener Gast an einer öffentlichen Großveranstaltung teilzunehmen.

Es hatte Havemann lange beschäftigt, dass man ihn seit 1965 zu den alle fünf Jahre stattfindenden Treffen zum Gedenken an die Befreiung des Zuchthauses Brandenburg nicht mehr eingeladen hatte. Ein hochrangiger Vertreter der organisierten früheren Häftlinge, Erich Wunderlich, der das 1970 auf eigene Faust versuchte, wurde scharf diszipliniert.

Wie schon zuvor kam auch zum Ende des Hausarrests erneut das Gerücht auf, dass Havemann von Hitler protegiert worden und deshalb nicht hingerichtet worden sei. Ein Buch ehemaliger Brandenburg-Häftlinge in der DDR erschien, in dem Havemann nicht erwähnt wurde. Einige frühere Häftlinge in Westdeutschland reagierten darauf mit einer gemeinsamen Erklärung, die weite Kreise zog. Havemann schrieb einen Brief an das Brandenburg-Komitee.

Die Antwort des Komitees ließ auf sich warten. Bis Anwalt Gregor Gysi nach Grünheide kam und verkündete, er solle ausrichten, dass Havemann am 26. April nach Brandenburg zum Treffen ehemaliger Häftlinge fahren könne, wie sich Katja Havemann erinnert. Später wird Gysi erklären, er sei vom ZK der SED instruiert worden.

Havemann bedankte sich, wies aber darauf hin, dass es da zweifellos eine schriftliche Einladung geben müsse, und er wolle eine haben. Gysi – im Berichtsteil des Stasi-Plans »zur Verhinderung von Provokationen Robert Havemanns im Zusammenhang mit der Veranstaltung anlässlich des 35. Jahrestages der Befreiung des Zuchthauses Brandenburg« wird ihm der Name »Gregor«[172] zugeordnet – kam ein zweites Mal,

---

172 Der Plan stammt von der HA XX, Berlin, 24. April 1980. »Gregor« wird auf Seite 1 erwähnt: Er solle Havemann am selben Tag aufsuchen und ihm genaue Instruktionen geben, wie er sich verhalten solle. Mehrere andere Stasidokumente belegen, dass Gysi Havemann am 18. und am 24. April in Grünheide aufsuchte. Gysi bestätigte dies dem Immunitätsausschuss des Bundestages. Überdies sagte er, er habe in diesem Zusammenhang »Instruktionen vom ZK der SED« erhalten (Bundestags-Drucksache 13/10893, S. 26).

zwei Tage vor dem Treffen, und brachte zwei Anstecknadeln mit, die als Ausweise für Havemanns dienen sollten. Das Programm bekamen sie nicht, wie gewünscht, in gedruckter Form, Gysi nannte nur Treffpunkt, Anfangszeit und Dauer.

So wussten Havemanns nicht, dass das Häftlingstreffen diesmal ausnahmsweise ein Staatsakt mit Generalsekretär war.

Brandenburg 1980

Die Stasi plante den »Einsatz der operativen Kräfte und Mittel« für Havemanns Besuch in Brandenburg mit großer Akribie und bildete dazu eigens eine Einsatztruppe. Der »Plan zur Verhinderung von Provokationen Robert Havemanns im Zusammenhang mit der Veranstaltung anlässlich des 35. Jahrestages der Befreiung des Zuchthauses Brandenburg« sah vor:

„Zur Absicherung der eingesetzten Mitarbeiter der Massenmedien und Presseorgane der DDR werden die Genossen Major Erazim, HA XX/7, Oltn. Schulze, HA XX/7, eingesetzt. Es ist zu prüfen, ob eine Originalübertragung oder eine Aufzeichnung der Veranstaltung erfolgt. Im Falle einer Originalübertragung ist der verantwortliche Regisseur exakt einzuweisen, um zu verhindern, dass Havemann auf dem Bildschirm erscheint. Erfolgt lediglich eine Aufzeichnung der Veranstaltung, ist beim DDR-Fernsehen und den Presseorganen der DDR zu sichern, dass keinerlei Aufnahmen, auf denen Havemann zu sehen ist, veröffentlicht werden. ... In der Havemann betreuenden Gruppe Widerstandskämpfer sind 2 IM, 3 weitere IM kommen auf der Tribüne sowie während des Empfangs zum Einsatz. Ihre Aufgabe besteht darin, mögliche provokatorische Verhaltensweisen von Havemann zu unterbinden, um Störungen seinerseits auszuschließen. Darüber hinaus berichten sie über sein Auftreten, evtl. bekannt werdende Pläne, Hinweise oder andere Vorhaben von Robert Havemann im Zusammenhang mit oder nach der Veranstaltung."

Havemanns fuhren mit Stasi-Verfolgern nach Brandenburg zu einem Parkplatz in der Innenstadt, dem von Gysi genannten Treffpunkt. Einer der Alten suchte sogleich Havemanns Nähe. Es war Hanne F., ein ehemaliger Brandenburg-Häftling, der, so Havemann später zu seiner Frau, in Ost-Berlin die Volkspolizei mit aufgebaut hatte und später hochrangiger Mitarbeiter der Stasi gewesen war. F. versprach, immer in Roberts Nähe zu bleiben, und erklärte ihm das ungewöhnlich aufwändige Programm. Am Kundgebungsort wurden Fahnen geschwenkt, die FDJ stellte Sprechchöre. Honecker, obwohl selbst ehemaliger Häftling, zum ersten Mal auf einem dieser Treffen, und der sowjetische Boschafter Abrassimov sprachen. Wenn F. nicht in Havemanns Nähe war, fand sich ein anderer der Häftlinge als Aufsichtsperson. Allein blieben Havemanns nie.

Nach den Reden wurden alle zur Gedenkstätte im Zuchthaus gefahren. Havemann mochte nicht mit hineingehen, er suchte sich einen Sitzplatz in der Sonne. Katja Havemann war neugierig: »Ich drängte mich zwischen die Leute, war plötzlich ganz nah neben Honecker und dachte: Mensch, ist der klein, zwergenhaft geradezu. Ich kannte den nur von manipulierten Medienbildern, die von unten aufgenommen waren und auf denen er viel größer wirkte.«

Als sie zu ihrem Mann zurückkam, saß er noch immer allein auf seiner Bank neben dem sowjetischen Panzer, der als Denkmal vor dem Zuchthaus steht. Niemand hatte sich zu ihm gesetzt oder gewagt, mit ihm zu reden.

Nach der öffentlichen Gedenkfeier war in einem Kulturhaus an langen Tafeln zum gemeinsamen Essen eingedeckt. Die »Betreuer« wiesen Havemanns ihre Plätze am Rand, an einem Tisch an der Wand des Saals zu. Vorn war ein erhöhtes Podium, da saßen unter anderem die Vertreter des Zentralkomitees der SED. »Es gab zwei Kategorien Leute. Da waren die, die nach Kleidung und Auftreten offenbar Funktionäre waren, und andere, ganz einfache Menschen. Einer saß uns gegenüber. Robert sprach ihn an, er kam aus Mecklenburg, sagte, er sei berenteter Tischler. Er hatte Handwerkerhände und war ganz verschüchtert angesichts dieser Veranstaltung.«

Als Katja Havemann zur Toilette ging, sah sie in den Gängen und im Foyer des Kulturhauses ihre Stasibewacher, die sie keine Minute lang aus den Augen ließen. »Ich war froh, als wir da wieder weg waren.«

Dennoch war es ein kleiner Sieg für Havemann, nach Brandenburg eingeladen worden zu sein. Ähnlich wie an Kurt Hagers Stellungnahme zum Hausarrest in der »Weltbühne« erwies sich daran, dass es unmöglich war, ihn dauerhaft zum Niemand zu stempeln und konsequent im öffentlichen Leben nicht zur Kenntnis zu nehmen.

Da sich die West-Journalisten eisern daran hielten, ihn nicht zu interviewen, wenn es nicht genehmigt war, zeigte Havemann bald, wofür es noch gut gewesen war, nach Brandenburg zu fahren: Er schrieb ein fiktives Gespräch mit ehemaligen Häftlingen, in dem er seine Gedanken zur Situation in der DDR diesen alten Antifaschisten in den Mund legte. Wäre nach der Veröffentlichung des Textes der Staatsanwalt gekommen, hätte Havemann sich darauf berufen können, sich eisern an seine Auflagen gehalten zu haben. Er hatte ja keinen Kontakt zu einem West-Journalisten gehabt, sondern hatte selbst journalistisch gearbeitet.

Neue Abschiede

Aus Sicht der Genossen arbeitete Havemann wie schon in den Sechzigerjahren daran, als Teilnehmer und erfahrener Stichwortgeber Galionsfigur einer neuen Opposition zu werden.

Deshalb beschäftigte sich die Stasi wieder verstärkt damit, Havemanns Umfeld zu beobachten und ihn in seinen neuen Kreisen zu isolieren.

Bei Poppes etwa wurde ein Mikrofon installiert, als sie Besuch von Havemanns erwarteten. Die Nachbarin erzählte Poppes davon, dass seltsame Handwerker von ihr den Bodenschlüssel erbeten hatten. Ulrike Poppe: »Tags darauf kam mein Mann früher als gewöhnlich von der Arbeit zurück. Vor der Tür standen zwei Männer, die gleich in ihre Funkgeräte sprachen, als sie ihn sahen. Er rannte die fünf Treppen hoch, zwei Männer kamen ihm auf der Treppe entgegen, die an die Wand schauten, um ihre Gesichter nicht zu zeigen.« Gerd Poppe stieg auf den Dachboden, suchte, verfolgte einen Draht. Die Stasileute hatten das Mikrofon an die Spitze eines Stabes montiert, den sie vom Dachboden aus durch Dielen und Schotterschicht bis an den Poppe'schen Deckenlampenanschluss geschoben hatten. Der Draht führte vom Mikrofon über eine Antennenattrappe außen an der Hauswand hinunter in eine Wohnung zwei Stockwerke unter Poppes. »Wir wussten, dass das eine Stasiwohnung war, weil dort immer irgendwelche Männer ein und aus gingen.«

Poppe erkannte gleich, dass es ein so empfindliches Mikrofon war, dass jedes kleinste Geräusch zu hören sein musste. »Es hing direkt über unserem Tisch, an dem unsere Gesprächsrunden stattfanden.« Poppe demontierte das Mikrofon und zeigte es herum. »Es ist jetzt im Haus der Geschichte in Bonn ausgestellt. Damals war es für uns wichtig, so etwas mal in der Hand zu haben, denn mancher unterstellte uns Verfolgungswahn, wenn wir die Vermutung äußerten, überwacht zu werden.«

Die Staatssicherheit beobachtete mit Sorge, dass Formen der aktiven und der passiven Verweigerung, das Austesten der willkürlichen und unklaren gesellschaftlichen Grenzen und der Versuch vor allem junger Leute, eigene Freiräume zu schaffen, gegen Ende der Siebzigerjahre schlagartig zunahmen. Der Apparat war in diesem Jahrzehnt von 43 000 festen Mitarbeitern auf 75 000 angeschwollen. Mit zunehmend manischer Akribie verfolgten sie »Gruppenbildung«, das aus ihrer Sicht größte Problem für die Ordnung. Unterstützt von mehr als 100 000 Inoffiziellen Mitarbeitern verschiedener Kategorien bespitzelten sie jede Versammlung ungebundenen Geistes.

»Wir wollten eine Gemeinschaft Gleichgesinnter, von denen jeder in seiner Wohn- und Arbeitssituation bleibt, die einander aber jenseits dieser treffen und miteinander etwas machen. Es sollte ein Netzwerk werden. Unsere Kontakte gingen über Berlin hinaus, nach Jena, Dresden, nach Leipzig und Magdeburg, in Mecklenburg gab es Markus Meckel und Eckehard Hübener«, erinnert sich Rüdiger Rosenthal, Physiker und Dichter. Als er im Alter von 28 Jahren Havemanns über Poppes kennen lernte, war seine wissenschaftliche Karriere schon beendet, er hatte keine Aussicht auf Veröffentlichung, dafür aber gemeinsam mit seinen Freunden das »Projekt« eines Verbindungskreises ohne Bezug zur Partei und zum sozialistischen Staat. Man traf sich in den Wohnungen der Subkulturellen in Berlin und anderen großen Städten sowie auf »Lebensinseln«, die es vor allem in ländlichen Regionen in der DDR gab. Pfarreien, eine alte Ziegelei – Künstler hatten Höfe. Rosenthal: »Allerdings, Grünheide war doch schon das Besondere unter den Besonderheiten. Das gab es schon lange, da gab es Robert, da wurde widerständiges Denken auf einem besonderen Niveau geübt.«

Dass Havemann und autonome Gruppierungen zusammen fanden, war aus Sicht der Stasi besonders alarmierend. Mit seinen Verbindungen zu westlichen Verlagen und Medien verfügte Havemann über das Potenzial, aus der Subkultur der thematisch ungebundenen Wohnzimmer-und-Garten-Zirkel, die vom offiziellen sozialistischen Kulturbetrieb ignoriert wurden, eine weit in die Öffentlichkeit ausstrahlende Alternativ-Kultur zu machen.

So verhalf Havemann Thomas Klingenstein zu Kontakt mit dem Piper-Verlag. Auf Anraten Havemanns hatte er für sein Buch einen Antrag beim Büro für Urheberrechte gestellt und sogar die Genehmigung erhalten. »Er meinte, schicke es denen doch einfach mal, es sind ja nur Gedichte.«

Nur Gedichte – doch hätte Klingenstein es geschafft, wäre die Veröffentlichung eine Sensation gewesen: »Mit 19, DDR-Bürger, und ein Buch im Westen. Kurz bevor ich Robert kennen lernte, war noch gerade so die Zeit, dass Christa Wolf als junge Autorin galt. Sie war da schon fast 50. Autor wurde man mit 70 irgendwann. Jemand wie Klaus Schlesinger war damals ein junger Autor, er war damals Mitte/Ende 30.«

Thomas Klingenstein wurde inhaftiert, bevor sein Buch erschien, ebenso Frank-Wolf Matthies und Lutz Rathenow, zwei andere junge Schriftsteller aus dem Umfeld Havemanns, die gerade an der Schwelle standen, als DDR-Bürger außerhalb des DDR-Kulturbetriebs von sich reden zu machen. Sie wurden Ende Oktober 1980 festgenommen und in der Stasi-Untersuchungshaftanstalt in Hohenschönhausen eingesperrt.

Die Welle der Verhaftungen und erzwungenen Ausreisen junger Oppositioneller nach der Biermann-Ausbürgerung hatten Klingenstein darauf vorbereitet, womit er rechnen musste. In den Verhören ging es vor allem darum, was er für Havemann getan und wer ihn dabei unterstützt hatte. Havemann hatte ihm geraten, wie er sich im schlimmsten Fall in Haft verhalten und mit Stasivernehmern umgehen solle. Er hatte auch die »Vernehmungsprotokolle« von Jürgen Fuchs gelesen. »Ich erinnerte mich an Roberts Worte: Du darfst nicht anfangen zu erzählen, sonst bist du verloren. Daran hielt ich mich eisern. Woran ich mich nicht eisern hielt, war das stoische Schauspiel zu spielen, das Jürgen teilweise gespielt hatte. Etwa so zu tun, als wollte er keine Zigarette. Um mir selbst den Druck zu nehmen, fragte ich ganz klar: Haben Sie eine Zigarette? Da konnte der Vernehmer ja oder nein sagen, und damit war die Sache dann erledigt und auch für mich durch.

Die Gefängnisse waren erschreckend. Allein diese abschreckenden Farben. Dann noch das Verhalten der Aufseher und der Fragenden.

Für mich gab es da ein Nach-innen-Gehen. Ich sang viel. Nicht zu laut, dann klopften sie, denn es war verboten. Aber leise singen war kein Problem. Ich sang mein ganzes Repertoire, das hat mich gestärkt.«

Klingenstein bekam häufig Besuch, allein weil er fünf Anwälte hatte. An den ersten Anwalt, Gregor Gysi, war Klingenstein gekommen, weil er, Havemann und Gysi das in Grünheide schon lange zuvor abgesprochen hatten. »Es war eh klar, dass mir irgendwann etwas passieren würde, also sollte er dann mein Anwalt sein. Aus den Akten ging später hervor, dass er mich ›dahingehend beeinflussen‹ wollte, Schnur das Mandat wieder zu entziehen.« Über diese Absicht, deren Erfolg Klingenstein den Stasi-Mitarbeiter Schnur als Anwalt erspart hätte, informierte Gysi allerdings einen Stasimann vor seinem Mandanten.[173]

Den Kirchenanwalt Wolfgang Schnur hatte Klingenstein nicht selbst angesprochen. »Er wandte sich an mich. Später erfuhr ich, dass mein Verleger Piper das veranlasst hatte.« Ohne den Anwalt Wolfgang Vogel schließlich konnte ein DDR-Bürger einen heiklen Ausreise-Fall nicht meistern. »Warum Vogel seine Kanzleipartner Hartmann und Starkulla noch mit Einzelmandaten an mich heranbrachte, weiß ich nicht, aber es war mir recht.«

Trotz der Anträge seiner vielen Anwälte auf Haftprüfung wurde eine Freilassung abgelehnt. »Also nahm ich mir die Freiheit – in ihren Augen Frechheit –, nach einem befristeten

---

173 Nach einem Mandantentermin mit Klingenstein in Hohenschönhausen gab Gysi dem »Unterzeichnenden«, einem Oberleutnant der Stasi-Abteilung IX/2, am 19. November 1980 zu wissen, »dass er darüber informiert sei, dass zusätzlich noch ein Rechtsanwalt Schnur aus Binz/Rügen mit Erwins Verteidigung beauftragt worden ist, er das seinem Mandanten gegenüber aber nicht erwähnen wolle, wenn ihm Schnurs Strafprozessvollmacht noch nicht vorlag. Ansonsten wolle er Erwin dahingehend beeinflussen, dass er Schnur später, sollte er ihm Vollmacht erteilen, wieder abschreibt.« (Vgl. Joachim Widmann: Jedes Mandantengespräch wurde beschattet. »Berliner Zeitung«, 2.9. 1996)

West-Visum zu fragen. Das lehnten sie ab. Da stellte ich den Ausreiseantrag, denn darauf lief es sowieso hinaus.« Entlassen und abgeschoben wurde Thomas Klingenstein am 1. Februar 1981. »Als ich in den Westen kam, standen Margret Frosch, Manfred Wilke und Ernst Piper am Flughafen Tegel – ich war erst einmal nach Gießen geschoben worden und dann nach West-Berlin geflogen – und hatten mein Buch in der Hand.«

Rathenow und Matthies waren bereits Ende November aus der Haft entlassen, aber weiter bedrängt worden. Sie hatten die Auflage, sich keinesfalls mit ihren alten Freunden – schon gar nicht mit Havemanns – in Verbindung zu setzen.

„Information[174] vom 22.12.1980
zum OV ‚Leitz'

... Frank erklärt, dass bei ihnen gerade wieder auf Konfrontation gemacht wird ... , dass sie heute zur Abteilung Inneres bestellt wurden. Frank ... wurde indirekt angedroht, dass sie ihm die Kinder wegnehmen werden. ... Frank berichtete weiter, dass viele Leute aus seinem Freundes- und Bekanntenkreis heute zum Verhör bestellt wurden. Das betrifft ihre Leute in Potsdam, Halle und in anderen Städten, auch in Berlin. Diesen Leuten wurde ausdrücklich verboten, nicht nur sie zu besuchen, sondern die haben ausdrücklich Berlinverbot erhalten. Aus sicherheitspolitischen Gründen wurde das so verfügt, erklärt Frank. Katja ist entrüstet darüber. Sie erkundigt sich, ob das ... generell so geregelt wurde. Frank erklärt, dass das nur über Pets (Petras) Geburtstag verhängt wurde.

174 Abteilung 26/HA XX, Frankfurt (Oder), Abhörprotokoll eines Gesprächs zwischen Katja Havemann und Frank-Wolf Matthies von Haeselers Telefon aus

```
Katja amüsiert sich darüber.
Die Leute wurden stundenlang belehrt und es
wurde ausdrücklich gesagt, wenn sie sich nicht
daran halten, dann könnten sie mit strafrecht-
lichen Konsequenzen rechnen. ... Frank ist der
Ansicht, dass ‚die' sich in absoluter Panik-
stimmung befinden. Frank staunt, von welcher
Gefährlichkeit er ist. ..."
```

Im Januar 1981 reiste Familie Matthies aus. Lutz Rathenow widersetzte sich, er stellte keinen Ausreiseantrag.

Neue Initiativen

Jede Ausreise schmerzte Havemann sehr. Nicht nur, dass es jedes Mal den Verlust eines Freundes bedeutete – er witterte die Gefahr, die von seiner fortschreitenden Isolierung ausging.

So ergriff er gern die Gelegenheit, die ihm Frank-Wolf Matthies und Günter Grass boten, als sie gemeinsam – Matthies wohnte in seinen ersten Wochen im Westen bei Grass in dessen Haus in der Niedstraße in Berlin-Friedenau – einen öffentlichen, die Mauer überwindenden Briefwechsel zum Thema »Nation« anregten. Als die Idee entstand, war Matthies noch in Ost-Berlin und damit die Ost-Stimme im Dialog gewesen. Nun also spielten Heidemarie Härtl, Gert Neumann und Havemann diesen Part.

Die Briefe wurden in der Zeitschrift »L'80«[175] veröffentlicht.

Wieder gab Havemann ein Beispiel seines Talents zum politischen Feuilleton. Er tat etwas, was damals bei Linken unüblich war. Er trat für die Wiedervereinigung Deutschlands ein, lediglich eine Annexion der DDR durch die Bundesrepu-

---

175 Nr. 18, Berlin (West) 1981

blik schloss er aus. Er dachte um eine Ecke mehr als die meisten anderen: »Die Zerreißung Deutschlands schien den europäischen Völkern, die der Nazi-Aggression ausgesetzt waren, eine Garantie gegen eine Erneuerung deutscher Großmachtpolitik zu sein. Tatsächlich aber beruht die tödliche Bedrohung, der wir heute ausgesetzt sind, eben darauf, dass Deutschland und mit ihm Europa zwischen den Supermächten USA und Sowjet-Union aufgeteilt ist. Ohne die Teilung Deutschlands gäbe es weder NATO noch Warschauer Pakt. Es gäbe dann auch nicht die Drohung der amerikanischen Mittelstreckenraketen, durch die die Sowjet-Union zum präventiven Gegenschlag gezwungen werden kann. … Europa kann nur überleben, wenn die staatliche Einheit der deutschen Nation wiederhergestellt wird. Die deutsche Nation in einem neutralen, entmilitarisierten friedlichen Deutschland, das niemand bedroht. … Es ist unsere einzige Chance, dieses barbarische 20. Jahrhundert zu überdauern. … Wir dürfen den Gedanken der Nation nicht zu einem Terminus der Literatur verblassen lassen.«

Havemann zeichnete vor, was mit Michail Gorbatschow möglich werden würde: Die Überwindung der Blockkonfrontation.

Er war damit über »Morgen« hinausgewachsen: Er hatte zu einer konkreten, einer greifbaren Utopie gefunden.

Havemann war von der Idee des öffentlichen Briefwechsels sehr angetan. Aber es reichte ihm nicht, ihn nur mit Literaten in deren hermetischer Sphäre zu betreiben. Manfred Wilke brachte ihn bei einem ihrer Telefonate im Mai 1981 auf eine Idee, die er bereitwillig aufgriff: seine die Blockgrenzen überwindende Utopie – die die Hoffnung barg, die Friedensaktivisten in Ost und West zu einen – in einem offenen Brief an Bundeskanzler Schmidt zu vertiefen.[176]

176 Die Stasi hörte das Gespräch zwischen Wilke und Havemann am 28. Mai 1981 ab (HA XX, Abteilung 26: Information vom 28. 5. 1981 zu OV »Leitz«. Frankfurt (Oder), 28. 5. 1981

In seinem Brief an Helmut Schmidt legte Havemann dar, warum die Sowjetunion weniger an einem Krieg und mehr an Abrüstungsverhandlungen interessiert sei als die USA, nämlich aus Furcht vor Krieg auf ihrem Territorium oder in der unmittelbaren europäischen Nachbarschaft und vor den wirtschaftlichen Folgen der Wett-Aufrüstung. Er forderte Schmidt auf, das Gespräch mit Leonid Breschnew und Erich Honecker zu suchen »und noch im Laufe dieses Sommers mit ihnen … zusammenzutreffen«[177]. Sein Selbstbewusstsein verbot es Havemann nicht, Schmidt »mit dem Ausdruck der Hochachtung« zu ersuchen, »nicht als ein Kanzler der Amerikaner, sondern als ein Kanzler der Deutschen« die Initiative zu ergreifen: »Auf jeden Fall muss der Versuch gewagt werden. Weil unsre nationale Zukunft und vielleicht das Überleben der europäischen Kultur davon abhängen, muss jetzt Klarheit darüber geschaffen werden, was möglich ist … – auf beiden Seiten.«[178]

Der Brief, von Wilke verbreitet, fand ein vielfältiges Echo in der Presse. Er wurde in mehreren Zeitschriften in weiten Auszügen gedruckt.

„Information vom 26.6.1981 zu OV ‚Leitz'

Karin Wilke aus Westberlin meldet sich beim Anschluss Haeseler zum vereinbarten Gespräch mit Robert Havemann. ... Karin fragt, ob er gesehen und gehört hat, dass das alles ganz groß eingeschlagen habe? Robert hat nur erfahren, dass ‚er' (Schmidt) gesagt habe, er will es beantworten. Karin berichtet, dass das Bundeskanzleramt und die Ständige Vertretung bei ihr angerufen haben. ... Der Brief habe bei

177 Zit. n. Robert Havemann: »Offener Brief an den Bundeskanzler Helmut Schmidt«, ohne Ortsangabe, undatiert, Durchschrift des Original-Typoskripts

178 Ebenda

dem großen Bundeskanzler auf dem Tisch gelegen ..., und der Brief wäre Punkt der Kabinettsordnung gewesen. Havemann findet das alles großartig. Heute habe auch einer aus der Ständigen Vertretung angerufen und gefragt, ob Havemann seitens seiner Regierung zu diesem Brief angestiftet worden wäre. Karin hat gelacht und gesagt, dass sie sich das nicht vorstellen können. ... Diese Angelegenheit wäre durch den internationalen Blätterwald gerauscht, deswegen habe Manfred das auch an die Agentur Reuter gegeben. ... Die Tageszeitung ... habe sich beschwert, dass sie es nicht zuerst erhalten haben. ..."[179]

Havemann hoffte sehr auf eine persönliche Antwort des Bundeskanzlers. Vergebens. Aber Helmut Schmidt ließ antworten, um nicht die Höflichkeit und das Medieninteresse zu missachten. Der Leiter der Ständigen Vertretung der Bundesrepublik in Ost-Berlin, Klaus Bölling, teilte Havemann in einem Schreiben vom 26. Juni 1981 mit, dass der Bundeskanzler ihn gebeten habe, Havemann mitzuteilen, »dass er Ihren ›Offenen Brief‹ mit Interesse als Beitrag zur Diskussion über die existenziellen Fragen Deutschlands und Europas, ja des Friedens in der Welt gelesen hat«.[180] Es folgten einige höfliche Worte, dann schloss Bölling seine diplomatische, doch sehr deutliche Absage »mit freundlichen Grüßen«.

179 HA XX, Abteilung 26: Information vom 26.6. 1981 zu OV »Leitz«. Frankfurt (Oder), 26.6. 1981

180 Zitiert aus dem Brief von Klaus Bölling an Robert Havemann, DDR 104 Berlin, 26. Juni 1981

1981 stellte Havemann sich selbst die Diagnose Blasenkrebs im fortgeschrittenen Stadium. Er wusste, dass ihm nicht mehr viel Zeit blieb. Vor Katja hielt er die Krankheit, solange es ging, geheim. »Im Sommer 1981, als ich mit Franzi aus einem Bulgarien-Urlaub zurückkam, sagte er es mir: ›Ich bin alt, Krebs wächst bei mir langsam, und ich will versuchen, es so lange wie möglich hinzukriegen, dass ich noch etwas machen kann.‹ Er wollte die Zeit nutzen, mit mir zusammen noch etwas zu tun. Unsere persönlichen Konflikte waren sofort vorbei. Gleichzeitig war meine Bereitschaft, mich weitgehend einzubringen in seine und meine gemeinsamen Bestrebungen, natürlich groß. Was ich für mich zu machen hatte, war leicht zu verschieben, mein Leben ordnete sich neu.«

Dr. Landmann, IM »Chef«, von Havemann schließlich konsultiert, meldete den Befund binnen weniger Tage an die Stasi, mit schematischer Zeichnung der Lage der Tumore an Blase und Niere.[181] Er machte Katja Havemann Angst: Die Krankheit werde bald sehr schmerzhaft sein. Seinem Führungsoffizier berichtete der Arzt: »Die Nieren- und Blasensache scheint ihm keine sonderlichen Probleme zu bereiten.«[182]

Wenn Landmann Katja Havemann beiseite nahm, um ihr im Vertrauen zu raten, ihren Mann in seiner Aktivität zu bremsen, sprach sie immer sofort mit diesem darüber: »Robert meinte, Landmann sei kein besonderer Arzt, und nahm überhaupt keine Notiz davon, und er legte auch keinen Wert darauf, die Diagnose nun durch immer neue Untersuchungen zu vertiefen oder gar über einen Eingriff nachzudenken.«

---

181 Bezirksverwaltung für Staatssicherheit Berlin, Abteilung XX/1: Besuch bei Robert Havemann am 2. 10. 1981 um 17.30 Uhr in Grünheide. Berlin, 6. 10. 1981

182 BV für Staatssicherheit Berlin, Abteilung XX/1: Information Robert Havemann. Berlin, den 24. 11. 81

Havemann dachte, eine Operation würde er wahrscheinlich nicht überleben. Einerseits hatte er einen schwachen Kreislauf – diese Ansicht teilten laut Akten auch »Chef« Landmann und seine Kollegen im Klinikum Buch –, andererseits befürchtete er, dass »die« bei der Narkose in Versuchung kommen könnten, seinem Ableben ein wenig nachzuhelfen.

In dieser Zeit lernte Havemann Pfarrer Rainer Eppelmann kennen. Eppelmann, Jahrgang 1943, hatte schon in jungen Jahren als Kriegsdienstverweigerer, der sich lieber inhaftieren ließ als sich als »Bausoldat« auf die DDR vereidigen zu lassen, Distanz zur DDR und zum Sozialismus bewiesen. Er war ein besonders engagierter Vertreter der jungen, von Partei und Kirchenoberen wenig beeindruckten Pfarrergeneration.

Der Berliner Geistliche (er wurde nach dem Ende des Regimes Minister für Abrüstung und Verteidigung der DDR) war im Sommer 1981 bereits über die Kirche hinaus bekannt geworden durch seine Jugendgottesdienste. »Es waren Gottesdienste, die ich bewusst unter sehr politische christliche Themen stellte, die sehr viel besser von den Jugendlichen besucht wurden als die meisten anderen, weil sie mitmachen konnten.«

Zu den »Bluesmessen«, die sich daraus entwickelten, reisten schon bald junge Menschen aus der ganzen DDR mit ihren Schlafsäcken nach Berlin-Friedrichshain, wo Eppelmann Kreisjugendpfarrer war. »Auf dem Höhepunkt kamen zu jeder Veranstaltung sechs-, sieben-, achttausend Menschen, die wir gar nicht in eine Kirche hineinbekamen.« Als die Samariterkirche zu klein wurde, nahmen die Organisatoren die Auferstehungskirche dazu. »Wenn die eine Kirche voll war, durften sich die übrigen Leute in die nächste Kirche schon reinsetzen. Als wir in der ersten Kirche fertig waren, sind wir mit dem Auto zur nächsten weitergezogen und machten dasselbe dann noch einmal.« Als auch das nicht für alle Besucher ausreichte, überlegte man einen zweiten Umzug für eine dritte Messe. »Das fanden wir zu mühsam, deshalb sahen wir uns nach einem anderen Ort um. Schließlich gingen wir beim

Generalsuperintendenten in Lichtenberg in die Erlöserkirche. Die war zwar auch nicht größer, aber auf dem Kirchengrundstück konnten ein paar Tausend Menschen stehen und warten. Da machten wir dann auf dem Höhepunkt vier Bluesmessen hintereinander, bis jeder, der dahingekommen war, einmal drin gewesen war.«

Die Messen waren eine Mischung aus Musik, Blues, der »im Normalfall leider – die Möglichkeiten hatten wir nicht – mit dem Thema nichts zu tun hatte«, Lesungen von themenbezogenen Texten und aus der Bibel und Spielszenen, in denen die Akteure versuchten, Alltagsprobleme Jugendlicher pointiert darzustellen. »In möglichst kurzen Predigten nahmen wir die zuvor gespielten Szenen auf und versuchten aus christlicher Sicht klar zu machen, wie man sich in solchen Szenen im wirklichen Leben verhalten könnte.«

Die Kirche bot die einzige alternative Öffentlichkeit in der DDR. Sie gewann stetig an Ausstrahlung und missionarischer Kraft. »Da kamen Leute dazu, denen wir klar machen konnten, was die Heilige Schrift mit ihrem Leben zu tun hat. Diese Kraft ist inzwischen für viele verloren gegangen, wie sie auch davor nicht da war.«

Von Havemann hatte Eppelmann zum ersten Mal gehört, als er erfuhr, »dass es in dem großen Knast DDR nicht nur Gefängnis und Zuchthaus gab, sondern auch noch so eine Art Edelknast, nämlich den Hausarrest. Ich sah im Westfernsehen, wie Katja und Robert Havemann aus dem Haus kamen und von Stasileuten daran gehindert wurden, vor den West-Kameras zu sprechen, beziehungsweise dass die Kameras abgedrängt wurden, die filmten, wie erzählt wurde, dass das Telefon abgestellt war und dass es mit dem Einkaufen schwierig geworden war.« Das war 1976. Gelesen hatte Eppelmann nichts von Havemann. Es fehlte ihm an den nötigen Verbindungen.

Ihre Begegnung ergab sich zufällig. Die Berliner Kreisjugendpfarrer und der Stadtjugendpfarrer kamen in jenen Jahren gelegentlich in Grünheide in einem kirchlichen Heim am Ende der Burgwallstraße zusammen. An einem dieser Wochenenden im Frühsommer 1981 stand das Thema »Außenseiter« auf dem Programm. »Schließlich kamen wir drauf, nicht nur über, sondern vielleicht auch mit einem zu reden, von dem behauptet wurde, dass er ein Außenseiter ist. Wir brauchten ja nur ein paar Häuser weiterzugehen. Mit einem Kollegen machte ich mich auf den Weg, wir haben bei Havemann geklopft.«

Havemann öffnete, mit einem Bademantel bekleidet, die Tür. Sie stellten sich vor. »Er bat uns rein – wie er war, das hat ihm nichts ausgemacht – und wir trugen vor, was wir wollten. Er stimmte sofort zu. Wir sagten, dann müssten wir bloß noch klären, ob er kommen wolle oder wir kommen sollten, wir seien so fünfzehn oder achtzehn Pfarrer. Er sagte sofort: Nein, zu mir.«

Die Pfarrer kamen am Nachmittag mit ihren Kollegen zurück. Sie sprachen zwei Stunden lang. »Als die anderen gingen, blieb ich. Ich wollte mich noch weiter mit ihm unterhalten. Für mich fing das Gespräch erst an.

Einen Satz sagte er immer wieder, einen Satz aus seinem Buch: Es wird nicht mehr viel Zeit vergehen, dann wird dieses Politbüro davongejagt. Dass das ein DDR-Bürger sagte, war ungeheuer. Nicht einmal in den letzten Wochen der DDR hätte das jemand so deutlich und in aller Offenheit gesagt. In dem Zusammenhang hat damals noch keiner an Maueröffnung gedacht, sondern an das Ende der ganzen Misere mit dieser Indoktrination – das war aus unserer Sicht damit gemeint –, und zwar eben nicht beendet von den Truppen der Nato, sondern durchs eigene Volk.«

Eppelmann empfand zu Havemanns so etwas wie »Liebe auf den ersten Blick«. Es war gleich nach ihrer ersten Begegnung klar, dass man sich wiedersehen wolle. Eppelmann forcierte das und lud Havemanns zu sich nach Hause ein.

Die Familien verstanden einander auf Anhieb, wie sich auch die beiden Männer mit jedem Wort, das sie wechselten, Stück für Stück näher kamen. Sie waren in vielem durchaus unterschiedlicher Ansicht. Havemann aber sah, dass Eppelmann mit seinen Messen viele Menschen erreichte. Rainer

Eppelmann: »Deshalb war sein Haus so gastfreundlich, weil der Atheist Havemann einen unwahrscheinlichen missionarischen Eifer hatte, genau wie ich. Darin trafen wir uns. Mir ging es in meinem missionarischen Eifer ja auch gar nicht darum, dass alle unbedingt getauft werden und Kirchensteuer zahlen sollten. Ich wollte zunächst einmal überzeugen und anstecken. Deswegen sprach es mich auch so an, dass ich von Robert angesteckt wurde, als Pfarrer auf die Schwejk'sche Art und Weise zu tun, was man als Pfarrer tun konnte, ohne von den eigenen Brüdern totgeschlagen und ohne permanent eingesperrt zu werden. Daraus ein bewussteres gesellschaftspolitisches Handeln zu entwickeln und auch der bewusste Umgang mit Öffentlichkeit, auch mit der westlichen, das waren Dinge, die ich von Robert lernte.

Robert war ein freier Bürger. Er hatte nicht mehr viel zu verlieren, aber selbst Leute in einer vergleichbaren Situation haben sich nicht so verhalten. Selbst Pfarrer, die sich einiges leisten konnten, haben es nicht getan. Je eingebundener man war, desto genauer überlegte man sich, was man tun durfte, wenn man noch mal in den Westen fahren wollte oder die Kinder studieren sollten. Aber ein Stück Freiraum hatte jeder. Das Traurige war, dass kaum jemand die Möglichkeiten, die er hatte, voll ausnutzte. Roberts Möglichkeiten waren nicht unbegrenzt, aber er hat sie tatsächlich ausgeschöpft, oft genug sogar über seine Grenzen hinaus.

Deshalb sage ich, dass kaum jemand in der Bürger- und Friedensbewegung nicht von Robert Havemann geprägt war: Er war so etwas wie ein Schneepflug oder wie das älteste Kind in der Familie. Er bahnte den Weg, er zeigte, was ging, er hatte alles schon gemacht oder wenigstens schon darüber nachgedacht, was wir später als Aktionsformen wählten. Wir hatten es deshalb viel leichter. Wir sahen ja auch, der ist nicht dafür geköpft worden, das machen wir nach.«

Viele neue junge Leute kamen durch Eppelmann zum ersten Mal nach Grünheide. Ralf Hirsch etwa, der wenig später durch seine Gabe, Verbindungen zu knüpfen, Aktionen zu planen und »Gegen-Öffentlichkeit« innerhalb und außerhalb der DDR herzustellen, eine der wichtigsten Figuren der Berliner Opposition wurde.

Es waren keine Intellektuellen oder Studenten, sondern, wie Eppelmann sagte, »ganz normale Werktätige«. Havemann genoss das sehr.

Havemann hatte, wie die Stasispitzel um ihn herum schon einen Monat nach der ersten Begegnung mit Eppelmann herausfanden[183], sehr bald die Idee einer gemeinsamen Aktion. Er dachte an eine Friedensinitiative in Form eines offenen Briefes an Erich Honecker. Er wollte nicht unbedingt federführend dabei sein, sondern setzte auf die Strahlkraft und die Verbreitungskanäle der Kirche.

Die Initiative sollte als erste Kampagne, die nicht von Staat oder Partei angeführt wurde, DDR-weit und darüber hinaus publik werden und Forderungen der internationalen Friedensbewegung im Westen aufnehmen.

Eppelmann bat jedoch zunächst um Zurückhaltung. »Ich war schließlich neu in dem Geschäft, und zwar nicht ganz abhängig, aber ein wenig doch abhängig Beschäftigter und wollte das auch noch eine Weile bleiben: Ich musste zumindest probieren, die Kirche einzuweihen und zu beteiligen.«

Havemann drängte nicht. Er arbeitete mit Argumenten, und außerdem musste Eppelmann bekannter gemacht werden, bevor er sich mit dem Appell exponierte.

Havemann kam auf die Idee eines gemeinsamen Interviews zum Thema Friedensbewegung. Katja Havemann war die Kamerafrau, Evi Eppelmann spielte die Interviewerin, die man von schräg hinten sehen, aber nicht erkennen konnte. Ihre Stimme sollte vor der Sendung aus dem Off übersprochen werden.

Sie setzten sich ins Havemannsche Wohnzimmer, zogen die Vorhänge zu, Havemann setzte sich auf seinen Sessel,

---

183 Vgl. Hauptabteilung XX: Information über Meinungsäußerungen und Vorhaben von Robert Havemann. Berlin, 21. Juli 1981

Eppelmann aufs rote Sofa. Film ab. Die Fragen, die Evi Eppelmann stellte, hatte Robert Havemann zuvor aufgeschrieben.

„Hauptabteilung VIII, Abteilung 6,
Berlin, 02. Okt. 1981

Information

Eine Quelle unserer Diensteinheit gelangte am 1. 10. 1981 in den Besitz einer Video-Kassette [offenbar war es eine Kopie] mit der Aufzeichnung eines Interviews von Havemann und einem kirchlichen Würdenträger aus der DDR.
Dieses Interview wurde vor wenigen Tagen in der Wohnung von Havemann mit dessen Aufzeichnungstechnik aufgenommen und am 30.9.1981 illegal nach Westberlin geschmuggelt. Dort gelangte es in die Hände der bekannten Frosch, Margret und eines gewissen Wilke, Manfred. ...
Sowohl die Frosch als auch der Wilke haben Einreiseverbot für die DDR. Das Interview wurde von einer weiblichen Person geführt, die weder der Frosch noch dem Wilke bekannt war.
Im Verlauf des Abspielens brachten jedoch beide zum Ausdruck, dass es sich um die ‚Katja' handele, die sie an der Stimme erkannt hätten.
... Es besteht die Absicht, dieses Interview am 10.10.1981 [dem Tag der bis dahin größten Demonstration gegen die Nachrüstung der Nato in Bonn] zu nutzen, um zu den geplanten Aktionen der Friedensbewegung in der BRD einen geeigneten Gegenpol in der DDR zu schaffen. ..."

Margret Frosch hatte Mühe, das Amateurvideo so zu bearbeiten, dass es für Sender akzeptabel wurde. Es wurde von ARD, ZDF und WDR 3 gezeigt.

Das Interview war Eppelmanns Einstieg in die große Öffentlichkeit. Er bekam damit den Prominentenschutz, auf den Havemann für sich selbst auch immer setzte. Die Kirchenleitung reagierte mit großem Befremden auf den öffentlichen Auftritt, mit dem sie unerwartet konfrontiert wurde. Mochte sie der Opposition auch gewisse Freiräume gewähren, war Zurückhaltung in der Öffentlichkeit aus ihrer Sicht doch eine der Voraussetzungen dafür, dass Staat und Partei sie halbwegs gewähren ließen.

Havemann schrieb in diesen Wochen einen offenen Brief an Leonid Breschnew, den Staats- und Parteichef in Moskau.

Die Sowjets rüsteten mit ihren SS-Raketen auf, und die Nato wollte mit Pershings dagegenhalten. Viele fürchteten, dass durch die Nachrüstung eine Verschärfung der Block-Konfrontation mit der Gefahr eines Atomkriegs bevorstand. Der Maler Helmut Diehl, der vor seiner Ausreise zum engeren Kreis um Havemann gehört hatte, hatte die Idee entwickelt, mit einem Appell an Breschnew, formuliert in der DDR, publiziert im Westen, den Eisernen Vorhang zu überwinden. Havemann leuchtete der grenzüberschreitende Ansatz gleich ein, zumal er die Chance bot, Verbindungen zwischen Friedensaktivisten aus Ost und West herzustellen.

Havemann selbst ließ die Stasi von dem neuen Vorhaben wissen. Am 20. August eröffnete er nichtsahnend einem IM, der in der einschlägigen »Information« der Hauptabteilung XX vom 22. August nur »Quelle« genannt wird, dass er über das Projekt mit dem »Stern«-Korrespondenten Bub gesprochen habe. Dass Bub die erste Fassung an diesem Tag in den Westen brachte, ahnte die Stasi, konnte es aber nicht nachweisen.

Teile des Texts wurden der Staatssicherheit durch die üblichen Abhörmaßnahmen bekannt. Manfred Wilke und Hartmut Jäckel besprachen mit Robert bzw. mit Katja Havemann telefonisch mehrfach die Änderungen, die einige der Unterzeichner aus der politischen Szene der Bundesrepublik erbeten hatten.

Auch Wilke und Jäckel sammelten Unterschriften im Westen, unter anderem die der SPD-Bundestagsabgeordneten Gert Weisskirchen, Hajo Hoffmann, Ottmar Schreiner und Klaus-Dieter Kühbacher sowie die zahlreicher Wissenschaftler, Künstler, Schriftsteller und anderer Prominenter, darunter Inge und Walter Jens, Carl Amery, Margarete Mitscherlich, Otto Sander, Peter Stein, Margarethe von Trotta, Martin Walser, Urs Widmer, Angela Winkler, Axel Eggebrecht, Ossip Flechtheim, Heinrich Böll, Günter Grass und Gert Bastian.

In der DDR unterschrieben zwanzig, dreißig Menschen vor allem aus Eppelmanns Kreis, ferner Gerd Poppe und Bärbel Bohley, Rüdiger Rosenthal, Freunde aus dem Autorenkreis in Prenzlauer Berg. Es unterschrieb der Lyriker Sascha Anderson, der bis zu seiner Enttarnung als IM nach dem Ende der DDR in der freien Literaturszene und Prenzlauer-Berg-Subkultur verankert war. Auch IM »Engel« unterschrieb. Der Industrieökonom gehörte zu den Informanten im engsten Freundeskreis der Familie Havemann.

Der Brief konnte dank der Beiträge aus dem Unterstützerkreis als Anzeige in allen wichtigen Zeitungen der Bundesrepublik erscheinen, er war auch Thema in den redaktionellen Spalten der meisten Blätter sowie im Radio.

Prophetisch verknüpfte Havemann darin die Chance für ein Beenden des Kalten Krieges mit der Gelegenheit zur selbstbestimmten Vereinigung der beiden deutschen Republiken.

Havemann war zur Zeit des Briefes sehr schwach und konnte die Kommunikation mit den Mitunterzeichnern nicht aufrechterhalten. Katja Havemann erledigte das. »Robert konnte nicht mehr wegfahren, er konnte nicht mehr neben einem Telefon warten auf einen verabredeten Anruf. Und selbst wenn wir ein Telefon gehabt hätten, wäre so eine Kampagne ja kein Thema gewesen, das man da hätte besprechen können.« Wer mit Havemann in Verbindung treten wollte, musste nach Grünheide kommen: Bärbel Bohley und Gerd Poppe, Rolf Schälike aus Dresden, Eppelmann mit seinen Leuten.

Die offizielle DDR reagierte im Spätherbst auf die Versuche, eine unabhängige Friedensbewegung zu gründen, nicht nur mit Überwachung und Repression. Sie setzte sich an die Spitze der Bewegung und ließ Stephan Hermlin Schriftsteller und Wissenschaftler aus der Bundesrepublik und anderen westlichen Ländern einladen, in Ost-Berlin – am Tag nach dem Besuch von Bundeskanzler Schmidt bei Erich Honecker – mit ostdeutschen und sowjetischen Schriftstellern, Künstlern und Wissenschaftlern zusammenzukommen, um über die politischen Implikationen sowie die Möglichkeiten von Abrüstung zu reden.

Natürlich wurde Havemann nicht zur »Berliner Begegnung« eingeladen.

Natürlich ließ er Hermlin durch seine Frau sein Interesse an einer Einladung ausrichten.

Natürlich gab Hermlin eine ausweichende Antwort, die wieder einmal die Furcht des Regimes dokumentierte, sich durch einen offenen Affront gegen Havemann international zu blamieren.

Natürlich nutzte Havemann dies aus, um zu zeigen, dass es jenseits der offiziell bestellten Friedenskämpfer noch andere gab:

„13.12.1981. Hinweise zum Schriftstellertreffen in der Hauptstadt der DDR. Streng vertraulich. Information A/8585/12/12/81

Im Zusammenhang mit dem am 13. Dezember 1981 in der Hauptstadt der DDR beginnenden Treffen von Schriftstellern aus der DDR und der BRD wurden zuverlässige Hinweise zu Aktivitäten politischer und journalistischer Kreise in der BRD und Westberlin erarbeitet. Den vorliegenden Angaben zufolge halten in diesen Kreisen die Spekulationen über eine Teilnahme des Havemann, Robert an. Aus diesem Grund fand eine persönliche Erklärung Havemanns, dass offiziell von Seiten der DDR kein Interesse an seiner Teilnahme ... bestehe, bei den Vertretern gegnerischer Massenmedien großen Widerhall. Diese Erklärung war bereits am 11. Dezember den Pressemedien der BRD und Westberlins sowie den britischen Nachrichtenagenturen ‚Reuter' und ‚AP' zugeleitet worden ... Laut gegnerischen Angaben erklärte Havemann: ‚Stephan Hermlin hat heute meiner Frau am Telefon mitgeteilt, dass er keine Einladung zu der von ihm vorbereiteten Zusammenkunft von Schriftstellern und Wissenschaftlern aus Ost und West an mich gesandt hat. Er sagte aber, er würde mich als Teilnehmer der Zusammenkunft zulassen, wenn ich ohne Einladung erscheinen würde. Ich frage, wer bestimmt darüber, an wen Hermlin Einladungen verschickt? Es ist selbstverständlich, dass der Sache, um die es geht, wenig gedient wäre, wenn ich mich einem Zusammentreffen aufdrängen würde, das unter so dubiosen Bedingungen durchgeführt wird. Ohne eine an mich gerichtete Einladung dort zu erscheinen, würde Unklarheit darüber schaffen, wer der eigentliche Organisator für dieses Treffen ist. Zu der Zusammenkunft sind auch einige mir befreundete Frauen und Männer eingeladen. Sollten sie die Gelegenheit wahrnehmen, nach Ostberlin zu kommen, so werde ich sie freundlichst einladen, mich an einem der Tage, im Laufe der Zusammenkunft in meinem Haus in Grünheide ... zu besuchen. Ich würde gern mit ihnen über ein Friedensmanifest sprechen, das ich gemeinsam mit Freunden in der DDR veröffentlichen will, damit auch hier – ähnlich wie in der Bundesrepublik für den

,Krefelder Appell' – eine von jeder staatlichen Bevormundung freie, öffentliche Unterschriftensammlung durchgeführt werden kann.' Besondere Bedeutung messen die gegnerischen Kräfte dem Passus bei, in dem Havemann auf angebliche Hintermänner hinweist, die über die Teilnahme oder Nichtteilnahme einzelner Personen an dem Schriftstellertreffen entscheiden. Damit wird nach ihrer Meinung die Vermutung bestätigt, dass es sich bei dem bevorstehenden Treffen seitens der DDR um eine groß angelegte Propagandaveranstaltung handelt."[184]

Heiner Müller, Christa und Gerhard Wolf, Stefan Heym waren da, Erich Fried, Günter Grass, Jurek Becker, Carl Amery, Robert Jungk. Hermlin leitete und präsidierte, man stritt darüber, welche Seite mehr Schuld am Kalten Krieg trage, man stritt ebenfalls über die von Jürgen Kuczynski aufgestellte Behauptung, in der DDR brauche es keine Friedensbewegung, weil schon eine da sei: die Partei und ihre Blockpartner mit allen ihren Gliederungen, der Staat mit allen Strukturen bis hinab in die Gemeinden.

Stefan Heym, Rolf Schneider, Günter de Bruyn und Franz Fühmann traten dem als einzige DDR-Schriftsteller entgegen.

Hermlin gab am zweiten Konferenztag eine Erklärung ab, praktisch ein Dementi der dpa-Meldung über Havemanns Abwesenheit, in der er sich darüber lustig machte, dass Havemann »offenbar einen roten Teppich« vermisst habe und deshalb lieber zu Hause bleibe. In Havemanns Einladung zur Ausarbeitung eines Friedensmanifests in Grünheide sah er dessen Absicht, »sich abzutrennen und eine beginnende Bewegung zu spalten«.

---

184 Dokument unfirmiert, Fundort OV »Leitz«

Das Treffen wurde überschattet von der Verhängung des Kriegsrechts in Polen. Die in allen Staaten des sowjetischen Machtbereichs mit Sorge betrachtete parteiferne Gewerkschaftsbewegung Solidarność sollte, wie Staatschef General Jaruzelski später bekundete, angesichts sowjetischer Interventionsdrohungen unterdrückt werden.

Havemann sprach in einem Artikel[185], den er Fuchs zur Veröffentlichung im Westen übermittelte, vom »würdelosen Untergang einer kommunistischen Partei«, die »mit der Erklärung des Kriegszustandes zwischen ihr und der polnischen Arbeiterklasse endgültig aufgehört hat, eine Arbeiterpartei zu sein und schon gar keine polnische«. Die Gewerkschaft Solidarität habe einen »entscheidenden Schritt zur Überwindung der stalinistischen Erstarrung des politischen Lebens« getan und »Voraussetzungen geschaffen, die zur Vollendung der sozialistischen Revolution erforderlich sind«. »Die unabhängige Gewerkschaft ›Solidarität‹ ist nicht tot, sondern sie wird ihre Gegner überleben.«

Havemann hielt die Zeit für reif, die DDR-Führung mit dem offenen Friedens-Brief an Erich Honecker unter Druck zu setzen. Weit mehr noch als zum Breschnew-Brief sollte dafür in der DDR breite Unterstützung eingeholt werden, um durch die Zahl der Unterstützer auch hier die Herausbildung einer unabhängigen politischen Gruppierung zu dokumentieren. Und Rainer Eppelmann sollte ihm zur Seite stehen. Nach dem Interview und als Erstunterzeichner des Breschnew-Briefes war er nun auch populär genug, um weiterzugehen.

Der Text hatte wegen der unterschiedlichen Blickwinkel

---

185 Robert Havemann: »Die polnische Tragödie«. Grünheide, 25. 12. 1981. Zitiert nach einer »Information« des MfS mit dem Vermerk »dringend«, in der ausführlich ein Brief Havemanns an Lucio Lombardo Radice in Italien wiedergegeben wird, den Katja Havemann telefonisch an Jürgen Fuchs durchgab. Der Artikel erschien zuerst in »L'Unità«, dem Zentralorgan der IKP, und wurde vom »Spiegel« (»Die Solidarität ist nicht tot«, Nr. 2, 11. 1. 1982) nachgedruckt.

seiner Urheber beides: bodenständige Forderungen und politisch-strategischen Weitblick. Und schließlich richtete er sich nicht nur an die Regierung, sondern an die ganze DDR-Gesellschaft.

Havemann brachte den ersten Entwurf, den »Berliner Appell«, zwischen Weihnachten und Neujahr 1981 nach Hohenschönhausen, um ihn Eppelmanns zu zeigen. Er hatte ihn wie einen bunten Teller in Weihnachtspapier gepackt und trug ihn sorgsam in einem Einkaufsnetz. »Wie einer der Heiligen Drei Könige seine Gabe«, dachte Evi Eppelmann.

Die Staatssicherheit war durch ihre IM recht genau informiert. Besonders »Engel« schaffte es, Havemann über Hintergründe auszuhorchen. Ohne die IM zu enttarnen, konnte die Stasi Havemann und Eppelmann aber nicht Einhalt gebieten, weil sie offiziell ahnungslos war.

Doch »Engel«, ein bildungsbeflissener, stets überaus hilfreicher Mensch, übertrieb seine Fragerei und seine Anbiederei, die Havemann zunehmend verdächtig fand und die seiner Frau »geradezu ekelhaft« war. Kurz vor Weihnachten 1981 warf Katja Havemann ihn aus dem Haus. Havemann hatte gesagt: »Schmeiß ihn raus, aber es muss dir klar sein, dass sie uns dann einen anderen schicken, auf den wir uns erst wieder einstellen müssen.«

Die Stasi arbeitete nun daran, »Möglichkeiten zu schaffen, um die erarbeiteten inoffiziellen Vorhaben offiziell zu machen bzw. in einer solchen verwertbaren Form zu erhalten, um daraus Maßnahmen offizieller Art einleiten zu können (z. B. Durchführung von Aussprachen, Vorbeugungsgespräche, Einflussnahme über Kirchenleitung sowie staatliche Organe)«[186]. Sie suchte nach »belastenden Beweismaterialien gegen Einzelpersonen …, um in differenzierter Form strafrechtliche Maßnahmen einleiten zu können«, sie kontrollier-

---

186 Hauptabteilung XX: Information zu geplanten Aktivitäten von Havemann u. a. Feindpersonen und Vorschläge zur weiteren Aufklärung und Verhinderung der bekannt gewordenen Absichten. Berlin, 17. Dez. 1981

te die Havemannschen »Verbindungswege« nach Westen und beobachtete besonders intensiv Katja Havemann »mit der Zielstellung, die Übermittlung von Informationen und anderer schriftlicher Materialien festzustellen und zu unterbinden«.

Eppelmann wollte nicht das Dach der Kirche verlieren. Das hätte ihn vogelfrei gemacht. Er wusste, dass er und Havemann allein Jahre gebraucht hätten, um den Appell im ganzen Land zu verbreiten. Allein die Kirche verfügte über die Öffentlichkeit, wenn sie nur wollte. »Es war ein Schock für mich gewesen, dass ich von dem Sozialen Friedensdienst, den der Pfarrer Wonneberger in seiner Jungen Gemeinde in Dresden initiiert hatte, als Jugendpfarrer erst nach etwa einem Jahr erfuhr.« Die einer solchen Aktion wohlgesinnten Pfarrer hinter dem Rücken der Kirchenleitung zu kontaktieren, wäre zu weit gegangen. »Ich suchte das Gespräch mit Manfred Stolpe[187] und erzählte ihm von unserem Anliegen. Er schickte mich zu Oberkirchenrat Demke, dem Leiter des Sekretariats des Bundes der Evangelischen Kirchen in der DDR und späteren Bischof von Magdeburg, wahrscheinlich weil ihm selbst das Anliegen zu heiß war.«

Am 29. Dezember 1981 fuhr Eppelmann mit Katja und Robert Havemann, der dazu seine Schwäche überwand, zu dem Kirchen-Verwaltungsgebäude in der Berliner Auguststraße, im heruntergekommenen Scheunenviertel in Berlin-

187 Manfred Stolpe, später brandenburgischer Ministerpräsident und Bundesminister, war damals ein hochrangiger Mitarbeiter der Kirchenverwaltung. Erkenntnisse des Bundesbeauftragten für die Stasiunterlagen (BStU) legen nahe, dass ihm vom MfS der IM-Deckname »Sekretär« zugeordnet wurde. Laut BStU-Gutachten über Form und Intensität der Mitarbeit »Sekretärs« lassen die »Unterlagen zum Einsatz des IMB ›Sekretär‹ den Schluss zu, dass er nach Maßstäben des MfS über einen Zeitraum von ca. 20 Jahren ein wichtiger IM im Bereich der Evangelischen Kirchen der DDR war«. Zit. nach Ralf Georg Reuth: IM »Sekretär«. Die Gauck-Recherche und die Dokumente zum »Fall Stolpe«. Frankfurt/M., Berlin 1992. Stolpe bestreitet, IM gewesen zu sein.

Mitte. »Wir wurden in dem Dienstgebäude nicht in das Büro von Demke geführt, sondern in einen kleinen Raum im Keller«, erinnert sich Katja Havemann. »Demke entschuldigte sich dafür, dass er dort mit uns sprechen wollte, er halte den Raum für am sichersten, es sei der Pausenraum der Fahrer.«

Demke sah sich den Entwurf des Appells ruhig an und schlug dann vor, den Text in Fragen zu formulieren und so zu entschärfen. Außerdem seien sie dann wenigstens gegen den Vorwurf gefeit, der sicher kommen würde: Da sind zwei, die bilden sich ein, sie wüssten das alles besser als die Generäle und die Politiker.

Eppelmann und Havemann leuchtete das ein. Havemann formulierte den Text um. Auf diese Weise wurde der Appell zur Sache der Kirche in der DDR, auch wenn er nicht offiziell über ihre Kanäle verbreitet werden durfte. Inoffiziell verbreitete er sich rasch unter den Seelsorgern in Eppelmanns Freundeskreis. Evi Eppelmann: »Viele Pfarrer unterschrieben am Anfang. Ich fuhr nach Dresden mit dem Appell.« Auch Katja Havemann sammelte Unterschriften. Wenn sie unterwegs war und ihren Mann nicht pflegen konnte, kümmerten sich Brigitte Haeseler und Christiane Rusch um ihn.

Stolpe, dank seiner Rolle als Mittler zwischen Kirche und Staat gut informiert, berichtete Rainer Eppelmann später, die SED-Führung habe den Appell als »die Zange der Konterrevolution« verstanden: der weltberühmte Dissident Havemann zusammen mit dem evangelischen Pfarrer, der die vielen Christen mit einbringen kann.

Die Versuche der Stasi, offiziell an den Text zu gelangen und die Möglichkeit zu erhalten, vor der Veröffentlichung formalrechtlich korrekt einzuschreiten, scheiterten. »Durchgeführte Überprüfungen ergaben, dass [Havemann und Eppelmann] den … Wortlaut selbst engen, persönlichen Bekannten und Freunden nicht zur Kenntnis gaben, um damit offenkundig ein frühzeitiges öffentliches Bekanntwerden durch die Sicherheits- und andere Organe der DDR auszuschließen«[188], resümierte die Hauptabteilung XX der Stasi am 8. Februar 1982. Sie hatte in den vorhergehenden fünf Wochen nicht in Erfahrung bringen können, mit wem und wozu Havemann und Eppelmann sich am 29. Dezember 1981 in der Kirchenverwaltung in Berlin-Mitte getroffen hatten.

Die »Frankfurter Rundschau« publizierte den Text am 9. Februar zuerst, zahlreiche weitere Zeitungen und Zeitschriften in aller Welt folgten.

„Das Gleichgewicht des Schreckens hat den Atomkrieg bisher nur dadurch verhindert, dass es ihn immer wieder auf morgen vertagt hat. Vor diesem herannahenden Morgen des Schreckens fürchten sich die Völker. Sie suchen nach neuen Wegen, dem Frieden eine bessere Grundlage zu geben. Auch der ‚Berliner Appell' ist ein Ausdruck dieses Suchens. ... Macht unseren Politikern Vorschläge, ... diskutiert ...
1. Es kann in Europa nur noch einen Krieg geben, den Atomkrieg. ... Wir werden alle längst gestorben sein, wenn ... die Generäle und Politiker in den Schutzbunkern ... fortfahren zu vernichten, was noch übrig geblieben ist.
2. ... Ganz Europa muss zur atomwaffenfreien Zone werden. Wir schlagen vor: Verhandlungen zwischen den Regierungen der beiden deutschen Staaten über die Entfernung aller Atomwaffen aus Deutschland.
3. Das geteilte Deutschland ist zur Aufmarschbasis der beiden großen Atommächte geworden. ... Die Siegermächte des 2. Weltkrieges müssen endlich die Friedensverträge mit den beiden

188 Hauptabteilung XX: Streng geheim. Information/Aktivitäten von Robert Havemann im Zusammenhang mit dem »Berliner Appell«. Berlin, 8. Febr. 1982

deutschen Staaten schließen, wie es im Potsdamer Abkommen von 1945 beschlossen worden ist ... und Garantien über die Nichteinmischung in die inneren Angelegenheiten der beiden deutschen Staaten vereinbaren.
4. Wir schlagen vor, ... die große Aussprache über die Fragen des Friedens zu führen und jede spontane Bekundung des Friedenswillens in der Öffentlichkeit ... zu fördern ... Wir wenden uns an die Öffentlichkeit und an unsere Regierung, über die folgenden Fragen ... zu entscheiden:
a) Sollten wir nicht auf ... Kriegsspielzeug verzichten?
b) Sollten wir nicht anstelle des Wehrkundeunterrichts an unseren Schulen einen Unterricht über Fragen des Friedens einführen?
c) Sollten wir nicht ... einen sozialen Friedensdienst zulassen?
d) Sollten wir nicht auf alle Demonstrationen militärischer Machtmittel in der Öffentlichkeit verzichten und ... stattdessen ... den Friedenswillen des Volkes kund...tun?
e) Sollten wir nicht auf die Übungen zur so genannten Zivilverteidigung verzichten? ... Durch diese Übungen [wird] nur der Atomkrieg verharmlost. Ist es nicht ... eine Art psychologischer Kriegsvorbereitung?
5. Frieden schaffen ohne Waffen ... bedeutet auch das Ende der sinnlosen Verschwendung von Arbeitskraft und Reichtum unseres Volkes für die ... Aufrüstung riesiger Armeen junger Menschen, die dadurch der produktiven Arbeit entzogen werden. Sollten wir nicht lieber den Hungernden in aller Welt helfen, statt fortzufahren, unseren Tod vorzubereiten?"

Der Berliner Appell und sein Erfolg hielten den Kranken aufrecht. Katja Havemann: »Er hatte die Erfahrung gemacht, dass es in der DDR doch eine ganze Menge Leute gab, die die Hürde überspringen konnten und sich öffentlich mit ihrer Unterschrift zu einer solchen Proklamation bekannten. Das war neu, und die Staatsmacht wertete es auch so, denn sie ging scharf gegen die Unterzeichner vor.«

»Die Stasi kommt, die Stasi kommt!«

Evi Eppelmann erfuhr telefonisch, dass ihr Mann festgenommen worden war. Er war zu einer Konfirmandenrüste nach Hirschluch bei Storkow gefahren. Dort hatte man ihn abgeholt. Dienstags, weil das Politbüro immer an diesem Wochentag zusammensaß und Entscheidungen wie diese traf.

Sie rief den Generalsuperintendenten der Kirche an und wollte sich dann erst einmal zur Beruhigung einen Kaffee machen, als zwei Ladas vorfuhren, voll besetzt mit jeweils vier Mann. »Ich sagte den Kindern: Die haben euren Vater abgeholt. Und jetzt kommt die Stasi auch zu uns. Als es dann wirklich klingelte, rief Niels, mit vier Jahren der Jüngste: ›Die Stasi kommt! Die Stasi kommt!‹«

Bei der Hausdurchsuchung, die von Staatsanwalt Gläßner geleitet wurde, blieb nichts unberührt. Als die Stasileute das Arbeitszimmer ihres Mannes durchsuchen wollten, schritt Evi Eppelmann ein: »Ich verteidigte das als Seelsorgebereich eine halbe Stunde lang. Die Kirche entband mich davon dann telefonisch.«

Die Stasi suchte das Original des Berliner Appells mit den Listen der ersten Unterzeichner. »Als ich das mitbekam, wollte ich den Appell irgendwo verstecken und wusste nicht recht wo. Das Wohnzimmer war von draußen durch die Fenster des Wintergartens leicht einzusehen, ich konnte nicht viel tun, um ihn verschwinden zu lassen. Ich steckte ihn in einen Sekretär, der eine Schublade hatte, die nicht gleich zu sehen war. Beinahe fanden sie den Appell auch nicht. Plötzlich sagte einer: ›Guck mal, da ist noch eine Schublade.‹«

Katja Havemann hörte im Radio von Eppelmanns Festnahme. Sie rief Evi an. Die sagte: »Ich habe gerade Besuch.« Da wusste sie: Da ist Haussuchung.

Die Stasi nahm weitere Unterlagen, außerdem Bücher und Zeitungen mit. Auch die Schreibmaschine, die einige Tage später zurückgegeben wurde. An der konnten die Kriminaltechniker nichts nachweisen: Der Appell war auf Havemanns elektrischer geschrieben worden.

Katja Havemann fuhr tags darauf nach Hohenschönhausen. Bischof Forck, er saß auf Eppelmanns altem Biedermeiersofa, und Freunde aus der Gemeinde waren bereits da. Sie sprachen darüber, wie lange man warten sollte, bevor man für Eppelmann in Aktion trat.

Katja Havemann erinnert sich, wie Forck sagte: »Frau Eppelmann, Sie können ganz sicher sein, wir setzen alles daran, dass Ihr Mann frei kommt.«

Manfred Stolpe rief mehrfach an. Er sagte schließlich, er habe erreicht, dass Eppelmann entlassen wird. Tatsächlich kam Eppelmann zwei Tage nach der Festnahme wieder nach Hause. Stolpe besuchte ihn dort und ließ sich von ihm schriftlich geben, dass er keine Interviews geben werde. Evi Eppelmann begrüßte den Handel: »Nicht in der nächsten Zeit oder immer, sondern nur ›jetzt‹.«

Evi Eppelmann hatte Angst, mit ihrer Familie abgeschoben zu werden. »Die hatten so verdächtige Fragen gestellt: Nach dem Wert des Hauses, wo das vierte Kind sei – es war für ein paar Tage verreist.

Ich überlegte, was ich tun würde. Jedes Kind hätte eine Tasche mit wichtigen Sachen bekommen, ich hätte mir meinen Setzkasten unter den Arm geklemmt, so wären wir gegangen.

Ich wollte inzwischen nicht mehr gehen. Robert hatte mich angesteckt und mir gezeigt, dass es machbar sei, das Politbüro zu beseitigen. ›Hier kann ich viel wirksamer sein, als wenn ich rüberginge und von da aus die DDR anbellte, nicht wahr?‹

Das waren seine Worte. Ich fühlte mich nicht mehr so ohnmächtig wie früher. Meine Mutter war in den Westen ausgereist und durfte nicht mehr rein. Und ich durfte nicht raus. Ich hatte das Gefühl gehabt, hier bewegt sich nichts. Als ich dann selbst etwas bewegte, ging es besser.«

Die Stasi konzentrierte sich mit ihrer »Abwehr« des Appells auf Aktionen gegen Erstunterzeichner. Etwa die Malerin Johanna Görke, eine Freundin Katja Havemanns. Sie wollte gerade ihr Haus in Woltersdorf verlassen, um nach Spreenhagen zu fahren, wo sie an einem Wandbild arbeitete, als es klingelte. Johanna Görkes Freundin Sibylla Ponizil öffnete: »Zwei Männer in grauen Anzügen standen am Hoftor. Ich dachte gleich, solche Freunde hat Johanna nicht. Sie sagten, sie wollten Frau Görke sprechen, und gingen weiter zur geöffneten Haustür. Sie sind verhaftet, sagten sie, und wollten sie gleich mitnehmen, in Shorts und Sandalen.«

Sibylla Ponizil schob ihre Freundin in die Tür zurück und sagte ihr: »Zieh dich warm an, nimm ein paar Sachen mit.«

Die Männer drängten zur Eile, sagten, sie müsse sofort mitkommen, warteten aber trotzdem noch ein paar Minuten. Johanna Görke: »Ich hatte schon davon gehört, dass Kollegen in Schwedt verhört worden waren, wo ich auf dem Künstlerfasching den Berliner Appell hatte rumgehen lassen.« Bei den Verhören, erfuhren die Frauen später, hatte einer der Künstler über Johanna Auskunft gegeben, um sich für eine Reise nach Paris zu qualifizieren.

Die beiden Männer im Anzug fuhren mit Johanna Görke auf die Autobahn. Zuerst dachte sie, dass die Fahrt Berlin zum Ziel habe, doch sie fuhren in Richtung Frankfurt (Oder), in ein einsam gelegenes Stasi-Objekt. »Im Auto war es ganz kalt. Sie hatten die Fenster geöffnet. Mein Geist drohte einzufrieren.« Man brachte sie in eine Baracke, öffnete das Fenster. »Das gab den Blick auf ein Nachbargebäude mit vergitterten Fenstern frei: Eine dezente Drohung?«

Sie stritt nichts ab. Es hätte wenig Sinn gehabt, denn es war kaum anzunehmen, dass es der Stasi entgangen war, dass sie den Appell gemeinsam mit Sibylla Ponizil nicht nur unterzeichnet, sondern aktiv weiterverbreitet hatte.

Die Verhörer wechselten ständig. Abends um 11 Uhr wurde ein Tonbandgerät aufgebaut, mit dem der Eindruck erweckt werden sollte, dass nun das Verhör erst richtig beginne. »Aber das war gar nicht aufnahmebereit. Sie fummelten daran herum, und es kamen immer wieder Aufnahmen irgendwelcher polnischer Texte.«

Schließlich hieß es: »Heute Nacht bleiben Sie hier.« »Ungewollt kamen mir die Tränen. Das Licht wurde in der Zelle zuerst angelassen. Als es aus war, kam dauernd jemand und riss ein Streichholz an, um mir ins Gesicht zu leuchten. Ich entspannte mich dennoch und schlief.«

Am nächsten Morgen wurde ihr in Aussicht gestellt, sie werde gegen Mittag entlassen. Sie wurde aber weiter verhört, mit gesteigertem Druck. »Ich sollte Namen nennen von Leuten, die auch Unterschriften gesammelt hatten. Die fragten mich auch, warum ich noch nicht ausgereist sei: Sie würden mir keine Steine in den Weg legen. Zum Schluss musste ich das mehrseitige Protokoll unterschreiben mit der Verpflichtung, mich in Zukunft nicht mehr an eigenmächtigen Aktionen zu beteiligen. Sie drohten mit Haft.«

Nach Johanna Görkes Festnahme war Sibylla Ponizils erster Gedanke: Bloß alles wegschaffen, was bei einer Haussuchung belastend wirken könnte. Sie ging hinüber zur Nachbarin, der Malerin Erika Stürmer-Alex, die gerade wegfahren wollte. Die beiden Frauen packten alle Bücher und Schallplatten zusammen, die aus dem Westen stammten, darunter Platten von Biermann und Bücher von Havemann. »Alles war möglich, man musste darauf gefasst sein.«

Doch Johanna kam zurück. Sie hatte keine Namen genannt außer Sibyllas, weil die Stasi wusste, dass sie den Appell gemeinsam unterschrieben hatten. Drei Wochen später wurde auch Sibylla Ponizil – gemeinsam mit Erika Stürmer-Alex – zur Vernehmung zitiert. »Wir fuhren in ihrem Trabant nach Fürstenwalde. Ich wurde getrennt von ihr vernommen. Auch ich gab keine Mitunterzeichner preis außer Johanna, von der sie schon wussten. Sie wollten dann noch viel von meiner Vergangenheit wissen, von Havemanns und über Leute aus dem Verband Bildender Künstler. Zum Schluss war ein Protokoll zu unterschreiben.

Ich musste auf Erika warten. Das dauerte und dauerte. Schließlich kam auch sie raus.«

Schwerter zu Pflugscharen

Zu Havemanns Prioritäten wenige Wochen vor seinem Tod gehörten lange Gespräche mit Katharina Meinel, die seinen Rat und Zuspruch suchte.

Sie war wegen des Aufnähers »Schwerter zu Pflugscharen« an ihrer Jacke aus der Straßenbahn heraus festgenommen worden. Eine anonyme jugendliche Stimme informierte die Eltern der 16-Jährigen im Grünheider Pfarrhaus. Die Informantin war eine Mitschülerin Katharinas. Ihr Vater war bei der Armee ein hoher Offizier.

Johannes Meinel ging zur Volkspolizei und fragte nach seiner Tochter. Der Wachhabende stellte sich dumm. Meinel sagte, er wisse, dass sie da sei. »Ich sprach extrem laut. Ich schrie beinahe, in der Hoffnung, dass sie mich hören könnte. Plötzlich hörte ich sie. Auch sie schrie, um sich mir bemerkbar zu machen. Ich wurde daraufhin sehr deutlich. Es dauerte nur wenige Minuten, und sie brachten Katharina zu mir. Wir hielten uns fest umklammert. Nach kurzem Getuschel meinten sie, wir sollten verschwinden. Dann stießen sie uns beide aus der Wache auf die Straße.«

In der Erweiterten Oberschule begannen Ausgrenzung und Druck gegen Katharina[189], die sich nicht beirren ließ. Sie

---

189 Die folgenden Ereignisse wurden rekonstruiert nach Johannes Meinel: »Gedächtnisprotokoll über das Verhalten unserer Tochter Katharina, Schülerin der Klasse 10/2 … in Sachen Wehrbereitschaft/Zivilverteidi-

übergab am 18. Februar zu Händen der Schuldirektorin im Sekretariat persönlich einen Brief, in dem sie ihre pazifistische Haltung erklärte und bekundete, an einer Zivilverteidigungsübung nicht teilnehmen zu wollen.

Am 1. März stellte die Direktorin Katharina zur Rede und warf ihr Unlogik und Unklarheit vor: Der Brief zeuge von Unwissen in Deutsch, Staatsbürgerkunde, Geografie und Geschichte und gebe Anlass, ihre sehr guten Noten in diesen Fächern als völlig ungerechtfertigt anzusehen und zu überprüfen. Sie vertrete bürgerliche Meinungen, die bewusst eingeschleppt würden und verblenden sollten. Dergleichen könne sie in einer sozialistischen Schule nicht dulden. Da herrsche die marxistisch-leninistische Weltanschauung. In der DDR sei die Landesverteidigung Gesetz, und keinem sei es erlaubt, sich diesem oder einem anderen Gesetz zu entziehen. Sie verbot Katharina strengstens, unter dem Vorwand religiöser Bedenken Propaganda gegen den Marxismus-Leninismus zu betreiben. Staat und Kirche seien getrennt. Ihre Klassenlehrerin nahm Katharina in der Pause beiseite: Sie solle das da – sie zeigte auf den Aufnäher – sofort abmachen, sonst könne sie die Schule nicht mehr betreten. Katharina weigerte sich.

Drei Tage später forderte die Direktorin selbst Katharina vor versammelter Klasse noch einmal auf, den Aufnäher zu enfernen. Bürgerliche Ideen wie Pazifismus und Anarchismus und sonstiges mit -ismus würden nicht geduldet, sagte sie. Die SU habe alles in Richtung »Schwerter zu Pflugscharen« getan – XXVI. Parteitag, Abrüstungsvorschläge –, die Losung entspreche also nicht mehr den Realitäten. Man könne ja auch mit Gesetzen gegen Katharina vorgehen, aber sie appelliere an ihre Vernunft. Katharina widersetze sich der Autorität des Klassenlehrers.

Katharina meldete sich, die Klassenlehrerin verwehrte ihr das Wort: »Nehmen Sie endlich Ihren Arm runter, hier wird nicht diskutiert.«

---

gung und die nachfolgenden Reaktionen der Schule« vom Frühjahr 1982, alle Zitate lt. Meinel.

30 Familie Havemann in der Wohnung in der Berolinastraße
© Norbert Bunge Film

31 Robert Havemann an seinem Schreibtisch

32 Mit Hund Rolli

33 Vater und Tochter

34 Katja auf der Terrasse

35 Robert Havemann mit Christiane Rusch

36 Manfred und Karin Wilke mit den Kindern Sabine und Stefan

37 Versteckte Stasi-Kamera im Salatkarton in der Burgwallstraße

38 1975: Havemann wird von zwei Stasimitarbeitern abgeholt. Heimliche Aufnahme

39 Horst Moelke, Freund in allen Lebenslagen

40 9. Mai 1979. Freude über das Ende des Hausarrests
v. l. n. r. Katja Havemann, Christiane Rusch mit Tochter Claudia, Robert Havemann, Tini, Erich und Brigitte Haeseler, vor Erich Haeseler Franzi Havemann

41 Vor dem Kreisgericht Fürstenwalde, auf der Beifahrerseite Katja Havemann
© Meinhold

42 Ein Polizist klärt den spanischen Anwalt Enrique Gimbernat auf, dass er sich unberechtigt in Fürstenwalde aufhalte. In der Mitte Pfarrer Johannes Meinel

43 Ein Polizist kontrolliert den spanischen Anwalt Enrique Gimbernat
© Meinhold

44 Robert Havemann wird von einem westdeutschen Fernsehteam gefilmt, ganz rechts Joachim Jauer von »Kennzeichen D«

45 Robert Havemann vor dem Kreisgericht Fürstenwalde. Im Hintergrund sein Arzt Dr. Herbert Landmann

46 Wolf Biermann bei seinem Besuch in Grünheide kurz vor Robert Havemanns Tod

47 Wolf Biermann auf der Burgwallstraße vor dem Stasiquartier
48 Wolf Biermann im Gespräch mit Franzi

49 Robert Havemanns Beerdigung auf dem Waldfriedhof in Grünheide, hinter Katja und Franzi Havemann Robert Havemanns Vater, ganz rechts Pfarrer Johannes Meinel

50 Robert Havemanns Beerdigung am 17.4.1982, ganz rechts Rainer Eppelmann, hinter dem Kind in der Mitte Evi Eppelmann

51 Friedenswerkstatt Ost-Berlin, Stand der Frauengruppe, 2. v. rechts Ulrike Poppe

52 Horst Eberhard Richter auf einem Meeting der Friedenswerkstatt im Sommer 1982

53 Treffen mit Petra Kelly und Gerd Bastian im Atelier von Bärbel Bohley, Prenzlauer Berg, Ost-Berlin

54 Bärbel Bohley und Gerd Poppe in Grünheide

55 Berliner Gründungstreffen Neues Forum in der Gethsemanekirche am 10. 11. 89
© Michael Schroedter

56 Demonstration des Neuen Forum in Berlin
© Ann-Christine Jansson

57 Improvisierte Pressekonferenz auf dem Hof von Bärbel Bohley, um die Anerkennung des Neuen Forum bekannt zu geben.
© Andreas Kämper

58 Franziska Havemann in Wolf Biermanns Wohnung in Paris

59 Katja Havemann mit der rund 300 Bände umfassenden Aktensammlung zu Robert Havemann, dem größten »operativen Vorgang«, den die Stasi über eine einzelne oppositionelle Persönlichkeit in der DDR angelegt hat.
© Ralf Walter, Xpress

Nach dem Unterricht teilte Katharina ihr mit, den Aufnäher nicht entfernen zu wollen.

Am 15. März suchte Edda Meinel die Schuldirektorin auf, um sich über den Druck auf Katharina zu beklagen: »Über ihre Haltung und ihren Brief wird in allen zehnten bis zwölften Klassen gesprochen, in der FDJ-Leitung, in Elternaktiven, Lehrerkollegien, bis hinauf ins Staatssekretariat[190].« Katharina habe sich an das Verbot der Direktorin gehalten, die Schulverantwortlichen selbst hätten für Verbreitung des Briefes gesorgt. »Daraus sind Gerüchte entstanden, die so weit gehen, vor Katharina zu warnen und ihr das Vorhaben zu unterstellen, Unruhe stiften und Schriften verteilen zu wollen … Wir bitten dringend darum, dem Einhalt zu gebieten.« Die Direktorin beharrte darauf, dass Katharina dauernd Propaganda treibe. Sie wollte ihr nicht die Chance zu einer öffentlichen Rechtfertigung geben, um den Gerüchten entgegenzutreten: Man denke gar nicht daran, Katharina die Begründung ihrer absurden Ideen auch noch verlesen zu lassen.

Am übernächsten Tag wurde Katharina zur gemeinsamen Organisationsleitung von FDJ und Partei an der Schule vorgeladen. Nach kurzer Bedenkzeit lehnte sie als Nichtmitglied der FDJ die Teilnahme ab, weil sie dort nicht rechenschaftspflichtig sei. Sie habe sich vor der Klasse, nicht vor einem darüber hinausgehenden Kreis erklären wollen. Am Nachmittag tagten die Mitglieder der FDJ mit der Schuldirektorin und einem NVA-Leutnant. Katharina wurde die Teilnahme ausdrücklich verboten. In der Versammlung, wurde ihr nachher berichtet, nannte man den Aufnäher nicht nur staatsfeindlich, sondern kriminell. Die Versammlung beschloss Katharinas Ausschluss von der Prüfung zum FDJ-Studienjahr-Abzeichen, die von Katharina ausdrücklich gewünscht worden war.

Am 19. März lud die Direktorin Katharina Meinel vor. Sie erlaubte ihr, ihren Vater dazuzuholen. Auch der FDJ-Klassensekretär nahm an dem Gespräch teil, in dem die Direkto-

---

190 Staatssekretariat für Kirchenfragen

rin feststellte, dass Katharinas Weigerung, sich der Organisationsleitung zu stellen, jede von ihr gewünschte und damit gebotene Möglichkeit zu reden zerstört habe. Dies Gespräch sei die letzte Gelegenheit für Katharina, einzulenken. Die Direktorin sagte oft »wir«, womit sie die Schule, sich – also die Partei – und den FDJ-Vertreter ein-, den Pfarrer und seine Tochter dagegen ausschloss.

Sie lege Katharinas Verhalten als staatsfeindlich und staatsverleumderisch aus, sagte sie.

Katharina bot an, die Jacke mit dem Aufnäher künftig vor der Schultür auszuziehen. Der FDJ-Sekretär meinte, das reiche nicht: Nur genehmigte Abzeichen, zum Beispiel der FDJ und anderer Massenorganisationen, seien erlaubt, andere nicht. Nächstens erscheine noch jemand mit einem Hakenkreuz. Auch außerhalb der Schule sei das Tragen nicht erlaubt. Sie treffe auch dort mit anderen Schülern zusammen und propagiere mit dem Zeichen ihre unwissenschaftlichen Ideen. Pfarrer Meinel wandte sich empört gegen den Nazi-Vergleich.

Zum letzten Mal, wie sie betonte, befahl die Direktorin Katharina, den Aufnäher abzunehmen.

Katharina: »Was passiert, wenn nicht?«

Das könne sie nicht sagen, dazu müsse sie erst den Schulrat konsultieren.

24. März. Die Direktorin rief Katharina zu sich. Anwesend waren außerdem der Parteisekretär und wieder der FDJ-Sekretär. Die Direktorin sprach von einem schweren Disziplinarvergehen: Sie sei von verantwortlichen FDJlern und zahlreichen Lehrern und Eltern darauf angesprochen worden, wie lange sie noch das Verbleiben einer Schülerin mit solchen Meinungen und notorischer Widersetzlichkeit gegen alle Anweisungen und Gesetze dulden wolle. Sie fordere Katharina trotzdem noch ein letztes Mal auf. Sie wolle doch sicher erfolgreich die 10. Klasse noch auf dieser Schule beenden. Sie habe bereits beim Schulrat beantragt, Katharinas Delegierung zur Abiturstufe, die ihr schon gewährt worden war, rückgängig zu machen. Möglich sei die sofortige Umschu-

lung nach Grünheide. Sie wolle Katharina keinesfalls Perspektiven fürs Leben verbauen, sie halte aber im Moment deren weitere Ausbildung an einer Erweiterten Oberschule nicht für angebracht.

Die Direktorin übergab Katharina die Bewerberkarte mit dem Verzeichnis der Lehrstellen: Katharina nötige die Schule und die anderen Beteiligten zu solchen Maßnahmen. Nicht die Schule betreibe die Eskalation, sondern Katharina durch ihr widersetzliches Verhalten. Sie, die Direktorin, habe den Partei- und den FDJ-Sekretär auch gebeten zu kommen, weil sie als die obersten Verantwortlichen informiert sein müssten. Wie Katharina wisse, herrsche »bei uns« Demokratie, und nicht nur auf dem Papier.

Katharina verzichtete auf eine Diskussion.

Sie verbrachte in diesen Tagen oft Stunden mit Robert Havemann. Er war schnell erschöpft, doch er freute sich, etwas weitergeben zu können, indem er wieder einmal einem jüngeren Menschen den »Stoffwechsel« mit der Macht erleichterte und ihn an seinen Erfahrungen teilhaben ließ. Und daran, dass es ihn keineswegs entmutigte, nach nahezu zwanzig Jahren denselben Mechanismen der Ausgrenzung und des Berufsverbots gegenüberzustehen, deren Opfer er selbst geworden war.

Am 25. März zitierte die Schuldirektorin Johannes Meinel in ihr Büro, um ihm zu drohen: Am nächsten Tag werde die Entscheidung fallen. Wenn Katharina wieder mit dem Aufnäher erscheine, müsse sie umgehend nach Hause fahren. Sie könne ihn dort abtrennen und nach der vierten Stunde wieder am Unterricht teilnehmen. Sie sei auch bereit, Katharina eine Schere auszuhändigen, damit sie keine Stunden verliere. Sollte sie sich weigern, dürfe sie die Schule (»unsere Schule«) nicht mehr betreten.

26. März: Johannes Meinel begleitete seine Tochter zur Schule. Sie zog, wie bereits seit dem 19. März immer, die Jacke vor der Schultür aus, wickelte sie mit dem Abzeichen nach

innen zusammen, wovon sich auch der von Meinel dazugebetene Propst Winter überzeugte. Katharina kam nach wenigen Minuten aus der Schule: Ihr Vater solle zur Direktorin kommen. Wenn Katharina nicht das Zeichen entferne, sagt diese, sei sie mit sofortiger Wirkung vom Unterricht suspendiert. Amtlich gehe ihm dieser Beschluss noch zu.

Doch der amtliche Bescheid kam nicht. Etwa eine Woche später rief die Direktorin im Grünheider Pfarrhaus an. Als Erziehungsberechtigte müssten Meinels doch wissen, dass eine gesetzliche Schulpflicht bestehe, warum sie es zuließen, dass Katharina der Schule fern bleibe.

Zwischenzeitlich war die Angelegenheit über Schulrat und Magistrat zum Staatssekretär für Kirchenfragen, Klaus Gysi, gelangt, von diesem zu Erich Honecker, und der hatte beschlossen, dass Katharina noch bis zum Ende der 10. Klasse an der Schule bleiben könne und erst dann entlassen werden solle.

Damit war die letzte Möglichkeit dahin, dass Katharina studieren konnte. Schließlich fand sich das kirchliche Oberseminar in Potsdam bereit, sie für die Abiturstufe aufzunehmen, obwohl die Klassen schon überfüllt waren. Sie hatte dort die Möglichkeit, einen Abschluss auf westlichem Niveau zu machen, der als Abitur staatlich zwar nicht anerkannt wurde, sich aber für kirchliche Berufe eignete.

Tod in Grünheide

Am 16. März 1982 informierte Dr. Landmann die Staatssicherheit darüber, dass bei Havemann nunmehr eine Doppelinfektion der Lunge vorliege, Bakterien und Pilze.[191] Dies hatte eine Sputumprobe ergeben, deren Ergebnis von einem

191 BV für Staatssicherheit, Abteilung XX/1: Information Robert Havemann, Grünheide (Auswertung eines Berichts von IMB »Chef«), Berlin, den 16. 3. 1982

Kollegen Landmanns bereits am 5.3.1982 auf Havemanns Krankenblatt im Klinikum Buch notiert worden war. Bei geschwächten Patienten kann eine Aspergillose* zum Tode führen, und Havemann war durch den Bakterienbefall seiner Lunge sowie durch die Geschwülste an Niere und Blase stark geschwächt. Behandelt wurde laut Bericht des IM »Chef« der Bakterienbefall. Am 21. März gab »Chef« seinem Führungsoffizier Major Gerischer zu wissen, »dass man beim gegenwärtigen Zustand von Havemann nicht davon sprechen kann, dass er im Sterben liegt. Es ist ein lebensbedrohlicher Zustand, der einen plötzlichen Tod durch ein Herz-Kreislauf-Versagen nicht ausschließt.«[192]

Havemann fühlte, wie seine Lebenskraft schwand, und drängte Eppelmann, noch eine Aktion zur Verstärkung des »Berliner Appells« zu machen, »am liebsten«, so Eppelmann, »persönlich mit dem Besen das Politbüro wegfegen, das hätte er wirklich gerne noch erlebt«. Eppelmann verstand ihn gut. »Ich dachte aber auch an mich, es wäre mir zu schnell ein zu großer Schritt nach vorn gewesen.«

Eppelmann war sich nicht sicher, ob die Zeit für eine weitergehende Aktion reif war.

In seinen letzten Tagen konnte Robert Havemann nicht mehr aufstehen. Rainer Eppelmann: »Bei einem meiner letzten Besuche, er lag da ganz dünn, die Sauerstoffflasche größer als er selbst, wunderte ich mich über seine Gelassenheit. Christen fällt die im Angesicht des Todes angeblich leicht, weil sie an ein besseres Leben im Jenseits glauben. Aber er war kein Christ. Er war Atheist. Dass er mit solcher Souveränität über seinen eigenen Tod reden konnte, von dem er wusste, dass er nur noch Stunden entfernt war, und über das reden konnte, was wir alles noch machen sollten und wollten, das hat mich tief beeindruckt. Es war ja eine elende Quälerei für ihn.«

---

* Infektion mit dem Schimmelpilz Aspergillus fumigatus

192 Abteilung XX/1: Information Robert Havemann. Berlin, den 21.3.1982

Katja Havemann fragte ihren Mann öfters, ob sie dafür sorgen solle, dass seine Tochter Sibylle, die unter Einreisesperre stand, möglichst schnell noch einmal nach Grünheide kommen dürfe. »Ich hatte den Eindruck, sie weiß nicht, wie krank er ist. Robert hatte wochenlang immer wieder geantwortet: Ach lass man noch.«

Ende März wandte sie sich an den Anwalt Gregor Gysi, ob er ihr helfen könne, eine Einreisegenehmigung für Sibylle zu bekommen. Er versprach, sein Möglichstes zu tun.

Katja Havemann bat Dr. Landmann um ein Gutachten, dass Robert lebensgefährlich krank sei. Horst Moelke brachte das Attest zu Gysi.

Dann eine Überraschung. Wolf Biermann durfte einreisen, um seinen Freund noch einmal zu sehen. »Jürgen Fuchs erzählte mir, dass es nun wirklich zu Ende gehe mit ihm. Ich wollte ihn unbedingt noch einmal sehen. Ich schrieb einen Brief an Erich Honecker: ›Sehr geehrter Herr Honecker, mein Freund Robert Havemann liegt im Sterben, wie ich höre, und ich habe überlegt, was ich tun könnte, um ihn noch einmal zu sehen.‹ Eine Ballade schwebte mir im Kopf herum: Wie der Biermann an seinen Fürsten appelliert, Gnade vor Unrecht ergehen zu lassen. Aber ich schrieb deutsche demokratische Prosa: ›Bitte lassen Sie mich zu meinem Freund.‹ Ich versprach, dass ich ihm keinen Gesichtsverlust bereiten würde durch ironischen Dank und dass ich in der DDR keinen Ärger machen würde.«[193]

Wenig später bekam Biermann einen Anruf der Ständigen Vertretung der DDR in Bonn: »Ihre Reise in die DDR ist genehmigt.« Er könne reisen, wann immer er wolle. Biermann fragte, wie er Havemann mitteilen solle, dass er komme.

»Sie können Herrn Havemann ein Telegramm schicken«, sagte sein Gesprächspartner.

---

193 Dies und die folgenden Biermann-Zitate aus dessen Aussage vor dem Landgericht Frankfurt (Oder) im Verfahren gegen Havemanns Richter und Ankläger am 24. 4. 1996.

»Kommt das denn auch an in Grünheide?«

Der andere lachte: »Das kommt an.«

»Es war zum Lachen und zum Weinen«, meint Biermann.

An diesem 4. April 1982 herrschte gespannte Erwartung in der Burgwallstraße.

Franziska Havemann, Claudia Rusch, Tini Haeseler und einige andere Kinder bemalten die Straße mit bunter Kreide: »Schwerter zu Pflugscharen« und »Willkommen Wolf« schrieben sie und umrahmten es mit Blumen.

Brigitte Haeseler beobachtete einen Nachbarn: Der sah die Gemälde und eilte im Laufschritt über sein Grundstück und durch sein hinteres Gartentor auf den Waldweg. »Der muss das gemeldet haben, denn kurz darauf kam ein Polizist, klingelte bei mir und sagte, die Malereien müssten sofort weg, die Kinder sollten die Straße reinigen.« Wenn Brigitte Haeseler nicht umgehend dafür sorge, dass etwas geschehe, müsse sie mit Konsequenzen rechnen. »Die Kinder haben sich mit Gießkanne und Besen darangemacht. Der Polizist stand daneben und passte auf.«

Als Fremder mit einem Gefühl eigentümlicher Vertrautheit fuhr Biermann nach Günheide, um seinen Freund ein letztes Mal zu besuchen. »Was soll ich sagen: dafür, dass er starb, ging es ihm ausgezeichnet. Er war längst Experte für seinen eigenen Zustand, und er machte sich keine Illusionen. Alle paar Minuten nahm er aus einer blauen Flasche einen Schluck Sauerstoff. Das hat er ganz mühelos, unaufgeregt und lässig gemacht. An diesem Tage war er ernsthaft, aber nicht bregenklöterig.«[194]

Havemann war zu schwach, sein Sauerstoffgerät selbst zu bedienen. Auch nachts konnte er nicht ohne auskommen. Dann saßen da plötzlich Gäste. Havemann fand es ganz natürlich, dass sein Freund nicht aufhörte zu reden und zu spielen. Er bat Katja Havemann, Videoaufnahmen davon zu ma-

194 Lt. Biermanns Aussage vor dem Landgericht Frankfurt (Oder) im Verfahren gegen Havemanns Richter und Ankläger am 24. 4. 1996.

chen, wie Biermann an seinem Bett sitzt, erzählt und spielt. »Ich hätte gar nicht die Nerven gehabt, an so etwas zu denken. Er wollte die Aufnahmen. Ich stand stundenlang hinter der Kamera. Es waren eine ganze Menge Leute da, darunter Lutz Rathenow, Bärbel Bohley, Poppes, und Wolf erzählte und spielte seine Lieder. Nachher bemerkte ich, dass ich streckenweise vergessen hatte, das Mikrofon anzuschalten, sodass ein Teil der Aufnahme wertlos war.«

Havemann wollte dokumentarisch festhalten, wie Biermann nach Jahren wieder in der DDR war. Im Pullover überm Nachthemd, abgemagert, mit schwachen Gesten und wachen Augen kauerte er neben seinem Freund Biermann und bekundete noch einmal seine große Befriedigung über das in den Wochen zuvor Erreichte: »Freie und unabhängige Bewegungen in den sozialistischen Ländern sind von großer, ausschlaggebender Bedeutung für die Zukunft. Ich glaube, auch hier in der DDR ist so eine freie Bewegung in Gang gekommen. Die zwar keine Gewerkschaft … und nicht konterrevolutionär im klassischen Sinne ist, … aber die doch alle Hoffnungen erfüllt, die wir seit langem haben.«

Die Aufnahmen wurden sein politisches Vermächtnis.

Die Staatssicherheit überwachte den Besuch mit nervöser Aufmerksamkeit. Eppelmann war mit Robert Havemanns Wartburg unterwegs, den er sich geliehen hatte, als sein Trabant ausgefallen war. Er kam und fuhr also im Auto des Hausherrn, um dann mit einem Kollegen, einem Jugenddiakon, weiter nach Dresden zu fahren. »Nach einer Weile stellte ich fest, dass die Stasi uns folgte. Klar, was da los war: Biermann war hier, und die dachten, da fährt möglicherweise der Biermann mit wem auch immer im Auto von Havemann durch die Gegend. Dabei hatte er ja die strenge Auflage, nur zu Robert zu fahren und sich nicht vom Fleck zu bewegen. Die waren fürchterlich hinter uns her. Wir holten aus dem Wartburg raus, was er hergab. Die blieben zurück. Wir bogen in Richtung Dresden ab und sahen, wie die Richtung Cottbus weiterfuhren. Als sie das merkten, begingen sie eins der schwersten Verbrechen, die die DDR kannte: Sie drehten auf der

Autobahn, über den Grünstreifen, um uns wieder zu kriegen. Da mussten wir sehr lachen.«

Havemann ging es zusehends schlechter. Als »völlig aussichtslos« bezeichnete die Lage am 7.4. 1982 der Stasi-IM »Nante«, der an diesem Tag »durch Dr. Landmann vom Forschungsinstitut für Lungenkrankheiten und Tuberkulose gebeten [wurde], die gesundheitliche Betreuung von Prof. Havemann für die Zeit vom 08. 04. 1982 bis zum 14. 04. 1982 zu übernehmen«. Landmann plante für diese Zeit eine Reise nach Algerien. »Nante« sah seinen neuen Patienten am dritten und letzten Tag des Biermann-Besuchs in Grünheide zum ersten Mal. »Mir ist sogar noch in Erinnerung, dass kurz vor unserem Besuch bei Professor Havemann … durch das ZDF im Hause Havemann gedreht wurde«, sagte er zehn Jahre später bei einer Zeugenvernehmung in einem Strafverfahren gegen Dr. Landmann, das eingestellt wurde.[195] Er erinnerte sich bei der Zeugenvernehmung an Biermann, und er wusste sogar mehr: nämlich dass Landmann ihm bei dem gemeinsamen Besuch bei Havemann gesagt habe, seit der Pilzbefall-Diagnose drei erfolglose Versuche mit verschiedenen Antimykotika unternommen zu haben. Aktenkundig im Klinikum Buch wurde nur einer: am 7.4. erhielt Havemann ein sehr teures Mittel aus Schweizer Produktion. Als er sein wachsendes Misstrauen gegen die Ärzte schließlich überwand und es einnahm, erlitt er infolge der starken Nebenwirkungen einen Kreislaufkollaps.

Havemann ging es am Abend nach Biermanns Besuch so schlecht, dass Katja Havemann beschloss, Anwalt Gysi anzurufen, um ihn zu fragen, wie es um die Einreise Sibylles stehe. »Er hatte sich so lange nicht gemeldet. Brigittes Telefon war gestört, das klemmten die in der Zeit immer häufiger ab. Ich

---

195 Der Polizeipräsident in Berlin, Dir VB MI 8: Verhandlungsprotokoll … 31.7.1992.
Das ZDF war übrigens an diesem Tag nicht bei Havemann.

wusste, dass Brigitte einen Schlüssel zum Wochenendhaus nebenan hatte. In der Datsche gab es ein Telefon. Ich sagte zu Brigitte, es ist ein Notfall, und sie ließ mich in das Haus zum Telefonieren. Es war das einzige Mal, dass ich da drin war. Ich sagte Gysi, ich wolle mich nach dem Einreiseersuchen für Sibylle erkundigen, weil Robert doch so krank sei. Da sagte er, dass er sich doch nicht zum Affen machen wolle (später erklärte er, die Formulierung zähle nicht zu seinem Wortschatz)[196]: der angebliche Todkranke habe gerade einen Artikel in der ›Frankfurter Rundschau‹ veröffentlicht. Mir war zum Heulen. Es war wirklich akut, und der haut mir so in die Magengrube.«

Tatsächlich hatte Havemann Anfang März zum Berliner Appell seinen letzten Artikel geschrieben, der erst Ende März erschien.[197]

»Ich besorgte mir also vom Vertreter Landmanns ein neues Attest.«

Es erreichte Sibylle Havemann zu spät. Als sie eintraf, war ihr Vater schon ein paar Stunden tot.

Meinels waren Katja Havemann »die nächsten Menschen, als Robert so krank war und als man wusste, dass er nicht mehr lange lebt«.

Am 9. April 1982, Karfreitag, waren Meinels plötzlich einfach da. Sie folgten einem Gefühl. Katja Havemann hatte gerade darüber nachgedacht, wen sie ohne Telefon, und ohne von der Seite ihres Mannes zu weichen rufen könne. Christiane Rusch, die ihr tagsüber im Haushalt geholfen hatte, war zum Spätdienst ins Kinderheim geradelt, Franziska war bei Tini Haeseler, wo sie ihren Geburtstag gefeiert hatte und die Nacht verbringen wollte. »Es war ein Moment, in dem Robert so schwach war, dass er mit dem Abschiednehmen ein-

---

196 Nach Angaben Jürgen Fuchs' gegenüber Katja Havemann.

197 »Havemann verlangt freie Friedensbewegung auch in der DDR. Regimekritiker fordert in Schreiben an die FR dazu auf, seine Landsleute über den ›Berliner Appell‹ zu informieren«, FR, 20. 3. 1982

verstanden war. Ich war nicht so einverstanden damit und versuchte ihn noch aufzumuntern und ihm den Sauerstoff anzulegen, bis Edda, die mehr Erfahrung mit dem Sterben hatte, und Johannes sowieso, sagten, das müsse man nun respektieren und ihm nicht noch Sachen aufdrängen, die er durch Kopfschütteln und Abwehren ablehnte.

Dann begann unsere Dreisamkeit an Roberts Bett. Die habe ich an dem Abend, an dem ich dann gegen 9 Uhr plötzlich bemerkte, dass Robert tot war, und auch in den nächsten Tagen wie eine Fügung empfunden, wie ich sie mir besser nicht hätte vorstellen können. Ich wollte auch nicht irgendwo jenseits der Mauer Alarm schlagen, wo die anderen saßen und ganz besorgt waren. Und Meinels waren einfach da.«

»Viele Bilder aus den zurückliegenden Jahren der Bedrängnis kamen wieder in Erinnerung, genauso wie Momente seines früheren Lebens, das die Nazizeit verdorben hatte«, erinnert sich Johannes Meinel. »Erinnerungen an seine Heiterkeit. Seine ganz ungebrochene Hoffnung auf Veränderungen. Seine Entschlusskraft, seine Sehnsucht zu handeln. Ein so vielfältiges Leben, mit so vielen Gaben ausgestattet, mit so viel potenzieller beruflicher Zukunft, reduziert auf das Schwejk'sche. Und dann die Momente seines Polterns über ›die Arschlöcher‹ oder auch seine Verschwiegenheit, wenn er aus mancher Leute Wichtigtuerei oder Geschwätzigkeit Argwohn schöpfte. Wir empfanden es beide als sehr wohltuend, von ihm Abschied nehmen zu können. Dieser Mann, über den erst durch die Nazis, später durch die Krankheit das Todesurteil gesprochen worden war und der wider alles menschlich Erwartbare lange überlebte, hat uns tief beeindruckt durch seine innere Freiheit, seinen unerschöpflichen Lebensmut. Und zuletzt konnte dieser trotzige, warmherzige Lebensbejaher sogar das Ende akzeptieren, ohne zu lamentieren oder sich zu bemitleiden.«

Noch ein paar Tage vor seinem Tod hatte er zu seiner Frau gesagt, dass er sich zufrieden mit sich selbst verabschiede: »Eigentlich habe ich immer nur das getan, was ich wollte.«

Brigitte Haeseler rief im Rüdersdorfer Krankenhaus um einen Arzt für den Totenschein an. Obwohl ihn niemand aus Grünheide antelefoniert hatte, kam überraschend IM »Nante« und stellte den Totenschein aus. »Lungenaspergillose« nannte er darauf zuerst, obwohl die Pilzinfektion, wie er zehn Jahre später meinte[198], von der Vielzahl tödlicher Krankheiten, an denen Havemann litt, »die harmloseste« war. Die Stasi nahm den Inhalt des Totenscheins umgehend in ihre »Information 314/82« über »festgestellte Aktivitäten im Zusammenhang mit dem Ableben Robert Havemanns«[199] auf.

Begräbnis unter Bewachung

Die Tage nach Robert Havemanns Tod vergingen für seine Witwe wie in Trance. Sie musste sich um die Vorbereitung der Beerdigung kümmern. Dazu gehörte auch, die Formalien zu regeln, um für die Freunde im Westen wenigstens den Versuch möglich zu machen, zur Beerdigung zu kommmen. Die Stasi aber wollte alles unterbinden, was die Beerdigung zur politischen Demonstration machen könnte.

Um eines musste Katja Havemann sich nicht kümmern: einen Redner. Pfarrer Meinel sollte in der kleinen Grünheider Friedhofskapelle sprechen.

Am 10. April morgens bot auch Gregor Gysi seinen Dienst als Redner am Grabe Havemanns an.

Katja Havemann hätte an alle möglichen Menschen gedacht, nur nicht an Gysi. Schließlich hatte er gerade mit seiner Weigerung bewirkt, dass Sibylle mit Verspätung am Totenbett ihres Vaters angekommen war. »Nun stand Gysi als einer der ersten am nächsten Morgen in der Tür und hat mir im gleichen Atemzug, mit dem er sein Mitgefühl zum Ausdruck brachte, gleich angeboten, falls ich nun überlegen

---

198 Der Polizeipräsident in Berlin, Dir VB MI 8: Verhandlungsprotokoll … 31. 7. 1992

199 Hauptabteilung XX, Berlin, 10. 4. 1982

müsste, wer für Robert eine Beerdigungsrede hält, er würde sich sehr gern und selbstverständlich dafür empfehlen. Da war ich verblüfft.« Als Katja Havemann es wieder an der Tür klopfen hörte, war sie dankbar, dem ihrem Gefühl nach insistierenden Anwalt ausweichen zu können. Es waren Evi und Rainer Eppelmann.

Rainer Eppelmann nahm sich Gysis an: »Ich sehe den kleinen Bräsiker da noch sitzen, nicht angemeldet, nicht gehend. Als ich ankam, sagte mir Katja schon zur Begrüßung: Da drin sitzt Gysi und geht nicht. Und tatsächlich: Der saß im Wohnzimmer, klein und breit. Er gab sich natürlich ganz als der aufrechte, besorgte Rechtsanwalt, dem es nur um das Seelenleben seiner Mandantin gehe. Ich bin den sofort angegangen.«

Katja Havemann wollte Gysi als Anwalt allerdings einsetzen, um denen, die aus dem Westen zur Beerdigung kommen wollten, die Einreise zu ermöglichen. »Für jeden, den wir zu dem Zweck einladen wollten, musste man eine Art Personalbogen ausfüllen. Das war sehr mühsam. Als wir das hatten, ließ Gysi mich erst warten, dann sagte er ab. Auf eigene Faust stellte ich die Anträge in Fürstenwalde auf der Polizei. Alle wurden abgelehnt.«

Eine nicht näher identifizierbare »zuverlässige inoffizielle Quelle«, die »Annedore Havemann auf ihrem Grundstück« aufgesucht habe, um ihr »Unterstützung bei der Regelung anstehender Fragen, die sich aus dem Tod ihres Ehemanns ergeben«, anzubieten, gab der Staatssicherheit am selben Tag allerdings noch »streng vertraulich« die Information, wessen Einreise sie gern erwirkt hätte.[200]

Katja Havemann wurde zweimal zum Bürgermeister zitiert, der vergeblich die Frage stellte, wer wohl die Reden in der Totenhalle und am Grab halten werde. Der Friedhof von

200 Lt. Hauptabteilung XX: Information über Vorhaben im Zusammenhang mit der bevorstehenden Beisetzung von Robert Havemann. Berlin, 10. April 1982

Grünheide war staatlich. Daher musste Pfarrer Meinel den Bürgermeister fragen, ob er Außenlautsprecher an der Totenhalle anbringen dürfe. Es war abzusehen, dass das Gebäude für die erwarteten Gäste nicht ausreichte. Die Lautsprecher wurden untersagt, so entschloss sich Meinel, die Rede nicht auf der Kanzel, sondern in der Tür des Gebäudes zu halten.

Meinel informierte auch das Konsistorium, dass er die Totenrede halten werde. »Ich erhielt keine Abmahnung für meine Entscheidung. In den Akten steht, dass die Kirchenleitung dem Staatssekretär für Kirchenfragen zugesagt habe, ihm die Rede zur Begutachtung vorzulegen oder zur Kontrolle. Das stimmt nicht. Es wäre schon deshalb unmöglich gewesen, weil ich noch bis unmittelbar vor der Beerdigung an meiner Ansprache arbeitete. Meine Absicht war – und darauf zielte meine Rede –, die Trauerfeier nicht eskalieren zu lassen. Der ganze Aufwand, der von der Stasi in Grünheide getrieben wurde, die Kontrollen derer, die zur Beerdigung anreisen wollten, die Kontrollen am Vormittag um den Ort herum, das war politische Demonstration genug.«

Die Stasi war hochnervös. Wegen der Bemühungen um Trauergäste aus dem Westen schob Katja Havemann die Beerdigung auf das Wochenende nach Ostern hinaus. Die meisten Freunde durften am Ende nicht kommen, nur Havemanns im Westen lebende Kinder. Der Sohn des SPD-Vorsitzenden Willy Brandt, Peter, und der SPD-Bundestagsabgeordnete und Havemann-Lektor bei Rowohlt, Freimut Duve, erhielten die Einreisegenehmigung auf eigenen Antrag.

Thomas Klingenstein erfuhr in Paris von Havemanns Tod. Er wandte sich an die Ständige Vertretung der Bundesrepublik, versuchte es bei Klaus Bölling, Günter Gaus und dann auch beim Anwalt Wolfgang Vogel. Ohne Erfolg, keiner konnte etwas für ihn tun. Schließlich wandte er sich an die DDR-Botschaft, obwohl sie für ihn nicht mehr zuständig war. Es war eilig, er brauchte die Einreisegenehmigung praktisch sofort. »Ich rief da an, und da war nur ein halbverschlafener Beamter, der mich bat, doch bitte montags darauf um 14.30 Uhr anzurufen. Ich trat ihm gegenüber in der Weise auf, wie ich es von solchen Situationen aus der DDR kannte, wie ein Funktionär, ganz nach den feudalen Regeln. Ich fuhr ihn an: ›Ich möchte den Verantwortlichen für die Sicherheit sprechen, sofort, sonst könnte es sehr unangenehm für Sie werden.‹«

Ein anderer Mann kam an den Apparat. Klingenstein bekam einen Termin und fuhr hin. Die DDR-Botschaft war ein luxuriöser Altbau in einer teuren Gegend. »Der Mann war locker, fast kosmopolitisch für DDR-Verhältnisse. Ich kam gleich zur Sache, es gab ja auch keinen Grund zum Drumherumreden. Ich fragte ihn: Kennen Sie mich? Er nickte. Entweder er kannte mich, oder er hatte sich inzwischen kundig gemacht. Gut, sagte ich, dann wissen Sie ja auch, worum es geht. Können Sie etwas machen? Er sagte: ›Nein, ich kann nichts machen. Aber ob Sie es mir glauben oder nicht, es tut mir Leid: Ich habe bei Robert Havemann studiert.‹ Ich dachte: O Gott, was ist das für eine kranke Welt.«

Die Staatsmacht rüstete sich in der Woche nach Ostern in Grünheide. Überall waren Polizisten zu sehen, vor allem aber jene »unauffälligen« Männer der Staatssicherheit, die in ihren Autos herumlungernd das Umfeld des Friedhofs und der Burgwallstraße »sicherten«. Auch viele der Polizisten waren getarnte Stasileute. Sie hatten auf Anweisung von ganz oben falsche Polizei-Dienstausweise ausgestellt und Uniformen angepasst bekommen. Alles war bis ins Kleinste geplant.

Sogar die Freiwillige Feuerwehr war unterwiesen.

Trotz Kontrollen an jeder Einfahrtstraße kamen viele Menschen. In einem Protokoll stehen 250, im anderen 500, im nächsten 600.

Pfarrer Meinel hielt den Bewachungsaufwand auch auf dem Friedhof für weit übertrieben. Denn was hätte schon geschehen sollen? »Im Ort gab es eine Parteisitzung mit dem Tenor: Zum Glück ist der Kerl endlich tot, nun sind wir ihn los. So dachten in Grünheide sicher nicht alle, aber der überwiegende Teil war weit entfernt, sich hervorzutun und sich so Befragungen oder Verfolgung auszusetzen. Im Ort selbst war alles ruhig. Und nach außen hatten sie Grünheide so sehr abgesichert, dass niemand, der eventuell für Aktionen hätte in Frage kommen können, zur Beerdigung durchkommen konnte.«

Eppelmann packte für die Fahrt zur Beerdigung vorsorglich seinen Talar ein. Den wollte er anziehen, um publikumswirksam Krach zu schlagen, wenn man versuchen sollte, ihn aufzuhalten. Genau das geschah.

Er war gemeinsam mit seiner Frau und einem Freund unterwegs, der sich später als Stasimitarbeiter entpuppte. Eppelmann fuhr noch immer Havemanns Wartburg. Ein Verkehrspolizist winkte ihn an den Straßenrand: Kontrolle. Die Reifen wurden bemängelt. An den Rädern waren Pneus verschiedenen Profils montiert. Eppelmann zeigte seinen Talar: »Wir fahren zur Beerdigung Robert Havemanns.« Sie durften weiterfahren. »Wahrscheinlich trauten die sich nicht, großes Aufsehen zu machen.«

Evi Eppelmann: »Rainer war sehr aufgeregt, weil er am Grab etwas sagen wollte. Er hatte sich das vorher überlegt, nun ging das immer in seinem Kopf herum. Das war für ihn so etwas wie ein öffentliches Bekenntnis.«

Noch am Friedhof versuchte man, ihm sein Vorhaben auszureden. »Propst Winter kam auf mich zu und sagte, ich solle nicht hingehen oder wenigstens nicht reden.«

Johannes Meinel würdigte Havemann in seiner Predigt im Portal der Totenhalle. Die Stasi fasste die Rede gleich in einem »vorläufigen Inhaltsbericht« zusammen und meldete sie innerhalb weniger Stunden nach Berlin weiter. »Ich glaube, dass meine Rede nicht den hohen Erwartungen der Stasi entsprochen hat, auch nicht denen mancher Gäste. Aber wer hören wollte, der konnte, besonders im letzten Abschnitt.«

Doch kannten alle, die zum Begräbnis gekommen waren, Havemann sowieso. Die Erwartung, dass es politischer werde, war gering.

4
Das Erbe

Neubeginn

Solange Robert Havemann lebte, war Katja Havemann ganz auf ihn und sein Leben bezogen gewesen. »Weder allein noch mit ihm hatte ich irgendeinen Gedanken darauf verwendet, wie es wohl werden würde. Dass es ungewöhnlich ruhig war in unserem Haus, empfand ich als sehr angenehm. Ich fühlte mich nicht, als wäre ich in ein Loch gefallen.«

Irritiert reagierte Katja Havemann auf die Anregung von Freunden, sie solle doch jetzt in den Westen ziehen: »Das war gar keine Frage für mich. Hier zu bleiben, das stand so fest, wie nur irgendetwas feststehen konnte. Ich war überrascht, dass Jürgen Fuchs und andere, die mir nahe waren, das andeuteten. Ich fühlte mich hier verankert.« Das lag auch an ihren Freunden, Bärbel Bohley, das Ehepaar Poppe und der dazugehörige Kreis in Prenzlauer Berg, Familie Eppelmann.

Schon zu Lebzeiten ihres Mannes hatte Katja Havemann begonnen, sich mit Keramik zu beschäftigen. Sie dokumentierte die künstlerische Diplomarbeit der Keramikerin Sylvia Albu-Stanescu an der Kunsthochschule Weißensee fotografisch. Diese neuen Aktivitäten füllten sie aus.

Im Sommer 1982 fuhr Katja Havemann mit Bärbel Bohley, Christiane Rusch und den Kindern nach Gehren, wo Bärbel Bohley ein altes Pfarrhaus nutzen konnte, das zum Teil dem Vater ihres Sohnes Anselm gehörte.

Dort lernte Katja Havemann Wolfram Tschiche, Sohn des systemkritischen Theologen Hans-Jochen Tschiche, kennen. »Wir blieben aneinander hängen. Das ergab sich ganz überraschend, für ihn wahrscheinlich überraschender als für mich.« Tschiche kam im folgenden Herbst und Winter immer häufiger nach Grünheide, entschied sich schließlich zu bleiben und wohnte bei ihr. »Wolfram war ein geschasster Theologiestudent aus Halle. Er beschäftigte sich sehr eingehend theoretisch mit unseren oppositionellen Anliegen.« Seine akademische Laufbahn war verbaut, auch wenn man ihn nicht ins Gefängnis gebracht hatte. Sein Vater war als Leiter der Evangelischen Akademie Sachsen-Anhalt zu populär, als dass die Stasi den Sohn ohne Schaden hätte aus dem Verkehr ziehen können. Es gab in Halle eine sehr lebendige oppositionelle Szene, zu der er gehörte, ebenso wie die Schwager von Bärbel Bohley und deren Frauen. Katja Havemann: »Die Akteure dort waren oft Theologen oder anderweitig mit der Kirche verbunden, ohne dass die Hallenser Opposition direkt kirchlich gewesen wäre.«

Die Hallenser veranstalteten schon länger thematische Abende, die Wolfram Tschiche nun in Berlin fortsetzte: Diskussionen über verbotene Literatur in Osteuropa, Seminare zu Philosophiegeschichte, zu den Menschenrechten, historisch, politisch und aktuell – ähnlich den »Fliegenden Universitäten« in der Tschechoslowakei und in Polen.

»Zeitweise waren Wolfram und ich ein Super-Duo. Ich hatte das Bedürfnis, mich in Berlin um Aktionen zu kümmern, und er war ein guter Partner beim Entwickeln von Ideen.«

Als Katja Havemann wieder arbeiten wollte, fand sie keine Stelle.

Sie bewarb sich bei der Kirche, in einem Heim für geistig Behinderte in der Nähe von Grünheide. Dort gab es unter anderem Keramikwerkstätten, und sie wusste von Johannes Meinel, dass viele, die wegen eines Ausreiseantrags ihre Arbeit verloren hatten, dort untergekommen waren.

Für Katja Havemann gab es nichts. »Das bedrückte mich schon ein wenig.« Sie hatte sich um eine schlecht bezahlte Arbeit beworben, bei der es kaum möglich gewesen wäre, sich politisch zu betätigen.

Ihre weiteren Bemühungen um eine Anstellung blieben erfolglos. Schließlich wandte sich Katja Havemann an Horst Moelke. Moelke, der langjährige Freund Havemanns und

Biermanns, hatte seine eigene Art, der DDR zu trotzen. Katja Havemann kannte seine Kurbelwellenwerkstatt in der Chausseestraße und wusste, dass seine Schwägerin und seine Tochter zeitweise dort arbeiteten. Moelke sagte: »Klar, kannst du machen.« So fuhr sie drei Tage in der Woche für jeweils sechs Stunden zu Moelke in die Chausseestraße, zog den Blaumann an, bearbeitete ölverschmiert Pleuelstangen, fädelte Nadelkäfige ein und bohrte Teile, wenn es einen Extraauftrag gab.

Das Kurbelwellengeschäft in der DDR lief hervorragend. Alles, was an Verschleißteilen, auch nach längerer Laufzeit, zu retten war, wurde gerettet, schließlich hatte man auf ein neues Auto aus DDR-Produktion bis zu fünfzehn Jahre lang zu warten, wenn man es nicht über Privilegierten-Beziehungen oder gegen einen überhöhten Westgeldpreis über die Handelsgesellschaft Genex aus dem Ausland beziehen konnte. Das Geschäft mit aufgearbeiteten Ersatzteilen war streng reglementiert, auch in privaten und halbprivaten Betrieben. DDR-weit wurde Buch geführt über jede einzelne Kurbelwelle, die irgendwo ausgebaut und wiederaufbereitet wurde. Moelke war ein Wiederaufbereiter.

Wenn Moelke etwas nicht passte, schrieb er eine Eingabe. Seine Haltung zeigte er, indem er Havemann und Biermann demonstrativ beipflichtete.

Solange es ging, war er mit seiner BMW regelmäßig nach Westdeutschland auf Montage gefahren. Als er nach dem Mauerbau auf Dauer zu Frau und Kind in die DDR heimkehren wollte, kam er wegen Republikflucht ins Gefängnis. So zufrieden er über das seither Erreichte war – mit der DDR konnte er sich nicht anfreunden, er empfand sie mit gesundem Selbstbewusstsein und viel Witz als eine Zumutung für einen vernünftigen Menschen. Weil er aus seiner Freundschaft mit Robert Havemann kein Geheimnis machte, genoss auch er in gewisser Weise seinen Schutz.

Moelke, als Handwerker und als Geschäftsmann ein echtes Talent, war im gleichen Maße ernst zu nehmen und allseits respektiert als unbestechliche Stimme des Volkes, Mann für knifflige Aufgaben und zuverlässiger, mitunter kühner Helfer in allen Lebenslagen.

Mit dem Job bei Moelke war eine der Stasi-Machenschaften gescheitert, durch die Katja Havemann das Leben erschwert werden sollte. Die Maßnahmepläne nach Havemanns Tod sahen nicht nur vor, sie weiter im Auge zu behalten, sondern hatten zum Ziel, sie zum Verlassen der DDR zu bewegen. Das probate Mittel der Stasi war Zersetzung.

Der Käufer des Holzhauses, IM »Alexander Reinhardt«, machte Druck. Er erwirkte einen Gerichtsbeschluss, die Besichtigung seines Eigentums per Zwangsvollstreckung zu erreichen. Katja Havemann machte keinen Hehl daraus, dass sie entschlossen war, ihn nicht aufs Grundstück zu lassen. Sie konnte die Zwangsvollstreckung abwehren mit dem Hinweis, sie habe das Erbe ihres Mannes noch nicht offiziell angetreten, also könne sie dem Käufer kein Wegerecht gewähren. Natürlich bedeutete dies nur einen Aufschub; die Angelegenheit belastete sie sehr. Sie konnte nicht ahnen, was sie erst aus den Akten erfahren sollte: Unterstützung kam von unerwarteter Seite, der Eifer der Stasi wurde hinter den Kulissen gebremst. »Das Mitglied des Politbüros, Genosse Paul Verner, hat sich kürzlich über Genossen Heger (Abteilung Staats- und Rechtsfragen des ZK der SED) an den Vizepräsidenten des OG*, Genossen Dr. Strasberg, mit der Mitteilung gewandt, bezüglich der Vollstreckung der einstweiligen Verfügung zur Besichtigung des Holzhauses auf dem Grundstück Havemann ... jeden Eklat mit der Witwe Havemann zu vermeiden«, registrierte die Stasi im Herbst 1982[201]. »Das bedeute«, erklärt die zuständige Stasi-Hauptabteilung IX die Mitteilung des Genossen Heger, »die einstweilige Verfügung nur im Einvernehmen mit der Witwe Havemann zu voll-

---

* Oberstes Gericht

201 Hauptabteilung IX/AKG, Grundsatzfragen/AG Recht: »Vermerk«, Berlin, 2. November 1982. Paul Verner war in den Sechzigerjahren in maßgeblicher Position an der Durchsetzung des Berufsverbots gegen Havemann beteiligt gewesen.

strecken, es sei denn, Genosse Minister habe erklärt, dass die Vollstreckung auch bei Widerstand der Witwe Havemann durchzusetzen sei. Der Sekretär des für die Vollstreckung zuständigen Gerichts wird angewiesen, die für den 3. 11. 82 vorgesehene Vollstreckung bei Widerstand nicht zu vollziehen.«

Die Stasi setzte Gerüchte in Umlauf, dass Katja Havemann eine dicke VdN-Rente von ihrem Mann kassiere und dennoch schlecht über den Sozialismus spreche. Tatsächlich hatte Havemann eine Rente als Verfolgter des Nationalsozialismus bezogen. Es war üblich, dass die Frauen die Rente nach dem Tod des Mannes weiter bekamen. »Ich hatte nie den entsprechenden Antrag gestellt, weil ich dachte, ich dürfe in diesem Land nichts annehmen, was mich verpflichtet oder als ein Privileg angesehen werden könnte.«

Dass sie den Antrag unbedingt stellen müsse, daran erinnerte sie ihr Anwalt, Gregor Gysi. Sie sagte: »Ich hatte mit dem Widerstand Roberts gegen die Nazis doch gar nichts zu tun. Das käme mir komisch vor.«

Er aber meinte, es wäre doch quasi so etwas wie eine nachträgliche Rehabilitierung von Robert Havemann in der DDR, wenn sie jetzt diese Rente kriegen würde. »Das verblüffte mich vollends.« »Nein«, sagte sie, »eine solche Rehabilitierung wäre, wenn Roberts Bücher in der DDR erscheinen dürften. Dann wäre ich auch bereit, diese Rente zu beantragen.«

In dieser Zeit kam Gysi häufiger zu Katja Havemann: Er half in Sachen Holzhaus, war aber in entscheidenden Phasen der Auseinandersetzung nach Katja Havemanns Erinnerung schwer erreichbar.

Dr. Landmann bemühte sich sehr um die weitere Verbindung mit Katja Havemann. Zur Motivation seiner weiteren Bemühungen um Katja Havemann mochte beigetragen haben, dass »Chef« am 14. Juli 1982 einen Satz von »3 x 6 Gläsern mit gleichem Schliff«[202] im Wert von etwa 400 Mark erhalten

202 Diensteinheit Abteilung XX/1: Treffbericht IMB [IM der Abwehr mit Feindverbindung] »Chef«. 15. 7. 1982

hatte, weil er »stets zuverlässig und mit Eigeninitiative spezifische operative Aufgaben bei der Bearbeitung des OV ›Leitz‹ der HA XX/9 durchgeführt« hatte: »Er war jederzeit auf Anforderung des MfS einsatzbereit und war maßgeblich an der Erarbeitung von Informationen über Pläne und Absichten negativ-feindlicher Personen beteiligt. Der IMB hat seine Treue und Ehrlichkeit in der Zusammenarbeit bewiesen«[203], würdigte ihn der Abteilungsleiter, Oberstleutnant Reuter.

Nach Übergabe der Gläser bat der IM seinen Führungsoffizier noch um einen persönlichen Gefallen, eine Verwandte betreffend – ob er gewährt wurde, geht aus den vorliegenden Akten allerdings nicht hervor.[204]

Frauen für den Frieden

1982 wurde es lebendig in der Opposition. Die ersten alternativen Gruppen bildeten sich. In dem Maße, wie die Bewegung »Schwerter zu Pflugscharen« um sich griff, wurde die Militarisierung in Schulen und Kindergärten forciert.

Im Sommer 1982 kamen viele Besucher nach Grünheide. »Ich lernte Ulrike Poppe näher, familiärer kennen, auch Bettina, die Frau von Lutz Rathenow… – immer, wenn wir im Sommer zusammen waren, fingen Gerd Poppe und Lutz Rathenow sofort an, ihre Themen ins Zentrum zu stellen, Politik und Literatur.«

Katja Havemann fand die Gespräche mit den Frauen interessanter, die genauso aktiv beteiligt waren an dem, was in den freien Zirkeln geschah. Sie war überzeugt, dass die Frauen es nicht einfach hinnehmen sollten, dass da nur eine Männerdebatte stattfand, zumal die Lesungen in den Wohnungen, die

---

203 Hauptabteilung XX/9: Vorschlag zur Auszeichnung des IMB »Chef«, Reg.-Nr.: XV/2477/68 der BV Berlin, Abteilung XX. Berlin, 28. Mai 1982, gez. »Reuter«

204 Diensteinheit Abteilung XX/1: Treffbericht IMB »Chef«. 15. 7. 1982

Treffen der Subkulturellen gerade für die Frauen organisatorisch außerordentlich mühselig waren. So etwas erforderte tagelange Vorbereitungen. Ulrike Poppe: »Die Wohnungen waren eng, die Zahl der Gäste war nie beschränkt.«

Wenn die Männer dann diskutierten, fühlten sich die Frauen wie selbstverständlich für die Kinder, den Tee und den Kuchen zuständig.

Ulrike Poppe: »Als wir das erste Mal unter uns Frauen zusammensaßen, Anlass war das neue Wehrdienstgesetz, das Frauen im Ernstfall zum Dienst mit der Waffe verpflichtete, stellten wir fest, dass jede von uns genauso viel zu sagen hatte wie die Männer, die die Gespräche sonst immer dominierten, und dass wir uns wunderbar verständigen konnten, ohne Hahnenkämpfe auszutragen, wie das oft bei den Männern der Fall war. Das war eine ganz neue Erfahrung.«

Ihre erste gemeinsame Aktion richtete sich gegen das neue Wehrdienstgesetz.

Bärbel Bohley hatte zuerst allein einen Brief losgeschickt: Sie verweigere die Einberufung, sie sei Pazifistin und lehne das neue Gesetz ab. Keine Reaktion. »Ich hetzte ein paar Freundinnen in Halle auf, ebenfalls eine Eingabe an den Staatsrat zu schreiben – keine Reaktion.«

Mit ein paar Freundinnen, darunter Katja Havemann und Ulrike Poppe, und den Hallenserinnen schrieb sie eine Eingabe und sammelte weitere Unterschriften. »Ich rechnete damit, dass sich die Stasi jede einzelne vorknöpfen und bearbeiten würde. Es waren 150 Frauen.« Am Ende blieben dreißig übrig, die ihre Unterschrift unter dem Druck der Stasi nicht zurückzogen. Sie gründeten in Bärbel Bohleys Atelier gemeinsam die Initiative »Frauen für den Frieden« und wurden deren harter Kern.

Dass es eine reine Frauengruppe blieb, hatte mit strategischen Überlegungen zu tun, die auf Berichten Robert Havemanns über seinen Widerstand gegen die Nazis basierten. Bärbel Bohley: »Dass die ›Europäische Union‹ im Kern nur aus drei Leuten bestand, das war genial. Mich inspirierte das für die Arbeit und Strategie unserer eigenen Gruppe. Ich war nie eine große Verfechterin der Frauenbewegung, mein Leben habe ich immer allein gemeistert; ich hatte auch nie das Gefühl, ich müsse mich emanzipieren. Frauengruppe war Taktik. Einige Männer wollten auch mitmachen, ich war dagegen. Ich meinte, wenn wir eine Frauengruppe sind, sind wir weniger angreifbar. Auch in der DDR hatten Frauen nur eine Alibifunktion in der Politik, der Staatsrat bestand fast nur aus Männern. Eine kritische Haltung gegenüber dem Staat, und dann auch noch in Verbindung mit ›Gruppenbildung‹, so etwas traute man nur Männern zu. Und die Stasi, dachte ich, steckt eine Frau nicht so schnell in den Knast. Das war auch so, wenigstens in der ersten Zeit. Die Stasi suchte anfangs immer nach den Männern im Hintergrund.«

Die neu gegründete Gruppe plante als Erstes eine weitere Aktion gegen das Wehrdienstgesetz, die mehr Öffentlichkeitswirkung haben sollte. Jede der Frauen, die das wollte, sollte zum Protest gegen das neue Gesetz einen individuellen Verweigerungsbrief schreiben und ans Verteidigungsministerium schicken. Etwa vierzig Teilnehmerinnen verabredeten sich am Berliner Alexanderplatz, alle schwarz gekleidet, um im Postamt am Alex eine nach der anderen ihre Briefe aufzugeben. »Als ich zum Alex kam, schauten die Stasis schon aus allen Ecken. Die waren darauf vorbereitet, eine wichtige Demonstration zu verhindern. Das machte Spaß«, erinnert sich Katja Havemann.

Am Postamt waren Stasileute schon dabei, einzelne Frauen aus der Menge zu greifen. Immer die, die ein wenig abseits standen, wurden beiseite gezerrt. Einige hatten Kinder dabei, das überforderte die Stasi, weil die Kinder sofort angstvoll schrien. Jemand packte Bärbel Bohley am Arm, Katja Havemann mischte sich ein: »Schließlich war ich in einer Gruppe mit sechs, sieben Frauen, wir kannten einander alle näher; Bärbel, Irena Kukutz, Jutta Seidel waren dabei. Wir beschlossen, unter der S-Bahn-Brücke durchzugehen und ins nächste Café.«

Sie hakten sich unter, bildeten eine längere Reihe. Die Stasileute zerrten von hinten an ihnen. Die Frauen schrien laut und in übertriebener Empörung: »Ekelhafte Kerle! Ist ja ein Skandal, hier wird man belästigt!« Das große Aufsehen, das sie erregten, irritierte die Geheimen. Es war früher Abend, die Menschen strömten von der Arbeit in die Kaufhalle am Alex, in die S-Bahn. Die Stasi ließ ab, verfolgte die Frauen aber mit geringem Abstand. »Wir gingen in dieser Formation in das Café. Die standen draußen, wir waren drin, sie trauten sich nicht rein, wir uns nicht raus.«

Nach kurzer Überlegung kamen sie auf die Idee, Männer anzurufen, einer davon war Superintendent Krusche. Jutta Seidel rief ihren Mann an, Irena Kukutz desgleichen. Wolfgang Templin kam mit seinem Hund. Die Stasi hasste Zeugen, und sie konnte schlecht den Kirchenvertreter und die Ehemänner mit festnehmen. Krusche war wohl der Hauptgrund dafür, dass kein Zugriff erfolgte. »Wir kamen unbehelligt, gewissermaßen unter dem Schirm der Kirche, aus dem Café heraus.«

Es waren etwa 40 Verweigerungsschreiben auf den Weg gegangen, und die Mutmaßungen der Stasi über den männlichen Drahtzieher der Frauengruppe richteten sich zeitweise gegen Templin.

Wo sind die alten Männer?

Ulrike Poppe führte in der Frauengruppe fort, was sie gemeinsam mit ihrem Mann schon lange getan hatte: Sie schaffte Foren für Geistesverwandte, öffnete durch die Organisation von Lesungen und Debatten Horizonte, die das Regime lieber verschlossen und verschleiert gelassen hätte.

Sie arbeitete seit 1976 im Museum für Deutsche Geschichte im Kunstmagazin, als Museumsassistentin, später als Facharbeiterin für Sammlungspflege.

Sie war allmählich in die Rolle der Aktivistin hineingewachsen, wobei sie auch aus der Erfahrung schöpfte, denn sie hatte in einem Heim für milieugeschädigte Kinder- und Jugendliche und in einer psychiatrischen Klinik gearbeitet und dort die verschwiegene Kehrseite des vermeintlich perfekten Sozialstaats DDR kennen gelernt.

In den Siebzigerjahren, schon als junge Studentin, hatte sie Kontakt zu kleinen, konspirativ tagenden Gruppen bekommen. Wie viele ihrer Generation stand Ulrike Poppe damals »auf dem Boden des Sozialismus, aber das war nicht derselbe Boden, auf dem Honecker stand«. In ihren Augen waren die Mitglieder der Parteiführung Verräter. »Ihnen ging es um Machterhalt mit Mitteln, die den Sozialismus diskreditierten. Das kritisierten wir. In unseren kleinen Zirkeln wurde unter anderem über alternative Gesellschaftsmodelle wie etwa das Rätesystem diskutiert. Die Auseinandersetzung mit solchen Modellen sollte zum Nachdenken über Alternativen zum bestehenden System anregen.«

Erst Ende der Siebzigerjahre strebte die junge Frau aus der Nische der konspirativen Intellektuellenkreise. Sie griff das Konzept der von Bettina Wegner und anderen betriebenen, teils schon gescheiterten, teils im Scheitern begriffenen Initiativen »Eintopf«, »Kramladen« und »Box« auf, die jungen Schriftstellern, Liedermachern und Künstlern Auftrittsmöglichkeiten boten. »Ich versuchte 1978/79 zusammen mit dem Tontechniker den Kinosaal im Museum für Deutsche Geschichte für Veranstaltungen zu nutzen.« Dazu reaktivierte sie ihre bestehende, aber nicht besonders intensiv ausgelebte FDJ-Mitgliedschaft. »Wir konzipierten in der FDJ-Gruppe des Museums diese Veranstaltungen, monatlich eine, nichtkommerziell und öffentlich.«

Sie und der Tontechniker schafften es tatsächlich, den Kinosaal im Zeughaus Unter den Linden, eine der besten Adressen im Zentrum Berlins, für einige der Vertreter der unabhängigen Kulturszene zu öffnen. »Das ging gut, bis Frank-Wolf Matthies las. Er las seine ›staatsfeindlichen‹ Gedichte. Der Saal war voll, die Leute klatschten, ein Teil des Saales war mit SED-Genossen aus dem Museum besetzt. Ich forderte sie anschließend zur Diskussion auf, aber es gab keinen Widerspruch, sie klatschten.«

Am nächsten Tag wurde sie zur Direktorin zitiert: Die Bänder der Veranstaltung seien beschlagnahmt. »Dann kam eine Aussprache nach der anderen. Parteileitung, Betriebsleitung, Gewerkschaftsleitung und so weiter. Der Tontechniker und ich mussten Rede und Antwort stehen. Und die Gedichte wurden analysiert. Zum Beispiel bei einem Gedicht über den abgebröckelten Putz an den Häusern in Prenzlauer Berg: ›In einer Zeit des allseits gerühmten Wohnungsbauprogramms kann man doch nicht von verfallenden Häusern in Prenzlauer Berg reden!‹«

Nach Verhandlungen mit der Bezirksleitung der FDJ gab es noch einmal die Möglichkeit, die Veranstaltungen fortzuführen. Bedingung: Jedes Wort, das vorgetragen werden sollte, musste zuvor eingereicht werden.

»Wir planten eine Veranstaltung: Ekkehard Maaß singt Bulat Okudschawa. Wenige Tage vor diesem Abend informierte uns die Direktorin des Museums, dass es sich bei dem Studenten Ekkehard Maaß um jemanden handle, der auch Biermann-Lieder sang und daher kurz vor der Relegierung durch die Universität stehe, und dass Okudschawa ein Dissident sei. Die Veranstaltung dürfe nicht stattfinden, sagte man, ›aus technischen Gründen‹.« Einen Zettel mit der Absage auszuhängen, wurde ebenfalls untersagt: Die Leitung fürchtete die Kameras des ZDF, das derlei gern dokumentierte.

Das Konzert fand schließlich in Maaß' Wohnung statt, und der Kinosaal war fortan wieder Kinosaal, sonst nichts.

Wie Ulrike Poppe hatte Bärbel Bohley Havemanns nach dem Hausarrest kennen gelernt. Auch sie bewegte sich in der Subkulturszene, kannte Frank-Wolf Matthies. Als in der kurzen Zeitspanne zwischen seiner Haft und seiner Ausreise sein erstes Buch im Westen erschien, fragte er Bärbel Bohley, ob sie mit ihm die Bücher holen würde, die ein Journalist in die DDR geschmuggelt hatte, und sie an Freunde verteilen könne.

Auf der Liste derer, denen er ein Buch zukommen lassen wollte, stand auch Robert Havemann.

So machte sie sich eines Tages nach telefonischer Ankündigung bei Haeselers auf nach Grünheide. Katja und Robert Havemann waren gerade nicht da, als sie ankam. Franziska machte die Tür auf: »Och, wir haben auf dich gewartet, dann komm mal rein.«

»Dann kamen Robert und Katja. Es war für mich ein bisschen so, als ob ich zu Hause wäre. Sie kochten – etwas sehr Komisches, was ich nicht kannte – Blutwurst mit Kürbis. Wir haben zusammen gegessen. Es war eine lockere Aufnahme, mit der man keine Probleme hat. Ich war damals ziemlich schüchtern. Es ergab sich, dass ich mehr mit Katja zu tun hatte.«

Bärbel Bohley fuhr oft nach Grünheide. »Ich war bis dahin mehr mit Künstlern zusammen. War bei Lesungen, die in Wohnungen stattfanden, kannte unter anderem Uwe Kolbe, Gert Neumann, Heide Härtl, Wolfgang Hilbig, aber auch viele Maler, die in Wohnungen ausstellten.«

Die Stimmung im Kunst- und Literatur-Betrieb der DDR war scheinliberal. Offiziell gab es eine gewisse Lockerung, aber ein so schonungsloses Buch wie »Elf Uhr« von Gert Neumann, das die Lage mit düsterem Realismus schilderte, konnte nicht in der DDR erscheinen. »Andere Bücher, wie die von Christa Wolf, waren weniger trostlos und genau, sie hatten alle einen rosaroten Hauch und drückten nicht mein DDR-Gefühl aus. In der Malerei war das genauso. Es gab viele interessante Ausstellungen in Wohnungen, aber so gut wie nie in öffentlichen Räumen. Zwar konnte Mattheuer mal gesellschaftskritische Themen aufgreifen, Sitte konnte ein wenig vom Sozialistischen Realismus abweichen, aber wirklich experimentelle, freie Kunst hatte es sehr schwer, das drückte sich schon in der Honorarordnung aus. Wenigstens das Thema musste noch etwas mit dem Sozialismus zu tun haben.«

Sie kannte viele junge Leute, die sich die Freiheit nahmen und zu Hause künstlerisch arbeiteten. Meist verließen sie schließlich die DDR. Ohne Verbandsmitgliedschaft, die vielen auch aus ideologischen Gründen verwehrt wurde, war man formal kein Künstler und verstieß automatisch gegen

DDR-Recht, denn jeder Bürger hatte nicht nur das Recht, sondern auch die Pflicht zu arbeiten, sonst galt er als asozial. »Freies Künstlertum war im System nicht vorgesehen. Wer es außerhalb des Verbandes versuchte, hatte wirklich große Schwierigkeiten.«

Bärbel Bohley hatte immer Malerei studieren wollen. »Doch ich dachte, das wäre für mich zu hoch gegriffen.«

Sie ging nach dem Abitur in die Industrie, arbeitete in einem Betrieb als Einkäuferin. Nebenbei machte sie eine Ausbildung als Industriekaufmann. »In dem Job lernte ich die DDR besonders gut kennen – den Materialmangel, die Misswirtschaft, all das Gemauschel. Es war unglaublich.« Sie wechselte in das Vorzeigekombinat Robotron, in dem die Computer- und ein Teil der Elektronische-Bauteile-Industrie der DDR zusammengefasst war. »Ich war in dem Betrieb für die Lehrausbildung der Industriekaufleute zuständig.«

Ihr Wunsch, sich mit Kunst zu beschäftigen, blieb. Als sich Bärbel Bohley um ein Studium bewarb, war es aber zunächst nicht Malerei: Von den Kunsthistorikern wurde sie abgelehnt. Kunstpädagogik – wieder Ablehnung. »Dann dachte ich, gut: Ich bewerbe mich jetzt für Malerei, und wenn ich an der Kunsthochschule nicht angenommen werde, haue ich in den Westen ab.«

Sie war 23. »Das war mein letzter Versuch in der DDR.« Sie bewarb sich an der Kunsthochschule in Berlin-Weißensee und wurde gleich angenommen. »Man schlug mir vor, Bildhauerei zu studieren, ich bestand auf Malerei. Später habe ich das bereut. Die Bildhauerei war weniger ideologisch, und ich hätte wenigstens ein Handwerk gelernt.«

Bärbel Bohley war in ihrem Studienjahr die Älteste und daher den anderen Studenten ziemlich fern. »Die anderen waren zuvor meist jahrelang in irgendwelche Zeichenzirkel gegangen oder hatten schon ein Abendstudium hinter sich. Ich ging einfach von meiner Arbeit auf die Hochschule und fand das ziemlich übel mit meinen braven 18-, 19-jährigen Kommilitonen, für die das Studium die Fortführung der Schule war. »Ich sagte immer, ich bin Autodidakt mit Diplom, weil ich alles, was mir wichtig war, außerhalb der Schule und nach dem Studium lernte.«

Sie bemühte sich, so selten wie möglich an der Weißenseer Hochschule zu sein. »Mein damaliger Mann lebte in Halle, er hatte dort auch ein Atelier, mein Sohn war in Halle, ich war so viel wie möglich dort. Aus meiner Sicht war das Klima an der Burg Giebichenstein besser als in Weißensee.« Willi Sitte betreute dort einige Meisterschüler. »Es wurde mehr experimentiert und diskutiert. Halle war kleiner, und der Kontakt unter den Künstlern war offener als in Berlin. Ab 1974 arbeitete ich dann freiberuflich.«

Bärbel Bohley wurde in die Sektionsleitung für Malerei im Verband Bildender Künstler gewählt. Deren Mitglieder hatten in Jurys für Ausstellungen, bei der Vergabe von Aufträgen und auch bei der Bearbeitung von Reiseanträgen mitzuwirken.

»1978 hatte Sitte durchgesetzt, dass bildende Künstler einen Antrag stellen konnten, um in den Westen zu reisen und Ausstellungen zu besuchen. Er meinte, die Musiker können Musik hören, die Schriftsteller Bücher lesen, aber die bildenden Künstler sehen nie, was in den Museen der westlichen Welt hing. An sich war das sehr gut. Die Regelung war allerdings seltsam und willkürlich. Wer nach West-Berlin fuhr, durfte drei Tage bleiben, wer nach Westdeutschland fuhr, sieben Tage, und wer ins westliche Ausland fuhr, drei Wochen. Man musste das selbst finanzieren.«

Wer kein Geld hatte, fuhr also nach West-Berlin, setzte sich mit Leberwurststullen an den Ku'damm, weil er keine D-Mark hatte, sich etwas zu kaufen, ging in die Museen – wo Eintritt zu zahlen war, kam man mit dem DDR-Ausweis kostenlos hinein – und fuhr abends nach Ost-Berlin zurück, um da zu übernachten.

Bärbel Bohley befürwortete jede Reise. »Mein Argument war, dass wir im Verband sowieso nicht diejenigen seien, die am Ende entscheiden, ob jemand fährt.«

1979 bekam Bärbel Bohley selbst eine Westreise genehmigt. Sieben Tage Bundesrepublik. »Ich war jeden Tag in einer anderen Stadt, natürlich auch heimlich in West-Berlin, besuchte die Museen, viele Freunde, die die DDR verlassen hatten. Man kann sich gar nicht vorstellen, wie wichtig das war. Da war selbst ein Teeladen eine Offenbarung.«

Sie genoss die Kulturszene, auch die unabhängige in den Off-Theatern. Nach ihrer Rückkehr weigerte sie sich, Bericht über ihre Reise zu erstatten, auch wenn dies weitere Reisegenehmigungen unwahrscheinlich machte. »Nachdem ich Robert Havemann kennen gelernt hatte, wäre sowieso keine Reise mehr vom MfS genehmigt worden, später konnte ich ja nicht einmal ins sozialistische Ausland fahren.«

Sie war nach der Reise eigentlich entschlossen, die DDR zu verlassen. »Mein Mann wollte aber nicht, er klebte so an seiner Familie in Halle. Und unser Sohn war noch klein. Wir ließen es also. Aber ich wäre schon gern weggegangen damals.

Bevor ich Robert kennen lernte, war ich zwar politisch interessiert, aber nicht engagiert gewesen. Die Politik aktiv zu verändern, beispielsweise durch Mitgliedschaft in einer der Parteien, hielt ich nach 1968 für eine Illusion. Ich hatte immer gesagt, was zu sagen war. In der Hochschule wussten alle, dass ich Pazifistin bin. Ich arbeitete im Verband Bildender Künstler in der Sektionsleitung und glaubte noch immer, man könnte etwas für die Kunst tun. Das war mehr meine Sache.«

Nachdem sie Katja und Robert Havemann kennen gelernt hatte, wuchs ihr politisches Engagement. »Ich fühlte mich nicht mehr allein. Katja erzählte mir von Wolf Biermann und Jürgen Fuchs. Sie schilderte den Hausarrest und was mit Jürgen geschehen war. Natürlich ahnte man immer, wie die Stasi mit den Menschen umsprang, man kannte Leute, die bereits im Gefängnis gesessen hatten. Meistens erzählten die nicht viel, was einiges befürchten ließ; aber wie perfide das System arbeitete, habe ich erst durch Katjas Erzählungen begriffen. Ich hatte den Eindruck, dass Havemanns nicht mehr viele Freunde hatten. Es war einsam geworden, mehr für Robert vielleicht als für Katja. Ich konnte natürlich die politischen Gespräche nicht führen, die Robert vielleicht gern geführt hätte. Ich hatte eben nicht bändeweise Marx und Lenin gelesen. Ich rutschte später in die Bürgerbewegung mehr aus einer humanistischen Einstellung, weniger mit der Vorstellung, wie das politische System nachher aussehen soll.«

Für Bärbel Bohley verkörperte Havemann, was sie bei ihrer eigenen Generation, die schon ganz in der DDR sozialisiert war, vermisste: »Bürgerliche Debattenkultur und Toleranz: Wir mussten ja immer Recht haben. Wir mussten kämpfen, und wenn wir uns an einer Sache tot kämpften, bis wir Recht behielten. Robert konnte eine Meinung stehen lassen, die total anders war als seine, und dabei freundlich bleiben, wirklich von Herzen freundlich bleiben. Das gab es so in der DDR nicht mehr.«

Sie fragte sich: Wo sind all die anderen alten Männer, die mehrere Systeme überlebt haben, die durch ihre Erfahrungen innere Freiheit gewonnen hatten und denen es Spaß machte, ihr Wissen gelassen weiterzugeben?

»Havemann mochte manchmal ein Tyrann sein, wenn er ›Katju, Katju‹ schrie und erwartete, dass sie rannte. Er hatte auch Phasen der Niedergeschlagenheit, in denen er Jürgen Fuchs und Wolf Biermann besonders vermisste und gar nicht, wie sonst meist, auch dann Oberwasser hatte, wenn ihn gerade die Atemnot besonders schwer plagte. Doch immer wieder kamen Sätze, die einem als Nachkriegskind zu denken gaben: Eines Tages wird die DDR von den Russen verkauft. So was sagte sonst niemand in der DDR. Und weil er das sagte, war meine Überraschung, als es 1989 so kam, nicht ganz so groß«, erinnert sich Bärbel Bohley.

Die neue Opposition

Der engere Kreis der »Frauen für den Frieden« versuchte so viele Menschen wie möglich über die Aufrüstung und die krisenhaft wirkende dauernde Alarmbereitschaft der Gesellschaft zu informieren. Vor allem aber ging es darum, durch das eigene Beispiel andere dazu anzuregen, aktiv zu werden.

Ulrike Poppe: »Es gab einen Grundsatz, den uns Robert Havemann vorgelebt hatte: Leben und Rechte wahrnehmen, als wären sie uns zugestanden. Auch wenn es hier keine Meinungsfreiheit gibt, so nehmen wir uns das Recht heraus, unsere Meinung frei zu sagen; auch wenn es keine Pressefreiheit gibt, tun wir so, als gäbe es sie, und veröffentlichen unsere eigenen Zeitungen. Wir werden Fakten schaffen durch den Versuch, selbstbestimmt zu leben. Das hat er uns vorgemacht.«

Diese Form der »Demokratie von unten«, aus Sicht der Staatsmacht eine Anmaßung, stellte die Staatssicherheit vor schwer lösbare Aufgaben, weil sie sich größtenteils in Räumen der Kirche entwickelte.

Im Sommer 1982 gab es die erste »Friedenswerkstatt« in Berlin-Rummelsburg. Auf einem großen Kirchengrundstück präsentierten die Frauen einen Tag lang ihre Anliegen zwischen vielen anderen neu etablierten Kirchen-, Umwelt- und Friedensgruppen. Katja Havemann: »Wir bauten einen Stand auf, gestalteten Plakate gegen Wehrerziehung und Verherrlichung der Volksarmee. Das hätten wir auf der Straße nicht zeigen können, ohne verhaftet zu werden. Hunderte Menschen kamen im Laufe des Tages zusammen. Ich erlebte zum ersten Mal in der DDR offene und öffentliche Diskussionen: Da war eine Art Arena aufgebaut, in der Mitte stand ein Podest, und jeder, der etwas sagen wollte, konnte sich darauf stellen.« Journalisten kamen aus dem Westen, auch Gruppen mit ähnlicher Ausrichtung.

»Frauen für den Frieden« und andere Gruppen, die die öffentliche Wirkung suchten, fanden rasch Kontakt zu kirchlichen Basisgruppen, Friedenskreisen und engagierten oder wenigstens aufgeschlossenen Pfarrern. Freundschaften entstanden, es kam zur Kooperation, wenn Pfarrer mitzogen und Räume zur Verfügung stellten. Die Kirche trug auch dazu bei, dass die verschiedenen Gruppen einander kennen lernten. »Die Friedensseminare in Mecklenburg waren wichtig und machten Mut«, erinnert sich Ulrike Poppe. »Wir machten mit unseren Familien dort Urlaub, jeweils mehrere Familien wohnten in einem Pfarrhaus zusammen. Die arbeiteten miteinander, hatten aber auch einen gemeinsamen Ferienalltag. Am Ende des Friedensseminars kamen alle aus den Pfarrhäusern zu einer zentralen Veranstaltung zusammen und tauschten aus, was sie getrennt zu verschiedenen Themen erarbeitet hatten. Etwa zu Reformen in der DDR, zum Verhältnis zwischen Staat und Kirche und ähnlichen Themen. Dabei gab es ein ständiges Ringen mit einzelnen in der Kirchenleitung. Und es gab Probleme mit manchen Gemeindekirchenräten. Manche Gemeindemitglieder befürchteten eine Funktionalisierung durch die Opposition, Nachteile im Beruf oder auch Ärger mit ihrer Partei, der CDU, und versuchten, die Pfarrer ihrer Gemeinden zu bremsen. Einige wurden sicher auch von der Stasi unter Druck gesetzt. Um dem aus dem Weg zu gehen und den Pfarrern den Konflikt zu ersparen, haben es einige Gruppen vorgezogen, außerhalb der Kirche zu bleiben, so auch die Berliner Gruppe der ›Frauen für den Frieden‹.« Bärbel Bohley: »Sehr viele der Frauen waren nicht konfessionell gebunden. Ich hatte Verbindung zur Kirche, mein Mann hatte Theologie studiert, mein Schwager war als Theologe tätig, die Familie meines Mannes war christlich orientiert. Aber was von der Kirche an Widerspruch kam, zur Wehrpflicht, zum Wehrkundeunterricht, zur Mauer, das war mir immer zu sanft und zu lau gewesen. Ich war der Meinung: Dieses Land braucht Opponenten. Nicht dass ich ein Konzept gehabt hätte. Aber ich war mir sicher, dass in einer mehr oder weniger atheistischen Gesellschaft vor allem außerhalb der Kirche oppositionell gedacht und gehandelt werden müsste. Dahin gehörten auch Leute wie Robert, die das System sogar mit aufgebaut hatten, es durchschauten und verändern wollten. Auch die Frauengruppe war ein winziger Schritt in die richtige Richtung.

Von dem, was wir in unseren Gruppen machten, versprach ich mir eigentlich nur, dass wir viele Menschen, die ebenfalls einen kritischen Blick auf die DDR hatten, ermutigten, endlich das laut und öffentlich zu sagen, was sie dachten und wollten. Warum soll ich nicht die Bücher lesen, die ich lesen will? Warum darf mein Kind nicht studieren? Warum darf ich nicht reisen, wohin ich will, warum nicht leben, wie ich will?

Ich dachte, wenn viele Leute solche Fragen stellen und auf Antwort bestehen würden, wäre vieles nicht möglich, was mit uns gemacht wurde. Am Ende würde es die Veränderungen in der DDR geben, die wir wollten.«

Die »Frauen für den Frieden« nutzten die Kirche aber als Aktionsraum und mussten sich daher den Regeln anpassen. In der Friedrichshainer Auferstehungs-Gemeinde hielten sie gemeinsam mit einer kirchlichen Frauengruppe ihren ersten Gottesdienst, einen Klagegottesdienst. Er wurde öffentlich vor der Kirche auf Bettlaken plakatiert. Katja Havemann: »Es war zwar eine politische Veranstaltung, aber eben auch ein Gottesdienst, also musste das ritualisiert werden. Was machen Frauen, wenn sie Angst vor Krieg und um ihre Kinder haben? Sie klagen. Politische Reden in der Kirche waren untersagt, aber Klagen waren möglich. Die Gemeinde wurde aufgefordert, ihre Sorgen und Klagen am Altar abzuladen. Da gingen Frauen nach vorn und sagten, was sie stört und was sie nicht ertragen können. Es war hochpolitisch, die Kirche war voll.«

Für eine andere Aktion wechselten sie in die Friedrichshainer Samariterkirche. Fasten für den Frieden, 1983. Eine größere Gruppe fand sich zusammen, darunter viele junge Leute. Jeden Abend öffneten sie die Kirchentüren und luden Menschen zum Gespräch ein, oft gab es auch ein kleines Programm. Die West-Berliner Radio- und Fernsehsender berichteten. Rundherum zogen Polizei und Stasi auf. Der Strom der Gäste riss dennoch nicht ab.

Katja Havemann fühlte sich in der Frauengruppe wohl. »Es gab viele Talente und gute Ideen. Unsere Aktionen und Veranstaltungen waren sehr lebendig und originell. Allerdings bin ich Selbstfindungsdebatten aus dem Weg gegangen, schon weil mir klar war, dass in einer so großen Gruppe auch Spitzel sind. Meine Erfahrungen aus der Zeit mit Robert konnte ich eigentlich nur mit Bärbel teilen.«

Bärbel Bohley: »Durch Roberts Tod verlor der Name Havemann nicht an Bedeutung, auch wenn Katja ihn nicht ständig als Vorbild hinstellte. Viele von uns Frauen kannten Robert nicht, und wir propagierten den Namen auch nicht unbedingt. Katja verschenkte hin und wieder mal ein Buch, das war schon alles. Für Katja sowieso, aber auch für mich blieb Robert für lange Zeit noch unheimlich lebendig. Wir hatten einfach niemanden, der diese politischen Erfahrungen an uns weitergeben konnte. Ich habe ihn noch persönlich gekannt, darum war ich ihm näher. In der Frauengruppe war ich immer die älteste. Oft fragte ich mich: Was würde er mir jetzt raten, was würde er jetzt tun?«

Anfangs waren die Erfahrungen, die die beiden den anderen in der Gruppe voraus hatten, ein Problem gewesen. Katja Havemann fand es selbstverständlich, dass sie, wenn eine Aktion der »Frauen« abgeschlossen war, davon am Telefon Jürgen Fuchs berichtete. Eines Tages sagte Fuchs: »Ach weißt du Katja, schreib mir das alles doch mal in einem Brief, ich verstehe dich so schlecht am Telefon.« Ihr war gleich klar, worauf er hinauswollte.

Ihr Text gegen die Militarisierung der DDR-Gesellschaft und über »Frauen für den Frieden« erschien unter dem Titel »In den Schulen üben sie Krieg« im »Stern«.[205] »Die Frauengruppe war beleidigt. Ich bemerkte an dieser Reaktion, dass den anderen ein Artikel im Westen noch zu weit ging, ich selbst hatte da natürlich keine Zweifel. Im Laufe der Zeit erledigten sich ihre Vorbehalte von allein.«

Da die Initiative »Frauen für den Frieden« neuartig war, erregte sie im Westen bald lebhaftes Interesse jenseits der bisher an der DDR-Opposition interessierten Kreise der Linken und der antikommunistischen gemäßigten Rechten. Grünen-Politiker aus Bonn suchten den Kontakt zu der Gruppe, im Gefolge Petra Kellys und Gert Bastians. Petra Kelly engagierte sich besonders, die Initiative bekannter zu machen und

---

205 »Stern« Nr. 2/1983 (6. Januar)

ihre Anliegen und Inhalte in den Westen zu transportieren. In West-Berlin, Kopenhagen und Wien fanden internationale Friedenskongresse statt, zu denen die »Frauen« dank Kelly Einladungen erhielten, obwohl keine von ihnen reisen durfte. Petra Kelly sprach auf den Konferenzen über die Gruppe. Sie stieß damit bei ihren eigenen Leuten auf viel Unverständnis. Sie aber war überzeugt, dass es richtig war, mit den »Frauen« zu arbeiten, und hatte großes Verständnis für Ostangelegenheiten. Sie sagte, sie brauche es, in Ost-Berlin zu sein und die Perspektive der Friedensgruppe kennen zu lernen. Katja Havemann: »Wir konnten das kaum fassen, weil sie doch eigentlich genug weltläufige Verbindungen hatte, aber sie meinte es ernst.«

1983 brachte die Gruppe unter dem Motto »Frauen für den Frieden« fünfhundert Menschen aus der ganzen DDR zu einer Tagung in einer Berliner Kirche zusammen, eine weitere folgte 1984 in Halle. Im März 1985 stellte die Stasi nach einem von 107 Frauen besuchten »Frauenfriedensseminar« im Berliner Stephanus-Stift fest, dass nun eine neue Qualität oppositioneller Gruppenbildung und DDR-weiter Vernetzung erreicht sei.

Die neuen Aktivitäten brachten wieder Leben nach Grünheide. Das Grundstück in der Burgwallstraße 4 war einer von immer mehr Treffpunkten für die wachsende junge Opposition. Katja Havemann: »Wir trafen uns oft und gern, die Gruppe knüpfte Verbindungen, viele brachten ihre Familie mit. Es war bald mehr Leben hier als zu Roberts Lebzeiten. Er hätte das sehr genossen. Im Sommer bekamen wir oft Lust zum Feiern. Da gab es einen jungen Mann, der war Koch beim Sprachenkonvikt, einer kirchlichen Ausbildungsstätte. Er kam nach Grünheide und kochte in einem riesigen Kessel über offenem Feuer Gulaschsuppe für uns alle. Andere Treffen dauerten ein ganzes Wochenende mit Übernachtung, und es wurde ernsthaft und heftig debattiert.«

Die Stasi stellte fest, »dass die bedeutendsten Aktivitäten politischer Untergrundtätigkeit und die entsprechenden Verbindungen zu Feinden im Operationsgebiet von einer überschaubaren Anzahl, vorwiegend im Raum Berlin konzentrierter Personen ausgehen«, und listete 22 »personelle Schwerpunkte« auf, darunter Katja Havemann, Bärbel Bohley, Gerd Poppe und elf weitere gelegentliche Besucher in Grünheide.[206]

Stasi gegen den Frieden

Katja Havemann hatte wenige Wochen vor der Verhaftung von Bärbel Bohley und Ulrike Poppe – die beiden hatten zu einer neuseeländischen Vertreterin der internationalen Friedensbewegung END (European Nuclear Disarmament) Verbindung aufgenommen* – prognostiziert, dass die Friedensarbeit nun gefährlicher werde. Der Bundestag hatte dem Nato-Nachrüstungsbeschluss zugestimmt und damit den Krefelder Friedensappell untergraben. Die Hemmungen, gegen freie Friedensgruppen vorzugehen, waren nun geringer als zu der Zeit, als die DDR die Bewegung aus taktischen Erwägungen duldete, weil sie auch gegen die Nato-Nachrüstung eintrat.

An dem Montag nach dem Besuch der in Großbritannien lebenden Neuseeländerin Barbara Einhorn ging Ulrike Poppe mit ihren Kindern zum Arzt. »Als wir aus der Klinik kamen, umringten uns mehrere Stasileute. Ich weigerte mich, deren Aufforderung Folge zu leisten und ins Auto zu steigen. Ich bestand darauf, meine Kinder nach Hause zu bringen. So konnte ich noch einmal mit meinem Mann reden, und es gelang mir sogar, mein Adressbuch zu verstecken, indem ich es in Windeln wickelte und mitten auf den Tisch legte.«

---

206 Hauptabteilung XX: Vorschläge zur weiteren politischen, ideologischen und operativen Bekämpfung politischer Untergrundtätigkeit. Berlin, 20. 8. 1987.

* Außerdem wurden Irena Kukutz und Jutta Seidel festgenommen, jedoch nicht inhaftiert, sondern nach einigen Stunden und Haussuchungen freigelassen.

Sie hatten bereits vieles, was der Stasi nicht in die Hände fallen sollte, aus der Wohnung geschafft. Dennoch füllten die Stasileute zehn Säcke mit potenziellem Beweismaterial, blaue Plastik-Müllsäcke aus dem Westen, die der normale DDR-Bürger nicht kannte.

Gerd Poppe notierte alles, was die Stasileute in die Säcke steckten. Sie blätterten jedes Buch durch. Auch einen Blindband, dem Titel nach Lyrik, in den Poppes ihre West-Adressen geschrieben hatten. »Ich erinnere mich noch, wie später mein Vernehmer mit dieser Trophäe im Vernehmungszimmer herumtanzte.«

Bärbel Bohley war schon Tage vor der Festnahme auf die Verfolger aufmerksam geworden, die sie rund um die Uhr überwachten. Sie verfasste sogar zur Sicherheit eine Erklärung, in der sie die Festnahme vorwegnahm – für den Fall, dass. Der trat an diesem Montag im Spätherbst 1983 ein. Auf dem Weg von ihrer Wohnung am Zionskirchplatz zum Atelier in der Fehrbelliner Straße wurde sie wieder beschattet, doch diesmal folgten ihr die Bewacher ins Atelier. Sie wurde festgenommen und ins Stasi-Untersuchungsgefängnis in Hohenschönhausen gebracht.

Sie widersetzte sich der gynäkologischen Untersuchung zu Haftbeginn und weigerte sich, zur Durchsuchung alle Kleidung abzulegen. Sie wehrte ab, was sie als Übergriff auf ihre Persönlichkeit empfand. Unvermeidlich war die Demütigung, einem sehr gepflegten, in Anzüge aus dem Exquisit-Laden gekleideten Vernehmer in der üblichen Häftlingskluft, Trainingsanzug und Filzpantoffeln, gegenüberzusitzen. Um sie zu Aussagen zu drängen, drohte er ihr mit der Höchststrafe, zwölf Jahre Haft. »Ich sagte: ›Na und, ich komme hier raus, Sie aber kommen hier nie raus.‹ Man sah, wie das in ihm brodelte. Ich war trotz allem freier als er.«

Auch Ulrike Poppe wurde in Hohenschönhausen eingesperrt, und das Übliche begann: 24 Stunden Vernehmung, zwischendurch konnte sie zweieinhalb Stunden lang schlafen;

der Haftrichter kam, um ihr den Haftbeschluss mitzuteilen. »Zunächst war ich davon überzeugt, morgen lassen sie mich wieder frei, übermorgen. Ich verglich meine Situation mit den Erfahrungen anderer: Lutz Rathenow haben sie nach wenigen Tagen frei gelassen, den und den nach einer Woche, und ich war überzeugt, länger werden sie mich auch nicht eingesperrt halten.«

Erst als die fünfte Woche anbrach, gestand Ulrike Poppe sich ein, dass die Haft länger dauern und dass es einen Prozess geben könne. »Fast jeden Tag wurde ich acht Stunden lang vernommen.«

Sie wusste, was man von ihr erwartete. Sie wollte sich aber aus ihrem Land nicht hinausdrängen lassen. »Ich war entschlossen, wenigstens den Prozess abzuwarten.« Wenn es wirklich ein Urteil geben sollte, wollte sie erst nach der Verlegung in den Strafvollzug den Ausreiseantrag stellen.

Gerd Poppe kam zu Besuch, der Vernehmer war dabei. »Ich war ausgeruht, und Gerd zitterte am ganzen Körper. Sie hatten unseren Kinderladen[207] geschlossen, der vorübergehend in unserer Wohnung weitergeführt wurde. Dauernd klingelten Journalisten an. Für meinen Mann war das ein entsetzlicher Stress, und es war sicher auch für die Kinder eine schlimme Zeit.«

Ulrike Poppe litt sehr unter der Trennung von den Kindern; sie durfte nicht einmal ein Foto von ihnen in der Zelle haben. »Ansonsten war die Haft weniger schlimm als erwartet.« Sie widersetzte sich, aber nichts geschah. Wenn die Zellentür geöffnet wurde, mussten die Häftlinge vom Bett aufspringen, strammstehen und Meldung machen: Zelle mit soundso vielen belegt … Sie weigerte sich. »Uns durften die Wärter offenbar nicht schlagen. Einmal hörte ich, wie zwei Posten sich auf dem Gang darüber beschwerten: ›Die kann sich alles erlauben, wo gibt's denn so was!‹ Die kleinen Ver-

---

207 Er war 1980 von Poppes und anderen als erster freier und unabhängiger (und wohl einziger kriegsspielzeugfreier) Kindergarten in der DDR gegründet worden.

weigerungen halfen mir, mein Selbstbewusstsein zu erhalten.«

Der Winter war eisig. Ulrike Poppe hatte eine Stunde Hofgang täglich im so genannten Tigerkäfig, einem offenen Maschendrahtverhau, in dem sie einsam ihre Runde drehen durfte. »Da ich keine Handschuhe hatte, steckte ich meine Hände in die Taschen. Das durfte man nicht. Der Posten brüllte: ›Nehmse die Hände ausn Taschen!‹ Ich nahm sie nicht aus den Taschen. Es gab keine Sanktionen.«

Ulrike Poppe war überzeugt davon, dass ihr Fall öffentlich gemacht worden sei. »Als mein Mann kam, informierte er mich über die Solidaritätsaktionen. Das stabilisierte mich.« Sie fürchtete nicht, dass die Haft viel länger dauern werde. Die Haftbedingungen waren in dieser Zeit auch nicht mehr so schlimm wie noch Anfang der Siebzigerjahre. »Ich hatte warmes Wasser in der Zelle und wurde ausreichend ernährt. Als das öffentliche Interesse an uns Anfang 1984 zurückging, lancierten Freunde eine Hungerstreik-Meldung. Davon erfuhren wir erst nach der Haft. Wir ärgerten uns über die Falschmeldung, auch wenn sie gut gemeint war; so etwas sollte als letztes Mittel vorbehalten bleiben, wenn es wirklich ernst wird.« Auch in der Haft wurde die Meldung spürbar: »Mein Vernehmer fragte eines Tages, wie denn das Essen sei. Ich sagte, schlecht sei es nicht, es fehle nur an Milchprodukten. Ein wenig Käse wäre gut. Am nächsten Tag kam der Essenverteiler mit einem reichhaltigen Angebot: ›Welche Sorte Käse wollen Sie, wie wäre es mit ein wenig Quark …?‹ Es war schon sehr eigenartig.«

Bärbel Bohley bestand auf Einzelhaft. Sie ahnte, dass Gesellschaft in der Zelle der Zermürbung dienen sollte oder dazu, sie auszuhorchen. Zu Weihnachten nutzte die Stasi aus, dass es zum Fest besonders schwer für sie war, ohne ihren 13-jährigen Sohn Anselm sein zu müssen. Man bat sie, sich um eine angeblich selbstmordgefährdete junge Frau, deren Schreie auf dem Gang zu hören waren, zu kümmern, und wollte sie in ihre Zelle verlegen. »Man bot mir sogar eine Flasche Wein an und appellierte an meine Verantwortung, die ich für das Mädchen hätte. Schweren Herzens, mit schlechtem Gewissen, verweigerte ich mich, denn ich wusste nicht, ob dies eine Provokation war. ›Wenn Sie dem Mädchen helfen wollen, lassen Sie es frei‹, sagte ich.«

Gezwungen, die Gesellschaft in Kauf zu nehmen, wurde Bärbel Bohley nicht. Sie blieb auch von den sonst üblichen Durchsuchungen verschont. Wie Ulrike Poppe ließ man sie zwar im Unklaren, wie lange die Haft dauern werde, was gegen rechtsstaatliche Regeln verstieß. Wie Ulrike Poppe meint aber auch Bärbel Bohley, dass sie, DDR-unüblich, insgesamt formal korrekt, gewissermaßen nach den Vorgaben der Schlussakte von Helsinki behandelt wurde.

Bärbel Bohleys Verteidiger, Wolfgang Schnur, bedrängte seine Mandantin sehr, auszureisen. Der Kirchenanwalt, der die »Sprecher« stets mit einem Gebet begann – Bohley: »Das war mir peinlich, da saß ja immer Wachpersonal dabei« –, insistierte: Die Ausreise wäre besser für sie und ihren Sohn. Er könne helfen und ihr Kontakte im Westen verschaffen. Sie weigerte sich.

Was die Stasi zu erreichen hoffte, hielten auch die Angehörigen der Frauen für wahrscheinlich. Dass Ulrike Poppe den Antrag stellen und die ganze Familie zur Ausreise zwingen würde, fürchtete Gerd Poppe sogar noch, nachdem sie versucht hatte, ihn zu bestärken – ein Missverständnis. »Ich hatte in einem Brief angedeutet, dass wir über neue Lebenspläne im anderen Teil Deutschlands reden sollten. Aber ich hatte geschrieben: Doch nicht, solange ich in Haft bin. Entscheiden können wir das erst, wenn ich wieder frei bin. Ich wollte denjenigen, die den Brief kontrollieren, klarmachen, dass ich nicht aus der Haft heraus ausreisen würde. Die sollten nicht glauben, sie könnten mich einfach in den Westen loswerden.«

Ulrike Poppes Anwalt, der mittlerweile als Strafverteidiger der Opposition gut eingeführte Gregor Gysi, beantragte Haftverschonung – vergebens.

Zu Gysi war sie über die simple Entscheidung »Gysi oder Schnur« gekommen. »Es kamen nur die beiden in Betracht. Zu Schnur hatte ich nicht viel Vertrauen, ich hielt ihn für keinen guten Anwalt, ohne ihn schon in Stasiverdacht zu haben. Ich kannte ihn und zweifelte an seiner Kompetenz. Von Gysi wusste ich zwar, dass er Parteimitglied war, ich hatte aber den Eindruck, dass er einen großen anwaltlichen Ehrgeiz hatte und die Möglichkeiten, die die Strafprozessordnung hergab, auszuschöpfen verstand. Ich konnte von ihm natürlich nicht erwarten, dass er politisch auf meiner Seite stand, und hätte ihn daher nie ins Vertrauen gezogen.«

Ulrike Poppe hatte ihn schon früher kennen gelernt. Poppes hatten den Anwalt engagiert, als über die beiden eine Ordnungsstrafe verhängt wurde, zu zahlen für eine untersagte und auch abgesagte Lesung in ihrer Wohnung, zu der sich dennoch Menschen versammelten, denen nicht rechtzeitig hatte abgesagt werden können. »Nach angemessener Zeit erhielt Gysi ein Schreiben, dass nach Prüfung der Beschwerde befunden wurde, die Ordnungsstrafe sei zu Recht verhängt worden. Poppovs Gehalt wurde gepfändet.«

Nach Ulrike Poppes Erinnerung schien Gysi Erwartungen an die Justiz kritisch zu sehen: »Es gehe hier doch nicht um Recht, sondern ausschließlich um Macht. Das waren ziemlich klare Worte.«

Am 24. Januar 1984, nach sechs Wochen Haft, wurden die beiden Frauen entlassen, ohne Prozess, ohne Ausreiseantrag. Bärbel Bohley: »Darauf, dass wir uns zur Ausreise nicht drängen ließen, waren sie nicht vorbereitet gewesen. Ich glaube, wir wurden als Erste überhaupt nach einer solchen Verhaftung und den internationalen Reaktionen wieder auf Dauer in die DDR entlassen.«

Ulrike Poppe ahnte an diesem Wintermorgen nicht, dass sie freikommen werde. Sie wurde nicht zum Verhör geholt, das wunderte sie. Zu einer ungewöhnlichen Zeit führte man sie in ein Vernehmerzimmer, und Staatsanwältin Eleonore Heyer teilte mit, dass sie entlassen werden solle. »Ich begriff es nicht. Sie sagte: Sie sind frei, sie können jetzt nach Hause gefahren werden. Das dauerte, bis ich das begriff.«

»Die Staatsanwältin wies mich mit großem Nachdruck darauf hin, dass ich in Zukunft Ruhe zu geben hätte«, erinnert sich Bärbel Bohley. »Das beeindruckte mich nicht sehr. Ich hatte keine Angst gehabt, weil ich mir dachte, dass es draußen viel Solidarität für uns gebe, auch internationale.«

Kurz nach dem Gespräch mit Heyer wurde Ulrike Poppe zu Hause abgesetzt, mit einigen Kisten beschlagnahmter Sachen, die die Stasi zurückgab. »Mein Mann wusste schon Bescheid, die Kinder waren da, auch einige Freunde. Sechs Wochen sind nicht viel, aber sie reichen, um zunächst von den Sinneswahrnehmungen außerhalb der grauen Zelle überwältigt zu sein. Die Kinder fremdelten etwas, aber nicht lange.«

Hunderte von Briefen waren zur Unterstützung der beiden Frauen geschrieben worden, nach und nach bekamen sie auch die zahlreichen Artikel in der Weltpresse zu lesen. Ulrike Poppe: »Von den vielen Briefen, die außerdem an die Staatsanwaltschaft gegangen waren, erfuhr ich erst aus den Akten. Menschen aus nahen und ferneren Freundeskreisen hatten sich solidarisch gezeigt, aus vielen Frauen- und Friedensgruppen der DDR. Auch viele Menschen aus dem Westen hatten geschrieben, am meisten aus den Niederlanden, wo offenbar eine Zeitung einen Aufruf veröffentlicht hatte. Am Checkpoint Charlie hatten West-Berliner Frauen eine große Solidaritätsaktion veranstaltet.«

Auch die Friedensgruppe European Nuclear Disarmament hatte Protestschreiben organisiert und Medien mobilisiert.

Roland Jahn, als abgeschobener DDR-Oppositioneller mit Hafterfahrung einer der wichtigsten Verbindungsleute im Westen, war mit einem ZDF-Team nach Paris gefahren, wo Hermann Kant eine Rede zur Eröffnung eines DDR-Kulturzentrums hielt, und hatte dem DDR-Schriftstellerverbandschef die Frage gestellt, was er denn dazu sage, dass zwei

»Frauen für den Frieden« unter Honecker im Gefängnis sitzen. Die DDR-freundlichen, linken Pariser Germanisten, die Kant eingeladen hatten, waren wenig erfreut. Noch eine Peinlichkeit für die DDR-Führung, hochwirksam zur Hauptsendezeit.

Ulrike Poppe und Bärbel Bohley fühlten sich bestärkt darin, mit viel Öffentlichkeit viel bewirken zu können, weil die Staatsmacht Angst vor Imageschaden hatte. Sie fanden nicht genau heraus, was den Ausschlag gegeben hatte für die Freilassung aus dem Gefängnis. Wichtig war wahrscheinlich, dass Petra Kelly Willy Brandt, Olof Palme und den französischen Außenminister aufgefordert hatte, zu intervenieren, was alle drei taten. Das konnte Honecker nicht ignorieren, zumal eine KSZE-Folgekonferenz anstand.

Doch trotzige Bürger im Schatten der berühmteren Oppositionellen wurden weiter inhaftiert und drangsaliert und konnten nicht mit Milde rechnen.

Weil es der Stasi darum ging, sie zu beschäftigen, damit sie nicht ihren oppositionellen Aktivitäten nachgehen konnte, musste das Museum für Deutsche Geschichte Ulrike Poppe nach der Haft weiter beschäftigen.

Allerdings war ihre Abteilung während ihrer Abwesenheit aufgefordert worden, sich von ihr zu distanzieren. »Aber nicht alle Kollegen waren dazu bereit. Sogar unter den SED-Mitgliedern in unserer Abteilung gab es einen, der sich weigerte. Wir hatten uns immer gut verstanden, nur politisch waren wir oft unterschiedlicher Meinung. Er war in einem SED-Elternhaus groß geworden und glaubte an die ›gute Sache‹. Er sagte in der Aussprache, dass es an Informationen fehle, was Frau Poppe eigentlich gemacht habe, also könne er sich nicht distanzieren. Bevor die Schuld gerichtlich erwiesen sei, könne man die Kollegin nicht vorverurteilen. Das war eine mutige Haltung. Ihm drohte ein Parteiverfahren, dem er durch Austritt zuvorkam. Die Partei war für ihn so etwas wie eine Heimat, das war bitter für ihn. Er flog auch aus der Betriebsgewerkschaftsgruppe, und wie ich durfte er sein

Fernstudium der Museologie nicht fortsetzen und blieb ohne Ausbildung. Das hat er alles in Kauf genommen dafür, an der richtigen Stelle ›Nein‹ zu sagen.«

Die Belegschaft des Museums war über den Fall Poppe gespalten. Die Kaderleiterin nannte sie ein »Krebsgeschwür«. Andere nahmen sie nach der Haft demonstrativ herzlich wieder auf, mit Blumen und Geschenken. »Der Pförtner nahm mich einmal beiseite: ›Ich kann mich nicht an dem beteiligen, was Sie machen, ich habe Familie und zu viel Angst. Aber hier sind 50 Mark, ich möchte Sie unterstützen.‹«

Bärbel Bohley war bereits vor der Haft in ihrem Verband in Ungnade gefallen, sie musste sich also ohne Aufträge und Ausstellungen als Künstlerin durchschlagen. Sie empfand als nachhaltigste Folge der Haft, »dass die in den sechs Wochen fertig gebracht hatten, die Frauengruppe zu zerrütten. Viele Mitglieder waren zu Einzelgesprächen in die Kirchenleitung geladen und massivem Druck ausgesetzt worden, sich ›unter das Dach der Kirche zu begeben‹.«

Die Frauengruppe blieb für Katja Havemann, Bärbel Bohley, Irena Kukutz, Poppes und andere jedoch ohnehin nicht die einzige Plattform. Es gab immer mehr Umwelt- und Friedensgruppen in der DDR, die miteinander verbunden waren und gemeinsame Aktionen machten. Jeder kannte jeden. Eine Zeit lang wurde mit Petra Kelly sogar die Gründung einer Grünen-Partei diskutiert, doch schien die Zeit nicht reif, und die Szene war zu zerstritten. Auch um sich von der Kirche unabhängig zu organisieren, bildeten sie Ende 1985 die »Initiative für Frieden und Menschenrechte«. Ulrike Poppe: »Wir wurden langsam mehr, und wir wurden auch radikaler.«

Die »Initiative« gründete den Samisdat »Grenzfall«, ein monatlich erscheinendes Blatt mit kommentierenden journalistischen Texten und unterdrückter Literatur aus Osteuropa und der DDR.

Die Verbindung der Schwerpunkte »Frieden und Menschenrechte« war angesichts der polnischen und tschechischen Gruppierungen, die sich schon in den Siebzigerjahren gebildet hatten, naheliegend und zugleich neu für die DDR. Sie erleichterte der Gruppe Kontakte zu Menschenrechtsgruppen in Ost- und Westeuropa. Ulrike Poppe: »Wir betonten die gegenseitige Bedingtheit von Frieden und Menschenrechten. Damit widersprachen wir der Meinung, dass die Friedensfrage Priorität habe.« Dies vertraten viele Linke im Westen und auch Vertreter der DDR-Staatsführung als pragmatische Linie im Zuge der Entspannungspolitik.

Mit Oppositionellen aus osteuropäischen Ländern gelangen auch abgestimmte gemeinsame Aktionen. Zum Gedenken an den Aufstand in Ungarn 1956 wurde mit osteuropäischen Dissidentengruppen ein offener Brief verfasst, der sich mit der Perspektive eines vereinigten, freien, pluralistischen Europas auseinandersetzte und in westlichen Zeitungen sowie im Samisdat »Grenzfall« veröffentlicht wurde. Ulrike Poppe: »Der wurde heftig debattiert. Die der Christlichen Friedenskonferenz nahestehende Zeitschrift ›Weißenseer Blätter‹ veröffentlichte einen Artikel, der die Unterzeichner des Aufrufs in die Nähe von Pfeilkreuzlern und Schwarzhemden stellte. Die Diffamierten erstatteten Anzeige wegen Verleumdung, die der Staatsanwalt unter Hinweis auf die Pressefreiheit in der DDR abwies.« Die »Weißenseer Blätter« waren als weitgehend von »Stasiknechten in der Kirche« gestaltete Zeitschrift verschrien. Wenn dort in solchem Ton Namen genannt wurden, bedeutete das Gefahr.

Eines Tages suchte jemand den Kontakt zur Initiative, der in der Szene als sehr guter Redner bekannt war und außerdem als künstlerisch vielfach begabt und gebildet galt: Ibrahim Böhme.

In der Küche des Ehepaars Grimm, Peter Grimm war der Redakteur des »Grenzfall«, begegnete Katja Havemann Böhme zum ersten Mal. Die Grimms lebten wie viele in Prenzlauer Berg damals unter sehr beengten Bedingungen. Man war froh, als junges Paar mit Kind überhaupt eine Wohnung zu haben. Die Küche war ein schmaler Schlauch, der mit selbstgemischter Farbe ein wenig wohnlicher gestaltet worden war. Katja Havemann: »In diese Küche kam ich mal, und da steht ein Typ in der Küche, der so etwas wie einen Kratzfuß machte, mir die Hand küsste und sich als Ibrahim Böhme vorstellte. Er ließ eine theatralische Eloge los, wie interessant und wichtig Robert für ihn gewesen sei. Bärbel und ich waren uns einig, dass er ein undurchsichtiger Kerl war, so überschwänglich und aufdringlich. Ich wundere mich heute noch darüber, dass sich zuvor und auch weiterhin alle sehr einig waren, wie toll Ibrahim Böhme sei. Und Schlag bei den Frauen hatte er. Nicht wenige wurden ganz schwach bei ihm.«

Böhme etablierte sich in der »Initiative« und pflegte sehr weitläufige Kontakte in der Opposition, in der ihm viele vertrauten. Er gehörte 1989 zu den Gründern des SPD-Gegenstücks SDP. Er war deren Vorsitzender, genoss Ansehen und Popularität auch in der Bundesrepublik, als er unmittelbar vor der letzten Wahl in der DDR als langjähriger Stasi-Mitarbeiter enttarnt wurde. Der Mann mit der illustren Oppositionellen-Biografie zählte zu den vielen Inoffiziellen Mitarbeitern, mit denen die Bürgerbewegung »zersetzt« worden war; noch sechs Wochen vor dem Mauerfall hatte er der Stasi Bericht erstattet.

Zersetzung

Wer nicht zur Ausreise bewegt werden konnte – etwa wegen seiner Popularität, wie Eppelmann –, wurde von der Stasi auf Schritt und Tritt überwacht. Bei Eppelmanns half ausgerechnet ein besonders auskunftsfreudiger Spitzel, ein enger Freund, die versteckten Mikrofone in der Wohnung der Pfarrersfamilie zu finden. Seinen Führungsoffizieren musste er nachher einiges erklären, wie aus Akten hervorgeht. Die Wanzen klebten im Fuß einer alten Lampe, in einer Steckdose und im Radio. Evi Eppelmann: »Sie konnten alles hören. Das zu erkennen, war schon ein seltsames Gefühl.«

Dies Gefühl wurde Rainer Eppelmann nie ganz los. »Wenn ich mit Leuten redete, ging ich immer davon aus, dass jedes meiner Worte früher oder später bei Honecker auf dem Tisch landet. Ich war mir sicher, dass ich abgehört wurde, und ich sagte nichts, wozu ich in einem Verhör nicht hätte stehen wollen. Alles, was ich machte, sollte absolut transparent sein. Ich erwischte mich dabei, als eine Frau auf meiner Eckbank am Tisch saß und ein Glas Marmelade, die sie extra für mich gemacht hatte, da hin stellte und sagte, sie brauche Hilfe und wolle mit mir reden, dass ich mich auf einmal fragte: Ist sie hier, weil sie tatsächlich Hilfe braucht, oder ist sie geschickt worden? Ich war geschockt von meinen eigenen Gedanken: Wenn ich als Pfarrer bei jedem, der zu mir kommt, erst einmal denke, er könnte ein von Mielke Geschickter sein, dann kann ich nicht mehr als Seelsorger arbeiten. Ich sagte mir: Gut, das Risiko gehe ich ein – solange ich nicht vom Gegenteil überzeugt werde, gehe ich bei jedem davon aus, dass er es tatsächlich so meint, wie er es sagt. Die Frau war, wie sich später herausstellte, tatsächlich eine Geschickte.«

In den meisten Fällen schaffte er es, Vertrauen zu haben. Was hätte er auch machen sollen? Den Friedenskreis schließen? »Das wäre gar nicht möglich gewesen.«

Als Bärbel Bohley und Ulrike Poppe in Haft waren, setzte die Stasi Eppelmanns unter Druck. Evi Eppelmann: »Rainer sollte eingesperrt werden, es sei denn, wir wären zur Ausreise bereit. Rainer und ich wurden zu dieser Mitteilung ins Konsistorium gebeten. Man sagte uns, es gebe eine Warnung, die Bedingung sei die Ausreise, und von Seiten der Kirche wurde uns mitgeteilt, dass die Sperre, die für ausgereiste Pfarrer galt, nicht gelten werde, Rainer könne sicher sein, im Westen eine Stelle zu bekommen. Wir hatten Bedenkzeit. Abends gingen wir dann zu Propst Winter und teilten unseren Entschluss mit: Wir wollten bleiben. Da kam Wolfgang Schnur und sagte, diesmal sei es ernst. Ich solle mir es noch einmal überlegen, denn ich müsse bestimmt mit zehn Jahren Haft rechnen.« Eine Woche lang hielten Schnurs Worte Eppelmanns in Angst. Zehn Jahre sind eine lange Zeit. An einem

Montag rief Stolpe an und teilte mit, dass Bohley und Poppe frei seien und Eppelmanns unbehelligt in der DDR bleiben könnten. »Das war eine ganz furchtbare Zeit. Später verloren wir immer mehr die Furcht. Wir fühlten uns als die Sieger.«

Es gab anonyme Briefe, Verleumdungen, Gerüchte über Geschlechtskrankheiten. Die Briefe waren von einem Stasioffizier geschrieben worden, wie sich später herausstellte. Evi Eppelmann und die Küsterin gingen zur Kripo, da hatte der Spuk ein Ende.

Sibylla Ponizil und Johanna Görke beantragten schließlich die Ausreise. Ungeachtet der Probleme, die der Berliner Appell ihnen eingetragen hatte, empfanden sie ihr Leben in der DDR – oder besser auf ihrem Grundstück in Woltersdorf – bis dahin als Idyll. Auch die Freundschaft mit Havemanns hatte bislang keine existenzgefährdenden Folgen für sie gehabt, obwohl alle gegenseitigen Besuche registriert worden waren.

Johanna Görke war aber schon mit der Enge des Kunstbetriebs in der DDR in Konflikt geraten. Sie hatte in der Städtischen Galerie im Rathaus von Fürstenwalde eine große Ausstellung gehabt, zusammen mit Erika Stürmer-Alex. Es gab eine feierliche Eröffnung und ein »Kunstgespräch«. »Wir wurden provoziert, wurde mir nachher klar. Es waren vielleicht bestellte Leute. So was war mir zuvor nie vorgekommen. Jedenfalls nicht in meiner Arbeit. Privat schon eher. Meine Eltern waren aktiv im Widerstand gegen die Nazis gewesen und standen auch wegen ihrer jüdischen Vorfahren verschärft unter Druck.« Wie sie ihr Geld verdienten, da sie doch von der Arbeiterklasse bezahlt würden, und was sie dafür tun, wollten die Versammelten wissen. »Angriffslustig stellte man uns Fragen. Wie denn der Achtstundentag eines Malers aussehe, ob man, wie Werktätige, auch früh im Atelier stehe. Die Fragen waren im Grunde gar nicht zu beantworten. Wer konnte schon die Leistung eines Künstlers mit der Stechuhr messen?«

Johanna Görke und Erika Stürmer-Alex malten nicht ganz so, wie es in der DDR gewollt war. Es gab freie, abstrakte und expressive Elemente in ihrer Kunst, die assoziativ gedeutet werden konnten, was den Kunstwächtern nicht lieb war. Seit den Fünfzigerjahren, als der »Sozialistische Realismus« vorgeschrieben wurde, waren den Künstlern zwar mehr Freiheiten zugestanden worden, doch herrschte kunstpolitisch noch immer eine Auffassung von Kunst vor, nach der jedes künstlerische Produkt konkretes Abbild gesellschaftlicher Wirklichkeit oder Zukunft zu sein hatte. Es war nicht die Aufgabe der Kunst, Fragen zu stellen, Deutungsmöglichkeiten offen zu lassen oder sich gar der Deutung zu entziehen.

Aus der DDR-spezifischen Spannung zwischen den Realitätsebenen ließ sich auch Inspiration ziehen. Die jungen Künstler suchten in dieser Zeit besondere Orte für Ausstellungen und zum Leben, sie wollten möglichst viele Dinge gemeinsam tun. Staat und Partei verfolgten mit Eifersucht und Misstrauen, dass die Menschen ohne Genehmigungen und außerhalb der Verbände und Massenorganisationen in größeren und kleineren Gruppen Kunst machten. Die Stasi fürchtete auch diese »Gruppenbildung« als potenzielle Opposition.

Johanna Görke und Erika Stürmer-Alex genossen besondere Aufmerksamkeit. Man streute das Wort von der »Havemann-Fraktion«, das eines Tages auch Johanna Görke zu Ohren kam.

Offenen Ärger im Verband gab es aber zunächst nicht. Johanna Görke: »Politik stand für mich nicht an erster Stelle, ich lebte vor allem für meine künstlerische Arbeit, und in meiner Freizeit fuhr ich ab und zu nach Grünheide.«

Selbst offizielle Veranstaltungen des Künstlerverbandes stießen gelegentlich an die Grenzen der Politik. Etwa 1980 ein Pleinair auf einem Hof in Güstebieserlose. Die Künstler hatten freie Hand. Sie machten Holzplastiken, bauten ein Fahrrad um, verwendeten Teile von Ackermaschinen. Bizarr standen ihre Skulpturen in der Oderbruch-Landschaft. Die

Bauern waren erst skeptisch, dann begeistert. Sie baten die Künstler, einen Kinderspielplatz im Ort zu gestalten, und wollten auch Material dafür besorgen. Und ein Wandbild für ihre Gaststätte wollten sie haben.

Die Künstler ahnten nicht, dass ihre Zusammenkunft als feindlich eingestuft wurde: Das Pleinair fand nahe der polnischen Grenze statt, und in Polen herrschte Unruhe wegen Solidarność.

In den Aktennotizen einer Verbandssitzung erweist sich eine eher naive Idee als besonders bedrohlich für die Staatsmacht: Luftballons mit Friedensbotschaften steigen zu lassen. Die Idee wurde verworfen. Die Stasi war in heller Panik, dass auf die Zettel etwas von politischem Belang hätte geschrieben werden können, was nach Polen oder sonstwohin gelangt wäre.

Eine weitere Veranstaltung dieser Art ein Jahr später wurde verhindert.

Eine Verbandsfunktionärin versuchte das Verbot des zweiten Pleinairs in Güstebieserlose gewunden zu erklären. Von den Gefahren des Grenzgebiets, windgetriebenen Botschaften und der polnischen Lage konnte sie schlecht sprechen. Und auch nicht von der Furcht mancher Verbandsvertreter vor neuen Ideen. Sibylla Ponizil: »Das war schizophren. Einerseits sollte gefördert werden, dass die Künstler nicht so abgehoben lebten und etwas fürs Volk taten, andererseits wurde es verboten, weil sich die jungen Künstler vielleicht zu sehr schon miteinander verknüpft hatten und sich künstlerisch zu viele Freiheiten herausnahmen.« Die Funktionärin schlug eine andere Aktion vor: Plattenbau-Fassaden in Frankfurt (Oder) zu bemalen. »Ich fragte, wie es denn mit Material dafür aussehe. Darüber war überhaupt noch nicht nachgedacht worden. Der Vorschlag war reine Ablenkung. Absurd. Niemand meldete sich.«

Seit Johanna Görkes Festnahme war ihr Telefon auf Dauer gestört. Sie stand unter Beobachtung. »Zum 82. Geburtstag meines Vaters versuchte man dann, mich zur Zusammenarbeit zu bewegen. Ich hatte den Antrag gestellt, ihn in West-Berlin zu besuchen. Es dauerte und dauerte. Ich sollte endlich den Antrag abholen, wartete stundenlang und musste doch wieder gehen, weil sich irgendwas verzögert hatte. Am Tag des Geburtstags selbst sagte man mir dann am Telefon: ›Wir helfen Ihnen natürlich, wenn Sie auch uns helfen.‹ Ich sagte: ›Ich habe es satt. Ich möchte gar nichts mehr von Ihnen hören‹, und knallte den Hörer auf. Von da an war Ruhe, aber das Telefon wurde weiter abgehört. Wenn man auflegte und neu wählen wollte, war die Leitung immer erst mal tot.

Ich konnte nicht zu meinem Vater fahren.«

Eine Ausstellung in Eberswalde machte das Maß voll.

Sibylla Ponizil hatte vom Künstlerverband des Bezirks Frankfurt gemeinsam mit einer Kommilitonin schon während ihres Studiums eine Atelierwohnung und Aufträge in Aussicht gestellt bekommen. »So kam ich nach Eberswalde. Die Wohnung war ein Loch mit Toilette auf dem Hinterhof, ohne Atelier. Eine Wohn- und Arbeitsmöglichkeit mussten wir uns erst mit diplomatischem Geschick organisieren. Eines Tages besuchte uns die Frau des örtlichen Parteisekretärs und bot uns das unter Genossen übliche Du an. Das wollte ich nicht, ich war kein Parteimitglied, und die SED war mir suspekt. Nach einiger Zeit hieß es, wir sollten uns in der Stadt mehr einbringen.«

Für ihr Projekt, in einem klassizistischen Pavillon im Stadtzentrum eine Galerie zu eröffnen, erhielten sie die Zustimmung der Stadtverwaltung. »So entstand durch unsere Initiative die einzige Galerie in der Stadt. Wir leiteten sie selbst.« Das Hängesystem für die Bilder mussten sie eigenhändig aus Glasscheiben und Schnüren entwickeln, brauchbare Bilderrahmen gab es in der DDR nicht zu kaufen. »Zuerst stellten wir eigene Werke aus, dann folgten Ausstellungen von Kollegen. Jedes Mal veranstalteten wir eine Vernissage mit Rede, Musik und Büfett.«

Irgendwann gab es eine Lücke in der Galerieplanung. »Ich

kam auf die Idee, Johanna anzusprechen. Wir achteten und mochten ihre Bilder sehr und dachten, es wäre für Eberswalde eine tolle Ausstellung. Sie sprang ein.«

Schon bei der Eröffnung wurde Johanna Görke auf einige Bilder angesprochen. »Da sei eine Kirche zu sehen, auf die ein Pfeil zeige, dahinter stecke doch eine Botschaft. Ein aufdringlicher Mensch unterstellte mir, dass ich mit meinen Bildern bewusst staatsfeindliche Botschaften vermitteln würde. Meine Erklärung vom freien Spiel mit Form und Farbe und offener Deutung wollte er mir nicht abnehmen.«

Der Kunstsinnige ließ nicht locker. Die Eberswalder Parteileitung erwog, die Ausstellung zu schließen. Der Künstlerverband riet zum Kunstgespräch: Man solle sich mit Johanna Görke auseinander setzen, schließlich sei sie eine gestandene Künstlerin.

»Zu dem Kunstgespräch kamen viele Kollegen zu meiner Unterstützung. Die Bilder waren teils Collagen, teils übermalte Zeitung. Da kamen Fragen wie: Warum ich den Volkswirtschaftsplan auf den Kopf gestellt hätte.«

Angeregt vom Großformat des »Neuen Deutschland«, dessen Spalten und dem Duktus des Layouts, hatte sie freie Formen über diese Strukturen gemalt, Gouachen oder Kreidezeichnungen auf Zeitung. Ihr war bei der Arbeit nicht aufgefallen, dass der Volkswirtschaftsplan verkehrtherum hing. »Oder die Kirche – das wurde irgendwie in eine Verbindung gebracht mit dem Solidarność-Aufstand in Polen, in dem die katholische Kirche eine große Rolle spielte.

Auf dem dritten beanstandeten Bild stand irgendwas von Solidarität im ›ND‹, und an diese Stelle hatte ich einen roten Fleck gemalt.

Es ging sehr heftig zu. Meine Kollegen brachen eine Lanze für mich: Sie beteuerten, dass ich keinen Hintersinn mit den Bildern verfolge. Die durften nach dem Gespräch auch hängen bleiben.

Das Gerücht von der ›Gefährlichkeit‹ einiger Bilder führte dazu, dass sehr viele Besucher kamen und schon am Eingang fragten: Wo sind die drei Bilder, die so gefährlich sind?«

Dass es für einen SED-Funktionär ein Sakrileg war, das Zentralorgan als Malgrund zu nutzen, zu überkleben und zu verfremden, wäre ihr nicht im Traum eingefallen. »Erst die Akten haben mir gezeigt, welches Ausmaß die Aktivitäten gegen uns hatten. Das hätte ich so nicht eingeschätzt. Dass jemand mit Nachschlüsseln in die Wohnung ging und die Schränke durchstöberte und Sachen zur Analyse weiterreichte – etwa harmloses Haarwaschpulver –, Briefe aus dem Papierkorb fischte. Die Stasi hatte weitreichenden Einblick ins Privatleben.«

Sibylla Ponizil: »Es war absurd. Andere kamen in den Knast, weil sie den Antrag gestellt hatten, uns legte man nahe, auszureisen.« 1984 verließen die beiden Malerinnen die DDR.

Zersetzung II

Nach Havemanns Tod werde es eine Zeit der Entspannung geben, nun wachse Gras über die Konfrontation mit der Staatsmacht und sie würden normal leben können, dachte die Pfarrersfamilie Meinel. Das Gegenteil war der Fall. Plötzlich gab es Ärger um den Schaukasten der Gemeinde, obszöne oder auch politische Graffiti, die dem Sohn Thomas Meinel angelastet wurden.

Mit Thomas' Flucht in den Westen fingen die Probleme erst richtig an. Edda Meinel ist überzeugt: »Da wollten sie uns wegen Beihilfe zur Republikflucht belangen.«

Der spätere Fluchthelfer war eines Tages bei Meinels aufgetaucht. Er stellte sich als Herr R. aus Hannover vor und gab an, er suche in Grünheide eine Freundin seiner Mutter. Die sei vor Jahrzehnten bei einer großen Reederei angestellt gewesen, in einer leitenden Funktion. Meinels kannten die Frau und brachten ihn mit ihr zusammen.

R. kam dann öfter zu Besuch. In der Tat reiste er so häufig in die DDR ein, dass Meinels das mit der Zeit seltsam und verdächtig vorkam. Zumal R. keine offiziellen Geschäfte in der DDR hatte. Er fuhr nach Sachsen, Johann-Georgen-Stadt, Plauen, Leipzig, Frankfurt (Oder) und besuchte unter anderem Briefmarkenläden: Er sammelte Marken aus dem Ersten Weltkrieg und den Zwanzigerjahren. »Wenn der nicht in offiziellem Auftrag handelte, hätten bei den Grenzposten die Alarmglocken läuten müssen: Was macht der dauernd in der DDR? Das war auch uns völlig unklar, denn er tat seltsame Dinge. Beispielsweise hat er mit unserem Absender Pakete nach Polen geschickt.« R. besuchte Meinels meist, ehe er wieder nach Hannover fuhr.

Als Thomas plötzlich verschwunden war, machte die Staatssicherheit im Pfarrhaus von Grünheide eine Haussuchung. »Sie fanden nicht viel, denn wir hatten Papiere und Bücher vorher noch aus dem Haus schaffen können«, erinnert sich Edda Meinel. »Aber sie entdeckten einen alten Atlas, in den Thomas zur Erinnerung eine alte Urlaubsroute durch die Tschechoslowakei eingezeichnet hatte. Ich wusste ja, was es damit auf sich hatte, aber ich sagte nichts. Ich dachte: Macht euch nur richtig Arbeit! Es gab noch ein paar Verhöre, dann war die Sache erledigt. Thomas war weg und ich hatte keinen Pass mehr.«

R. tauchte wieder in Grünheide auf. Er erzählte, Thomas habe ihm Leid getan, und dass er die Grenzposten mit so viel Geld bestochen habe, dass er Katharina auch noch rausbringen könne. Er habe den ganzen Schmuck seiner Frau versetzen müssen, sagte R., doch er sagte nie, wie viel Geld er genau ausgegeben hatte. Er sei nun gekommen, um Katharina zu holen.

Meinels waren misstrauisch. Die Geschichte war dubios, allein deshalb, weil es für Grenzposten bekanntermaßen keine langfristigen Dienst- und Einsatzpläne gab und man gar nicht wissen konnte, wer an einem bestimmten Ort zu einer bestimmten Zeit Dienst haben würde. »Hätten wir Ja gesagt, wäre für die Stasi der Beweis für Beihilfe zur Republikflucht erbracht gewesen.« Edda Meinel war entsetzt. »Ich sagte gleich: Das kommt nicht in Frage, und ich muss sofort mit Katharina sprechen. Ein Kind gegen unseren Willen in den

Westen zu bringen, war schon zu viel, sagte ich ihm. Unmittelbar danach fuhr ich zu Katharina nach Potsdam, um mit ihr zu reden und sie zu warnen. Nach dem Gespräch gab R. Ruhe.«

Meinels konsultierten Propst Siegfried Ringhandt, der innerhalb der Kirche den Ruf eines Dissidenten hatte und eine Autorität war. Der Ruheständler lebte in seinem Wochenendhaus am Kleinen Müggelsee. Viele Pfarrer, die sich in den Siebziger- und Achtzigerjahren politisch engagierten, standen mit dem Propst in Verbindung und ließen sich von ihm beraten. Er war so etwas wie die Graue Eminenz der kirchlichen Opposition.

Ringhandt schloss aus, dass Fluchthelfer R. IM der Stasi war. Doppelagent hielt er für möglich. Auch, dass es sich um einen Irren handelte, der sich seine Aufträge selbst erteilte.

Wobei das, was R. mit Thomas vollbracht hatte und mit Katharina wiederholen wollte, zu viel für einen allein gewesen war. Man konnte nicht einfach so jemanden in den Kofferraum stecken und in den Westen bringen. Es kam dabei ja nicht allein darauf an, den richtigen Grenzposten zu finden und zu bestechen. Laut Thomas hatte R. ihm den Zweitschlüssel für sein Auto gegeben. Er hatte am Autobahnrastplatz Michendorf eine Pause gemacht, damit Thomas in sein Auto einsteigen konnte. Erst kurz vor der Grenze, auf einem Parkplatz, war Thomas schließlich in den Kofferraum geklettert. Dabei wusste jedes Kind in der DDR, dass Rast- und Parkplätze entlang der Transitstrecken überwacht wurden, um genau solche Aktionen zu verhindern.

Jahrelang wurden Meinels von der Stasi »bearbeitet«. Johannes Meinel: »Die unmittelbare Vorgeschichte unserer Ausreise war gezielte Zersetzung des Vertrauens in der Gemeinde. Sie wollten Differenzen zwischen mir und der Kirchenleitung konstruieren oder schüren.«

Die Staatssicherheit hatte zwei Amtsbrüder Meinels als IM im Einsatz, die theologische Argumente dafür liefern sollten, dass er mit der Kirchenleitung inhaltlich nicht übereinstimme. Ihm wurde unterstellt, dass er Amt und Gemeinde zu Gunsten seiner politischen Neigung vernachlässige.

Und dann hatte Edda Meinel noch einen mysteriösen Autounfall. »Ich war auf dem Weg nach Buch. Auf dem Berliner Ring, in einer besonders scharfen Kurve, passierte es plötzlich. Später in der Werkstatt haben sie mir gesagt, der Bolzen sei gebrochen – der breche nicht von allein.

Ein anderes Mal wurde ich auf der Autobahn nach Potsdam angegriffen, alle Kinder hinten drin. Da haben mich zwei in die Zange genommen und versucht abzudrängen. Zum Glück konnte ich an der Stelle gerade auf den Mittelstreifen ausweichen.

Auf der Rüdersdorfer Autobahnbrücke kam es schließlich noch mal zu einer unerklärlichen Situation: Ein Lkw fuhr direkt auf mich zu. Ich weiß nicht, wie ich es in dem Moment geschafft habe, noch auszuweichen.«

In der Zeit von 1976 bis 1984 waren knapp 40 IM auf Meinels angesetzt, einige davon waren Stasimitarbeiter in der Kirche, andere waren IM, die sich Meinels mit Havemanns teilten, etwa eine Nachbarin und IM »Waldheim«, ein ortsbekannter Alkoholiker.

Überdies hatte die Kirchenleitung eines Tages, noch zu Lebzeiten Havemanns, Meinel zu verstehen gegeben, dass er eine Belastung für die Gemeinde geworden sei. Das entsprach der Meinung des Stasi-Majors Roßberg, der am 27. 7. 1979 dem hochrangigen innerkirchlichen IM »Sekretär« – der Deckname wird Manfred Stolpe zugeordnet, der bestreitet, IM gewesen zu sein[208] – »ausführlich klargemacht« hatte, »dass das Verhalten von Pfr. Meinel in Bezug auf Havemann unvereinbar ist mit dem Status eines Gemeindepfarrers. ... Der IM erklärte dazu, dass er natürlich erkennt, wie Meinel die kirchenpolitische Szene belastet.«[209] Der IM wolle mit

---

208 Siehe Anm. 187

209 Lt. Treffbericht Roßbergs, zit. nach Ralf Georg Reuth: IM »Sekretär«. Die »Gauck-Recherche« und die Dokumente zum Fall Stolpe. Frankfurt/M., Berlin 1992. Seite 177

Bischof Schönherr darüber reden, Meinel zu veranlassen, selbst seine Versetzung zu beantragen, notierte Roßberg.[210]

Bischof Schönherr bestellte ihn zu sich, wie Meinel glaubt, »als Übermittler dessen, was die Stasi mir mitteilen wollte«. Staatliche Stellen hätten genug Material, um strafrechtlich gegen ihn vorgehen zu können. Um das zu vermeiden und seine weiteren Aktivitäten zu unterbinden, solle die Kirchenleitung Sorge tragen, dass er aus Grünheide versetzt werde. Dienstrechtlich gab es keine Möglichkeit, einen Pfarrer, gegen den kein förmliches Disziplinarverfahren lief, aus seiner Gemeinde zu nehmen.

Meinel erbat sich 14 Tage Bedenkzeit. »Dann sagte ich Schönherr, wenn ich eine solche Belastung für die Kirche geworden sei, werde ich gehen. Das war 1981. Robert meinte, wenn du wirklich weg musst, dann aber nur nach Berlin, was wir natürlich beabsichtigten. Die Isolierungsmöglichkeit wäre irgendwo in der DDR wesentlich stärker gewesen als dort. Da ich eine Zusatzausbildung in klinischer Seelsorge hatte, bot es sich an, in die Krankenhaus-Seelsorge zu gehen. Damit wäre ich auch etwas aus der Öffentlichkeit raus gewesen.«

Es gab nur eine halbe Stelle für einen Krankenhausseelsorger am Klinikum in Buch. »Aber mit einer halben Stelle konnte ich meine sechsköpfige Familie nicht ernähren.«

Dann gab es eine freie Stelle in Friedrichshagen. Der Pfarrgemeinderat wählte Meinel mit ein paar Einsprüchen, vor allem denen eines dortigen Vorgängers. Allerdings war das Pfarrhaus von den sowjetischen Streitkräften besetzt, und der bisherige Pfarrer blieb in seiner Wohnung.

Zwei Jahre lang ging das so weiter. »Dann schrieb ich dem Bischof, dass augenscheinlich allseits kein Interesse mehr an meinem Weggang von Grünheide bestehe, deshalb hätte ich den Friedrichshagenern gesagt, sie sollten sich nicht mehr an die Wahl gebunden fühlen. Von der Kirche gab es keine Reaktion. Vom Staat auch nicht.«

---

210 Ebenda, S. 178

Als alle Versuche, eine Lösung des Konflikts zu finden, bei der alle das Gesicht gewahrt hätten, nichts fruchteten, gab es augenscheinlich nur einen Weg für sie: den in die Bundesrepublik.

Plötzlich funktionierten die Drähte zwischen Kirchenleitung und Staatsmacht wieder. Als die Kirche beim Staatssekretariat für Kirchenfragen anfragte, wie zu verfahren sei, wenn Meinels den Ausreiseantrag stellten, erhielt sie rasch Antwort: Sie sollten Familienzusammenführung beantragen.

Meinel hatte einen Onkel in Franken, von dem er nicht einmal die Adresse wusste. »Die fanden wir heraus und stellten den gewünschten formlosen Antrag.«

Das war nun aber auch nicht recht. Weil er »nicht den Tatsachen entsprach«, wurde der Antrag zurückgewiesen. Meinel wurde gebeten, die Ursachen genau und wahrheitsgemäß anzugeben. Das tat er: »Ich schrieb zwei A4-Seiten eng voll. Wir gaben diesen Antrag Ende Januar 1984 ab.«

Wochenlang war es nicht klar, ob die Ausreise genehmigt werde. Sie machten dennoch alle Wege, die nötig waren. Dazu gehörte es, ein Inventar ihres ganzen Haushalts anzufertigen. »Wir mussten zu etwa zwanzig verschiedenen Stellen, um unsere Habe bewerten, begutachten und freigeben zu lassen.«

Schließlich teilte man ihnen mit, sie hätten die DDR innerhalb von 36 Stunden zu verlassen. Ob ihre Sachen nachkommen würden, war zunächst unklar. Edda Meinels Mutter bewies gesunde Sturheit: Sie sagte, sie werde das Pfarrhaus nicht verlassen, solange die Sachen nicht bei ihren Eigentümern angekommen seien.

Es dauerte Wochen, bis sie die Genehmigung erhielten, ihre Habe nachzuholen. Am Ende interessierten sich Zoll und Stasi so gut wie nicht für die mühsam erstellten Listen. Edda Meinel: »Meine Mutter sagte später, dass wir alles Mögliche hätten einpacken können, kein Mensch hätte es bemerkt.«

Zersetzung III

Rolf Schälike verließ die DDR Mitte der Achtzigerjahre, nachdem er zu sieben Jahren Haft verurteilt worden war. Sein Leben hatte nach seinem Rauswurf aus dem Rossendorfer Institut eine radikale Wendung genommen, denn seine Karriere als Physiker war schlagartig und für immer beendet. Da er Russisch wie seine Muttersprache beherrschte, konnte er sich eine neue Existenz aufbauen. »Ich pumpte mir Geld, kaufte mir eine Schreibmaschine und wurde Übersetzer. Zu meiner großen Überraschung konnte ich in diesem Nebenberuf drei- bis viermal so viel verdienen als im Hauptberuf. Nach meiner Zulassung dolmetschte ich auch im Ausland, ich habe auf Bezirksebene gedolmetscht, für Hans Modrow persönlich – Dresden und Leningrad waren Partnerstädte. Ich war ganz gut gestellt. Es gab eine Einkommensgrenze, über die zu kommen sich in der DDR steuerlich nicht lohnte: 33 000 Mark im Jahr. Die erreichte ich meist schon im September/Oktober, sodass ich vier Monate Freizeit hatte, die ich für meine Bergtouren benutzte.«

Doch wurden Schälike nach und nach die Reisegenehmigungen verwehrt, zuletzt die in die Sowjetunion, von wo er mit anderen Abenteurern zur Tour seines Lebens aufbrechen wollte: zum Nordpol.

Er hatte die Expedition mit einem Dolmetscherauftrag in der Sowjetunion verbinden wollen. »Am 7. März 1984 erfuhr ich durch einen Anruf, dass der Dolmetschereinsatz ausfalle. Die Auftraggeber von Robotron in Karl-Marx-Stadt signalisierten mir, dass nicht nur der Dolmetschereinsatz entfällt, sondern dass es gegen mich gehe: Es war eine zentrale Anweisung. Am nächsten Tag stellte ich den Ausreiseantrag. Heute weiß ich, dass das vorbereitet war. Man wusste, dass ich einen Ausreiseantrag stellen würde, wenn man mir die Sowjetunion dicht macht.« Aufgrund »jahrzehntelanger persönlicher, beruflicher und gesellschaftlicher Entwürdigung« bat er um Entlassung aus der Staatsbürgerschaft.

Er bereitete sich auf die Ausreise vor, verteilte seine Bücher, nahm Kontakt auf zu Leuten, die er im Westen kannte, zum Beispiel zu Wolf Biermann. »Ich fragte ihn, ob ich ihn als Zielperson nennen könne im Westen. Er sagte ja, aber es würde dir eher schaden. Am 20. März wurde ich verhaftet.«

Schälike saß zehneinhalb Monate in U-Haft. Die Anklage lautete auf »Bücherverbreitung«.

Hauptbelastungszeuge in dem Prozess war sein eigener Bruder. »Er war der Einzige, der aussagte, dass ich der DDR habe schaden wollen, was die Voraussetzung ist für die Verurteilung. Welche Bücher verbreitet wurden, spielte keine Rolle.«

Das Urteil: sieben Jahre. 1985 wurde der Häftling aufgefordert, einen weiteren Ausreiseantrag zu stellen, und er verließ die DDR.

Wechselfälle

Im Dezember 1986 traf Katja Havemann schweres Unglück. Ihre Schwester Eva-Maria Grafe sprang aus dem Fenster der Havemannschen Stadtwohnung, in der sie seit mehr als zehn Jahren lebte, und verletzte sich schwer. »Ob die Stasi mit Zersetzungsmaßnahmen zum Elend meiner Schwester beigetragen hatte, weiß ich nicht mit Sicherheit. Ihre Akten sind noch nicht aufgetaucht. Eva fühlte sich mit mir und Robert stark verbunden. Natürlich hatte sie das ins Blickfeld der Stasi gebracht, zumal sie zu den gelungenen Treffen von Robert mit Freunden aus dem Westen in der Berolinastraße beigetragen hatte. Dass sie besonders böswillige Spitzel bis zu ihrem Lebensende für gute Freunde hielt, habe ich erst aus meinen Stasiakten erfahren.«

Nach ihrem Selbstmordversuch kam Eva Grafe in die Psychiatrie. »Da ich wusste, dass sie psychisch gestört war, redete ich ihr zu. Aber ich musste feststellen, dass ich sie nicht mehr erreichen konnte. Wenn ich sie besuchte, sah ich sie in einem fürchterlichen Zustand, völlig unter Medikamenten, so runter, dass sie ihren eigenen Zustand nicht begriff und nicht erklären konnte. Und die Ärzte waren nicht zugänglich.«

In dieser Zeit besonderer Bedrängnis und Sorge geschah etwas Seltsames: Franziska und Katja Havemann bekamen eine Westreise bewilligt. Nach Frankreich.

Sibylle Havemann hatte aus Wissembourg im Elsass, wo sie mit ihrer Familie lebte, einen Brief an Erich Honecker geschrieben, ähnlich wie Wolf Biermann, als er noch einmal seinen Freund Robert sehen wollte. Sie lebe jetzt in Frankreich, es gehe ihr gut usw. – es war ein Brief in persönlichem Ton. Ihr fehle nur, dass ihre Stiefmutter und ihre Schwester sie einmal besuchen können.

Katja Havemann bekam einen Anruf von Robert Havemanns Stiefsohn Utz aus Berlin, der ihr mitteilte, dass bei ihm jemand aus dem Büro Honecker angerufen und gefragt habe, ob sie seine Mutter sei. Der Mann sagte, dass Franziska und sie ein Visum bekommen könnten für einen Besuch bei Sibylle. »Ich bekam nie eine offizielle Nachricht. Ich erfuhr nur von Utz, dass ich ins Polizeipräsidium in Berlin kommen solle, Abteilung Pass- und Meldewesen. Ich dachte, lass dich nicht auf einen Psychotrick ein.« Sie fuhr ohne Erwartung hin. Sie wusste zwar von Sibylles Brief, hatte die Sache aber nicht ernst genommen, denn für sie und die meisten anderen Bürgerrechtler galt Ausreisesperre sogar für Bulgarien, die Sowjetunion und die ČSSR.

»Eine Frau war für mich zuständig. Sie fragte nur, wann und wie lange wir reisen wollten, damit sie einen Reisepass ausstellen konnte.«

Außer einigen Pfarrern gab es niemanden, der sonst mit einem schulpflichtigen Kind aus der DDR für Besuche oder als Tourist ausreisen durfte. »Natürlich machten wir uns Gedanken, ob wir zurückkommen könnten. Aber ich war entschlossen, in keiner Weise irgendetwas zu tun, was als Anlass hätte dienen können.« Katja Havemann besprach sich vorher mit Bärbel Bohley: »Ich wollte nicht einmal Petra Kelly in Bonn anrufen. Da war also nicht viel zu befürchten. In den Akten zeigte sich später, dass sie uns den Westen schmackhaft machen und uns bei meinen Freunden in Misskredit bringen wollten wegen des vermeintlichen Privilegs.«

Im Februar 1987, in den Winterferien, brachen Franziska und Katja Havemann über West-Berlin zu Sibylle Havemann ins Elsass auf. Sie leisteten sich ein Taxi zum Bahnhof Friedrichstraße.

Von Wissembourg fuhren sie mit der Bahn nach Paris, wo Wolf Biermann den beiden für ein paar Tage seine kleine Wohnung überließ. Rolf Schälike und seine Frau Christine, die mittlerweile in Hamburg lebten, kamen auch dorthin. Paris versetzte Katja und Franziska Havemann in Hochstimmung; die Stadt war so lebendig und bunt, sie entdeckten so viel Neues.

Die beiden fuhren über Wissembourg zurück nach Deutschland. In dem elsässischen Städtchen wunderten sich ein paar flüchtige Bekannte, dass sie in die DDR zurückkehren wollten.

Sie aber kehrten heim, wobei sie bei der Familie Fuchs in West-Berlin Station machten. Fuchs' hatten einige gemeinsame Freunde aus der DDR eingeladen, sie sprachen lange, zum ersten Mal seit der Ausreise von Lilo, Lili und Jürgen ungestört und ohne Mithörer.

Katja Havemann: »Die von der Stasi erhoffte Missgunst habe ich dann gar nicht so gespürt. Mit denen, die mir am nächsten waren, hatte ich zuvor lange geredet. Die vertrauten mir sowieso.«

»Liebe Katja …«

1988 wurde Bärbel Bohley ein zweites Mal verhaftet. Sie hätte schon im Januar bei der Luxemburg-Liebknecht-Demonstration festgenommen werden sollen, auf der die Opposition das Transparent mit dem Luxemburg-Wort »Freiheit ist immer nur Freiheit des Andersdenkenden« zeigte. Aber sie war aus gutem Gespür nicht hingegangen. In der DDR herrschte große Aufregung, die Berliner Umweltbibliothek war zwei Monate zuvor durchsucht, ihre Betreiber waren festgenommen worden, mit der Folge DDR- und weltweiter Solidarisierungsaktionen. Boleys Mit-Bürgerrechtlerin Vera Wollenberger dagegen wurde mit zahlreichen weniger Prominenten auf der Demonstration verhaftet; sie hatte sich nicht zurückhalten lassen.

Es dauerte dennoch nicht lange, bis das Ehepaar Templin, Ralf Hirsch, Bärbel Bohley, Werner Fischer, Freya Klier und einige andere Ende Januar morgens um fünf verhaftet wurden. Bärbel Bohley widersetzte sich heftig, weigerte sich, sich anzuziehen. Sie rief im Treppenhaus laut um Hilfe, aber alle Türen blieben geschlossen.

Sie und Katja Havemann hatten die Möglichkeit Haft oft besprochen. »Bei Bärbel war ich mir ganz sicher, dass sie keinen Ausreiseantrag unterschreibt, wenn sie verhaftet wird.«

Die Stasi versuchte, die Verhafteten als bekannte Aktivisten der Opposition zur Ausreise zu drängen. Bohley und ihr Freund Werner Fischer widerstanden dem Druck, zu dem auch ihr Anwalt, der Stasi-Mitarbeiter Wolfgang Schnur, beitrug. Wie zuvor mit Bärbel Bohley besprochen, hatte Katja Havemann auch Gregor Gysi für sie beauftragt. »Aber in den entscheidenden Stunden, in denen es um die Ausreise ging, war er angeblich nicht in Berlin.«

Einige Freunde der Inhaftierten hatten in dieser Zeit so etwas wie einen Jour fixe mit dem Anwalt Schnur, wenn der aus dem Stasi-Untersuchungsgefängnis vom »Sprecher« kam. Sie trafen sich mit ihm in der Bohleyschen Atelierwohnung in der Fehrbelliner Straße, zu der Katja Havemann den Schlüssel hatte. Schnur spielte jedes Mal das gleiche kleine Schauspiel. »Er kam, setzte sich, nahm die Hände vors Gesicht und ächzte: Es ist alles ganz furchtbar, ganz furchtbar. Es wäre das Beste, sie wählen den Weg in die Freiheit.«

Katja Havemann versuchte Schnur von seiner Haltung abzubringen. »Ich versuchte ihm unter vier Augen klar zu machen, dass Bärbel und Werner unter keinen Umständen einen Ausreiseantrag stellen wollten. Die beiden einzigen anderen Möglichkeiten waren U-Haft bis zum Prozess, vor dem sich die Führung am liebsten drücken würde, oder die Freilassung.«

Schnur schien diese Gespräche zu meiden, so gut er konnte. Dennoch gewann Katja Havemann den Eindruck, dass sie ihn besser kennen lernte, als sie je gewünscht hatte. »Schnur trat damals auch auf Solidaritätsveranstaltungen in Kirchen auf. Er hatte so eine Art, etwas zu sagen und dabei nichts zu sagen, dass ich ihn für einen Psychopathen hielt. Aber ich dachte nicht, dass er ein Spitzel war.«

Zu einem der Treffen in der Atelierwohnung kam Schnur eines Tages Anfang Februar mit einem Brief von Bärbel Bohley. Er war mit rotem Filzstift geschrieben, auf liniertem Papier. Der Schrift war keine Anspannung anzumerken. Katja Havemann las mit wachsender Unruhe:

»Meine liebe Katja,
wie es nun aussieht, werde ich vielleicht eher England sehen als die DDR. Es gibt das Angebot, dass wir, Werner + ich, für 6 Wochen nach England gehen. Meine Bedingung und auch Werners sind folgende:
1. Beibehaltung der Staatsbürgerschaft
2. Wiedereinreise in die DDR nach spätestens 6 Monaten
Werden diese Bedingungen nicht erfüllt, werde ich es auf einen Prozess ankommen lassen und die nächste Zeit hier in Hohenschönhausen bleiben und warten. Ich fühle mich gut und hoffe, dies auch durchzustehen. Ich konnte vorschlagen, wen ich gern mitnehmen würde und hatte Anselm + Dich (als Werkstatthilfe) angegeben. Ich denke, auch Du könntest Dein Englisch etwas auffrischen, musst ja nicht so lange bleiben, aber eine kurze Zeit werden es Deine zwei Frauen schon packen. Aber ich glaub natürlich nicht an die Verwirklichung dieses Wahnsinnsvorschlags. Mein lieber Schatz, ich hoffe, dass Dich dies alles nicht zu sehr belastet und Du noch ein Weilchen durchhältst. Auf jeden Fall habe ich mir in den Kopf gesetzt, mit Euch in Grünheide noch so

manchen Tag zu verbringen. Meine Liebe, ich bestehe auf meinem Platz in diesem Ländle. Mir geht es gut, auch Werner. In mir ist wieder Roberts Erbteil wirksam, und ich habe noch meinen Humor. Einen dicken Kuss für Euch alle, alle, alle, besonders für Dich. Danke!

Deine Bärbel«

Katja Havemann war verunsichert. Ihre beste Freundin schrieb gegen jede Vereinbarung, dass sie zusammen in den Westen gehen könnten. Sie fragte sich, ob Bärbel nicht klar sei, dass die Proteste gegen ihre Inhaftierung immer größer wurden?

Schnur dagegen fand den Brief großartig. Das sei doch eine Möglichkeit, meinte er. »Ich sagte ihm, dass er Bärbel sagen möge, dass ich auf keinen Fall mitkomme. Ich versprach, die Stellung zu halten und auch die Keramikwerkstatt weiter zu betreiben, in der ich Bärbels Angestellte war.«

Schnur sagte, Bärbel und Anselm Bohley sowie Werner Fischer hätten ein Visum für ein halbes Jahr in Großbritannien. Es war klar, dass eine frühere Rückkehr nicht erwünscht war.

Mehrere Freundinnen versammelten sich in Bärbel Bohleys Wohnung, um zu packen. Katja Havemann: »Wir überlegten, welche ihre Lieblingsbücher sind, welche Fotos sie mögen würde. Wir schrieben ihr alle noch einen Brief. In meinem Kopf lief so was ab, was nicht aufzuhalten war: Bloß nichts vergessen, was ist noch wichtig, einmalige Gelegenheit, ihr noch etwas mitzugeben. Das Wunder war, dass sie wirklich wiederkam.«

Schnur forderte Bärbel Bohleys 17-jährigen Sohn Anselm auf, seine Sachen zu packen und seine Mutter zu begleiten.

Freunde und sein Vater rieten ihm, nicht einfach mitzugehen, sondern zuvor mit seiner Mutter zu sprechen. Der Anwalt organisierte das Gespräch, es fand im Gefängnis der Stasizentrale in der Magdalenenstraße statt. Als Anselm seine Mutter sah, die verstört war und vor Anspannung fast wie eine Fremde wirkte, beschloss er, sie zu begleiten. Die Stasi drängte zur Eile, sein Reisepass wurde innerhalb von Minuten ausgestellt.

Stasileute fuhren ihn zum S-Bahnhof Schöneweide. Dort hielt nach Stunden ein Bus, in dem Werner Fischer und seine Mutter saßen, die direkt aus dem Stasigefängnis Hohenschönhausen dorthin gebracht worden waren. Sie fuhren nach Magdeburg, wo sie nach Mitternacht in den Interzonenzug nach Hannover gesetzt wurden. Der Bahnsteig war dazu trotz der späten Stunde eigens abgesperrt worden.

Bärbel Bohley blieb zunächst in Westdeutschland, wo sie niemand zur eiligen Weiterfahrt drängte: »Ich hatte das Gefühl, wenn ich nach England gehe, bin ich aus allem raus, nach einem halben Jahr vergessen, und ich komme nie wieder zurück. Ich hatte dem Pass nur zugestimmt, weil mir im Knast klar war, dass man keinen politischen Prozess wollte, aber mich ohne Gesichtsverlust auch nicht ein zweites Mal einfach so in die DDR entlassen konnte. Zum ersten Mal hatte ich eine Wahnsinnsangst gehabt, dass mir in der Haft etwas passieren könnte.«

Sie fuhr nach Karlsruhe zu einer Freundin, einem Mitglied der Grünen, wohnte da und fuhr drei Monate lang jede Woche nach Bonn, um dort mit Politikern zu reden. Sie tat alles, um nicht heimisch zu werden »Ich stand neben mir in der Zeit. Ich war unerträglich für andere Leute. Ich wehrte innerlich alles ab, was mich da hätte Fuß fassen lassen. Ich habe nicht einmal meinen Koffer ausgepackt.«

Bärbel Bohley sprach mit Oskar Lafontaine, mit Willy Brandt, mit Egon Bahr – »Wen immer ich erwischen konnte, versuchte ich zu überzeugen: Ich will wieder in die DDR. Dafür würde ich alles tun. Es gab nur zwei Politiker, die das verstanden: Petra Kelly und Willy Brandt. Sonst niemand. Den anderen ging es um den Frieden mit der SED, und man wusste ja, dass die mich eigentlich nicht wiederhaben wollten im Osten.«

Sie war mit DDR-Pass ausgereist. Ohne Geld. »Die Frage

war, wovon wir leben. Also sagten alle, wir sollen den West-Pass nehmen.«

Aber sie wusste genau, dass sich das wie ein Lauffeuer im Osten verbreiten würde, und dann wäre alles endgültig vorbei. »Wir diskutierten mit der Kirche: Wenn Stolpe uns angeblich unterstützt, dann soll uns wenigstens über die Kirche mit etwas Geld geholfen werden. Das geschah dann auch. Vor allem halfen Petra Kelly und andere Freunde, ich hatte auch Verwandte … Es ging irgendwie, aber leicht war es nicht, ein halbes Jahr so zu leben.«

Sie lernte den Politbetrieb in Bonn kennen. Und der Politbetrieb sie: Es war wieder wie schon in anderen Fällen, erst die Maßnahmen der DDR machten die schon durch die erste Haft weithin bekannte Bärbel Bohley zur politisch anerkannten Person.

Die Erfahrung prägte sie. Einmal lief sie mit einem Abgeordneten der Grünen durchs Regierungsviertel, und sie begegneten einem Mann. Die beiden begrüßten einander sehr freundschaftlich und fröhlich. Sie wurde bekannt gemacht, sie unterhielten sich eine Zeit lang, dann gingen sie weiter. »Mein Begleiter sagte zu mir: ›Das ist mein CDU-Gegner aus meinem Wahlkreis.‹ Ich war begeistert. Das war für mich unvorstellbar, dass politische Gegner so miteinander umgehen konnten.« So wenig Verbissenheit gegenüber dem Andersdenkenden, ja Heiterkeit – allerdings in einer wesentlich angespannteren Situation – hatte sie bislang nur bei Robert Havemann beobachtet. »Ich fand heraus, wie das Verhältnis zwischen Opposition und Regierung ist, und ich sah, dass Opposition eine sehr wichtige Rolle spielte. Sie ist genauso wichtig wie die Regierung, denn sie ist das Korrektiv. Mir war klar: Das im Osten konnte nur etwas werden, wenn es eine Opposition außerhalb der Kirche gibt. Robert hatte immer um die Bedeutung von Opposition gewusst und auch, was der Parlamentarismus wert war. Das wusste er aus der Geschichte. Wir Jüngeren hatten ein gebrochenes Verhältnis zur Opposition, weil in der DDR Oppositionelle mit Staatsfeinden gleichgesetzt wurden. Wir haben uns mehr als Weltverbesserer, als die besseren Sozialisten gesehen, die man einfach nicht verstehen wollte. Es war nicht leicht, sich tatsächlich als Oppositionelle zu begreifen und dies öffentlich zu sagen. Opposition war verpönt in der DDR, sie galt als Unruhefaktor, der Begriff war negativ besetzt. Und wir hatten auch ein gebrochenes Verhältnis zur Macht.«

Katja Havemann erhielt gelegentlich sehnsuchtsvolle Briefe. Nicht per Post, sondern per »Postillion«, wie sie die Helfer nannte, die unbehelligt nach Grünheide kommen konnten.

> *»Meine liebste Katja, liebe Katja und alle meine Lieben überhaupt!*
> *... ich habe so ein Scheißgefühl, was unsere Rückkehr anbelangt, und ich glaube, dass Gysi doch so fast die einzige Hoffnung ist. Schnur hätte uns ja schon längst einen Brief schreiben können, aber er entzieht sich auf der ganzen Strecke, und ich glaube ihm nicht mehr sehr viel, d. h. der ganzen Kirche. Das Verrückte ist, dass ich denke, nur wenn ich mit Euch richtig reden könnte, würde ich klarer sehen. ... Ich bin nicht noch einmal zur DDR-Vertretung gegangen, denn wenn ich diesen Satz, ›Ihr Sohn darf nicht mehr in die DDR einreisen‹, ernst genommen hätte, müsste ich jetzt wirklich etwas machen. ... Ich weiß auch nicht, ob es richtig ist, dass ich nicht einfach probiere, jetzt reinzukommen. Gysi soll doch mal die eventuell dafür in Frage kommenden gesetzlichen Grundlagen aufschreiben, denn ich habe nichts gefunden. Nur so viel, dass man die ›eigenen Staatsbürger‹ einreisen lassen muss. Interessant wäre auch, wie weit das Bahngelände (z. B. Friedrichstraße oder Schönefeld) DDR-Gelände ist. Angeblich kann man ja niemanden aus der DDR-Staatsbürgerschaft entlassen, der sich auf dem Gebiet der DDR befindet. Öffentlichkeit, dass ich dort bin, lässt sich herstellen. ... Liebe Katja, diese Fragen gehen mir laufend durch den Kopf, und ich denke, dass man schon ein bisschen verrückt wird. ...*
> *Ich fange jetzt an, mir Bilder anzusehen. Irgendwo soll hier eine Ausstellung von Egon Schiele sein, da werde ich unbedingt hinfahren ... Und überhaupt ist die Kunst hier so reich, dass man*

wirklich sehr deutlich merkt, wie wir betrogen werden mit den Monsterkunstausstellungen, die alle ganz hohl und leer sind. … Aber wie gern würde ich das mit Dir sehen…
Meine Liebe, ich umarme Dich, Euch alle. Wenn ich wieder zu Hause bin, werde ich mich auch um Umweltprobleme kümmern, denn bei uns ist wirklich noch viel aufzuhalten. Dieses Land hier ist total zubetoniert … Roberts ›Morgen‹ habe ich noch einmal gelesen. Der Ansatz ist völlig richtig und lässt sich hier kaum realisieren und bei uns auch nicht. Ich merke immer mehr, dass der einzelne Mensch so wichtig ist, deshalb vermisse ich Euch ja so. …

Deine Bärbel«[211]

Katja Havemann kümmerte sich in dieser Zeit um Bohleys Wohnung, goss regelmäßig die Blumen. »Ich traf einen Maler aus Jena, der bei ihr oben im Haus wohnte, der meinte: Was du hier machst, ist völlig sinnlos, die kommt doch nie wieder. Andere waren derselben Ansicht. Am Ende war ich die Einzige, die noch daran glaubte, dass sie zurückkommen wird. Aus ihren Briefen ging ihre Entschlossenheit hervor. Sie hätte sich in einen Kofferraum gelegt, wenn es nicht anders gegangen wäre.«

Aus den Briefen ging auch hervor, dass Bärbel Bohley sich bei schweren Selbstzweifeln unter Rechtfertigungszwang sah. Deutlich machen, dass sie nicht geflohen war, klarstellen, dass Entscheidungen von außen betrachtet anders wirken als im unmittelbaren Erleben. Sie führte seit der Haftentlassung ein Tagebuch, in dem sie die Haftzeit rekonstruierte. Während sie zunächst von einer »perfekten Inszenierung«, an der »alle«[212] beteiligt seien, schrieb, aber noch Wahlverwandtschaft zu ihrem Anwalt Gregor Gysi empfand und Schnurs Loyalität mehr in Frage stellte, ließ sie bei weiterer Vertiefung auch eine kühlere Haltung zu Gysi erkennen. So ver-

211 Brief vom Gründonnerstag 1988, zitiert nach dem unklar paginierten Original
212 Im Brief vom 8. 3. 1988 aus Ettlingen.

stand Katja Havemann die Begründung ihrer Ausreise zugleich als briefliche Warnung vor den beiden Anwälten, die das Vertrauen der Kirche und eines Großteils der Bürgerrechts- und Friedensbewegung genossen.

»Ostersonnabend

Liebste Katja,

... die Edith hat ... angerufen. Sie sagt, dass Poppov[213] *immer noch unklar ist, was eigentlich passiert ist. Ich habe alles aufgeschrieben. ... Es war eine ganz andere Situation als 1983, diesmal war alles brutaler und von Anfang an eine große psychische Spannung. ... Mehrmals am Tag von Hohenschönhausen zur Magdalenenstraße und immer stundenlanges Warten in einer dieser kleinen Zellen und Transport im Kastenwagen. Für mich war ausschlaggebend, dass alle schon weg waren und Gysi und Schnur Freitag früh unabhängig voneinander die Passvariante noch einmal anbrachten. Ich habe einfach gedacht, die schmeißen mich jetzt ohne alles raus, denn zugetraut habe ich ihnen alles! ... Die Mitteilungen von Schnur, die sich im Nachhinein als unwahr erwiesen haben, alles hat Druck ausgeübt. ...*

Ich schreibe jetzt mal ganz kurz auf, was da alles so passiert ist. Es war natürlich viel mehr. Ulrike kann sich ja auch da hineinversetzen. Arztuntersuchungen, Fingerabdrücke, Duschen, Sachen, von einer Zelle in die andere, Verhöre, also mit Ausruhen war diesmal nichts. Ich war ja darauf vorbereitet, dass es beim zweiten Mal alles anders sein wird, aber sie waren doch besser vorbereitet. ...

25. 1. Verhaftung

25. 1.–31. 1. Verhöre sind der tägliche Terror

1. 2., etwa 20.00 Erstes Gespräch mit Schnur, er zeigt mir einen Brief von Freya [Klier] an ihn, in dem sie um ein Gespräch mit Stefan [Krawczyk] bittet, weil sie wegwill ... Bei mir keine große Verwunderung, da wir ja schon öfter in diese Richtung für Freya und Stefan gedacht haben. Ich staune nur, dass ich mit Schnur allein sprechen kann, was 83 nicht möglich war. Er sagt,

213 Gerd Poppe

dass draußen nichts los sei, nur Ausreiser in den Kirchen, die Initiative wäre besonnen und still. Er spricht von der Passvariante für drei Jahre. Ich denke, er spinnt. …
2. 2. Vormittags in die Magdalenenstr. Gespräch mit [Bischof] Forck, [Anwalt] Vogel + [dessen Sozius] Starkulla. Gemeinsam mit Werner. Angebot in den Westen oder in die DDR. Wir sagen, dass wir nicht in den Westen wollen. Im Laufe des weiteren Gesprächs sagt Forck, dass sie sich bemühen, dass wir noch in dieser Woche in die DDR entlassen werden. Vogel sagt, dass Stefan und Freya schon unterwegs in den Westen sind. Vogel im Auftrag der Bundesregierung … bei uns. Am Nachmittag Gespräch mit Schnur. Er ist erstaunt, dass Vogel + Forck da waren, und ist skeptisch, was die Entlassung in die DDR betrifft. Schnur sagt, dass Freya und Stefan das Dreijahresvisum abgelehnt hätten.
3. 2. Ruhetag
4. 2. Gespräch mit Schnur. Schnur teilt mit, dass Ralf [Hirsch], Lotte und Wölfchen [Templin] einen Ausreiseantrag gestellt hätten. W + L wegen der Kinder und Ralf hätte knallharte Beweise wahrscheinlich vorgelegt bekommen, er wäre nicht bereit gewesen, seine Entscheidung zu überschlafen und [habe] ein Gespräch mit Rainer Eppelmann abgelehnt. Da ist mir doch das Herz in die Hose gerutscht, vor allem wegen Ralf. Schnur bietet noch einmal das Dreijahresvisum an, ich lehne ab. Er sagt, dass Forck und Stolpe zu dieser Zeit (Donnerstagvormittag) in der englischen Botschaft wären und wegen eines Aufenthalts in England verhandeln würden. …
5. 2. Vormittags in der Magdalenenstr. Zu einem Gespräch mit Gysi. Gysi spricht von »einer anderen Variante«, fragt, wie es denn mit einem Pass wäre. Ich sage zu ihm, dass Schnur auch schon von so einem Angebot gesprochen hätte. Schnur kommt zu diesem Gespräch dazu. Sie fragen mich, unter welchen Bedingungen ich einen Pass annehmen würde. Schnur ruft Stolpe an wegen dem EKD-Studienaufenthalt. Stolpe sagt: Zeitraum von drei Jahren. Ich sage nein, mache ich nicht. Dann wieder, unter welchen Bedingungen. Ich sage, ein halbes Jahr. Schnur sagt, vielleicht England. In die Zelle zurück.

Dann Gespräch mit Werner + Schnur. Habe an Dich den Brief geschrieben. Dann von der Magdalenenstraße nach Hohenschönhausen. Eine Stunde später Antrag schreiben, und da fängt der Wahnsinn an. Sie müssen den Raum abgehört haben. … Ich habe immer mit ihm [Schnur] allein gesprochen. … Sachen packen und Fahrt nach Marienborn.
Die Fehler weiß ich langsam alle:
1. Habe mich drängen lassen in diese Angst, ohne Pass und Prozess rausgeschmissen zu werden.
2. Hatte Vertrauen zu Schnur und Forck, dass sie sich nicht an diesem Handel beteiligen, wenn die Sache nicht wirklich so ernst gewesen wäre, denn sowohl Werner + mir ging es gut, wir haben nicht einmal um Hilfe in dieser Richtung gebeten, haben immer wieder gesagt, wir wollen einen Prozess.
3. Dass ich den Antrag ohne Beisein von Schnur und Gysi geschrieben habe.
4. Dass ich nicht auf ein Gespräch mit Dir bestanden habe. …
Schnur hat sich auf jeden Fall an diesem Prozess der Verunsicherung beteiligt. … Ich habe ihm geglaubt, dass international nicht viel läuft, da ich dachte, wir sind in der Ausreisegeschichte untergegangen. Im Nachhinein hat sich herausgestellt, dass Lotte und Wölfchen auch einen Pass haben und keinen Ausreiseantrag gestellt und dass Ralf nie dieses Angebot hatte. … Dass sie alle Druck gemacht haben, gemeinsam mit der Stasi – zeigt eigentlich, dass wir die Befriedungsopfer sein sollen.
Liebe, liebe Katja, … ich hoffe, dass dies erst einmal zur Klärung etwas beiträgt. … Diese ganze Schweinerei muss man wirklich aufdecken, und daran sind hier alle Parteien beteiligt und die Kirche bei uns. Ich umarme Dich. B.«

»London, den 22. 5. 88

Liebe Katja,
… Schnur … hat mir am Telefon gesagt, … er könne nur sagen, dass es keine Absprachen gäbe. Ich habe ihm daraufhin gesagt, dass ich sofort in die DDR zurückfahren würde, denn wenn es keine gäbe, müsste ich mich auch an keine halten. Darauf rief er gleich am nächsten Tag an, er hätte mit Stolpe + Forck gespro-

chen, am 15.6. würden er und jemand von der Kirchenleitung nach London kommen. Ein paar Tage darauf kam ein Brief von Forck, in dem er schreibt, wir sollten in England bleiben, die Absprachen *wären so, dass wir von England wieder einreisen könnten. Also sie wollen uns unbedingt hierbehalten. Ich werde mich auch daran halten, da ich ihnen keinen Grund geben möchte, sich zurückzuziehen mit der Begründung, wir hätten ihre Ratschläge nicht befolgt. Ja, da werde ich also in England bleiben. …«*

»London, den 9. 6. 88

Meine liebe, liebste Katja,
… Weggehen oder Bleiben, das ist gar nicht mehr die Frage für mich. Ich habe zu Hause auch manchmal gedacht, dass ich vielleicht nur verbohrt bin, aber nein, es ist wirklich Instinkt, was uns geleitet hat. Allerdings bin ich mir nicht sicher, was die Kinder betrifft. Es ist ganz sicher so, dass ich toleranter über das Weggehen anderer denke. Aber man soll nur weggehen, wenn man etwas will, und nicht, weil man etwas nicht mehr will. … Ich denke an Robert, an Dich, an Irena [Kukutz], an viele andere. Ich meine damit, dass wir uns wirklich eine Freiheit erkämpft haben, und die kann man nicht freiwillig verlassen. Da ich hier die ganze Zeit mit einer Schere im Kopf lebe, merke ich erst wieder, wie sich der Normalbürger in der DDR fühlt und dass wir wirklich etwas für uns erreicht haben – deshalb haben sie auch Angst vor uns. … Wir sind schon auf dem richtigen Weg mit unseren Gedanken. … Insofern habe ich sehr, sehr viel gelernt. Ich bin viel radikaler als vorher, und das Schwierige ist nur, dass ich zu Hause auch die richtigen Schlüsse ziehe. … Meine Liebe, ganz egal, wie alles ausgeht, ich komme zurück. … Ralf ist hier gut aufgehoben, und Werner hat Angst, aber ich will. Ich halte Dich in meinem Arm, bald. … Deine Bärbel«

Seit 1985 gab es durch Gorbatschow Grund zur Hoffnung, dass sich in der DDR etwas ändern könnte. Auf der anderen Seite trafen immer mehr Menschen, auch aus der Opposition, für sich die Entscheidung: Jetzt ist Schluss. Meine Kinder können hier nicht bleiben.

Die Massenantragstellung und Massenausreise rief das Gefühl hervor, dass es keine andere Möglichkeit gebe, als auszureisen.

Die Aussicht bestand, dass es am Ende nur noch ein paar Aufrechte geben werde, die zum Dableiben entschlossen waren, die Stasi, die Funktionäre und das Heer der Resignierten und derer, die es aus eigener Kraft nicht mehr schafften, ein neues Leben zu beginnen.

Für die »Initiative für Frieden und Menschenrechte« bedeutete die organisierte Ausreise eine Zerreißprobe. Konflikte wurden noch geschürt durch Inoffizielle Mitarbeiter der Staatssicherheit, die die »Initiative« unterwandert hatten und »weisungsgemäß« für Missstimmung sorgten. Ausreisewillige stellten den Antrag, bildeten Gruppen, die dann den Eintritt in Kirchen- und Friedensgruppen suchten, um dem Antrag damit Nachdruck zu verleihen. Katja Havemann und Bärbel Bohley waren dagegen gewesen, solche Leute aufzunehmen. Sie waren ja nicht wirklich an Politik interessiert, sondern daran, zu gehen. Katja Havemann: »Wir fanden die Masche unlauter, uns als ›Staatsfeinde‹ zur Beschleunigung der Ausreise zu missbrauchen.« Nicht alle in der Initiative waren derselben Ansicht.

Auch wer im Grunde zum Bleiben entschlossen war, befand sich in ständiger Auseinandersetzung mit der Frage: Gehen oder nicht? Ulrike Poppe: »Ich hatte mir verschiedene Etappen ausgedacht. Ich hing sehr an dem Grundstück in Woltersdorf: Wenn sie uns Woltersdorf wegnehmen, hält uns hier nichts mehr, dachte ich. Wenn ich nicht mehr aus dem Land komme, dann wird es Zeit zu gehen. Wenn jemand von uns ins Gefängnis kommt, stelle ich den Antrag. Alles kam: Ich hatte ab 1984 Reisesperre für alle Länder, ich war im Gefängnis, sie nahmen uns Woltersdorf weg, aber es kam doch immer wieder Hoffnung hinzu.« Trotz spielte auch eine Rolle: »Wir wussten, ›die‹ wollten, dass wir gehen. Also waren wir entschlossen, so lange zu bleiben, wie wir es irgend aushalten konnten.«

Einmal war auch für Poppes fast der Schlusspunkt erreicht. Kurz nach der Einschulung ihres Sohns Jonas wurde Ulrike Poppe von einer Mitarbeiterin des Schul-Kinderhorts beiseite genommen. Die Frau vertraute ihr an, dass die Stasi bei der Schuldirektorin gewesen sei, die daraufhin allen Lehrern und Hortnerinnen, die mit Jonas zu tun hatten, eingeschärft habe: Neulich sei ein Kind eingeschult worden, Jonas Poppe, dessen Mutter sei Staatsfeindin. Sie habe sogar im Gefängnis gesessen, weil sie im Westen Artikel gegen die Volksbildung veröffentlicht habe. Es sei darauf zu achten, diese Frau nicht irgendwo ins Schulleben einzubeziehen.

Ulrike Poppe konnte auf dem Heimweg von der Schule an dem Tag die Tränen nicht zurückhalten. »Ich dachte: Solange es nur um mein Leben geht, kann ich das verantworten, aber wenn es nun Konsequenzen für meine Kinder hat und ihnen das Leben verbaut wird, dann geht das nicht länger.« Die Klassenlehrerin besuchte sie zu Hause, nur um ihr zu sagen, dass sie sich nicht ins Elternaktiv wählen lassen solle. »Ich versuchte, zu ihr und auch zu den anderen Lehrern eine gute Beziehung aufzubauen und ihnen zu zeigen, dass ich nicht ihre Feindin bin. Ich machte die Erfahrung, dass die Klassenlehrerin zwar SED-Genossin war, aber doch eine gute Pädagogin, denn sie sagte sich: Was kann der Junge für seine Eltern? Sie nahm ihn, wie er war, und ging fair mit ihm um. Sie akzeptierte auch, dass er als einziger Schüler nicht Pionier werden wollte, und ließ ihn trotzdem an allem teilnehmen. Ich redete ihm auch zu, zum Pioniernachmittag zu gehen, wenn er Lust hat.«

Am 21. März 1989 gelang Katja Havemanns Schwester der zweite Selbsttötungsversuch.

Sie wollte Eva-Maria an diesem Nachmittag besuchen. »Polizei stand vor der Tür, als ich ankam. Meine Schwester war eine Stunde vorher aus ihrer Wohnung im 11. Stock gesprungen. Ihre behinderte Tochter Anna war schon in ein Kinderkrankenhaus gebracht worden. Eine Frau, die die Polizei herangeholt hatte aus dem Nachbarhaus – sie arbeitete bei der Jugendhilfe und war wegen Anna als eine der ersten in der Wohnung –, sprach davon, dass ein Tagebuch auf dem Tisch gelegen habe. Als ich hinkam, war es nicht mehr da.«

Zu der Trauer und der Aufgabe, sich künftig um ihre Nichte zu kümmern, kamen weitere Sorgen. Franziskas Antrag auf Besuch einer Erweiterten Oberschule war trotz guter Noten abgelehnt worden. Sie hatte sich den Zwängen und Ritualen des sozialistischen Schulbetriebs entzogen, bei jeder Gelegenheit frei ihre Meinung gesagt und sich doch nie eingestanden, was auf diese Weise unvermeidlich wurde: dass sie die Zulassung zum Abitur nicht erhalten würde. Franziska Havemann: »Natürlich ahnte ich, dass es so kommen würde, doch ich redete mir ein, dass es schon gut gehen würde. Ich nahm die Realität erst an, als ich diesen Brief bekam: Die Richtlinien zur Aufnahme an der Erweiterten Oberschule – man müsse über hervorragende Leistungen verfügen, im hohen Maße Bereitschaft zur gesellschaftlichen Mitarbeit und DDR-Verbundenheit zeigen – würden von mir ›nicht in komplexer Form erfüllt‹. Schon dass ich das fast im Wortlaut zitieren kann, zeigt, dass es für mich ein ganz bitterer Einschnitt war. Es war ein Urteil, von dem an ich wusste, dass mein Leben nun schrecklich kompliziert werden würde.«

Neues Forum

Als Bärbel Bohley im August 1988 tatsächlich in die DDR zurückkam, gab es den Namen »Neues Forum« noch nicht, aber die Idee war schon geboren. Sie fand die »Initiative für Frieden und Menschenrechte« so gut wie zerfallen vor. Der Samisdat »Grenzfall« war eingeschlafen. Gemeinsam mit

Katja Havemann nahm sie den Faden wieder auf, den die beiden schon vor der Verhaftung und der erzwungenen Ausreise gesponnen hatten: Sie dachten ernsthaft darüber nach, eine im Sinne der DDR-Verfassung legale politische Vereinigung, eine demokratische Sammlungsbewegung mit breiter gesellschaftlicher Wirkung, zu gründen. Sie hatten schon früher Rolf Henrich, den Eisenhüttenstädter Anwalt und SED-Dissidenten, kennen gelernt, der das gerade im Westen erschienene SED-kritische Buch »Der vormundschaftliche Staat« geschrieben hatte und in Ungnade gefallen war. Er war für die Idee aufgeschlossen.

Die beiden Frauen und Henrich waren sich einig: Es musste eine Gruppe sein, die nicht nur aus Berlinern oder gar Bewohnern des Untergrundkultur-Bezirks Prenzlauer Berg bestand, sondern aus Menschen aus allen Teilen und Gesellschaftsgruppen der DDR, Kirchenleuten, Intellektuellen, ehemaligen Genossen, Arbeitern, Bauern, Professoren – eine Gruppe wie eine »Nationale Front«, die den Namen verdiente.

Auch andere dachten in diesen Monaten über die Gründung neuer politischer Gruppierungen nach. Das war folgerichtig, wenn auch kühn. Niemand konnte absehen, wie die Macht reagieren würde. Und niemand wollte selbst an die Macht.

Dass Friedenspfarrer Eppelmann wenige Monate später Minister für Abrüstung und Verteidigung der DDR sein sollte, dass viele Bürgerrechtler in der Volkskammer sitzen würden, war noch unvorstellbar. Selbst politische Verantwortung zu tragen, schien jenseits jeder Erreichbarkeit zu liegen.

Die öffentlichen Mahnwachen für die Verhafteten der Berliner Umweltbibliothek an der Zionskirche von 1987, die Welle der Solidarität mit den verhafteten Luxemburg/Liebknecht-Demonstranten vom Januar 1988, die erste Demonstration in Leipzig Anfang 1989 und die Vernetzung oppositioneller Gruppen in der ganzen DDR zur Überwachung der Kommunalwahlen von 1989 – tatsächlich wurden durch Stichproben-Erhebungen erstmals Fälschungen nachgewiesen – zeigten, dass sich eine breite Bewegung formierte.

Pfarrer Hans-Jochen Tschiche von der Evangelischen Akademie sprach öffentlich über die Möglichkeit, eine »Vereinigung zur Erneuerung der Gesellschaft« zu gründen. Auch der Kreis um Poppes rief zur Gründung unabhängiger demokratischer Vereinigungen auf.

Bärbel Bohley erhielt die Anfrage, was sie von der Gründung einer sozialdemokratischen Partei hielt. »Ich hatte keine Lust, eine Partei zu gründen. Ich war der Meinung, diese Bevölkerung müsse erst etwas aufbrechen, die haben genug von Parteien, die gehen jetzt nicht alle massenhaft in eine SPD. Die mir das vorgeschlagen hatten, waren dann auch bei der Gründung mit im Neuen Forum.«

Im Frühjahr wählten Bärbel Bohley, Rolf Henrich und Katja Havemann als Gründungszeitpunkt ihrer Gruppierung die Tage nach dem 40. Jahrestag der DDR, dem 7. Oktober 1989. Die Massenfluchtbewegungen jenes Sommers über die Botschaft der Bundesrepublik in der Tschechoslowakei und über Ungarn zwangen sie dann zu einer vorzeitigen Gründung des Neuen Forums im September. Katja Havemann: »Jeder konnte sehen, dass es mit der SED zu Ende ging, aber viele glaubten nicht daran und stellten sich nicht darauf ein. Auch wir waren eingestellt auf einen viel verbisseneren und härteren Kampf. Dass es so leicht gehen würde, hatte keiner von uns geglaubt, was wohl auch an der langjährigen Prägung in der DDR lag.« Sie waren entschlossen, Ende und Neuanfang mitzugestalten.

Am 9. September 1989 liegt in der Burgwallstraße nach langer Zeit wieder einmal die Stasi in großer Mannstärke auf den Grundstücken rechts und links von Nummer 4 auf der Lauer. Seit Juli wussten die Genossen von einem Treffen auf dem Grundstück Katja Havemanns, von IM »Paule«, den ein ahnungsloser Bürgerrechtler eingeladen hatte[214]. Wochenlang

---

214 Siehe Tina Krone (Hg.): »Sie haben das Sagen, so lange wie wir es dulden.« Briefe an das Neue Forum September 1989–März 1990, Schriftenreihe des Robert-Havemann-Archivs 4. Berlin 1999, S. 14.

waren Bärbel Bohley und Katja Havemann in der ganzen DDR herumgefahren, hatten Freunde und zuverlässige Bekannte von Freunden mit der Idee bekannt gemacht, eine unabhängige politische Vereinigung zu gründen. Die Entscheidung, das Neue Forum in Grünheide zu konstituieren, ist auch eine politische. Wo Robert Havemann jahrelang im Hausarrest und unter den Augen der Stasi unbeirrt immer neue Versuche unternommen hatte, die DDR von innen zu verändern, nimmt die neue Bürgerbewegung ihren Anfang. »Das konnten wir nur da machen«, erinnert sich Bärbel Bohley.

Während vom Nachbargrundstück und von der Straße aus die Staatssicherheit versucht, möglichst jede Bewegung und jedes Wort mitzubekommen, brüten 30 Menschen auf dem Havemannschen Grundstück mal mehr, mal weniger konzentriert über einem Text. Die Nacht endet erst am frühen Morgen. Auf jedem freien Quadratmeter beider Häuser – Katja Havemann hat wenige Monate zuvor den nervenaufreibenden Kampf um das Holzhaus gewonnen und es zurückkaufen können – legt sich jemand zum Schlafen nieder.

Am Vormittag geht es weiter. Schließlich ist der Gründungsaufruf fertiggestellt: »Aufbruch 89 – NEUES FORUM«. Der Text legt sich nicht auf eine politische Richtung fest, ist nicht Zukunftsprogramm, sondern Ausdruck eines von Sorge getragenen Pragmatismus:

„In unserem Lande ist die Kommunikation zwischen Staat und Gesellschaft offensichtlich gestört. Belege dafür sind die weit verbreitete Verdrossenheit bis hin zum Rückzug in die private Nische oder zur massenhaften Auswanderung. ... Wir verzetteln uns in übel gelaunter Passivität und hätten doch Wichtigeres zu tun für unser Leben, unser Land und die Menschheit.

In Staat und Wirtschaft funktioniert der Interessenausgleich zwischen den Gruppen und

Schichten nur mangelhaft. ... Auf der einen Seite wünschen wir uns eine Erweiterung des Warenangebots und bessere Versorgung, andererseits sehen wir deren soziale und ökologische Kosten und plädieren für die Abkehr von ungehemmtem Wachstum. Wir wollen Spielraum für wirtschaftliche Initiative, aber keine Entartung in eine Ellenbogengesellschaft. Wir wollen das Bewährte erhalten und doch Platz für Erneuerung schaffen, um sparsamer und weniger naturfeindlich zu leben. Wir wollen geordnete Verhältnisse, aber keine Bevormundung. Wir wollen freie, selbstbewusste Menschen, die doch gemeinschaftsbewusst handeln. Wir wollen vor Gewalt geschützt sein und dabei nicht einen Staat von Bütteln und Spitzeln ertragen müssen. Faulpelze und Maulhelden sollen aus ihren Druckposten vertrieben werden, aber wir wollen dabei keine Nachteile für sozial Schwache und Wehrlose. Wir wollen ein wirksames Gesundheitswesen für jeden, aber niemand soll auf Kosten anderer krankfeiern. Wir wollen an Export und Welthandel teilhaben, aber weder zum Schuldner und Diener der führenden Industriestaaten noch zum Ausbeuter und Gläubiger der wirtschaftlich schwachen Länder werden. Um all diese Widersprüche zu erkennen, Meinungen und Argumente dazu anzuhören und zu bewerten, allgemeine von Sonderinteressen zu unterscheiden, bedarf es eines <u>demokratischen Dialogs</u> über die Aufgaben des Rechtsstaates, der Wirtschaft und der Kultur. Über diese Fragen müssen wir in aller Öffentlichkeit, <u>gemeinsam und im ganzen Land</u>, nachdenken und miteinander sprechen. ... Es kommt in der jetzigen gesellschaftlichen Entwicklung darauf an,

- dass eine größere Anzahl von Menschen am gesellschaftlichen Reformprozess mitwirkt,
- dass die vielfältigen Einzel- und Gruppenaktivitäten zu einem Gesamthandeln finden. Wir bilden deshalb gemeinsam eine politische Plattform für die ganze DDR, ... NEUES FORUM.
...
Allen Bestrebungen, denen das NEUE FORUM Ausdruck und Stimme verleihen will, liegt der Wunsch nach Gerechtigkeit, Frieden und Demokratie sowie Schutz und Bewahrung der Natur zu Grunde. ... Wir rufen alle Bürger und Bürgerinnen der DDR, die an der Umgestaltung unserer Gesellschaft mitwirken wollen, auf, Mitglieder des NEUEN FORUM zu werden. Die Zeit ist reif."[215]

Der Aufruf des »Neuen Forums« wird vervielfältigt und über die bekannten Kanäle der Opposition verbreitet; über kirchliche Wege, durch private Initiativen, Mund-zu-Mund-Propaganda. Doch anders als beim Breschnew-Brief und beim »Berliner Appell« bleibt es nicht bei den paar Mutigen. Hunderte, bald Tausende Briefe gehen bei den 30 Gründern ein, viele Menschen nehmen lange Wege in Kauf, um sie zu Hause zu besuchen, um mit ihnen zu reden und den Aufruf zu unterschreiben. Zum ersten Mal wird ein Text der Oppositionsbewegung in Massenauflage auf Kopiergeräten gedruckt, die es streng überwacht nur in einigen wenigen Betrieben gibt.

Nach wenigen Wochen hat das Forum Tausende Mitglieder und Zehntausende Unterstützer. Sprecher werden ernannt, Forum-Gruppierungen erst in den größeren Städten, dann überall in der DDR gebildet. Der Aufbruch und der Zusammenschluss, die Demonstration von Gemeinschaft au-

215 Ebenda, S. 385 f.

ßerhalb der staatlichen und Partei-Strukturen sind vollzogen.

Die Hoffnungen Robert Havemanns, dass Menschen in der DDR sich im Zeichen von Öffnung und Reform zusammenfinden, werden unerwartet erfüllt. Parallel zum Forum gründen sich andere politische Vereinigungen, einige davon wollen im Gegensatz zum Neuen Forum Parteien sein. Die sozialdemokratische SDP, »Demokratie Jetzt« mit Ulrike und Gerd Poppe, der »Demokratische Aufruf« mit Rainer Eppelmann und Wolfgang Schnur, die Deutsche Volksunion (als Pendant zur West-CDU) …

Die Machtzentrale in Ost-Berlin arbeitet an Abwehrszenarien. Die Idee, Internierungslager einzurichten und die führenden Oppositionellen dort gefangen zu nehmen, wird aufgegriffen und verworfen. Dennoch werden oppositionelle Demonstranten am 7. Oktober, dem 40. Jahrestag der Republikgründung, in den Nebenstraßen der Paradeachsen der Hauptstadt von Volkspolizisten und jungen Männern im auffälligen Stasi-Zivil zusammengetrieben, misshandelt und in eilends eingerichtete »Sammellager« gebracht, wo sie stundenlang stehen müssen, wo ihnen der Gang zur Toilette verweigert wird, wo sie peinlich durchsucht und geschlagen, angebrüllt, im Froschgang durch die Treppenhäuser getrieben werden. Die meisten Demonstranten werden ein, zwei Tage lang festgehalten und schließlich freigelassen, weil die Führung den Aufstand fürchtet.

Die Staatssicherheit hat 91 000 feste und 174 000 Inoffizielle Mitarbeiter, davon sind 109 000 Spitzel.[216]

---

216 Die hauptamtlichen Mitarbeiter des Ministeriums für Staatssicherheit, in: Klaus-Dietmar Henke, Siegfried Suckut, Clemens Vollnhals, Walter Süß, Roger Engelmann (Hg.): Anatomie der Staatssicherheit, Geschichte, Struktur, Methoden – MfS-Handbuch. Berlin 1995, S. 99 f. Müller-Enbergs: Inoffizielle Mitarbeiter des Ministeriums für Staatssicherheit – Richtlinien und Durchführungsbestimmungen. Berlin 1996, S. 59

„Information

Durch einen Mitarbeiter unserer Abteilung konnte am 6.10.1989 um 17.14 Uhr ein Teil eines Gesprächs zwischen ‚Schloss' und ‚Zahn'* am Grundstück von ‚Schloss' mitgehört werden. Beide unterhielten sich ca. 2 Minuten lang. Folgende Gesprächsteile konnten gehört werden, wobei nicht immer zu unterscheiden war, ob ‚Zahn' oder ‚Schloss' sprach.
‚Die tun so, als gäb es keine Probleme.'
‚Eigentlich eine Unverschämtheit, wenn man bedenkt, dass die sich schon 40 Jahre lang immer wieder wählen lassen.'
Schloss: ‚Ja, du musst heute Abend mal ZDF anschauen, da ist Bärbel dabei, so 19.00 Uhr oder 20.00 Uhr.'
‚Ja, mach ich' – Antwort von Zahn.
Frage von ‚Zahn': ‚Bist du jetzt allein?'
Antwort von Schloss: ‚Ja, aber die kommen heute Abend alle noch raus.'
‚Na, dann tschüss.'"[217]

Katja Havemann: »Das ist mein Lieblingsdokument. Einen Monat vor der Öffnung der Mauer saßen sie noch immer auf dem Nachbargrundstück und lauschten: ›Na, dann tschüss.‹«

Am 9. Oktober werden 20 Besucher Bärbel Bohleys, die als Forum-Sprecherin mittlerweile in ihrer Wohnung täglich bis zu 150 Menschen empfängt, festgenommen und verhört. Unterstützer des Forum-Aufrufs werden drangsaliert, auf Tuchfühlung von der Staatssicherheit überwacht.

Und doch: Das Forum wächst.

---

* Katja Havemann und Brigitte Haeseler

217 Hauptabteilung VIII, Abteilung 12 an Hauptabteilung XX/9: »Information«, Berlin, 9. Oktober 1989

Die Leipziger Montagsdemonstration, die einmal mit dem wöchentlichen Friedensgebet der Nikolaikirche begonnen hat, wird zu einer machtvollen Kundgebung. Die Staatsmacht sammelt bewaffnete Kräfte, schreitet dann aber doch nicht ein – nicht aus Gründen besserer Einsicht, sondern aus Furcht. Furcht vor den Bürgern, die gegen Einschüchterung unempfindlicher geworden sind.

Auf dem Berliner Alexanderplatz geben eine Million Menschen ihren Willen zur Veränderung, zu Öffnung, Freiheit und Freizügigkeit kund.

Das Neue Forum hat zehntausend feste Mitglieder, 200 000 Menschen haben den Gründungsaufruf unterzeichnet. In der ganzen DDR nehmen sich die Menschen Freiheiten wie früher nur in den Enklaven der Opposition.

Der SED-Bürgermeister von Grünheide sucht eines Abends Katja Havemann auf. Es ist derselbe Bürgermeister, der nach dem Tod ihres Mannes verhinderte, dass Pfarrer Meinel eine Lautsprecheranlage an der Totenhalle installiert.

Er komme im Auftrag der Abteilung Inneres des Bezirks Frankfurt, sie möge sich bitte dort die Zulassung des Neuen Forums bestätigen lassen.

Katja Havemann ahnt, »die« wollen sich am Ende noch mit dem Namen Havemann schmücken, und denkt gar nicht daran, dort zu erscheinen. Sie weiß: Es spielt keine Rolle mehr, ob »die« das Forum genehmigen.

Der Bürgermeister ringt um Fassung. Ob er ins Neue Forum eintreten solle? Er sei nur Bürgermeister geworden wegen Robert Havemann. Weil er vorher lange Jahre als Politoffizier in der Nationalen Volksarmee gedient habe, hätten die Genossen wohl auf sicher gehen wollen und ihm ein Angebot gemacht, das er als Genosse nicht habe ablehnen können: »Ich wäre besser wieder Schuhmacher geworden«, sagt er, das sichere Ende seiner langen politischen Karriere vor Augen, bevor er das Grundstück verlässt. Es ist Anfang November 1989.

Am Abend des 9. November fallen die Sperren an den Übergängen im Todesstreifen zwischen Ost und West für immer. Eine neue Bewegung rollt über das Land, sie überrollt auch das Neue Forum und den großen Teil der übrigen jungen Bürgerbewegung.

Im September 1990 macht die Bürgerbewegung noch einmal Schlagzeilen durch die Besetzung der Stasizentrale in der Normannenstraße in Berlin-Friedrichshain. Sie misstrauen DDR-Innenminister Diestel. Von Bundesinnenminister Schäuble versprechen sie sich keine Unterstützung.

Die Besetzung begann aus dem Nichts heraus. Katja Havemann hat in Grünheide Besuch, als sie die Nachricht erreicht: Treffen am nächsten Morgen um 9 Uhr an einem der Stasigebäude. »Ohne Ahnung, was los war, ging ich hin. Da stand eine kleine Gruppe. Einer sagte: Wir gehen heute da rein.«

Einer der Wächter hilft ihnen, das Gebäude ohne Legitimation zu betreten. »Demonstrative Besetzung«, heißt die Parole. »Schön, dachte ich, in zwei Stunden ist das erledigt. Aber wir kamen nicht mehr raus. Der Wachschutz alarmierte die Polizei von Innenminister Diestel, der die Akten, das war unser Eindruck, am liebsten auf Nimmerwiedersehen losgeworden wäre.« Katja Havemann verschanzt sich mit Bärbel Bohley auf der Toilette. »Die Polizisten waren überall. Wir verbarrikadierten uns. Das wurde zum Selbstläufer. Wir wussten, wenn wir so verfolgt werden, ist die Sache wichtig. Also blieben wir drin.«

Katja Havemann schläft wochenlang auf einem unsauberen, durchgesessenen Sofa. Alle Spitzenpolitiker kommen. »Günther Krause, der für die DDR mit Schäuble den Einigungsvertrag aushandelte, redete auf uns ein: Wir würden die Wiedervereinigung gefährden. Wir sollten die Besetzung aufgeben, dann renke sich das wieder ein.«

Bärbel Bohley sagt, sie wolle nur mit ihrer Akte unterm Arm Mielkes einstiges Hauptquartier verlassen.

Ergebnis der Besetzung ist das Stasi-Unterlagengesetz der

Volkskammer, das bis heute, modifiziert, als Rechtsgrundlage für die Akteneinsicht und die historische Forschung dient. Es hat in ganz Osteuropa Schule gemacht.

Das Neue Forum als größte und bedeutendste Bürgerbewegung der DDR sitzt nicht am Verhandlungstisch, als Bonn und Ost-Berlin den Einigungsvertrag erarbeiten.

In der letzten Volkskammer sind jedoch alle Bürgerbewegungen vertreten. Das Bündnis '90, dem das Neue Forum angehört, will den wegen Festschreibung altbundesrepublikanischer Verhältnisse umstrittenen Einigungsvertrag unmittelbar vor seiner Verabschiedung noch nachbessern. Bündnis-Abgeordnete verhandeln mit Abgeordneten, die aus der früheren DDR-Opposition in die SPD eingetreten sind.

Ulrike Poppe, Mitarbeiterin der Bündnis-Fraktion, hält deren Antrag, den Vertrag in Teilen nachzuverhandeln, ohne den Vereinigungstermin zu verschieben, nicht für chancenlos. Einige SPD-Parlamentarier signalisieren Zustimmung. »Aber als Wolfgang Ullmann für das Bündnis '90 den entsprechenden Antrag stellte, wurde er von den SPD-Leuten nicht unterstützt. Sie hatten sich offenbar der Fraktionsdisziplin unterworfen.«

So scheitert der Versuch, einen Beitrag zur Gestaltung der deutschen Einheit zu leisten.

»Da hat uns Robert gefehlt«, spekuliert Bärbel Bohley: Der verstand etwas von Machtfragen, vom Spiel mit Teilnahme und Verweigerung zur rechten Zeit. Und er hatte den Fall der Mauer und die Vereinigung der beiden deutschen Staaten bereits in seinen Appellen von 1981 und 1982 als Voraussetzung und Konsequenz des Endes der Block-Konfrontation angesehen und in Gedanken durchgespielt.

»Die Bürgerbewegung wäre Robert sympathisch gewesen. Politische Macht hat ihm viel bedeutet, aber nicht um jeden Preis. Seine Selbstachtung und selbstständiges Denken waren ihm wichtiger. Zum richtigen Zeitpunkt seine Mitverantwortung für den Lauf der Geschichte wahrzunehmen und zu handeln, das verband ihn mit uns«, glaubt Bärbel Bohley, die dem schwindenden Forum noch einige Jahre lang Gesicht und Stimme gibt.

Keine Partei sein zu wollen, der eigenen Bedeutung zum Trotz vor Macht und Einfluss zu scheuen, den großen Namen im erfolglosen Bündnis '90 bei den ersten und letzten freien Wahlen in der DDR untergehen zu lassen – wer weiß schon, was Havemann dazu gesagt, ob er sich auf seinem Platz am Fenster mit dem von hohen Bäumen umrahmten Blick auf den Möllensee mit der Hand an die Stirn geschlagen oder gelassen resigniert hätte. »Erst in dieser Zeit ist er für mich allmählich gestorben«, sagt Bärbel Bohley. »Aber so einer wie er stirbt wohl nie ganz.«

Inhaltsverzeichnis